AMPHI
LMD

COURS DE PROCÉDURE CIVILE

Marie-Cécile Lasserre

est Maître de conférences, à la Faculté de droit et science politique de Nice, Université Côte d'Azur – Membre du CERDP n° 1201 et co-directrice du Master 2 Gestion des contentieux privés de la Faculté de droit et science politique de Nice.

Suivez-nous sur www.gualino.fr

Contactez-nous gualino@lextenso.fr

1, Parvis de La Défense
92044 Paris La Défense Cedex
ISBN 978 - 2 - 297 - 09285 - 2

AMPHI
LMD

COURS DE PROCÉDURE CIVILE

Marie-Cécile Lasserre

2e édition 2020-2021

À jour des décrets des 11 et 20 décembre 2019 réformant la procédure civile

Gualino
un savoir-faire de Lextenso

AMPHI LMD

La collection Amphi LMD permet aux étudiants de Licence (L1, L2 et L3), d'acquérir l'ensemble des connaissances d'une matière en conformité avec le cours dispensé en amphi.

Chaque livre :

- développe des connaissances approfondies sur la matière juridique traitée ;
- permet une accessibilité immédiate à une information approfondie.

À ma mère, ma première lectrice.
À ma famille.

Plan de cours

Plan de cours

Plan de cours

Plan de cours

Plan de cours

Liste des principales abréviations

A.	Arrêté
BICC	Bulletin d'information de la Cour de cassation
Bull. civ.	Bulletin des arrêts de la Cour de cassation, chambres civiles
Bull. civ. ass. plén.	Bulletin des arrêts de la Cour de cassation, chambres civiles, assemblée plénière
C. civ.	Code civil
C. com.	Code de commerce
C. pén.	Code pénal
C. trav.	Code du travail
CASF	Code de l'action sociale et des familles
Cass.	Cour de cassation
Cass. 1re civ.	Cour de cassation, première chambre civile
Cass. 2e civ.	Cour de cassation, deuxième chambre civile
Cass. 3e civ.	Cour de cassation, troisième chambre civile
Cass. ass. plén.	Cour de cassation, assemblée plénière
Cass. ch. mixte.	Cour de cassation, chambre mixte
Cass. com.	Cour de cassation, chambre commerciale
Cass. soc.	Cour de cassation, chambre sociale
CDAD	Conseil départemental de l'accès au droit
CDFUE	Charte des droits fondamentaux de l'Union européenne
CE	Conseil d'État
CEDH	Cour européenne des droits de l'homme
CJA	Code de justice administrative
CJUE	Cour de justice de l'Union européenne
CME	Conseiller de la mise en état
CNITAAT	Cour nationale de l'incapacité et de la tarification de l'assurance des accidents du travail
COFRAC	Comité français d'accréditation
COJ	Code de l'organisation judiciaire
Cons. constit.	Conseil constitutionnel
Conv. EDH	Convention de sauvegarde des droits de l'homme et des libertés fondamentales
CPC	Code de procédure civile
CPC exéc.	Code des procédures civiles d'exécution
CPCE	Code des postes et des communications électroniques

CRFPA	Certificat d'aptitude à la profession d'avocat en France
CSS	Code de la sécurité sociale
D.	*Recueil Dalloz*
D.	Décret
ENM	École nationale de la magistrature
Gaz. Pal.	*Gazette du Palais*
JAF	Juge aux affaires familiales
JCP	Juge des contentieux de la protection
JEX	Juge de l'exécution
JME	Juge de la mise en état
L.	Loi
L. *J21*/Loi *J21*	Loi n° 2016-1547 du 18 novembre 2016 de modernisation de la justice du XXIe siècle
L. *PRJ*/Loi *PRJ*	Loi n° 2019-222 du 23 mars 2019 de programmation 2018-2022 et de réforme pour la justice
L. *PRN*/ Loi *PRN*	Loi n° 2016-1321 du 7 octobre 2016 pour une République numérique
MARD	Mode alternatif de règlement des différends
MJD	Maison de la justice et du droit
NCPC	Nouveau Code de procédure civile
PIDCP	Pacte international relatif aux droits civils et politiques
RPVA	Réseau privé virtuel des avocats
RPVJ	Réseau privé virtuel justice
SAUJ	Service d'accueil unique du justiciable
TGI	Tribunal de grande instance
TI	Tribunal d'instance
TJ	Tribunal judiciaire

Introduction

1 — Définition classique. Branche du droit réunissant les règles d'organisation et de fonctionnement de la justice, la procédure civile peut être définie comme l'ensemble des formalités par lesquelles un particulier peut soumettre à une juridiction civile un litige d'intérêt privé afin d'obtenir une solution.

2 — Procédure civile ou droit judiciaire privé, un éternel débat ? À l'expression « procédure civile » est parfois substituée celle de « droit judiciaire privé ». La procédure civile désignerait les formalités à accomplir, alors que le droit judiciaire privé regrouperait, en plus, l'organisation et le fonctionnement de la justice. Le terme « processuel » renvoie, lui, à la théorie générale du procès.

3 — Choix du terme « procédure civile ». La préférence est accordée à l'emploi du terme « procédure civile », car celui-ci fait référence au mouvement, au processus, qu'évoque étymologiquement le verbe *procedere*. De surcroît, la procédure civile s'inscrit dans la classification des trois types de contentieux, comprenant en outre les procédures pénale et administrative.

4 — Un droit à la mauvaise réputation. Présentée traditionnellement comme une succession de formalités rigoureuses, la procédure civile a pu avoir « mauvaise réputation » (Strickler Y. et Varnek A., *Procédure civile*, 9e éd., 2019, Paradigme). Trop technique, démesurément pointilleuse, pouvant mettre en échec le fond du droit, de nombreuses critiques ont entaché sa réputation. Le procédurier est celui qui est enclin à la chicane !

5 — Un droit à la recherche d'un idéal démocratique. Concevoir la procédure civile comme une pratique purement technique n'est ni rendre compte de la réalité ni rendre hommage à ce droit qui – enseigné dans toutes les facultés, au programme entre autres de l'examen d'entrée au Certificat d'aptitude à la profession d'avocat en France (CRFPA) et du concours d'entrée à l'École nationale de la magistrature (ENM) – s'efforce sans relâche de consacrer un idéal démocratique.

6 — Un droit nécessaire. Ne pouvant se concevoir uniquement comme un droit technique, la procédure civile est une nécessité dans un État de droit. Elle permet au justiciable de s'adresser à un juge, évitant ainsi toute justice arbitraire. Envisagée par le prisme des droits fondamentaux, la procédure civile vise à consacrer le droit à un procès équitable.

7 — Un droit en constante évolution. La procédure civile est un droit en constante évolution. Les réformes sont perpétuelles et s'enchaînent à un rythme soutenu, voire frénétique. Ces dernières années, la procédure civile a été modifiée par la loi du 18 novembre 2016 de modernisation de la justice du XXIe siècle (loi *J21*), un ensemble de décrets en 2017, et la loi du 23 mars 2019 de programmation 2018-2022 et de réforme pour la justice (loi *PRJ*) et ses décrets de 2019.

8 — Réforme loi *PRJ*. La loi *PRJ*, ses nombreux décrets et ordonnances ont bouleversé la procédure civile. Un des décrets majeurs de la réforme est le décret n° 2019-1333 du 11 décembre 2019 réformant la procédure civile. Son intitulé ne masque ni ne trahit la réalité de la réforme. Rares sont les domaines procéduraux non concernés. Un volet emblématique est la fusion des tribunaux d'instance à la faveur de la création des tribunaux judiciaires.

La majorité des dispositions issues de la réforme initiée par la loi *PRJ* est entrée en vigueur au 1er janvier 2020 (avec une distinction à opérer selon que l'instance est en cours au 1er janvier 2020 ou que l'instance est introduite à compter de cette date). Par exception, l'entrée en vigueur de dispositions relatives à l'assignation avec prise de date est fixée au 1er septembre 2020.

9 — Un droit oscillant entre immutabilité et métamorphose. À la fois immuable et en constante métamorphose, la procédure civile a une utilité intemporelle (section 1) qui ne doit pas occulter ses évolutions, et notamment l'émergence contemporaine d'une procédure civile numérique (section 2).

SECTION 1 L'utilité intemporelle de la procédure civile

10 — Annonce. De la procédure civile dépend l'existence d'un ordre juridique étatique et d'un État de droit. Loin d'être purement théorique, la procédure civile est indispensable. Son utilité se manifeste dans son objet (I) et trouve une retranscription dans ses caractères (II). Aussi, ses sources attestent de son utilité, car elles consacrent notamment le droit fondamental à un procès équitable (III).

I L'objet de la procédure civile

11 — Trois théories. La procédure civile offre aux justiciables la possibilité de soumettre leur litige à un tribunal afin qu'un juge le résolve. L'objet de la procédure civile rassemble trois théories : la théorie de l'action, celle de la juridiction et celle de l'instance.

12 — Théorie de l'action. L'action est le droit pour le justiciable d'être entendu sur le fond de sa prétention. La théorie de l'action renvoie aux conditions dans lesquelles le justiciable peut s'adresser à un tribunal afin que ses droits soient reconnus ou sanctionnés.

13 — Théorie de la juridiction. La théorie de la juridiction détermine les organes dotés du pouvoir de juger et leurs compétences. Entre le litige et les formalités procédurales, la jonction s'effectue par un organe juridictionnel apte à rendre un jugement.

14 — Théorie de l'instance. La théorie de l'instance renvoie aux dispositions de procédure au sens strict. De la saisine de la juridiction à l'exercice des voies de recours en passant par l'instruction de l'affaire et le jugement, la technicité procédurale se déploie afin que la prétention soit soumise à l'activité juridictionnelle en vue d'aboutir à un acte juridictionnel.

15 — Une procédure pour les justiciables dans un État de droit. Il ressort des théories qui composent la procédure civile que celle-ci n'existe pas en elle-même ni pour elle-même. La procédure civile n'est pas une finalité en soi. Dès lors, elle ne peut réellement se comprendre qu'à travers sa double utilité. La procédure civile permet aux justiciables de défendre leurs droits, ce qui constitue une nécessité dans un État de droit.

16 — Paix sociale. Certes, le droit n'est pas nécessairement contentieux, mais la procédure est une réponse à l'exigence de justice des citoyens en leur permettant de s'adresser à un organe spécialisé et non arbitraire afin de faire valoir leurs droits. La procédure assure donc la pérennité de la paix sociale et la réalisation d'un État de droit dans lequel nul ne peut se faire justice à soi-même.

17 — Droits substantiels. La procédure civile visant la réalisation des droits des justiciables, son étude ne peut faire abstraction des droits substantiels. Si la procédure civile n'est pas un droit substantiel, elle a cependant pour objet leur réalisation. La relation entre la procédure et les droits substantiels est duale : la procédure civile existe par les droits substantiels, et dans le même temps les droits substantiels ont besoin de la procédure.

18 — Droit auxiliaire. La procédure civile permet d'assurer la réalisation des droits des particuliers à défaut d'une mise en œuvre spontanée. Auxiliaires du droit substantiel, les règles de procédure civile n'existent pas pour elles-mêmes. La procédure civile incite à un respect volontaire des droits d'autrui ; à défaut, elle donne les moyens de leur réalisation. La procédure civile est un droit servant le droit.

19 — Droit sanctionnateur. Permettant la réalisation des droits des particuliers, la procédure civile confère la possibilité de s'adresser à un juge avec pour vocation première la résolution des conflits. Les relations conflictuelles sont réglées par la procédure civile, qui est un droit sanctionnateur. La procédure assure l'application des règles, permettant ainsi d'en garantir la juridicité.

20 — Droit non servile. Droit servant et sanctionnateur, la procédure civile n'est pas pour autant le droit servile des droits substantiels. Certes, l'office du juge est de faire respecter les lois. Mais le juge a également – et peut-être avant tout – pour fonction de pacifier le différend. Sous certaines conditions, il a la possibilité de s'affranchir de la règle de droit, soit en statuant en équité, soit en écartant la règle contraire à des valeurs fondamentales.

21 — Exclusivité de la procédure ? Gage de paix sociale, garante de la réalisation des droits privés des citoyens, la procédure civile est indispensable. Son existence est liée de manière indissociable et intemporelle à celle d'un État de droit. Cependant, la procédure civile n'est pas exclusive de la concrétisation des droits, car ces derniers peuvent se réaliser par le recours aux modes alternatifs de résolution des différends (MARD).

22 — La procédure civile concurrencée. Face aux MARD, la procédure civile – et plus largement la justice – se trouve concurrencée. Confronté à l'arbitrage, la médiation ou encore la conciliation, le juge ne bénéficie pas d'un monopole pour régler un différend qui, de surcroît, peut être résolu sans appliquer la norme juridique.

23 — Les MARD sont-ils de la procédure civile ? Envisagés dans leurs aspects extrajudiciaires, les MARD ne devraient pas être considérés comme de la procédure civile. Par principe, les MARD sont une alternative à l'action (v. chap. 2), permettant ainsi d'éviter l'application des règles procédurales.

24 — Étude des MARD en procédure civile. Les réformes contemporaines marquent une tendance en faveur des MARD. Particulièrement, l'obligation de recourir aux MARD avant une action en justice les impose comme préalables au processus procédural. Ajoutée à cela, entre autres, la compétence dévolue au juge pour homologuer les accords, l'étude de la procédure civile ne peut éluder celle des MARD.

II Les caractères de la procédure civile

25 — Caractère formaliste. La procédure civile est un droit formaliste ; ce caractère ressort de son essence même. Un ensemble de formalités matérielles guide le procès. Ces actes, obéissant à une forme particulière, doivent être accomplis suivant un ordre chronologique et dans des délais légaux. En raison de son caractère formaliste, la procédure civile a ainsi pu être qualifiée de « rite ».

26 — Objectif du caractère formaliste. Le caractère formaliste de la procédure civile s'impose comme une nécessité afin d'assurer l'ordre et la sécurité. Le formalisme est une protection contre les volontés individuelles et l'arbitraire du juge. Il en résulte que le formalisme participe à garantir la réalisation des intérêts de chacun des plaideurs et, plus largement, la bonne administration de la justice.

27 — Assouplissement du caractère formaliste. Le formalisme en procédure civile, aussi indispensable soit-il, ne doit toutefois pas conduire à des dérives excessives. Il poursuit un but de bonne administration de la justice. En ce sens, ce n'est pas tant le manquement au formalisme qui doit être sanctionné, mais le préjudice résultant de l'inobservation des formes prédéterminées ainsi que des délais.

28 — Caractère impératif. La procédure civile a également un caractère impératif. La justice étant un service public, les règles procédurales visent un intérêt général. Il en découle que les règles sont impératives :
- d'un côté, les plaideurs doivent suivre les règles de procédure civile ; ils ne peuvent y déroger ;
- d'un autre côté, le juge doit appliquer ces règles et, au besoin, en sanctionner la violation.

29 — Souplesse du caractère impératif. Si les règles de procédure civile assurent une bonne administration de la justice, elles demeurent des règles garantissant la sanction de droits substantiels dans le cadre d'un litige d'intérêt privé. Ainsi, l'ensemble des dispositions procédurales n'est pas d'ordre public. Une certaine souplesse existe puisque des règles peuvent être aménagées, voire écartées.

30 — Territorialité. La procédure civile a un caractère impératif, ses règles s'appliquent sur l'ensemble du territoire de la République française, attestant ainsi, s'il en était besoin, que la procédure civile est l'expression de la souveraineté étatique. Cependant, doit être notée l'existence de dispositions spécifiques relatives à l'outre-mer, ainsi qu'aux départements du Bas-Rhin, du Haut-Rhin et de la Moselle.

31 — Temporalité. Le caractère impératif de la procédure civile se manifeste également dans l'application temporelle de ses règles. Parce que « la loi ne dispose que pour l'avenir ; elle n'a point d'effet rétroactif » (C. civ., art. 2), la loi nouvelle s'applique en principe immédiatement aux instances en cours - même si des exceptions sont à noter (par ex. la recevabilité des voies de recours). Mais le plus souvent, le nouveau texte comporte des dispositions transitoires.

III Les sources de la procédure civile

32 — Multiplication des sources. Reflets de la souveraineté étatique, les principales sources de la procédure civile sont internes (A). Pour autant, depuis plus d'une cinquantaine d'années, les sources internationales et européennes ne cessent de s'accroître (B). L'ensemble de ces sources témoigne de l'utilité et des valeurs fondamentales portées par les règles de procédure tournées vers la réalisation du droit fondamental à un procès équitable.

A Les sources internes

33 — Pluralité de sources. Les sources traditionnelles de la procédure civile sont internes et plurales. À la présentation des différentes sources internes de la procédure civile (1) succédera l'exposé du processus de codification de la matière (2).

1 Présentation des sources

34 — Sources réglementaires et légales. Conformément à l'article 37 de la Constitution de la Ve République, la procédure civile est régie essentiellement par des règles d'origine réglementaire. En revanche, la création de nouveaux ordres de juridiction et le statut des magistrats relèvent du pouvoir législatif (Const., art. 34).

L'intervention du législateur n'est pas à négliger, le Conseil constitutionnel et le Conseil d'État ne donnant pas un sens restrictif au chef de compétence relatif à la création de nouveaux ordres de juridiction. La loi fixe les règles concernant « les droits civiques et les garanties fondamentales accordées aux citoyens pour l'exercice des libertés publiques » (Const., art. 34), comprenant notamment les droits de la défense (v. Cons. const., 21 déc. 1972, n° 72-75).

35 — Sources constitutionnelles. La procédure civile a également une source constitutionnelle. Assurant le contrôle de constitutionnalité des lois, le Conseil constitutionnel a conféré à des principes de procédure une valeur constitutionnelle en se fondant sur le bloc de constitutionnalité (par ex. le droit d'exercer un recours effectif devant un juge ou l'égalité devant la justice).

36 — Jurisprudence. À l'instar des autres domaines du droit, la jurisprudence est une source de la procédure civile. La deuxième chambre civile de la Cour de cassation a compétence en la matière. Les autres chambres de la Cour sont néanmoins amenées à se prononcer sur des questions procédurales en raison du rapport qu'entretient la procédure avec les droits substantiels.

37 — Usages. La pratique doit également être citée au titre des sources de la procédure civile. Les usages du Palais ont en effet un rôle créateur. Certaines pratiques professionnelles ont ainsi été consacrées par la Cour de cassation ou le Code de procédure civile (par ex. la passerelle de l'ancien article 811 du CPC, désormais article 837 du même code).

38 — Doctrine. Sans être une source directe de règle de droit, la doctrine influe enfin sur l'évolution de la procédure civile. Elle contribue à la préparation et à la rédaction de nombreuses réformes en procédure. À titre d'exemple, peut être cité le rapport sur *L'open data des décisions de justice*, remis le 9 janvier 2018 au garde des Sceaux, dont le groupe de travail était présidé par le Professeur Loïc Cadiet.

2 Processus de codification

39 — Aux origines du Code de procédure civile. Longtemps hétérogène et composite, la procédure civile devint, en avril 1667, applicable dans tout le Royaume avec l'ordonnance de Saint-Germain-en-Laye qui codifia la justice civile. Cette ordonnance fut une source d'inspiration à l'époque des codifications napoléoniennes, qui a vu naître le Code de procédure civile (CPC) promulgué le 24 avril 1806 et entré en vigueur le 1er janvier 1807.

40 — Ancien CPC. Formellement, le CPC de 1806 se composait de trois parties :
- la première partie était dédiée à la procédure devant les tribunaux ;
- la seconde était consacrée aux procédures diverses ;
- enfin, le titre unique composant la troisième partie était relatif aux arbitrages.

Critiqué notamment pour son agencement défectueux, le CPC de 1806 a fait l'objet de réformes partielles avant d'être entièrement remanié en 1975.

41 — Nouveau CPC. Par le décret nº 75-1123 du 5 décembre 1975 fut institué un Nouveau Code de procédure civile (NCPC) entré en vigueur, pour l'essentiel, le 1er janvier 1976. Qualifié de « nouveau » afin de marquer la rupture avec le CPC de 1806, l'ancien Code a été totalement repensé par la réforme de 1975 – celle-ci ayant été engagée, en réalité, par plusieurs décrets dès le début des années 1970.

42 — NCPC, une œuvre de codification. Adopté à l'initiative de Jean Foyer, rédigé par le Professeur Gérard Cornu, inspiré par la pensée du Professeur Henri Motulsky, le NCPC était un « modèle légistique ». Sur la forme et le fond, les qualités reconnues au NCPC étaient nombreuses : cohérence de l'architecture générale du Code, réflexion globale menée sur la procédure, définition des concepts usités dans le Code.

> Couchez G. et Lagarde X., *Procédure civile*, 2014, Sirey, p. 6, n° 6-1.
>
> Le NCPC était, selon ses auteurs J. Foyer et G. Cornu, une « œuvre de codification » qui se reconnaissait « à la saisine globale du procès civil, à l'établissement du plan et à l'unité de style ». Et, ajoutent ses auteurs, le NCPC « n'est vraiment nouveau que parce qu'il est issu d'une codification non formelle mais réelle, c'est-à-dire liée à une réforme profonde des règles de procédure » (*Procédure civile*, 1996, PUF, Thémis, p. 23, n° 6).

43 — CPC contemporain. Le NCPC, progressivement enrichi, est officiellement qualifié de « nouveau » jusqu'en 2007. Par la loi n° 2007-1787 du 20 décembre 2007 relative à la simplification du droit, le Code est de nouveau sobrement intitulé « Code de procédure civile ». Cette requalification poursuivait un objectif de clarification qui s'est matérialisé notamment par l'abrogation de dispositions du Code de procédure civile de 1806 qui survivaient.

44 — Code de l'organisation judiciaire. Complétant le CPC, le Code de l'organisation judiciaire (COJ) a été institué par les décrets du 16 mars 1978. Le COJ contient notamment les règles d'organisation des juridictions civiles et, pour partie, leur compétence.

B ▌Les sources européennes et internationales

45 — Dualité de litiges. La tendance est à l'accroissement des sources européennes et internationales en procédure civile. Parmi ces différentes sources, une distinction s'impose selon que le litige est interne ou comporte un élément d'extranéité.

46 — Sources internationales et litiges internes. D'un côté, des sources européennes et internationales sont à l'origine de règles s'appliquant à des litiges internes. Ces sources consacrent un droit fondamental, celui du droit à un procès équitable. Elles participent alors à un mouvement de « fondamentalisation » de la procédure civile (1).

47 — Sources internationales et litiges internes. D'un autre côté, des sources européennes et internationales sont circonscrites aux litiges présentant un élément d'extranéité soumis à des juridictions internes. Dans l'Union européenne, les litiges transfrontières s'inscrivent dans un mouvement de construction de l'espace judiciaire européen, qui est une source renouvelée de la procédure civile (2).

1 Les droits fondamentaux de la procédure civile

48 — Sources du procès équitable. Le procès équitable, sous l'influence de la Convention de sauvegarde des droits de l'homme et des libertés fondamentales, est devenu un modèle (a). Ce droit fondamental est également consacré dans d'autres textes, notamment à l'article 14 du Pacte international relatif aux droits civils et politiques (PIDCP) ou encore à l'article 47 de la Charte des droits fondamentaux de l'Union européenne (b).

a La Convention de sauvegarde des droits de l'homme et des libertés fondamentales

49 — Article 6, § 1 de la Convention. L'approche de la procédure civile *via* les droits fondamentaux a été consacrée par l'adoption en 1950 de la Convention européenne des droits de l'homme (Conv. EDH) qui, en son article 6, § 1, énonce les exigences d'un procès équitable : « Toute personne a droit à ce que sa cause soit entendue équitablement, publiquement et dans un délai raisonnable, par un tribunal indépendant et impartial, établi par la loi, qui décidera [...] des contestations sur ses droits et obligations de caractère civil [...] ».

50 — Composantes du procès équitable. La première garantie du procès équitable est celle d'un droit effectif à accéder à un tribunal devant offrir des garanties d'indépendance et d'impartialité. Des garanties d'ordre procédural doivent également être assurées. *In fine*, le droit à un procès équitable comprend le droit à l'exécution des décisions de justice, car sans exécution la réalisation du droit est caduque.

> CEDH, 19 mars 1997, nº 18357/91, Hornsby c/ Grèce : le droit à un procès équitable « serait illusoire si l'ordre juridique interne d'un État contractant permettait qu'une décision judiciaire définitive et obligatoire reste inopérante au détriment d'une partie ».

51 — Application directe. La Convention européenne des droits de l'homme est d'application directe en droit interne (Const., art. 55). Le juge national doit en faire application tant pour les litiges internationaux que pour les litiges internes. Il doit également contrôler la conformité d'une loi interne aux droits garantis par la Convention européenne des droits de l'homme, au besoin en mettant à l'écart la loi à la suite d'un contrôle de proportionnalité consistant à vérifier que l'application d'une règle interne ne conduit pas à une atteinte disproportionnée à un droit fondamental.

52 — Saisine de la CEDH. En cas de manquement aux droits fondamentaux garantis par la Convention européenne des droits de l'homme, les justiciables peuvent saisir directement la Cour européenne des droits de l'homme (CEDH). La recevabilité de la saisine est notamment conditionnée (Conv. EDH, art. 35, mod. par prot. n° 14) à l'épuisement des voies de recours internes, l'existence d'un préjudice important ou encore l'envoi de la requête dans un délai de 4 mois à compter de la dernière décision interne définitive (prot. n° 15).

53 — Conformité aux arrêts CEDH. Les États doivent se conformer aux arrêts de la CEDH. Il s'agit là d'une obligation de résultat, les États ayant le choix des moyens. Afin d'éviter une condamnation, la France est tenue « de respecter les décisions de la [CEDH], sans attendre d'être attaqué[e] devant elle ». Et depuis la loi du 3 avril 2018 ratifiant le protocole n° 16, les juridictions nationales les plus hautes peuvent saisir la CEDH pour un avis consultatif.

Cass. ass. plén., 15 avr. 2011, n° 10-17049.

54 — Effets des arrêts CEDH. Un arrêt de la CEDH a un effet déclaratoire et n'a pas en principe d'effet direct. Ainsi, une condamnation par la Cour n'ouvre pas, en matière civile, droit à réexamen de la cause. Toutefois, par dérogation à ce principe, une procédure de réexamen d'une décision civile définitive rendue en matière d'état des personnes est organisée depuis la loi n° 2016-1547 du 18 novembre 2016, dite « loi *J21* » (v. *infra*, n° 2009).

b La Charte des droits fondamentaux de l'Union européenne

55 — Construction prétorienne. À la suite d'une construction prétorienne, les droits fondamentaux ont été reconnus dans l'ordre juridique de l'Union européenne. Pour ce qui concerne le procès équitable, la Cour de justice a reconnu nombre de ses principes, comme les droits de la défense, le contrôle juridictionnel effectif ou encore le principe d'égalité des armes.

56 — Consécration dans les traités. Avec le traité de Maastricht, l'Union s'est investie dans la protection des droits fondamentaux et le traité d'Amsterdam les a placés au cœur de l'intégration communautaire. Son article 6 oblige ainsi les institutions de l'Union à respecter ces droits en tant que « principes généraux du droit communautaire, tels qu'ils résultent des traditions constitutionnelles communes aux États membres et principalement de la Convention européenne des droits de l'homme ».

57 — Charte des droits fondamentaux. Bien que les droits fondamentaux soient consacrés par les traités, un « catalogue » de l'Union européenne détaillé de ces droits a fait défaut. Partant du constat de cette carence, le Conseil, sur proposition de sa présidence allemande, a décidé d'élaborer une Charte des droits fondamentaux de l'Union européenne (CDFUE). Cette Charte fut adoptée le 7 décembre 2000 et acquit une valeur juridique contraignante avec le traité de Lisbonne.

58 — Article 47 de la Charte. Reprenant les grandes composantes du droit à un procès équitable de l'article 6 de la Convention européenne des droits de l'homme, l'article 47 de la CDFUE est dédié au droit à un recours effectif et à accéder à un tribunal impartial.

2 Vers un espace judiciaire européen

59 — Marché commun. L'Union européenne produit des règles de procédure civile. Dans un premier temps, sur le fondement de l'article 220 du traité instituant les Communautés européennes, le domaine du droit du marché commun s'est étendu au droit de la procédure civile, au sens du droit international privé, en tant qu'entrave à annihiler.

60 — Intérêt commun. Puis le traité de Maastricht, en institutionnalisant pour la première fois la justice, a clairement mis en avant l'intérêt européen d'intervenir en la matière et en a donné les bases juridiques nécessaires. Aux termes de l'article K.1-6 du traité de Maastricht, la coopération judiciaire en matière civile est un « intérêt commun » en vue de la réalisation des objectifs de l'Union européenne.

61 — Coopération judiciaire. Par la suite, la communautarisation de l'action nommée « coopération judiciaire en matière civile » réalisée par le traité d'Amsterdam a renforcé le droit de la procédure civile de l'Union européenne. Ce droit est désormais réglementaire et non plus conventionnel. Aussi, il est rattaché à l'idée de création d'un espace judiciaire européen.

62 — Espace judiciaire européen. Dans le traité de Lisbonne, l'objectif du marché intérieur et l'objectif d'élaboration d'un espace judiciaire européen sont séparés. Conformément à l'article 81 du traité sur le fonctionnement de l'Union européenne, l'Union développe une coopération judiciaire dans les matières civiles ayant une incidence transfrontière, fondée sur le principe de reconnaissance mutuelle des décisions.

63 — Règlements européens. Afin de construire un espace judiciaire européen, plusieurs règlements édictant des règles procédurales, voire des procédures civiles, ont été adoptés. Ces règlements sont applicables aux litiges transfrontières. Ils ont pour objectif d'assurer une libre circulation des décisions dans l'Union européenne et d'instaurer des procédures uniformes. Il s'agit par exemple du règlement instituant une procédure européenne d'injonction de payer.

SECTION 2 L'émergence contemporaine d'une procédure civile numérique

64 — Transformation numérique. À l'occasion de la restitution du rapport *Chantiers de la justice : Transformation numérique*, la garde des Sceaux, Nicole Belloubet, a déclaré que « La transformation numérique est le cœur du réacteur. Sans celle-ci, il n'y aura pas de transformation de la justice » (Min. Justice, conférence de presse, 15 janv. 2018). L'utilité et l'objet de la procédure civile demeurent, mais un changement de paradigme est voulu.

65 — Numérique et Convention européenne des droits de l'homme. La procédure civile s'est ouverte au numérique et tend désormais à l'imposer. Ce mouvement de dématérialisation doit se réaliser dans le respect de l'article 6 de la Convention européenne des droits de l'homme. Il en résulte une obligation pour l'État : celle de mettre en place des dispositifs aptes à traiter la dématérialisation de la procédure afin de garantir le droit à un procès équitable.

CEDH, 16 juin 2009, Lawyer Partners A.S. c/ Slovaquie.

66 — De la dématérialisation à la procédure numérique. La justice ne peut ni s'opposer ni ignorer l'inexorable phénomène numérique. La procédure civile l'a appréhendé : dans un premier temps, la communication par voie électronique a créé une dématérialisation en procédure civile (I) ; et désormais, la transformation envisagée est une projection du procès et de l'administration de la justice dans un monde numérique (II).

I La dématérialisation en procédure civile

67 — Support électronique. La dématérialisation en procédure civile concerne les actes et leur transmission. En soi, les règles de procédure civile ne sont pas substantiellement modifiées. Il s'agit plus d'une adaptation à un support nouveau : le support électronique. La communication par voie électronique en procédure civile (B) s'inscrit dans le cadre de la dématérialisation des actes juridiques en droit privé (A).

A La dématérialisation des actes

68 — Origine. La dématérialisation des actes juridiques a été mise en œuvre par la loi du 13 mars 2000 portant adaptation du droit de la preuve aux technologies de l'information et relative à la signature électronique, transposant la directive du Parlement européen et du Conseil du 13 décembre 1999 sur un cadre communautaire pour les signatures électroniques.

69 — Principe d'équivalence. La loi du 13 mars 2000 a posé des principes généraux relatifs à l'établissement des actes juridiques sur un support électronique. Les dispositions issues de la loi de 2000 sont présentes dans le Code civil. Un principe d'équivalence de la valeur des écrits est posé : « L'écrit électronique a la même force probante que l'écrit sur support papier » (C. civ., art. 1366).

70 — Conditions. Afin de servir valablement, l'acte dématérialisé doit permettre d'identifier « la personne dont il émane » (C. civ., art. 1366). En ce sens, la signature électronique est un procédé fiable d'identification (D., 30 mars 2001, abrogé par D., 28 sept. 2017 relatif à la signature électronique). Aussi, l'écrit électronique doit être « établi et conservé dans des conditions de nature à en garantir l'intégrité » (C. civ., art. 1366).

71 — Dématérialisation des actes en procédure. Ce mouvement de dématérialisation des actes intéresse la procédure civile. Par exemple, le décret du 10 août 2005 modifiant le décret du 29 février 1956 pris pour l'application de l'ordonnance du 2 novembre 1945 relative au statut des huissiers de justice a adapté les règles applicables aux écrits papier des actes, exploits et procès-verbaux des huissiers de justice à l'écrit électronique.

> Conformément à l'article 26 du décret susvisé, « Les originaux établis sur support électronique doivent l'être au moyen d'un système de traitement, de conservation et de transmission de l'information agréé par la Chambre nationale des huissiers de justice et garantissant l'intégrité et la confidentialité de leur contenu. »

72 — Jugement dématérialisé. Aussi, le décret du 28 décembre 2012 a prévu l'établissement du jugement sur support électronique. Suivant l'article 456 du CPC, « Le jugement peut être établi sur support papier ou électronique ». Établi sur support électronique, le jugement doit être « signé au moyen d'un procédé de signature électronique qualifiée » (CPC, art. 456, al. 2, mod. D. nº 2019-402, 3 mai 2019).

73 — Jugement dématérialisé : arrêté. Afin d'être mise en œuvre de manière effective, la dématérialisation des jugements suppose la publication d'un arrêté afin que soit défini un procédé de signature électronique qualifié. Le premier arrêté, en date du 18 octobre 2013, est relatif à la signature électronique des décisions de justice rendues en matière civile par la Cour de cassation. Plus récemment, on peut citer l'arrêté du 9 avril 2019 relatif à la signature électronique des décisions rendues par les tribunaux de commerce.

B La communication par voie électronique

74 — Définition de la communication électronique. La communication électronique est l'émission, la transmission ou la réception « de signes, de signaux, d'écrits, d'images ou de sons, par voie électromagnétique » ; toute installation en permettant le transport ou la diffusion est nommée « réseau de communications électroniques » (CPCE, art. L. 32, 1° et 2°). La communication électronique ne modifie pas le contenu des actes échangés, mais la voie de leur échange.

75 — Origine de la dématérialisation procédurale. En procédure civile, la communication par voie électronique est principalement régie par le titre XXI du CPC (CPC, art. 748-1 à 748-9). La communication électronique est une dématérialisation du mode servant les échanges procéduraux.

> Le titre XXI du CPC a été créé par le décret n° 2005-1678 du 28 décembre 2005 et complété par les décrets des 22 mai 2008, 9 décembre 2009, 11 mars 2015 et 3 mai 2019.

76 — Technicité de la communication électronique. Concrètement, la communication s'effectue par le biais de réseaux privés virtuels, tels que le Réseau privé virtuel des avocats (RPVA) ou le Réseau privé virtuel justice (RPVJ). Les interfaces permettent un accès sécurisé à ces réseaux (par ex. le service e-Barreau). Afin d'assurer une circulation entre les différents acteurs de la procédure, les différents réseaux sont interconnectés (par ex. RPVA et RPVJ). La sécurité de l'interconnexion est assurée par un tiers de confiance.

77 — Champ d'application général. Le champ d'application de la communication par voie électronique est précisé à l'article 748-1 du CPC. Cette disposition a une portée importante en raison des modes de transmission des actes (envois, remises et notifications) inclus dans son champ d'application, ainsi que des nombreux actes pouvant être transmis par tous les acteurs de la procédure par voie électronique (v. *infra*, n° 748).

78 — Arrêté technique. Le champ d'application général de l'article 748-1 du CPC ne signifie pas l'existence d'une généralisation de la communication électronique. L'effectivité de la mise en œuvre de la communication électronique est préalablement conditionnée à la prise d'un arrêté technique (CPC, art. 748-6). Pour cette raison, son développement est temporellement progressif et matériellement sectoriel.

79 — Conditions des arrêtés techniques. Les arrêtés techniques fixent un champ d'application dans lequel les échanges dématérialisés peuvent ou doivent être réalisés. Parmi ces exigences :
- l'identification des parties à la communication électronique doit être fiable ;
- la conservation des transmissions doit être assurée, ainsi que leurs dates d'envoi et de réception ;
- la sécurité et la confidentialité des échanges doivent être garanties (CPC, art. 748-6).

80 — Portail du justiciable. Le décret du 3 mai 2019 adapte les règles de communication électronique à l'utilisation d'une plateforme d'échanges dématérialisés (sur l'idée de plateforme, v. *infra*, n° 81). Aussi, il ouvre la communication par voie électronique aux justiciables, qui y consentent, sur le « Portail du justiciable ». Ce portail est « une application fondée sur la communication par voie électronique des informations relatives à l'état d'avancement des procédures civiles utilisant le réseau Internet » et « permet également au justiciable d'adresser une requête à une juridiction » (A., 6 mai 2019, art. 1er, mod. par A, 18 févr. 2020).

II La procédure civile numérique

81 — Procès numérique. La procédure civile numérique n'est plus seulement de la communication par voie électronique. Elle relève d'une autre démarche, celle de la plateforme numérique. Au cœur du procès numérique se trouve l'idée de la création d'un dossier numérique unique « alimenté et consulté par les parties et les acteurs du procès et de la procédure » (rapp. *Chantiers de la justice : Transformation numérique*, prop. n° 3-1). L'évolution du procès numérique prend donc vie par des procédures dématérialisées *via* des juridictions plateformes.

82 — Projet Portalis. La procédure civile numérique trouve une retranscription dans le projet Portalis. Lancé en mars 2014, il s'agit d'un programme global de modernisation et de simplification de la justice. Le projet Portalis a trois objectifs :
- rendre plus lisible et plus accessible la justice pour les justiciables ;

- dématérialiser les procédures judiciaires avec les justiciables et les auxiliaires de justice ;
- unifier en une seule chaîne applicative informatique le traitement de l'ensemble des procédures civiles.

83 — Étapes du projet Portalis. La mise en œuvre du projet Portalis est progressive. Le projet se déploie suivant un calendrier composé de six étapes. C'est dans ce cadre que s'inscrivent l'ouverture du portail Internet du justiciable www.justice.fr, la mise à disposition des services d'accueil unique du justiciable (SAUJ), ou encore le Portail du justiciable permettant aux justiciables, depuis le 21 février 2020, d'adresser des requêtes par voie électronique à certaines juridictions (A., 18 févr. 2010). La dernière étape, prévue pour 2022, prévoit une dématérialisation complète de la chaîne civile et une mise en place du nouvel applicatif métier Portalis sur l'ensemble des juridictions civiles.

84 — Loi *PRJ*. Annoncée par le projet Portalis, affermie par les chantiers de la justice ouverts en 2017, la transformation numérique est confirmée dans la loi du 23 mars 2019 de programmation 2018-2022 et de réforme pour la justice, dite « loi *PRJ* ». À ce titre, les dispositions des articles 26 et 27 retiennent particulièrement l'attention, car elles posent les bases d'une procédure sans audience dans laquelle les échanges sont dématérialisés (L. *PRJ*, art. 26) et instaurent une procédure numérique d'injonction de payer (L. *PRJ*, art. 27).

85 — Procédure dématérialisée. La procédure dématérialisée, devant entrer en vigueur au plus tard le 1er janvier 2022, concerne les demandes n'excédant pas un montant à définir par décret en Conseil d'État. Soumise à l'accord initial des parties, cette procédure a pour objectif d'obtenir une décision dans un délai raccourci grâce à une dématérialisation de la procédure via le Portail de la justice (L. *PRJ*, art. 26 créant COJ, art. L. 212-5-2).

86 — Injonction de payer numérique. Sous les conditions de l'article 27 de la loi *PRJ* est instaurée une procédure d'injonction de payer dématérialisée. Celle-ci est de la compétence d'une juridiction qui est à désigner par décret. La transformation numérique est profonde, car une juridiction plateforme est ainsi créée. La procédure consacrée aux articles L. 211-17 et L. 211-18 du COJ, devant entrer en vigueur au plus tard le 1er septembre 2021, consacre, à notre sens, la première procédure civile numérique (v. *infra*, n° 1133).

Initialement fixée au 1er janvier 2021, l'entrée en vigueur de la future injonction de payer prévue à l'article 27 de la loi *PRJ* a été repoussée au 1er septembre 2021 par la loi n° 2020-734 du 17 juin 2020 relative à diverses dispositions liées à la crise sanitaire, à d'autres mesures urgentes ainsi qu'au retrait du Royaume-Uni de l'Union européenne.

87 — Services en ligne. À ces dispositions doivent s'ajouter celles relatives aux services en ligne. Particulièrement, la loi *PRJ* consacre les services en ligne qui organisent les méthodes alternatives de règlement des conflits ou aident à la saisine (L. *PRJ*, art. 4 ; D., 25 oct. 2019). Probablement pour anticiper toutes critiques ou dérives liées à la justice prédictive, il est précisé que les services en ligne de résolution amiable « ne peuvent avoir pour seul fondement un traitement algorithmique ou automatisé de données à caractère personnel ».

La justice prédictive consiste à prédire par une machine, suivant un algorithme, les chances de succès d'une procédure. Actuellement, la justice prédictive repose sur une analyse de données préexistantes. Elle permet de quantifier les chances de réussite ou anticiper les risques d'une action. L'*open data* des décisions de justice profitera au *legaltech* (ou « technologie juridique ») de justice prédictive.

88 — *Open data* des décisions de justice. Au titre des avancées du numérique doit également être cité l'*open data* des décisions de justice (COJ, art. L. 111-13). La mise à disposition gratuite des décisions de justice est ainsi consacrée, à la condition de respecter la vie privée des personnes concernées et avec l'interdiction d'effectuer des analyses statistiques comparatives suivant les juges et les juridictions.

Faisant suite au rapport sur *L'open data des décisions de justice* (Mission d'étude et de préfiguration sur l'ouverture au public des décisions de justice, nov. 2017), les dispositions de la loi *PRJ* complètent et modifient la loi du 7 octobre 2016 pour une République numérique, dite « loi *PRN* ».

89 — Vers un nouvel univers numérique. *Legaltech*, algorithme, *deep learning*, progiciel, API ou encore métadonnées, tel est le nouveau vocabulaire de la justice. Sans en remettre en cause les fondements, la procédure civile est projetée dans un nouvel univers numérique qui invite à de nouvelles pratiques. Le numérique est incontournable et son avancée inexorable, il est donc conseillé à tous, sans attendre, de s'en saisir.

90 — Plan du livre. « S'il n'y avait qu'une chose à conserver dans les facultés de droit, ce devrait être l'enseignement de la procédure ». À l'étude de l'action en justice (partie I), succédera l'étude du déroulement de l'instance (partie II) et, l'instance se terminant lorsque le juge est dessaisi, les issues de l'instance (partie III).

Supiot A., *La gouvernance par les nombres, Cours au Collège de France 2012-2014*, 2015, Fayard.

PARTIE 1
L'action en justice

91 — Plan. L'action en justice est une prérogative reconnue à une personne de s'adresser à une juridiction afin que le juge dise bien ou mal fondée sa prétention. L'action en justice renvoie au droit d'agir devant une juridiction compétente. À l'étude de la notion d'action (chapitre 1) succéderont l'alternative à l'action (chapitre 2), son existence (chapitre 3), son exercice (chapitre 4) et la compétence juridictionnelle (chapitre 5).

CHAPITRE 1

La notion d'action

92 — Définition du CPC. L'action en justice est définie à l'article 30 du CPC comme « le droit pour l'auteur d'une prétention, d'être entendu sur le fond de celle-ci afin que le juge la dise bien ou mal fondée. Pour l'adversaire, l'action est le droit de discuter du bien-fondé de cette prétention ». Cette définition est le fruit de l'évolution de la notion d'action qui a fait l'objet de nombreux débats doctrinaux.

93 — Assimilation de l'action au droit. Influencée par la procédure formulaire du droit romain, la doctrine du XIXe siècle confondait l'action dans le droit, la première servant la consécration du second. La formule de Demolombe est connue : l'action « est le droit mis en mouvement, c'est le droit à l'état d'action au lieu d'être à l'état de repos, le droit à l'état de guerre au lieu d'être à l'état de paix » (Demolombe C., *Cours de Code Napoléon*, t. IX, 1862).

94 — Critiques de l'assimilation de l'action au droit. Sans nier le lien entre l'action et le droit, ces notions ne peuvent être confondues. Des droits existent sans action (par ex. les obligations naturelles). Inversement, des actions sans droit existent (par ex. l'action du ministère public). Aussi, la recevabilité de l'action ne préjuge pas de la reconnaissance du droit au fond et son irrecevabilité ne peut pas dépendre de l'examen au fond du litige.

95 — Autonomie de l'action et du droit. Critiquable, la conception classique de l'action a progressivement été réfutée à la faveur d'une distinction de l'action et du droit. Sous l'influence notamment de Motulsky, la doctrine moderne a dissocié l'action du droit substantiel. L'action est le droit d'être entendu par le juge, c'est-à-dire le droit d'agir, qui se distingue du droit substantiel dont la reconnaissance est demandée.

À suivre la lettre de l'article 30 du CPC, l'action est également définissable par rapport à l'adversaire. Il s'agit pour lui du droit de discuter du bien-fondé de cette prétention. Cette conception ne convint pas pleinement, notamment parce qu'elle confond le droit d'agir et les droits de la défense.

96 — Relativité de l'autonomie de l'action et du droit. Autonomes, l'action et le droit ne sont pas dénués de tout rapport. Le droit est l'objet de l'action ; c'est pourquoi les actions peuvent être classifiées en fonction de la nature ou de l'objet du droit litigieux. Plus généralement, la procédure civile a pour objet premier d'assurer la reconnaissance ou la sanction de droit dont les justiciables s'estiment titulaires.

97 — Protection et conditions de l'action. Passant outre les discussions doctrinales, la conception contemporaine de l'action en justice consacre l'action en tant que droit fondamental. Ainsi, l'action en justice est protégée (section 1). En même temps, la prérogative conférée au justiciable d'agir en justice est conditionnée (section 2).

SECTION 1 L'action en justice protégée

98 — Annonce. « La Convention a pour but de protéger des droits non pas théoriques ou illusoires, mais concrets et effectifs ». Afin de protéger l'action en justice, la consécration du droit d'agir en un droit fondamental ne suffit pas (I), il convient surtout d'en assurer l'effectivité (II).

CEDH, 9 oct. 1979, n° 6289/73, Airey c/ Irlande.

I Le droit fondamental d'agir en justice

99 — Définition. Par le prisme des droits fondamentaux, l'action en justice est le droit d'agir en justice, c'est-à-dire d'accéder à une juridiction afin d'y faire valoir ses droits devant un juge. Le droit d'agir est une liberté fondamentale.

100 — Justification de la consécration du droit fondamental d'agir en justice. Le droit d'agir est un droit fondamental car il est la composante première du droit à un procès équitable. C'est par le droit d'agir que le procès équitable prend vie. Si l'accès au juge n'est pas garanti, les composantes du procès équitable demeurent théoriques.

Dans son arrêt de principe *Golder c/ Royaume-Uni* du 21 février 1975, la CEDH a justifié la consécration du droit fondamental d'agir en justice : « Aux yeux de la Cour, on ne comprendrait pas que l'article 6, § 1 décrive en détail les garanties de procédure accordées aux parties [...] et qu'il ne protège pas d'abord ce qui seul permet d'en bénéficier en réalité : l'accès au juge. Équité, publicité et célérité du procès n'offrent point d'intérêt en l'absence de procès ».

101 — Textes internationaux. Reconnu dans un premier temps par la Déclaration universelle des droits de l'homme du 10 décembre 1948 en son article 8, le droit d'agir a ensuite été reconnu par d'autres textes internationaux (par ex. PIDCP, art. 2, § 3). Aussi importante soit-elle, la Déclaration de 1948 n'a toutefois pas force obligatoire en France.

102 — Convention européenne des droits de l'homme. La consécration du droit fondamental d'agir en justice s'est réellement affirmée sous l'influence de la jurisprudence de la CEDH. Il en résulte une obligation positive pour l'État de garantir le droit d'agir en justice à tout justiciable. En tant que droit fondamental, même si le litige ne concerne pas un droit reconnu par la Convention européenne des droits de l'homme, tout individu doit pouvoir présenter au juge sa prétention afin d'obtenir une décision.

103 — Droit interne. En droit interne, le droit d'agir n'est pas proclamé dans la Constitution. Cependant, le Conseil constitutionnel le consacre et en assure la garantie en le rattachant à l'article 16 de la Déclaration des droits de l'homme et du citoyen du 2 août 1789 (Cons. const., 9 avr. 1996, n° 96-373). Le Conseil d'État reconnaît aussi le « principe à valeur constitutionnelle du droit d'exercer un recours juridictionnel ».

CE, 29 juill. 1998, n° 188715.

II Le droit effectif d'agir en justice

104 — Annonce. De nombreux textes, à l'instar de l'article 47 de la Charte des droits fondamentaux de l'Union européenne, et de nombreuses jurisprudences consacrent le droit effectif à agir en justice. Afin d'être concret, le droit d'agir ne doit être pas être entravé. Il en résulte que l'effectivité du droit d'agir est subordonnée à une accessibilité à la justice tant financière (A) que juridique (B).

A L'effectivité subordonnée à une accessibilité financière

105 — Gratuité du service public. « Le service public de la justice concourt à l'accès au droit et assure un égal accès à la justice. Sa gratuité est assurée selon les modalités fixées par la loi et le règlement » (COJ, art. L. 111-2). La charge financière ne devant pas être un obstacle au droit d'agir en justice, les coûts de la justice sont réduits au maximum.

106 — Des coûts réduits, mais non inexistants. Pour différentes raisons, essentiellement liées aux difficultés financières de l'État, le coût d'accès à la justice est réduit pour le justiciable. Mais il n'est pas totalement gratuit. Un procès n'est pas exempt de frais pour le justiciable (1). Pour cette raison, afin d'assurer l'effectivité du droit d'agir en justice, un système d'aide juridictionnelle est mis en place pour les personnes dont les ressources sont faibles (2).

1 Les frais de justice

107 — Gratuité de la justice. La loi du 30 décembre 1977 a participé à réduire les coûts de la justice en instaurant la gratuité des actes de justice devant les juridictions civiles. Le principe de gratuité n'est pas absolu cependant, et des frais de justice demeurent à la charge des plaideurs.

108 — Dépens. Les frais de justice à la charge du justiciable comprennent les dépens. Il s'agit des frais tarifés énumérés de manière limitative à l'article 695 du CPC. Les dépens sont connexes aux actes et aux instances. Ils comprennent notamment certains « droits, taxes, redevances ou émoluments perçus par les secrétariats des juridictions », la rémunération des techniciens ou encore les émoluments des officiers publics ou ministériels.

109 — Frais autres que les dépens. Outre les dépens, le coût de la justice est composé d'un ensemble d'autres frais. Ces frais sont qualifiés par la négative à l'article 700 du CPC comme les « frais exposés et non compris dans les dépens ». Il s'agit par exemple des honoraires d'avocat, dans les litiges où son ministère n'est pas obligatoire, ou des frais engagés pour obtenir certaines pièces.

110 — Qualification des frais de justice. La qualification des frais de justice en dépens ou en autres frais est importante. De leur qualification dépend la détermination de la partie devant les supporter. Les dépens sont qualifiés de « répétibles » car ils sont en principe supportés par la partie perdante. *A contrario*, les autres frais sont qualifiés de frais « irrépétibles ».

111 — Charge des dépens. La partie qui a succombé est tenue aux dépens, le principe est donné à l'article 696 du CPC. Cependant, ce principe souffre d'exceptions. La dérogation majeure est la faculté octroyée au juge de répartir – en cas de succombance totale ou partielle – la charge des dépens. Par décision motivée, le juge peut mettre la totalité ou une fraction des dépens à la charge d'une partie autre que celle perdante (CPC, art. 696).

112 — Frais irrépétibles. Les frais de justice autres que les dépens sont les frais de l'article 700 du CPC, traditionnellement qualifiés de « frais irrépétibles » car ils sont en principe à la charge de chacune des parties. Mais le décret du 29 décembre 2013 a modifié les dispositions de l'article 700. Désormais, la partie tenue aux dépens ou qui perd son procès est condamnée à payer à l'autre partie les frais exposés et non compris dans les dépens.

113 — Frais irrépétibles : limites. En principe, de la charge des dépens dépend la condamnation au titre de l'article 700 du CPC. Toutefois, le juge ne peut accorder une indemnité sur le fondement de l'article 700 que si une partie en a fait la demande. Afin de rendre sa décision, le juge tient compte de l'équité ou de la situation économique de la partie condamnée. Pour ces raisons, il peut, même d'office, dire qu'il n'y a pas lieu à ces condamnations (CPC, art. 700).

2 L'aide juridictionnelle

114 — Historique. Afin d'éviter que les frais de justice soient un obstacle à l'effectivité du droit d'agir, l'assistance judiciaire a été institutionnalisée par la loi du 22 janvier 1851. Puis, par la loi du 3 janvier 1972, l'assistance s'est muée en l'aide judiciaire, dont le domaine a été élargi par la loi du 10 juillet 1991 relative à l'aide juridique, comprenant l'aide juridictionnelle modifiée à de nombreuses reprises.

115 — Définition. Par principe, dans toutes les procédures – y compris celle amiable –, devant toute juridiction, en matière gracieuse ou contentieuse, tant le demandeur que le défendeur dont les ressources sont insuffisantes peuvent bénéficier de l'aide juridictionnelle. Cette aide est donc destinée aux justiciables les plus démunis afin d'assurer un accès effectif à la justice.

116 — Annonce. Afin de bénéficier de l'aide juridictionnelle, des conditions doivent être réunies (a). La demande d'aide juridictionnelle emporte des effets sur la procédure (b) et l'admission de l'aide juridictionnelle a des conséquences pour le justiciable (c).

a Conditions d'octroi de l'aide juridictionnelle

117 — Condition relative au demandeur. Principales bénéficiaires de l'aide juridictionnelle, les personnes physiques doivent être de nationalité française, ressortissantes d'un État membre de l'Union européenne ou, à défaut, résider habituellement et régulièrement en France (L., 11 juill. 1991, art. 3). Sous certaines conditions, les personnes morales peuvent être admises au bénéfice de l'aide juridictionnelle à titre exceptionnel (L., 11 juill. 1991, art. 2).

118 — Condition de ressources. À la condition relative à la personne du demandeur à l'aide juridictionnelle s'ajoute celle relative à sa situation. Le demandeur doit justifier de ressources « insuffisantes » (L., 11 juill. 1991, art. 1er), déterminées par des plafonds légaux. Pour l'année 2020, sans personne à charge, le barème est fixé à un plafond maximal de 1 043 € de ressources mensuelles pour une aide totale.

119 — Condition relative à l'action. Enfin, sans que cela s'oppose au « principe d'égalité », le bénéfice de l'aide juridictionnelle est réservé « à la personne dont l'action n'apparaît pas, manifestement, irrecevable ou dénuée de fondement ». Cependant, cette condition ne s'applique pas au défendeur.

Cass. 2e civ., 21 juin 2012, n° 12-40036.

b Effets de la demande d'aide juridictionnelle sur la procédure

120 — Bureau d'aide juridictionnelle. L'admission à l'aide juridictionnelle est de la compétence du bureau d'aide juridictionnelle. Le seul dépôt d'une demande d'aide juridictionnelle produit des effets procéduraux. L'aide juridictionnelle peut être demandée avant ou pendant l'instance.

121 — Sursis à statuer. Avisée du dépôt d'une demande d'aide juridictionnelle, la juridiction « est tenue de surseoir à statuer dans l'attente de la décision statuant sur cette demande » (D., 19 déc. 1991, art. 43-1). Toutefois, le sursis ne joue pas en cas d'irrecevabilité manifeste de l'action du demandeur à l'aide, insusceptible d'être couverte en cours d'instance.

122 — Délais d'exercice de l'action. La demande d'aide juridictionnelle emporte également des effets procéduraux lorsqu'une action en justice ou un recours doivent être intentés avant l'expiration d'un délai devant les juridictions de première instance ou d'appel. En cette hypothèse, l'action est réputée avoir été intentée dans le délai si la demande d'aide s'y rapportant est adressée au bureau avant l'expiration dudit délai (D., 19 déc. 1991, art. 38).

123 — Conditions d'interruption des délais d'exercice de l'action. La demande d'aide juridictionnelle emporte une interruption des délais relatifs à l'exercice de l'action. Toutefois, cet effet joue à la condition que la demande en justice ou le recours soient introduits dans un nouveau délai, de même durée (D., 19 déc. 1991, art. 38).

La demande ou le recours sont introduits dans un nouveau délai de même durée à compter de la notification de la décision d'admission provisoire, constatant la caducité de la demande, de la date à laquelle le demandeur à l'aide juridictionnelle ne peut plus contester la décision d'admission ou de rejet de sa demande, ou, en cas d'admission, de la date, si elle est plus tardive, à laquelle un auxiliaire de justice a été désigné.

124 — Autres délais. La demande d'aide juridictionnelle produit des effets interruptifs sur d'autres délais procéduraux. Tel est le cas des délais impartis pour conclure ou former appel incident des articles 905-2, 909 et 910 du CPC (D., 19 déc. 1991, art. 38). Aussi, même en l'absence de disposition légale, la jurisprudence étend le bénéfice de cet effet interruptif des délais.

Cass. 2e civ., 21 oct. 2010, no 09-66510.

c Effets de l'admission de l'aide juridictionnelle pour le justiciable

125 — Décisions. Peuvent être prononcés l'admission à l'aide juridictionnelle totale ou partielle, en cas d'urgence l'admission à l'aide juridictionnelle provisoire, ou le rejet de la demande d'aide juridictionnelle. En cas de rejet ou d'aide partielle, un droit de recours est conféré au requérant (L., 11 juill. 1991, art. 56 et s.). En cas d'admission, l'aide juridictionnelle produit des effets en faveur de son bénéficiaire.

126 — Concours d'un auxiliaire de justice. L'admission à l'aide juridictionnelle donne droit « à l'assistance d'un avocat et à celle de tous officiers publics ou ministériels dont la procédure requiert le concours » (L., 11 juill. 1991, art. 25). Le bénéficiaire dispose d'un libre choix dans leur désignation. À défaut de choix ou en cas de refus de l'auxiliaire de justice, celui-ci est désigné par le bâtonnier ou par le président de l'organisme professionnel dont il dépend.

127 — Prise en charge des frais : principe. « Les dépenses qui incomberaient au bénéficiaire de l'aide juridictionnelle s'il n'avait pas eu cette aide sont à la charge de l'État » (L., 11 juill. 1991, art. 24). En principe, le bénéficiaire de l'aide juridictionnelle est dispensé des frais de justice.

128 — Prise en charge des frais : aide partielle. Lorsque l'aide juridictionnelle est partielle, une partie des frais est à sa charge. Il est laissé au bénéficiaire la charge d'honoraires fixés par convention avec l'avocat ou d'un émolument au profit des officiers publics et ministériels qui prêtent leur concours.

129 — Prise en charge des frais : limites. La prise en charge des frais du bénéficiaire de l'aide juridictionnelle souffre de limites. Notamment, lorsque le bénéficiaire est condamné aux dépens ou perd son procès, il supporte exclusivement la charge des dépens effectivement exposés par son adversaire. Le juge peut toutefois, même d'office, laisser une partie des dépens à la charge de l'État (L., 11 juill. 1991, art. 42).

130 — Retrait de l'aide. *In fine*, il est à noter qu'un retrait de l'aide juridictionnelle est prévu (L., 11 juill. 1991, art. 50). Le retrait intervient d'office ou à la demande de tout intéressé, sans préjudice de poursuites pénales, lorsque l'aide juridictionnelle a été obtenue en raison de fausses déclarations et de pièces inexactes. Il peut également intervenir si son bénéficiaire jouit de ressources nouvelles ou si la procédure est jugée dilatoire ou abusive.

B L'effectivité subordonnée à une accessibilité au droit

131 — Aspects du service public de la justice. La justice étant un service public, son accessibilité passe par sa gratuité, sous les réserves susénoncées. Aussi, « le service public de la justice concourt à l'accès au droit et assure un égal accès à la justice » (COJ, art. L. 111-2). L'effectivité du droit d'agir en justice est donc garantie par l'accessibilité au droit, qui prend deux formes majeures : l'aide à l'accès au droit et la continuité de la justice.

132 — Définition de l'aide à l'accès au droit. En complément de l'aide juridictionnelle, l'aide juridique comprend l'aide à l'accès au droit, instituée par la loi du 11 juillet 1991 modifiée par la loi du 18 décembre 1998. Cette aide s'inscrit dans un mouvement plus général de simplification et de compréhension du droit. Il s'agit de renseigner le justiciable sur ses droits et obligations, de l'orienter et de l'accompagner dans ses démarches.

133 — Objets de l'aide à l'accès au droit. Conformément à l'article 53 de la loi de 1991, l'aide à l'accès au droit comporte plusieurs volets :
- l'information générale des personnes sur leurs droits et obligations ;
- leur orientation vers les organismes chargés de la mise en œuvre de ces droits ;
- l'aide dans l'accomplissement de toute démarche en vue de l'exercice d'un droit ou de l'exécution d'une obligation de nature juridique et l'assistance au cours des procédures non juridictionnelles ;
- la consultation en matière juridique ;
- l'assistance à la rédaction et à la conclusion des actes juridiques.

134 — Institutions de l'aide à l'accès au droit : les conseils départementaux de l'accès au droit. Afin de garantir l'aide à l'accès au droit, des organismes et des institutions sont institués. Les conseils départementaux de l'accès au droit (CDAD) fixent les conditions dans lesquelles s'exerce l'aide à la consultation en matière juridique.

135 — Institutions de l'aide à l'accès au droit : les maisons de la justice et du droit. Aussi, des maisons de justice et du droit (MJD), placées sous l'autorité du président du tribunal judiciaire et du procureur de la République près ce tribunal, dans le ressort duquel elles sont situées, « assurent une présence judiciaire de proximité et concourent [...] à l'accès au droit » (COJ, art. R. 131-1).

136 — Institutions de l'aide à l'accès au droit : les services d'accueil unique du justiciable. Afin de renforcer l'aide à l'accès au droit, la loi *J21* a consacré le service d'accueil unique du justiciable (SAUJ). Ce service « informe les personnes sur les procédures qui les concernent et reçoit de leur part des actes afférents à ces procédures » (COJ, art. L. 123-3). Il s'agit d'un volet du projet Portalis participant à simplifier l'accès au droit, à l'instar du portail www.justice.fr (v. *supra*, n° 83).

Le décret n° 2017-897 du 9 mai 2017 relatif au service d'accueil unique du justiciable et aux personnes autorisées à accéder au traitement de données à caractère personnel « Cassiopée » porte sur le fonctionnement du service d'accueil unique du justiciable et détermine les compétences juridictionnelles des agents de greffe qui y sont affectés.

137 — Continuité de la justice. L'accessibilité au droit comprend d'autres volets que l'aide à l'accès au droit. Cette accessibilité est également garantie par le principe de continuité ou de permanence de la justice. En France, la justice est assurée du 1er janvier au 31 décembre, garantissant ainsi une effectivité temporelle du droit d'agir en justice.

SECTION 2 L'action en justice conditionnée

138 — Dualité de conditions. Si le droit d'agir est un droit fondamental en vertu duquel chacun doit avoir un libre et égal accès à la justice, l'action en justice est cependant conditionnée. Il s'agit donc d'un droit relatif, puisque le droit d'agir est une prérogative subordonnée à des conditions posées par le législateur (I). Aussi, ce droit a un caractère facultatif, car sa mise en œuvre est conditionnée à la volonté du justiciable (II).

I Le droit relatif d'agir en justice

139 — Risques d'un droit d'agir inconditionnel. Le droit d'agir en justice est relatif en raison des risques que comporte un accès inconditionnel à la justice. Les écueils liés à un accès absolu à la justice sont doubles. Il en résulterait :

- d'une part, un engorgement incontrôlable des tribunaux, qui ne pourraient traiter l'ensemble des demandes ;
- d'autre part, un recommencement perpétuel du procès, qui porterait atteinte à la sécurité juridique.

140 — Droit d'agir non absolu. Affirmer l'effectivité du droit d'agir ne signifie pas instituer une prérogative illimitée d'agir en justice. Par sa nature, « le droit d'accès aux tribunaux n'est pas absolu », il appelle « une réglementation par l'État ». C'est parce qu'il est encadré juridiquement que le droit d'agir en justice est relatif.

CEDH, 28 mai 1985, Ashingdane c/ Royaume-Uni, n° 8225/78.

141 — Relativité du droit d'agir. La relativité du droit d'agir ne doit cependant pas porter atteinte au caractère fondamental de ce droit. Un juste équilibre doit être trouvé. L'encadrement juridique doit être proportionné à la finalité envisagée. Les moyens utilisés, soit les conditions de recevabilité de l'action, ne doivent pas porter une atteinte substantielle au droit d'agir.

142 — Recevabilité de l'action conditionnée. Le caractère relatif du droit d'agir en justice renvoie aux conditions de recevabilité de l'action. Ces conditions sont de deux ordres : certaines sont subjectives parce qu'elles sont relatives aux plaideurs, d'autres sont objectives car elles ne s'évaluent pas par rapport à la personne qui agit (v. chap. 3). L'objectif de ces conditions est de lutter contre les risques sus-énoncés liés à un accès absolu à la justice.

II Le droit facultatif d'agir en justice

143 — Caractère facultatif. L'existence d'un différend est la réalité première de toute procédure. Pour autant, l'existence d'un différend ne suppose pas nécessairement une action en justice. Le droit d'agir a un caractère facultatif, c'est-à-dire que l'action en justice est un droit dont l'exercice est laissé à la libre appréciation du justiciable.

144 — Choix de régler ou non un différend. Confronté à une situation litigieuse, le justiciable n'est pas contraint d'agir en justice. Nul ne peut se faire justice à soi-même, mais le justiciable est libre d'agir ou non en justice. Deux conséquences en résultent : l'introduction d'une action individuelle contre la volonté de l'intéressée est proscrite ; inversement, sauf abus du droit d'agir (v. *infra*, n° 409), la responsabilité civile du demandeur ne peut pas être engagée s'il perd son procès.

145 — Choix du mode de règlement du différend. Confronté à une situation litigieuse, le justiciable peut également faire le choix de recourir à un mode alternatif de résolution des différends (MARD). Le terme « alternatif » est particulièrement significatif ; il renvoie au choix du justiciable entre le recours à une résolution juridictionnelle du différend ou sa résolution extrajudiciaire.

146 — Renonciation au droit d'agir. Enfin, le justiciable peut renoncer à son droit d'agir par le désistement d'action (v. *infra*, n° 377). Le désistement d'action emporte extinction du droit d'agir. En conséquence, toute demande ultérieure fondée sur ce droit est irrecevable.

CHAPITRE 2

L'alternative à l'action

147 — Droit d'agir facultatif. L'action en justice est un droit protégé dont la mise en œuvre demeure facultative, à la libre appréciation du justiciable. Suivant une formule connue, « si tout procès suppose un litige, tout litige ne débouche pas nécessairement sur un procès ». Une alternative à l'action en justice est le recours aux modes alternatifs de résolution des différends (MARD).

148 — Définition. Les modes alternatifs peuvent être définis comme des processus organisés permettant de trouver une issue à une situation litigieuse, sans recourir à l'intervention du juge. Les modes alternatifs, présentement envisagés, renvoient à la résolution extrajudiciaire du différend, s'opposant alors à la conciliation et à la médiation judiciaire, intégrées à l'instance (v. *infra*, n° 786).

149 — Acronymes. Les alternatives à l'action ont reçu divers acronymes : MARC, MARL ou encore MARD. Le « D » de « différend » devrait être privilégié au « C » de « conflit », qui ne marquerait pas la volonté de pacifier l'opposition entre les parties. L'essentiel, à notre sens, est la signification du « A », car si un mode ***amiable*** est alternatif, un mode ***alternatif*** n'est pas nécessairement amiable.

150 — CPC. Le livre V du CPC s'intitule « La résolution amiable des différends ». Il constitue le pendant extrajudiciaire du titre VI du livre Ier consacré à la conciliation et à la médiation judiciaire. Aussi, le livre V suit celui consacré à l'arbitrage. Le CPC opère une juste distinction entre les modes amiables judiciaires et extrajudiciaires d'une part, et les modes amiables et alternatifs d'autre part.

> La loi *PRJ* du 23 mars 2019 utilise le terme « alternatif » en sa première section du chapitre Ier du titre II. Cette première section s'intitule « Développer la culture du règlement alternatif des différends ». Confirmant l'emploi du terme « alternatif », certaines de ses dispositions concernent la résolution amiable (conciliation et médiation) et l'arbitrage.

151 — Annonce. L'alternative à l'action suppose de résoudre – ou à tout le moins de tenter de résoudre – un litige autrement qu'en s'adressant à un juge. À cette fin, les parties s'engagent dans une résolution à l'amiable des différends (section 1) ou elles peuvent avoir recours à un autre mode alternatif : l'arbitrage (section 2).

SECTION 1 La résolution amiable des différends

152 — Historique. L'engouement récent pour les MARD ne doit pas occulter leur caractère ancien. Déjà en 1739, Voltaire décrivait une pratique hollandaise, les « faiseurs de paix [qui] disent aux parties : vous êtes de grands fous de vouloir manger votre argent à vous rendre mutuellement malheureux. Nous allons vous accommoder sans qu'il vous en coûte rien. [...] Si leur folie est incurable, on leur permettra de plaider ».

> L'intérêt pour les MARD n'est pas spécifique à la France. Dans les systèmes de *commun law*, la conciliation ou la procédure collaborative, entre autres, sont d'usage courant. Aussi, les systèmes romano-germaniques n'ignorent pas les MARD.
>
> Cousteaux G. et Poillot Peruzzetto S., « La médiation », RIDC 2-2014, p. 403.

153 — Réformes. En France, si la résolution amiable des différends existe depuis longtemps, le mouvement en faveur des MARD est contemporain. Particulièrement, depuis le décret du 20 janvier 2012 qui a ajouté au CPC un livre V intitulé « Résolution amiable des différends », les réformes en la matière se sont multipliées. Au titre des dernières réformes doit être citée la loi *PRJ*, qui a pour objet de développer la culture du règlement amiable des différends.

154 — Droit de l'Union européenne. Le développement des MARD se réalise également sous l'influence du droit de l'Union européenne. Ainsi, l'ordonnance du 16 novembre 2011 a transposé la directive européenne du 21 mai 2008 qui, sans être limitée aux médiations transfrontières, pose un cadre général à la médiation. Peut également être citée la directive européenne du 21 mai 2013 relative au règlement extrajudiciaire des litiges de consommation.

155 — Objectifs. Avec les réformes contemporaines, l'adoption de dispositifs visant à favoriser – voire à imposer – les MARD s'est intensifiée. Le but est d'inciter les justiciables à pacifier leur différend et éviter ainsi un procès. Les raisons sous-jacentes à ce mouvement en faveur des MARD sont pragmatiques, l'un des objectifs étant de désencombrer les tribunaux, et substantielles, la volonté étant de rechercher un consensus entre les parties.

156 — Annonce. L'étude du processus de résolution amiable des différends peut se décomposer en deux temps. Premièrement, il convient de déterminer comment il est recouru aux modes amiables : il s'agit des préalables amiables (I). Dans un second temps, il convient de préciser comment le différend est réglé : il s'agit des modalités de résolution amiable (II).

I Les préalables amiables

157 — Initiative des parties ou contraintes pour les parties. Sous réserve de la matière litigieuse, les parties peuvent, de leur propre initiative, recourir à un mode de résolution amiable de leur différend. En certains cas, les parties y sont contraintes.

158 — Sources. Le caractère obligatoire des préalables amiables impose aux parties de tenter une résolution amiable avant de saisir le juge. Les préalables amiables obligatoires ont deux sources. La première est conventionnelle, la volonté des parties de recourir à une résolution amiable se matérialisant conventionnellement (A). La seconde est légale, des dispositions imposant, en dehors de toute volonté des parties, de tenter une résolution amiable (B).

A Les préalables amiables conventionnels

159 — Clause de règlement amiable. Un préalable amiable conventionnel renvoie à la mise en œuvre d'un mode amiable de résolution des différends en raison d'une clause dans un contrat. Par cette clause, dite clause « de médiation », « de conciliation » ou encore « d'arrangement amiable », les parties sont contraintes de recourir à un règlement amiable, antérieurement à la saisine d'une juridiction, en cas de survenance d'un litige.

160 — Clause et droit des contrats. Le caractère conventionnel des clauses de résolution amiable a été appréhendé par la réforme du droit des contrats. Conformément à l'article 1230 du Code civil, dans sa rédaction issue de l'ordonnance de 2016, « La résolution n'affecte [pas] les clauses relatives au règlement des différends ». Les clauses de règlement des litiges survivent à la résolution de la convention comportant une telle clause.

161 — Qualification de la clause de règlement amiable. Afin que le recours à un règlement amiable s'impose aux parties, le libellé de la clause doit faire référence à trois éléments caractéristiques :
– le sujet de la clause (recours à une procédure amiable) doit apparaître ;

- son caractère contraignant doit être spécifié ;
- la temporalité de sa mise en œuvre (antériorité à la saisine d'une juridiction) doit être précisée.

Un temps, la clause se devait de détailler le cadre de la mesure amiable. En 2016, la Cour de cassation a considéré que même si « *les modalités de sa mise en œuvre ne [sont] assorties d'aucune précision* », la clause de règlement amiable doit être respectée (Cass. 3e civ., 19 mai 2016, n° 15-14464). Si cette jurisprudence facilite la qualification de la clause, sa mise en œuvre n'est pas dénuée de risques de conflit.

162 — Sanction défaut de mise en œuvre. En cas de défaut de mise en œuvre de la clause de règlement des différends préalablement à la saisine d'une juridiction, la sanction est l'irrecevabilité de la demande. Cette situation, donnant lieu à une fin de non-recevoir, n'est pas susceptible d'être régularisée par la mise en œuvre de la clause en cours d'instance.

La Cour de cassation a précisé (Cass. com., 24 mai 2017, n° 15-25457) que l'instance étant en cours au moment où une demande reconventionnelle est formée, la recevabilité de cette demande n'est pas, sauf stipulation contraire, subordonnée à la mise en œuvre d'une procédure contractuelle amiable préalable à la saisine du juge.

Cass. ch. mixte, 14 févr. 2003 : BICC 1er mai 2003, p. 43 – Cass. ch. mixte, 12 déc. 2014, n° 13-19684.

B Les préalables amiables légaux

163 — Origine et développement. Le décret du 11 mars 2015 relatif à la simplification de la procédure civile à la communication électronique et à la résolution amiable des différends est à l'origine du développement des préalables légaux. Par la suite, ces préalables légaux ont fait l'objet de dispositions particulières dans la loi *J21* et la loi *PRJ*.

164 — Caractère obligatoire. Les préalables amiables légaux ne s'imposent pas en toute matière ou devant toute juridiction. Ils sont en effet circonscrits à certaines hypothèses (1). En raison de leur caractère obligatoire, les préalables amiables légaux sont une entrave temporelle au droit d'agir, qui exige de s'interroger sur leur conformité au droit à un procès équitable (2).

1 Les hypothèses de préalables amiables légaux

165 — Annonce. Il ressort de la loi *PRJ* une tendance à l'accroissement des préalables amiables légaux. Ils ne s'imposent toutefois pas dans tous les domaines et en toutes circonstances. Ainsi, il convient d'en préciser le domaine (a), puis les dérogations (b).

a Le domaine des préalables amiables légaux

166 — Origine contemporaine. Les préalables légaux ont été établis par le décret du 11 mars 2015 qui, en fonction du mode d'introduction de l'instance, a posé la nécessité de recourir préalablement à un mode amiable. Immédiatement, le déficit lié à l'absence sanction en cas de non-recours à un préalable amiable a été relevé, ce qui a amené le législateur à prévoir des cas où les préalables sont imposés à peine d'irrecevabilité de la demande.

À défaut des diligences relatives aux préalables amiables des anciens articles 56 et 58, la sanction était quasi inexistante. S'il n'est pas justifié de ces diligences, ni une irrecevabilité ni une nullité ne peuvent être prononcées. Dans cette hypothèse, « le juge peut [seulement] proposer aux parties une mesure de conciliation ou de médiation » (CPC, art. 127).

167 — Évolution. L'absence de sanction spécifique a été en partie appréhendée par les lois *J21* et *PRJ*, qui ont consacré des cas dans lesquels les préalables amiables légaux s'imposent à peine d'irrecevabilité de la demande. La loi *J21* consacre ses articles 4 et 7 aux préalables amiables. L'article 4 de la loi *J21* est modifié par l'article 3, II de la loi *PRJ* afin d'en étendre le domaine. Le décret du 11 décembre 2019 en précise au CPC les modalités d'application, qui ne sont pas sans incidence sur les modalités d'introduction de l'instance.

α Les cas prévus à peine d'irrecevabilité de la demande

168 — Loi *PRJ*. L'article 3, II de loi *PRJ* modifie l'article 4 de la loi *J21*. Prévus initialement pour les litiges portés devant le tribunal d'instance par voie de déclaration au greffe jusqu'au 1er janvier 2020, les préalables amiables légaux ont un domaine d'application étendu par la loi *PRJ*. Le décret nº 2019-1333 du 11 décembre 2019 en précise les modalités d'application au nouvel article 750-1 du CPC, qui concerne tant le domaine des préalables amiables légaux que les dérogations à ces préalables. L'article 750-1 du CPC s'applique aux demandes introduites à compter du 1er janvier 2020.

169 — Tribunal judiciaire. L'article 750-1 du CPC relatif aux préalables amiables légaux est l'une des dispositions communes relatives au tribunal judiciaire. Cette disposition est insérée au chapitre Ier « L'introduction de l'instance » du sous-titre Ier « Dispositions communes » du titre Ier « Dispositions particulières au tribunal judiciaire » du livre II du CPC. Il en résulte que l'obligation de tentative de résolution préalable amiable du litige concerne tant la procédure écrite que la procédure orale.

170 — Application limitée à deux cas. Si l'article 750-1 du CPC est une disposition commune à l'introduction de l'instance devant le tribunal judiciaire, les préalables amiables légaux ne s'imposent pas pour toutes les demandes. Au 1er janvier 2020, la saisine du tribunal judiciaire doit être précédée d'une tentative de résolution amiable dans deux cas. Ces deux cas sont énoncés au premier alinéa de l'article 750-1 du CPC.

171 — Premier cas : somme n'excédant pas 5 000 euros. Un préalable amiable est obligatoire avant la saisine du tribunal judiciaire, lorsque la demande est relative au paiement d'une somme n'excédant pas 5 000 euros (CPC, art. 750-1). Le nouveau taux de ressort est pris en référence afin de déterminer le seuil des « petits litiges ».

172 — Second cas : conflit de voisinage. Lorsque la demande est relative à un conflit de voisinage, la saisine du tribunal judiciaire doit être précédée d'une tentative de résolution amiable du différend. Ces matières sont données à l'article 750-1 du CPC dans sa rédaction issue du décret nº 2019-1333 du 11 décembre 2019, il s'agit des « actions mentionnées aux articles R. 211-3-4 et R. 211-3-8 du Code de l'organisation judiciaire ».

173 — Second cas : actions relatives aux conflits de voisinage. À peine d'irrecevabilité de la demande, la saisine du tribunal doit donc être précédée d'une tentative de résolution amiable pour :
- les actions en bornage (COJ, art. R. 211-3-4) ;
- les actions relatives à la distance prescrite par la loi, les règlements particuliers et l'usage des lieux pour les plantations ou l'élagage d'arbres ou de haies (COJ, art. R. 211-3-8, 1°) ;
- les constructions et travaux mentionnés à l'article 674 du Code civil (COJ, art. R. 211-3-8, 2°) ;
- les actions relatives au curage des fossés et canaux servant à l'irrigation des propriétés ou au mouvement des usines et moulins (COJ, art. R. 211-3-8, 3°) ;
- les contestations relatives, d'une part, à l'établissement et à l'exercice des servitudes instituées par les articles L. 152-14 à L. 152-23 du Code rural et de la pêche maritime et aux articles 640 et 641 du Code civil et, d'autre part, aux indemnités dues à raison de ces servitudes (COJ, art. R. 211-3-8, 4°) ;
- les actions relatives aux servitudes établies au profit des associations syndicales prévues par l'ordonnance nº 2004-632 du 1er juillet 2004 relative aux associations syndicales de propriétaires (COJ, art. R. 211-3-8, 5°).

174 — Exclusion. L'obligation de tentative de résolution amiable ne s'applique pas aux litiges relatifs à l'application des dispositions mentionnées à l'article L. 314-26 du Code de la consommation (L. *PRJ*, art. 4, *in* *fine*, mod. par L. *PRJ*, art. 3, II). Sont exclus les litiges en matière de crédit à la consommation ou de crédit immobilier.

175 — Mode de résolution amiable. Devant le tribunal judiciaire, en fonction du montant de la demande ou de la nature de l'action, la demande en justice doit être précédée d'une tentative de résolution amiable du litige. Au choix des parties peuvent être tentées une conciliation menée par un conciliateur de justice, une médiation ou une procédure participative.

176 — Mode de résolution amiable : choix. Il résulte de l'article 750-1 du CPC qu'aucun mode de résolution amiable n'est imposé. Un choix est laissé dans les modes de résolution amiable du litige, car, d'une part, il n'est pas possible d'imposer le recours à un mode payant (médiation et procédure participative) sans porter atteinte au droit d'accès à la justice et, d'autre part, le recours unique aux conciliateurs qui sont bénévoles comporterait un risque de blocage en raison de leur nombre insuffisant.

177 — Mode de résolution amiable : choix limité. En revanche, de la lecture de l'article 750-1 du CPC, il ressort que le choix concernant le mode de résolution amiable est limité. La recevabilité de la demande est conditionnée, si le préalable amiable est obligatoire, à une tentative de conciliation menée par un conciliateur de justice, une tentative de médiation ou une tentative de procédure participative.

β L'influence des préalables amiables légaux sur le formalisme de la demande initiale

178 — Uniformisation des modes de saisine. Le décret n° 2019-1333 du 11 décembre 2019 réalise une unification des modes de saisine (v. *infra*, n° 422). À ce titre, l'article 54 du CPC pose les mentions communes à toutes les demandes initiales. Une de ces mentions concerne les préalables amiables légaux, qui dès lors influent sur le formalisme de la demande initiale.

179 — Mentions relatives aux préalables amiables. Au titre des mentions exigées à l'article 54 du CPC, l'une concerne les préalables amiables légaux. Lorsque la saisine de la juridiction est subordonnée à une obligation de tentative préalable de résolution amiable, les diligences entreprises en vue de parvenir à une résolution amiable du litige ou la justification de la dispense d'une telle tentative sont à préciser (CPC, art. 54, 5°). Cette exigence est posée à peine de nullité. Ainsi, le respect des dispositions de l'article 750-1 du CPC doit apparaître sur la demande initiale.

b Les dérogations aux préalables amiables légaux

180 — Dérogations. Le caractère obligatoire des préalables amiables légaux n'est pas absolu. En certaines hypothèses, il est possible d'écarter l'obligation de tenter une résolution à l'amiable du litige préalablement à la saisine du tribunal (L. *J21*, art. 4, 1° à 4°, mod. par L. *PRJ*, art. 3, II). Le décret n° 2019-1333 du 11 décembre 2019 réalise une codification de ces dérogations à l'article 750-1 du CPC. Conformément à cette disposition, les parties sont dispensées du préalable amiable dans quatre cas.

181 — Demande d'homologation. Initialement prévue par la loi *J21*, non modifiée par la loi *PRJ* et reprise à l'identique par le décret n° 2019-1333 du 11 décembre 2019, la demande d'homologation est une dérogation aux préalables amiables légaux (CPC, art. 750-1, 1°). La solution est légitime. Si l'une des parties au moins sollicite l'homologation d'un accord, rien ne justifie le recours préalable à une résolution amiable.

182 — Tentative déjà imposée aux parties ou organisée par le juge. La loi *PRJ* a ajouté deux dérogations aux préalables amiables légaux, lorsqu'une tentative de résolution amiable est déjà imposée aux parties et lorsque c'est au juge ou à une autorité administrative d'organiser une telle résolution amiable. Ces dérogations sont logiques en ce qu'elles évitent notamment de réitérer toute tentative de résolution amiable du litige. Elles sont reprises à l'identique par le décret (CPC, art. 750-1, 2° et 4°).

183 — Motif légitime. Dans la lignée de la loi *PRJ* et de la loi *J21*, l'article 750-1 du CPC reprend la dérogation aux préalables amiables légaux liée au motif légitime. Un apport du décret du 11 décembre 2019 est de préciser la notion de motif légitime.

184 — Définition du motif légitime dans la loi *PRJ*. La loi *PRJ* ne donne pas une définition de cette notion, mais elle en donne un exemple : est un motif légitime, l'indisponibilité de conciliateurs de justice dans un délai raisonnable (L. *J21*, art. 4, 3°, mod. par L. *PRJ*, art. 3, II). Cette dérogation atteste de la volonté d'asseoir les modes alternatifs de règlement des différends tout en préservant le principe de gratuité de la justice, puisque le conciliateur est un particulier exerçant ses fonctions à titre bénévole (D., 20 mars 1978, art. 1er).

Dans sa décision en date du 21 mars 2019, le Conseil constitutionnel a estimé que « s'agissant d'une condition de recevabilité d'un recours contentieux, il appartiendra au pouvoir réglementaire de définir la notion de "motif légitime" et de préciser le "délai raisonnable" d'indisponibilité du conciliateur de justice à partir duquel le justiciable est recevable à saisir la juridiction, notamment dans le cas où le litige présente un caractère urgent » (Cons. const., 21 mars 2019, n° 2019-778 DC, point 20).

185 — Motif légitime : critères d'appréciation. L'apport du décret nº 2019-1333 du 11 décembre 2019 est de préciser les éléments permettant de caractériser le motif légitime justifiant l'absence de tentative préalable de résolution amiable (CPC, art. 750-1, 3º). Trois critères d'appréciation ou trois hypothèses sont posés.

186 — Motif légitime : critère d'appréciation, l'urgence manifeste. L'absence de recours à un mode de résolution amiable est justifiée par un motif légitime tenant à l'« urgence manifeste ». L'urgence est une notion connue, notamment en référé. L'ajout de l'adjectif « manifeste », conjugué à la place de l'article 750-1 du CPC dans les dispositions communes, permet d'avancer que les préalables amiables légaux s'imposent en matière de référé... sauf si les circonstances exigent avec une certaine évidence d'agir promptement.

187 — Motif légitime : critère d'appréciation, circonstance de l'espèce. L'absence de recours à un mode de résolution amiable est également justifiée par un motif légitime tenant « aux circonstances de l'espèce rendant impossible une telle tentative ou nécessitant qu'une décision soit rendue non contradictoirement ». La deuxième hypothèse suppose une appréciation des circonstances des faits de l'espèce.

L'impossibilité est une notion large ; quant au critère de nécessité d'une décision contradictoire, cela suppose que le recours à la procédure d'ordonnance sur requête est un motif légitimant l'absence de recours à un mode de résolution amiable.

188 — Motif légitime : critère d'appréciation, indisponibilité du conciliateur. L'absence de recours à un mode de résolution amiable est enfin justifiée par un motif légitime tenant à « l'indisponibilité des conciliateurs de justice entraînant l'organisation de la première réunion de conciliation dans un délai manifestement excessif au regard de la nature et des enjeux du litige ».

Par rapport à la nature et aux enjeux du litige, la mise en œuvre de la tentative de résolution amiable ne doit pas mettre en péril les droits du plaideur. Une mise en balance de deux objectifs doit être réalisée : la volonté de concilier les parties et la garantie de leurs droits, notamment en garantissant le droit d'accès à la justice, les conciliateurs étant des bénévoles.

2 La conformité des préalables légaux au procès équitable

189 — Conformité des préalables légaux à l'article 6, § 1 de la Convention. L'obligation de recourir à un mode amiable de résolution du différend avant la saisine du juge, à peine d'irrecevabilité, a été jugée conforme à l'article 6, § 1 de la Convention européenne des droits de l'homme.

CEDH, 26 mars 2015, n° 11239/11, Momcilovic c/ Croatie.

190 — Justificatifs de la conformité à l'article 6, § 1 de la Convention. Les buts poursuivis – économies pour la justice et résolution alternative du différend pour le justiciable – ont été qualifiés de légitimes afin de justifier la limitation à l'accès à un tribunal. L'irrecevabilité n'empêchant pas définitivement de saisir le juge, le caractère proportionné de cette limitation a ainsi été reconnu.

191 — Conformité à l'article 47 de la CDFUE. Aussi, la CJUE a admis qu'une réglementation nationale prévoyant le recours à une procédure de médiation est conforme à l'article 47 de la Charte des droits fondamentaux de l'Union européenne, dans la mesure où le préalable amiable n'empêche pas les parties d'exercer leur droit d'accès au système juridictionnel.

CJUE, 14 juin 2017, n° C-75/16, Livio Menini et Maria Antonia Rampanelli c/ Banco Popolare Società Cooperativa.

192 — Conditions de conformité à l'article 47 de la CDFUE. La CJUE a toutefois posé des conditions de conformité des préalables amiables au procès équitable (CJUE, *Livio Menini*, préc., § 61). La procédure amiable, conditionnant la recevabilité du recours juridictionnel, ne doit ainsi ni aboutir à une décision contraignante pour les parties, ni entraîner de retard substantiel pour l'introduction d'un recours juridictionnel.

193 — Conditions de conformité à l'article 47 de la CDFUE : prescription, frais et voie électronique. Le préalable amiable doit également suspendre la prescription des droits concernés et ne doit pas générer de frais pour les parties – ou alors ne doit occasionner que des frais peu importants. Aussi, la voie électronique ne doit pas constituer l'unique moyen d'accès à la procédure amiable ; des mesures provisoires doivent également être possibles dans les cas exceptionnels où l'urgence de la situation l'impose.

II Les modalités de résolution amiable des différends

194 — Plan. La résolution amiable des différends peut prendre différentes formes. En effet, divers modes de résolution amiable des différends coexistent (A). Avec le développement des nouvelles technologies, le numérique s'impose comme un nouveau support de la résolution amiable des différends. Le recours aux plateformes numériques de règlement alternatif des litiges (B) est consacré par la loi *PRJ*.

A Les modes de résolution amiable des différends

195 — Pluralité. Les modes de résolution amiable des différends sont pluraux. Le règlement pouvant être négocié par les parties, avec l'aide d'un tiers ou encore avec l'assistance d'un avocat, il convient d'envisager successivement la transaction (1), la conciliation et la médiation extrajudiciaires (2), ainsi que la convention de procédure participative (3).

196 — Homologation. L'objectif commun des modes de résolution amiable est d'aboutir à un accord entre les parties mettant fin au différend. Afin de consolider la force de l'accord, celui-ci peut être soumis au juge pour être homologué. L'accord est soumis à homologation en vue de le rendre exécutoire. Conformément à l'article L. 111-3, 1° du Code des procédures civiles d'exécution, les accords auxquels les juridictions ont conféré force exécutoire constituent des titres exécutoires.

197 — Homologation : dispositions communes. Les modalités de l'homologation, notamment la saisine du juge, varient en fonction du mode de résolution amiable utilisé. Toutefois, des dispositions communes à l'homologation de l'accord résultant d'une transaction, d'une médiation, d'une conciliation ou d'une procédure participative sont édictées aux articles 1565 à 1567 du CPC.

198 — Homologation : compétence. L'accord auquel sont parvenues les parties à une transaction, une médiation, une conciliation ou une procédure participative peut être soumis à l'homologation du juge compétent pour connaître du contentieux dans la matière considérée (CPC, art. 1565 et 1567).

199 — Homologation : débat. Afin de statuer sur la requête en homologation qui lui est présentée, le juge statue sans débat, à moins qu'il n'estime nécessaire d'entendre les parties (CPC, art. 1566). Le juge à qui est soumis l'accord ne peut en modifier les termes (CPC, art. 1564).

200 — Homologation : issues. S'il est fait droit à la requête, tout intéressé peut en référer au juge qui a rendu la décision. La décision qui refuse d'homologuer l'accord peut faire l'objet d'un appel. Cet appel est formé par déclaration au greffe de la cour d'appel. Il est jugé selon la procédure gracieuse (CPC, art. 1566).

1 ▌ La transaction

201 — Définition. La transaction est un contrat rédigé par écrit par lequel les parties terminent une contestation née, ou préviennent une contestation à naître (C. civ., art. 2044). La loi *J21* a modifié les dispositions du Code civil relatives au contrat de transaction. Sept articles pléthoriques ont ainsi été supprimés, tandis que les articles 2044 et 2052 du Code civil ont été réécrits.

202 — Objet. La transaction est un accord des parties portant sur une contestation. Elle a ainsi vocation à mettre fin à la contestation qui en est l'objet. Elle emporte la renonciation à tous droits, actions et prétentions, pour ce qui est relatif au différend qui y a donné lieu (C. civ., art. 2048). Pour cette raison, afin de transiger, la capacité de disposer des objets compris dans la transaction est exigée (C. civ., art. 2045).

203 — Exigence de concession réciproque. La transaction se caractérise par des concessions réciproques. Il s'agit d'une condition de validité de la transaction dégagée par la jurisprudence. La transaction est une approche contractuelle du conflit dans laquelle les parties acceptent de négocier et de faire des concessions réciproques. Cette solution jurisprudentielle a été codifiée par la loi *J21* (C. civ., art. 2044).

Cass. 1re civ., 3 mai 2000 : Bull. civ. I, n° 130.

204 — Effet. Dans la mesure où elle met fin à une contestation, la transaction « fait obstacle à l'introduction ou à la poursuite entre les parties d'une action en justice ayant le même objet » (C. civ., art. 2052). Une fin de non-recevoir peut être opposée à l'exercice d'une action entre les parties ayant le même objet que la transaction.

205 — Homologation. À des fins d'homologation, le juge est saisi par la partie la plus diligente ou l'ensemble des parties à la transaction (CPC, art. 1567). Conformément à l'article 1567 du CPC, « les dispositions des articles 1565 et 1566 sont applicables à la transaction conclue sans avoir eu recours à une médiation, une conciliation ou une procédure participative ». Il convient donc d'appliquer les dispositions communes de l'homologation (v. *supra*, n° 196).

2 ▌ La conciliation et la médiation conventionnelles

206 — Définition. Reprenant la définition de la directive européenne du 21 mai 2008, l'article 1530 du CPC définit la médiation et la conciliation conventionnelles comme « tout processus structuré, par lequel deux ou plusieurs parties tentent de parvenir à un accord, en dehors de toute procédure judiciaire en vue de la résolution amiable de leurs différends, avec l'aide d'un tiers choisi par elles qui accomplit sa mission avec impartialité, compétence et diligence ».

207 — Mission. Il résulte de la définition commune à la médiation et la conciliation conventionnelles, une similarité dans la mission des conciliateurs et des médiateurs. Lorsqu'un différend oppose des parties, l'objectif de la médiation et de la conciliation conventionnelles est de les aider à trouver une solution, même si les techniques de négociation divergent entre ces deux MARD.

208 — Choix et statut. Si leur mission est similaire, le médiateur est choisi par les parties, alors que le conciliateur est saisi sans forme. Cette différence s'explique par la divergence entre le statut du conciliateur et celui du médiateur : alors que le conciliateur est un particulier exerçant ses fonctions à titre bénévole (D., 20 mars 1978, art. 1), le médiateur est quant à lui une personne physique ou morale rémunérée par les parties (CPC, art. 1532).

209 — Suspension de la prescription. À compter du jour où les parties conviennent de recourir à la médiation ou à la conciliation ou, à défaut d'accord écrit, au jour de la première réunion, la prescription est suspendue (C. civ., art. 2238, al. 1). Le délai de prescription recommence à courir à compter de la date à laquelle la médiation ou la conciliation est déclarée terminée, pour une durée qui ne peut être inférieure à 6 mois (C. civ., art. 2238, al. 2).

210 — Principe de confidentialité. Conformément à l'article 1531 du CPC, tant la médiation que la conciliation se déroulent dans le respect du principe de confidentialité. La confidentialité concerne les constatations et déclarations recueillies lors du processus amiable. Cette exigence participe à l'efficacité du procédé.

211 — Dérogation au principe de confidentialité. Le principe de confidentialité n'est pas absolu. Il cède en effet « en présence de raisons impérieuses d'ordre public ou de motifs liés à la protection de l'intérêt supérieur de l'enfant ou à l'intégrité physique ou psychologique de la personne » ou « lorsque la révélation de l'existence ou la divulgation du contenu de l'accord [...] est nécessaire pour sa mise en œuvre ou son exécution » (L. n° 95-125, 8 févr. 1995, art. 21-3).

212 — Pouvoir d'instruction. Le conciliateur dispose de pouvoirs d'instruction puisque, avec l'accord des intéressés, il peut se rendre sur les lieux et entendre toutes personnes dont l'audition lui paraît utile (CPC, art. 1538). Concernant le médiateur, le processus étant fixé par la convention de médiation passée entre les parties, la liberté contractuelle s'applique.

213 — Accord en cas de conciliation. En cas de conciliation, même partielle, un constat d'accord signé par les parties et le conciliateur de justice peut être établi ; il est exigé lorsque la conciliation a pour effet la renonciation à un droit. Si les parties ont formalisé leur accord dans un acte établi hors la présence du conciliateur, la conciliation peut être consignée dans un constat signé par le conciliateur et les parties. Le conciliateur de justice procède, sans délai, au dépôt d'un exemplaire au greffe du tribunal judiciaire (CPC, art. 1540).

214 — Homologation. À des fins d'homologation, le juge est saisi par requête de l'ensemble des parties à la conciliation ou à la médiation, ou de l'une d'elles, avec l'accord exprès des autres (CPC, art. 1534 et 1541). Les dispositions communes de l'homologation, celles des articles 1565 et 1566 du CPC, sont applicables (v. *supra*, n° 196).

215 — Aide juridictionnelle. Lorsque le juge est saisi aux fins d'homologation d'un accord intervenu à l'issue d'une médiation conventionnelle, une rétribution est due à l'avocat qui a assisté une partie éligible à l'aide juridictionnelle (L., 11 juill. 1991, art. 64-5).

3 La procédure participative

216 — Historique. Inspirée du droit collaboratif nord-américain, la procédure participative a été institutionnalisée en droit français par la loi du 22 décembre 2010 et le décret du 22 janvier 2012. Afin d'encourager le recours à la procédure participative, ce mode alternatif a été modifié par la loi *J21*, dont le décret du 6 mai 2017 portant diverses mesures de modernisation et de simplification de la procédure civile en décline les applications procédurales, ainsi que par la loi *PRJ* et le décret du 11 décembre 2019.

217 — Définition. La procédure participative est un mode de résolution amiable des différends dans lequel les parties sont assistées d'un avocat (CPC, art. 1544). Par la convention de procédure participative, « les parties à un différend s'engagent à œuvrer conjointement et de bonne foi à la résolution amiable de leur différend ou à la mise en état de leur litige » (C. civ., art. 2062).

> Le CPC et le Code civil contiennent les principales dispositions relatives à la procédure participative. La convention de procédure participative est prévue aux articles 2062 à 2068 du Code civil, la procédure participative aux articles 1542 et suivants du CPC.

218 — Assistance de l'avocat. La spécificité de la procédure participative, par rapport aux autres modes alternatifs, est que les parties sont assistées d'un avocat. Il s'agit d'un monopole car seul un avocat peut assister une partie dans la procédure participative (L., 31 déc. 1971, art. 4). Légitimement, le secret professionnel est applicable.

219 — Aide juridictionnelle. En raison de l'assistance par avocat obligatoire, la procédure participative a un coût. La convention fixe « la répartition des frais entre les parties » (CPC, art. 1545). Afin de garantir un égal accès à la justice, l'aide juridictionnelle peut être accordée en vue de parvenir, avant l'introduction de l'instance, à un accord conclu dans le cadre d'une procédure participative (L., 31 déc. 1971, art. 10, al. 2).

220 — Objets. Afin d'encourager le recours à la procédure participative, ses fonctions ont été modifiées par la loi *J21*. Deux innovations majeures ont été introduites :

- d'une part, la convention de procédure participative peut être conclue avant la saisine du juge, et désormais même après la saisine du juge ;
- d'autre part, la procédure participative peut être utilisée dans le but de mettre en état le litige.

221 — Déroulement de la procédure. Conformément à l'article 1543 du CPC, la convention de procédure participative « se déroule selon une procédure conventionnelle de recherche d'un accord, suivie, le cas échéant, par une procédure aux fins de jugement. Elle peut aussi se dérouler dans le cadre de l'instance, aux fins de mise en état ».

222 — Plan. Suivant la chronologie de la procédure participative, il convient d'étudier successivement la procédure conventionnelle (b) et la procédure aux fins de jugement (c). Au préalable, la convention par laquelle la procédure participative prend vie doit être précisée (a).

a La convention de procédure participative

223 — Forme. À peine de nullité, la convention doit être contenue dans un écrit (C. civ., art. 2063). La convention doit préciser les indications de l'article 2063 du Code civil, ainsi que celles de l'article 1545 du CPC relatives à l'identité des parties et de leur avocat.

224 — Durée. Conformément à l'article 2063, 1° du Code civil, la convention de procédure participative doit en préciser son terme. Aucune convention ne peut être conclue pour une durée illimitée ou indéfinie. La convention est obligatoirement conclue pour une durée déterminée (C. civ., art. 2062).

225 — Domaine. La convention de procédure participative peut être conclue par toute personne, assistée de son avocat, sur « les droits dont elle a la libre disposition » (C. civ., art. 2064). Conformément à l'article 2067 du Code civil, elle peut également être conclue par des époux en vue de rechercher une solution consensuelle en matière de divorce ou de séparation de corps.

226 — Moment et objets. La convention de procédure participative peut être conclue à tout moment de l'instance. Aussi, elle peut avoir pour objet la recherche d'un accord sur le différend opposant les parties ou la mise en état du litige. Alors qu'antérieurement à la réforme de 2019, seule l'instance civile était visée, l'application est désormais plus vaste puisque toute juridiction de l'ordre judiciaire est visée.

227 — Effets. La conclusion d'une procédure participative emporte de nombreux effets, qui varient en fonction du moment où la convention est conclue. Légitimement, lorsqu'elle est conclue avant tout procès, la convention de procédure participative n'emporte ainsi pas les mêmes effets que lorsqu'elle est conclue en cours d'instance.

228 — Effet : suspension du délai de prescription. À compter de la conclusion de la convention de procédure participative, le délai de prescription du droit qui est l'objet de la convention est suspendu. Celui-ci ne recommence à courir qu'à compter du terme de la convention, pour une durée qui ne peut être inférieure à 6 mois (C. civ., art. 2238).

229 — Effet : irrecevabilité de la demande. Tant que la convention de procédure participative conclue avant la saisine du juge est en cours, les parties ne peuvent pas saisir un tribunal en ce qui concerne le litige faisant l'objet de ladite convention. À défaut, la sanction est l'irrecevabilité de la demande (C. civ., art. 2065).

230 — Effet : exception à l'irrecevabilité de la demande. Seule l'inexécution de la convention avant la date du terme par l'une des parties permet de saisir le juge et de lui donner le pouvoir de statuer sur le litige. Cependant, en cas d'urgence, la convention ne fait pas obstacle à ce que des mesures provisoires ou conservatoires soient demandées par les parties (C. civ., art. 2065).

231 — Effet : audiences de clôture et de plaidoirie. Le juge peut, à la demande des parties ou de leurs avocats, fixer la date de l'audience de clôture de l'instruction et la date de l'audience de plaidoiries, lorsque les parties et leurs avocats justifient avoir conclu une convention de procédure participative aux fins de mise en état. L'examen de l'affaire est renvoyé à la première audience. Ce n'est qu'à défaut de demande de fixation de la date de l'audience de clôture de l'instruction et de la date de l'audience de plaidoiries que le juge ordonne le retrait du rôle.

232 — Effet : renonciation. Le troisième alinéa de l'article 1546-1 du CPC précise certaines conséquences procédurales de la signature d'une convention de procédure participative aux fins de mise en état. Ces effets sont majeurs, puisque la signature d'une telle convention vaut renonciation de chaque partie à se prévaloir d'une fin de non-recevoir, de toute exception de procédure et des dispositions de l'article 47 du CPC, à la condition que leur survenance ou leur révélation soit antérieure à la signature de la convention de procédure participative.

233 — Effet : interruption des délais d'appel. Conformément à l'article 1546-2 du CPC, les délais impartis pour conclure et former appel incident de la procédure d'appel avec représentation obligatoire sont interrompus en cas de « conclusion d'une convention de procédure participative entre toutes les parties à l'instance d'appel ». L'interruption produit ses effets jusqu'à l'information donnée au juge de l'extinction de la procédure participative.

234 — Effets : incidents d'instance. Afin de garantir une sécurité juridique en cas de mise en œuvre d'une procédure participative, l'instance est interrompue automatiquement par « la conclusion d'une convention de procédure participative aux fins de mise en état y compris en cas de retrait du rôle » (CPC, art. 369, *in fine*). À l'extinction de la procédure participative de mise en état, un nouveau délai de péremption court (CPC, art. 392, *in fine*).

b La procédure conventionnelle

235 — Buts. Suivant l'article 1543 du CPC, la procédure participative se déroule suivant une procédure conventionnelle qui a pour fonction de rechercher un accord entre les parties. Depuis la loi *J21* et le décret de 2017, elle a également une autre fonction : celle de mise en état.

236 — Pièces et information. Afin de garantir la loyauté et la sécurité dans le processus participatif, la communication des pièces et informations est réglementée (CPC, art. 1545). La communication se réalise entre les parties par l'intermédiaire de leurs avocats. Les pièces et informations sont portées à la connaissance des intéressés par tous moyens appropriés. Enfin lorsqu'une pièce est communiquée, un bordereau est établi.

237 — Intervention d'un technicien. Afin d'affermir les chances de réussite du processus, le recours à un technicien est possible lors de la procédure conventionnelle (v. *infra*, n° 1293). Les parties doivent le choisir d'un commun accord et fixer sa mission (CPC, art. 1547). Le recours au technicien est prévu aux articles 1547 à 1554 du CPC. Il est à noter que le rapport du technicien peut être produit en justice (CPC, art. 1554, al. 2).

238 — Actes contresignés par avocats. Créée par le décret de 2017, et enrichie par le décret de 2019, une section première *bis* est consacrée aux actes contresignés par avocats. Cette section est composée d'un unique article 1546-3 qui énonce, de manière non exhaustive, ce que peuvent contenir les actes d'avocat (par ex. les modalités de communication des écritures). Les actes d'avocat sur lesquels s'entendent les parties à la convention de procédure participative s'inscrivent dans la nouvelle idée de mise en état conventionnelle.

239 — Extinction de la procédure. La procédure conventionnelle s'éteint par l'arrivée du terme de la convention de procédure participative, l'inexécution par l'une des parties de la convention, la saisine du juge, dans le cadre d'une procédure participative aux fins de mise en état, aux fins de statuer sur un incident, sauf si la saisine émane de l'ensemble des parties. Les parties assistées de leurs avocats peuvent également mettre fin à la procédure par une résiliation anticipée, obligatoirement écrite, de la convention. Enfin, la conclusion d'un accord mettant fin en totalité au différend ou au litige ou l'établissement d'un acte constatant la persistance de tout ou partie de celui-ci éteint la procédure conventionnelle (CPC, art. 1555).

240 — Issues. Lorsqu'un accord au moins partiel a pu être conclu, il est constaté dans un acte sous signature privée établi dans les conditions prévues à l'article 1374 du Code civil. Des précisions sont données selon que la convention de procédure participative a été conclue aux fins de mise en état ou dans le cadre d'une procédure sans mise en état :
- dans le premier cas, l'accord susmentionné est adressé à la juridiction au plus tard à la date de l'audience à laquelle l'instruction sera clôturée (CPC, art. 1555-1, al. 2) ;
- dans le second, l'accord est adressé à la juridiction au plus tard le jour de l'audience (CPC, art. 1555-1, al. 3).

c Procédure aux fins de jugement

241 — Hypothèses. À l'issue de la procédure conventionnelle, sauf cas des demandes en divorce ou en séparation de corps, le juge peut être saisi de l'affaire ou l'affaire peut être rétablie. La procédure aux fins de jugement distingue plusieurs hypothèses. Le juge peut ainsi être saisi pour homologuer l'accord total des parties, homologuer un accord partiel des parties et statuer sur la partie du litige persistant ou statuer sur l'entier litige.

α Homologation de l'accord total des parties

242 — Requête en homologation. Le juge compétent pour connaître du contentieux peut être saisi aux fins d'homologation d'un accord total

(C. civ., art. 2066 et CPC, art. 1556). Il est saisi par requête présentée par la partie la plus diligente ou par toutes les parties (CPC, art. 1557). L'accord soumis à l'homologation doit être constaté par un écrit établi par les parties, assistées de leurs avocats (CPC, art. 1555).

243 — Accord à la suite d'une mise en état. Il doit être précisé que la procédure participative de mise en état peut permettre de parvenir à un accord total sur le litige. L'article 1564-2 du CPC est dédié à cette hypothèse. En ce cas, un renvoi est effectué à l'article 1555 du CPC. Plus largement, les dispositions générales s'appliquent. Toutefois, la forme de la demande n'est pas précisée lorsqu'il s'agit d'un rétablissement de l'affaire.

244 — Décision du juge. En ce qui concerne les modalités de l'homologation et la décision du juge, les dispositions des articles 1565 et 1566 du CPC sont applicables à la procédure participative (v. *supra*, n° 196).

β Procédure d'homologation d'un accord partiel et de jugement du différend résiduel

245 — Homologation de l'accord partiel. À l'issue de la procédure conventionnelle, seul un accord partiel peut avoir été conclu. Celui-ci doit être constaté dans un écrit établi par les parties, assistées de leurs avocats et détaillant les éléments en ayant permis la conclusion. L'accord partiel peut faire l'objet d'une homologation conformément aux dispositions de l'article 1557 du CPC régissant l'homologation de l'accord total (CPC, art. 1560).

246 — Jugement du différend résiduel. En cas d'accord partiel, les parties peuvent saisir le juge afin qu'il statue sur le différend résiduel, soit conformément aux règles régissant la procédure applicable devant lui, soit par une requête conjointe (CPC, art. 1560). Sauf circonstances nouvelles ou à l'invitation du juge, les parties ne peuvent modifier ni leurs prétentions ni le fondement juridique de leur demande (CPC, art. 1561).

247 — Procédure à la suite d'une mise en état. L'article 1564-3 du CPC est dédié au cas où la mise en état a permis de parvenir à un accord partiel. Dans cette hypothèse, la demande de rétablissement est accompagnée d'un acte d'avocats. Celui-ci est établi dans les conditions de l'article 1374 du Code civil. Il « formalise les points faisant l'objet d'un accord entre les parties, ainsi que les prétentions respectives des parties relativement aux points sur lesquels elles restent en litige, accompagnées des moyens en fait et en droit sur lesquels chacune de ces prétentions est fondée, avec l'indication pour chaque prétention des pièces invoquées ». Lorsque le juge est saisi sur le fondement des dispositions des articles 1564-3, l'affaire est fixée à bref délai.

γ Procédure de jugement de l'entier différend

248 — Saisine à la suite de l'échec de la résolution amiable. Lorsque le litige persiste en totalité, les parties peuvent saisir le juge pour qu'il statue sur le différend conformément aux règles régissant la procédure applicable devant lui (CPC, art. 1562). Il peut également être saisi par une requête dans un délai de 3 mois suivant le terme de la convention de procédure participative à peine d'irrecevabilité (CPC, art. 1563).

249 — Mise en état. L'article 1564-4 du CPC est dédié au cas où la mise en état laisse persister le désaccord total des parties. Dans cette hypothèse, le rétablissement de l'affaire est accompagné d'un acte d'avocats établi dans les conditions prévues à l'article 1374 du Code civil, formalisant les prétentions respectives des parties, accompagnées des moyens en fait et en droit, avec l'indication pour chaque prétention des pièces invoquées. Lorsque le juge est saisi, l'affaire est fixée à bref délai.

250 — Absence de mise en état. Le sort de l'affaire dont la phase conventionnelle n'a pas permis de mettre l'affaire en état d'être jugée, en tout ou partie, est précisé à l'article 1564-5 du CPC. En ce cas, l'affaire est rétablie à la demande de la partie la plus diligente, pour être mise en état, conformément aux règles de procédure applicables devant le juge de la mise en état.

B Les plateformes numériques de règlement amiable des différends

251 — Transformation numérique. Parallèlement au mouvement en faveur des modes amiables de résolution des conflits, leur numérisation a été préconisée par le rapport *Transformation numérique* de 2018. Sans ambiguïté, le rapport propose de systématiser la recherche d'une résolution amiable via les plateformes numériques qui doivent être « la norme » (livret 1, prop. 1-2, p. 11).

252 — Réalité des plateformes. La médiation ne correspondant « pas à un domaine monopolistique », les plateformes de médiation en ligne – à l'initiative de professionnels du droit ou des acteurs privés – se sont développées (Fricero N. et Vert F., « La médiation face aux enjeux du numérique et du service public de la justice : quelles perspectives ? », Dalloz actualité 24 janv. 2018). Prenant acte de cette réalité, la loi *PRJ* a officiellement consacré les plateformes de résolution amiable des litiges en son article 4 qui crée les articles 4-1 à 4-7 à la loi *J21*.

253 — Objet de la loi *PRJ*. La liberté d'entreprendre est une source de créativité apte à développer des moyens performants en matière de résolution amiable numérique. Pour cette raison, la loi *PRJ* ne consacre ni une solution ni une plateforme numérique unique de résolution amiable. En revanche, la crédibilité et l'effectivité de ces plateformes numériques imposent d'assurer des garanties essentielles qui sont posées par la loi *PRJ*.

254 — Cadre juridique. Afin de sécuriser les offres en ligne de résolution amiable des différends, un cadre juridique est instauré par la loi *PRJ*. Ce cadre concerne les personnes physiques ou morales proposant, de manière rémunérée ou non, un service en ligne de conciliation ou de médiation.

255 — Obligations et missions. Les personnes proposant un service en ligne de résolution amiable sont soumises aux obligations relatives à la protection des données à caractère personnel et, sauf accord des parties, de confidentialité (L. *J21*, art. 4-1 crée par L. *PRJ*, art. 4). Elles doivent accomplir « leur mission avec impartialité, indépendance, compétence et diligence » (L. *J21*, art. 4-6 crée par L. *PRJ*, art. 4).

256 — Sanctions. Afin d'assurer l'effectivité du cadre juridique des services en ligne, il est précisé que l'article 226-13 du Code pénal leur est applicable. La responsabilité pénale des personnes physiques ou morales proposant un service en ligne de conciliation ou de médiation peut donc être engagée.

> Conformément à l'article 226-13 du Code pénal, « La révélation d'une information à caractère secret par une personne qui en est dépositaire soit par état ou par profession, soit en raison d'une fonction ou d'une mission temporaire, est punie d'un an d'emprisonnement et de 15 000 € d'amende ».

257 — Informations. En sus de leurs obligations et missions, les services en ligne ont un devoir d'information envers le justiciable. Le service en ligne doit délivrer une information détaillée sur les modalités selon lesquelles la résolution amiable est réalisée (L. *J21*, art. 4-1 crée par L. *PRJ*, art. 4). Afin d'éviter les écueils liés à la justice prédictive, seul l'accord exprès des parties autorise le recours à des services en ligne ayant pour fondement un traitement algorithmique ou automatisé de données à caractère personnel (L. *J21*, art. 4-3 crée par L. *PRJ*, art. 4).

258 — Certification. *In fine,* le nouvel article 4-7 de la loi *J21* crée une certification des services en ligne par un organisme accrédité par le Comité français d'accréditation (COFRAC). Facultative, la certification est accordée à la suite d'une vérification des exigences sus-énoncées (confidentialité, compétence...). En outre, la certification est délivrée sur la base d'un cahier des charges dont la substance reste à préciser par arrêté du garde des Sceaux. Les conditions de délivrance et de retrait de la certification sont précisées par le décret n° 2019-1089 du 25 octobre 2019 relatif à la certification des services en ligne de conciliation, de médiation et d'arbitrage.

SECTION 2 L'arbitrage

259 — Définition. L'arbitrage est une institution par laquelle le pouvoir de trancher un litige est attribué à un tiers particulier, l'arbitre, par les parties audit litige. L'arbitrage est une alternative à l'action en justice qui se distingue des MARD précédemment développés, notamment parce que l'arbitre a le pouvoir d'imposer sa décision, nommée « sentence », alors que le conciliateur ou le médiateur a seulement le pouvoir de proposer une solution.

260 — Dispositions relatives à l'arbitrage. L'arbitrage a fait l'objet d'une importante réforme par le décret n° 2011-48 du 13 janvier 2011 portant réforme de l'arbitrage. Actuellement, son régime est régi par les articles 1442 et suivants du CPC, qui distinguent l'arbitrage interne de l'arbitrage international.

261 — Arbitrage interne et international. Conformément à l'article 1504 du CPC, l'arbitrage international est celui qui « met en cause des intérêts du commerce international ». La qualification de l'internationalité de l'arbitrage est subordonnée à des considérations économiques. L'arbitrage est international dès lors qu'une opération se dénoue économiquement dans plus d'un État ; à défaut de répercussions à l'étranger, il est interne.

262 — Qualification par la jurisprudence. « L'internationalité de l'arbitrage fait appel à une définition économique selon laquelle il suffit que le litige soumis à l'arbitre porte sur une opération qui ne se dénoue pas économiquement dans un seul État, et ce, indépendamment de la qualité ou de la nationalité des parties, de la loi applicable au fond ou à l'arbitrage, ou encore du siège du tribunal arbitral ».

Cass. 1re civ., 26 janv. 2011, n° 09-10198.

263 — Régime de droit commun de l'arbitrage interne. Le régime de l'arbitrage interne, seul étudié présentement, est régi par les articles 1442 à 1503 du CPC. Ces dispositions prévoient la mise en place de l'arbitrage (I) ainsi que sa procédure (II).

264 — Plateforme numérique d'arbitrage. L'arbitrage est également impacté par le numérique. Les dispositions de la loi *PRJ* relatives aux plateformes de résolution alternative des litiges sont applicables à l'arbitrage

(L. *J21*, art. 4-2 crée par L. *PRJ*, art. 4 ; pour un développement sur les plateformes, v. *supra*, n° 251). En outre, en cas de recours à un service en ligne et sauf opposition des parties, la sentence arbitrale peut être rendue sous forme électronique (L. *J21*, art. 4-2 crée par L. *PRJ*, art. 4).

I La mise en place de l'arbitrage

265 — Annonce. L'arbitrage en tant que procédure octroyant à un particulier privé le pouvoir de rendre une sentence arbitrale doit trouver son origine dans une convention d'arbitrage (A) et suppose la constitution d'un tribunal arbitral (B).

A La convention d'arbitrage

266 — Forme de la convention d'arbitrage. La mise en place d'un arbitrage résulte d'une convention d'arbitrage qui, à peine de nullité, est écrite (CPC, art. 1443). Elle peut résulter d'un échange d'écrits ou d'un document auquel il est fait référence dans la convention principale. Cette convention d'arbitrage prend la forme soit d'une clause compromissoire, soit d'un compromis (CPC, art. 1442, al. 1).

267 — Clause compromissoire. Définie à l'alinéa 2 de l'article 1442 du CPC, la clause compromissoire est une convention prévoyant le recours à l'arbitrage en cas de litige. Par celle-ci, les parties à un ou plusieurs contrats s'engagent à soumettre à l'arbitrage les litiges qui pourraient naître relativement à ce ou ces contrats. La clause compromissoire est donc une convention accessoire à un contrat.

268 — Acceptation de la clause. Afin d'être efficace, la clause compromissoire doit avoir été acceptée par la partie à laquelle on l'oppose, à moins que celle-ci n'ait succédé aux droits et obligations de la partie qui l'a initialement acceptée (C. civ., art. 2061, al. 1).

269 — Compromis. Le compromis est une convention par laquelle les parties à un litige né soumettent celui-ci à l'arbitrage. Le compromis suppose, *a contrario* de la clause compromissoire, l'existence d'un litige déjà né (CPC, art. 1442, al. 3). Pour cette raison, à peine de nullité, le compromis détermine l'objet du litige (CPC, art. 1445). En outre, les parties peuvent compromettre même au cours d'une instance déjà engagée devant une juridiction (CPC, art. 1446).

270 — Domaine de l'arbitrage. Qu'il résulte d'une clause compromissoire ou d'un compromis, l'arbitrage couvre un vaste domaine. Pour autant, tout litige ne constitue pas un litige arbitrable. Ainsi, l'article 2060 du Code civil interdit l'arbitrage en certains domaines, notamment l'état et la capacité des personnes, le divorce et la séparation de corps, et plus généralement dans toutes les matières qui intéressent l'ordre public.

271 — Recours à l'arbitrage et qualité des parties. Hors dispositions interdisant l'arbitrage, toutes personnes peuvent compromettre sur les droits dont elles ont la libre disposition. En revanche, conformément à l'alinéa 2 de l'article 2061 du Code civil, lorsque l'une des parties n'a pas contracté dans le cadre de son activité professionnelle, la clause ne peut lui être opposée. Il en résulte une option pour la partie non professionnelle qui a la faculté de saisir une juridiction arbitrale ou étatique.

272 — Précisions. L'article 2061, alinéa 2 du Code civil doit être mis en parallèle avec l'article R. 212-2, 10° du Code de la consommation et l'article 1171 du Code civil. Ces dispositions limitent en effet doublement la portée de la clause :
- d'une part, la clause d'arbitrage insérée dans un contrat conclu entre un professionnel et un consommateur est présumée abusive ;
- d'autre part, la clause d'arbitrage insérée dans un contrat d'adhésion, qui crée un déséquilibre significatif entre les droits et obligations des parties au contrat, est réputée non écrite.

273 — Effets de la convention d'arbitrage. Sous réserve des conditions sus-énoncées, la convention d'arbitrage emporte l'obligation de recourir à l'arbitrage et a pour effet d'attribuer le pouvoir de trancher le litige au tribunal arbitral institué à cette fin. Ainsi, dès lors qu'un litige relève d'une convention arbitrale, les juridictions étatiques sont en principe incompétentes (sur le principe compétence-compétence, v. *infra*, n° 295).

274 — Compétence de la juridiction étatique. Les juridictions étatiques (président du tribunal judiciaire ou du tribunal de commerce) peuvent toutefois être saisies aux fins d'obtenir une mesure d'instruction ou une mesure provisoire ou conservatoire, tant que le tribunal arbitral n'est pas constitué (CPC, art. 1449, al. 2).

275 — Indépendance de la convention d'arbitrage. Afin d'affermir l'efficacité de la convention d'arbitrage, son autonomie est affirmée à l'article 1447 du CPC. Celle-ci est indépendante du contrat auquel elle se rapporte. L'inefficacité du contrat n'affecte donc pas la convention d'arbitrage. Si la clause compromissoire est nulle, cette dernière est donc réputée non écrite, sans affecter la convention qui la porte.

B La constitution du tribunal arbitral

276 — Règles générales. La constitution du tribunal arbitral est prévue aux articles 1450 et suivants du CPC. Ces dispositions ont pour objet de réglementer les modalités de désignation des arbitres, ainsi que les obligations incombant à ces derniers. Pour cette raison, toute stipulation contraire aux règles édictées aux articles susvisés est réputée non écrite (CPC, art. 1461).

277 — Composition du tribunal arbitral. Le tribunal arbitral est composé d'un ou de plusieurs arbitres, qui ne peuvent être que des personnes physiques, en nombre impair (CPC, art. 1450 et 1451). En principe, le ou les arbitres sont désignés suivant les modalités prévues par les parties dans la convention d'arbitrage ; celle-ci peut, en outre, prévoir la désignation d'arbitres en nombre pair.

278 — Défaut d'accord sur la composition. À défaut d'accord des parties sur les modalités de désignation, il convient de se reporter aux articles 1451 à 1454 du CPC. Ces dispositions privilégient l'accord ou le choix des parties. Faute d'accord ou de choix des parties, la personne chargée d'organiser l'arbitrage ou, à défaut, le juge d'appui désigne le ou les arbitres.

279 — Obligation de révélation. L'arbitre ainsi désigné est soumis à des obligations déontologiques. Pour cette raison, avant d'accepter sa mission, il doit révéler toute circonstance susceptible d'affecter son indépendance ou son impartialité (CPC, art. 1456, al. 2) ; cette obligation de révélation vaut pour toute circonstance qui naîtrait après l'acceptation de sa mission. Le consentement unanime des parties est requis afin de révoquer l'arbitre.

280 — Défaut d'unanimité sur la révocation de l'arbitre. À défaut d'unanimité des parties, la difficulté relative au maintien de l'arbitre est réglée par la personne chargée d'organiser l'arbitrage ou, à défaut, par le juge d'appui, saisi dans le mois qui suit la révélation ou la découverte du fait litigieux.

281 — Obligation de poursuivre jusqu'à son terme l'arbitrage. L'arbitre a également pour obligation de mener l'arbitrage jusqu'à son terme (CPC, art. 1457, al. 2). Il peut néanmoins justifier d'un empêchement ou d'une cause légitime d'abstention ou de démission.

282 — Différend sur le motif d'empêchement, d'abstention ou de démission. En cas de différend sur la réalité du motif invoqué, la difficulté est réglée par la personne chargée d'organiser l'arbitrage ; à défaut, le problème est tranché par le juge d'appui saisi dans le mois qui suit l'empêchement, l'abstention ou la démission.

283 — Moment de la constitution. En vertu de l'article 1456 du CPC, dès lors que le ou les arbitres, désignés conformément aux règles sus-énoncées, ont accepté la mission qui leur est confiée, le tribunal arbitral est constitué. La précision est importante, car c'est à cette date que le tribunal arbitral est saisi du litige.

284 — Rôle du juge d'appui. Lors de la constitution du tribunal arbitral, des différends peuvent naître. Comme énoncé dans les précédentes règles, ces différends sont réglés, faute d'accord des parties, par la personne chargée d'organiser l'arbitrage ou, à défaut, sont tranchés par le juge d'appui (CPC, art. 1454). Si la convention d'arbitrage est manifestement nulle ou manifestement inapplicable, le juge d'appui déclare qu'il n'y a pas lieu à désignation d'un arbitre (CPC, art. 1455).

285 — Compétence du juge d'appui. Sauf stipulation expresse dans la convention d'arbitrage en faveur du président du tribunal de commerce, le juge d'appui compétent est le président du tribunal judiciaire. La compétence territoriale de ce juge est celle désignée par la convention d'arbitrage ou, à défaut, déterminée par le ressort dans lequel le siège du tribunal arbitral a été fixé (CPC, art. 1459).

286 — Ordonnance du juge d'appui. La saisine du juge d'appui est de l'initiative d'une partie, du tribunal arbitral ou de l'un de ses membres. Il statue selon la procédure accélérée au fond. Le juge d'appui statue par ordonnance non susceptible de recours. Néanmoins, si le juge d'appui déclare qu'il n'y a pas lieu à désignation au motif que la convention d'arbitrage est manifestement nulle ou manifestement inapplicable, l'ordonnance peut être frappée d'appel.

II La procédure d'arbitrage

287 — Ouverture de la procédure d'arbitrage. Le litige est soumis au tribunal arbitral soit conjointement par les parties, soit par la partie la plus diligente (CPC, art. 1462). Dès lors que les arbitres ont accepté la mission arbitrale, le tribunal arbitral est saisi du litige. La procédure subséquente fait l'objet d'un régime précisé au CPC en ce qui concerne le déroulement de l'instance (A) et son dénouement (B).

A Le déroulement de l'instance

288 — Application des règles des juridictions étatiques. Par principe, les règles des tribunaux étatiques n'ont pas à être suivies par le tribunal arbitral (CPC, art. 1464). Une liberté est donnée afin de régler la procédure arbitrale. Cette liberté n'est toutefois pas absolue. Bien que cela soit rare, les parties peuvent convenir de soumettre le tribunal arbitral aux règles étatiques. Dans tous les cas, les principes directeurs du procès sont applicables à la procédure arbitrale.

289 — Principe directeur du procès. Les principes directeurs du procès énumérés à l'alinéa 2 de l'article 1464 du CPC (CPC, art. 4 à 10, 11, al. 1, 12, al. 2 et 3, 13 à 21, 23 et 23-1) sont toujours applicables à l'instance arbitrale. Ainsi, les principes relatifs à l'objet du litige, aux faits et aux preuves, ainsi que ceux relatifs à la contradiction, la défense et la conciliation sont applicables à la procédure arbitrale.

290 — Principe de célérité et de loyauté. Au titre des principes directeurs du procès non repris par l'article 1464 du CPC figurent les articles 1 à 3 du même Code relatifs à la conduite de l'instance, car les arbitres sont désignés et l'instance initiée suivant les règles de l'arbitrage. Toutefois, le CPC précise que tant les parties que les arbitres sont tenus à des exigences de célérité et de loyauté dans la conduite de l'instance (CPC, art. 1464, al. 3).

291 — Renonciation. À la suite de cette disposition relative aux principes est posée une règle de renonciation suivant laquelle « la partie qui, en connaissance de cause et sans motif légitime, s'abstient d'invoquer en temps utile une irrégularité devant le tribunal arbitral est réputée avoir renoncé à s'en prévaloir » (CPC, art. 1466).

292 — Principe de confidentialité. Il doit également être noté que le principe de publicité des débats de l'article 22 du CPC n'est pas repris à l'alinéa 2 de l'article 1464 du CPC. Cette exclusion est légitime car l'arbitrage est par principe confidentiel. Cette exigence de confidentialité est posée à l'article 1464 du CPC en son alinéa 3. La procédure arbitrale est soumise à la confidentialité, sous réserve des obligations légales et à moins que les parties n'en disposent autrement.

293 — Pluralité de devoirs et de pouvoirs. Il résulte de ces principes directeurs un ensemble de devoirs et de pouvoirs de l'arbitre précisé aux articles 1462 et suivants du CPC. Le tribunal arbitral a le devoir de statuer sur le litige et dispose à cette fin d'importants pouvoirs : statuer sur sa compétence (CPC, art. 1465), procéder à des mesures d'instruction (CPC, art. 1467 et s.) ou encore ordonner des mesures conservatoires ou provisoires (CPC, art. 1468).

294 — Devoirs. La convention d'arbitrage a pour effet d'attribuer le pouvoir de trancher le litige au tribunal arbitral institué à cette fin. Le tribunal arbitral a donc le devoir de se prononcer sur le litige visé par la convention d'arbitrage. Il statue conformément aux règles de droit applicables, mais les parties peuvent en dispenser l'arbitre (CPC, art. 1478). Elles confient alors au tribunal la mission de statuer en amiable composition.

L'arbitre amiable compositeur statue en équité. Le fait de statuer en équité exclut *de facto* l'application d'une règle de droit. Toutefois, si une telle application est faite, elle doit être conforme à l'équité. De manière comparable au juge étatique, l'arbitre doit également observer et faire observer le principe de la contradiction. Aussi, il a le devoir de s'en tenir aux faits qui sont dans le débat.

295 — Principe compétence-compétence. Au titre des pouvoirs du tribunal arbitral, celui-ci est seul compétent pour statuer sur les contestations relatives à son pouvoir juridictionnel (CPC, art. 1465). Cette règle, appelée « principe compétence-compétence », à deux effets, l'un positif et l'autre négatif :

- d'une part, le tribunal arbitral statue sur sa propre compétence ;
- d'autre part, la juridiction étatique saisie d'un litige relevant d'une convention d'arbitrage doit se déclarer incompétente (v. *supra*, n° 273).

296 — Mesures d'instruction. Le tribunal arbitral dispose également de nombreux pouvoirs en matière de mesures d'instruction :

- il peut entendre, sans prestation de serment, toute personne (CPC, art. 1467, al. 2) ;
- il peut enjoindre à une partie de produire un élément de preuve qu'elle détient, au besoin sous astreinte (CPC, art. 1467, al. 3) ;
- il peut encore trancher un incident de vérification d'écriture ou de faux (CPC, art. 1470).

297 — Mesures provisoires ou conservatoires. Au titre des pouvoirs du tribunal arbitral, il convient de relever que celui-ci peut ordonner aux parties toute mesure conservatoire ou provisoire qu'il estime opportune (CPC, art. 1468). Ces mesures sont ordonnées dans les conditions déterminées par le tribunal et au besoin à peine d'astreinte.

Les saisies conservatoires et sûretés judiciaires ne peuvent pas être ordonnées par le tribunal arbitral, celles-ci relevant de la seule compétence de la juridiction étatique (CPC, art. 1468).

298 — Débat et mise en délibéré. Sans incidence de la procédure choisie, les débats sont contradictoires, sous peine de nullité de la sentence. Dès lors que l'affaire est en état d'être jugée, la date à laquelle le délibéré sera prononcé est fixée par le tribunal arbitral. Au cours du délibéré, les parties ne peuvent formuler aucune demande, soulever aucun moyen et produire aucune pièce, sauf si une telle demande émane du tribunal arbitral (CPC, art. 1476).

299 — Délai de la procédure. À défaut de stipulation dans la convention d'arbitrage, la durée de la mission du tribunal d'arbitral est limitée à

6 mois à compter de sa saisine (CPC, art. 1463, al. 1). Ce délai, qu'il soit légal ou conventionnel, peut être prorogé. Ce délai étant prorogé par accord des parties ou, à défaut, par le juge d'appui (CPC, art. 1463, al. 2), il en résulte que les arbitres ne peuvent pas le proroger. L'expiration du délai d'arbitrage entraîne la fin de l'instance arbitrale (CPC, art. 1477).

300 — Interruption et suspension de l'instance. L'instance arbitrale peut faire l'objet d'une interruption régie par les dispositions des articles 369 à 372 du CPC (CPC, art. 1471). Aussi, s'il y a lieu, le tribunal arbitral peut surseoir à statuer par décision qui suspend le cours de l'instance pour le temps ou jusqu'à la survenance de l'événement qu'elle détermine (CPC, art. 1472).

En cas de décès, d'empêchement, d'abstention, de démission, de récusation ou de révocation d'un arbitre, l'instance arbitrale est également suspendue, sauf disposition contraire (CPC, art. 1473). Elle l'est jusqu'à l'acceptation de sa mission par l'arbitre désigné en remplacement.

301 — Effets de l'interruption et de la suspension. L'interruption et la suspension ne dessaisissent pas le tribunal arbitral, qui peut inviter les parties à reprendre l'instance, mettre un terme aux causes d'interruption ou de suspension ou, en cas de carence des parties, mettre fin à l'instance (CPC, art. 1474). Lorsque les causes de l'interruption ou de suspension cessent, l'instance reprend son cours en l'état où elle se trouvait au moment où elle a été interrompue ou suspendue.

Au moment de la reprise de l'instance, et par exception à l'article 1463 du CPC interdisant à l'arbitre de proroger le délai de la mission du tribunal arbitral, ce tribunal peut décider que le délai de l'instance sera prorogé pour une durée qui n'excède pas 6 mois.

B Le dénouement de l'instance

302 — Notion de sentence. Le dénouement de l'instance se matérialise par une sentence arbitrale (1). Il s'agit de l'acte pris par « des arbitres qui tranche de manière définitive, en tout ou en partie, le litige qui leur est soumis, que ce soit sur le fond, sur la compétence ou sur un moyen de procédure qui les conduit à mettre fin à l'instance ». Des voies de recours sont ouvertes contre la sentence arbitrale (2).

Cass. 1re civ., 12 oct. 2011, n° 09-72439.

1 La sentence

303 — Conditions de fond. La sentence arbitrale est rendue après délibérations. Si aucune règle ne spécifie leur déroulement, les délibérations sont en revanche secrètes (CPC, art. 1479). Dans l'hypothèse d'une pluralité d'arbitres, la sentence arbitrale est rendue à la majorité des voix (CPC, art. 1480).

304 — Conditions de forme : signature des arbitres. D'un point de vue formel, la sentence arbitrale est signée par tous les arbitres (CPC, art. 1480, al. 2). Dans le cas où une minorité refuse de la signer, la sentence en fait mention et produit le même effet que si elle avait été signée par tous les arbitres. La solution est posée afin d'éviter les situations de blocage.

305 — Conditions de forme : mentions des articles 1481 et 1482. En outre, la sentence, qui expose les prétentions des parties et leurs moyens, doit être motivée (CPC, art. 1481). Ces précisions sont nécessaires, dans la mesure notamment où la sentence arbitrale est susceptible de recours. Enfin, la sentence contient les mentions de l'article 1481 du CPC (identités des parties, de leur représentant, des arbitres, date et lieu où la sentence a été rendue).

306 — Conditions de forme : nullité. La signature des arbitres, ainsi que la mention de leur refus, le nom des arbitres, la date de la sentence et sa motivation sont exigés à peine de nullité de la sentence arbitrale (CPC, art. 1483). Cependant, la seule omission ou inexactitude de ces mentions n'emporte pas la nullité. Celle-ci n'est pas encourue s'il est établi, par les pièces de la procédure ou par tout autre moyen, que les prescriptions légales ont été, en fait, observées.

307 — Notification de la sentence. La sentence est notifiée par voie de signification (CPC, art. 1484, al. 3). Toutefois, les parties peuvent en convenir autrement. Il convient de préciser qu'avant même cette notification, l'appel et le recours en annulation sont susceptibles d'être exercés, car ces recours sont recevables dès le prononcé de la sentence (CPC, art. 1494).

308 — Effets de la sentence : autorité de la chose jugée et dessaisissement. La sentence arbitrale produit un double effet conformément à l'article 1484 et 1485 du CPC, car elle acquiert autorité de chose jugée et elle emporte le dessaisissement de l'arbitre.

309 — Effet de la sentence : autorité de la chose jugée. Dès qu'elle est rendue, la sentence a autorité de la chose jugée entre les parties relativement à la contestation tranchée. À l'instar du jugement, l'autorité de la chose jugée de la sentence interdit de saisir à nouveau une juridiction, sous condition d'identités de parties, de cause et d'objet.

310 — Effet de la sentence : dessaisissement. Aussi, la sentence emporte dessaisissement de l'arbitre de la contestation qu'elle tranche. Toutefois, dans un délai de 3 mois à compter de la notification de la sentence, le tribunal arbitral peut interpréter la sentence, réparer les erreurs et omissions matérielles qui l'affectent ou la compléter lorsqu'il a omis de statuer sur un chef de demande.

311 — Exécution. Sauf si un recours est formé ou si elle est assortie de l'exécution provisoire (CPC, art. 1484, al. 2), la sentence est exécutoire à l'expiration du délai pour former appel ou agir en annulation. Ainsi, la sentence produit les mêmes effets que ceux attachés aux jugements.

312 — Exécution forcée. Si la sentence arbitrale est exécutoire, il n'en reste pas moins qu'elle est rendue par une personne privée qui n'est pas investie de la puissance publique. Il en résulte que l'exécution forcée de la sentence est subordonnée à une ordonnance d'exequatur émanant d'une juridiction étatique.

313 — Exequatur. La compétence relative à une demande en exequatur d'une sentence arbitrale est dévolue au tribunal judiciaire dans le ressort duquel cette sentence a été rendue (CPC, art. 1487, al. 1). Le tribunal en connaît à juge unique (COJ, art. R. 212-8, 2°), qui est saisi par requête. La procédure relative à la demande d'exequatur n'est pas contradictoire (CPC, art. 1487, al. 2).

314 — Ordonnance refusant l'exequatur. Le juge saisi d'une demande en exequatur n'examine pas le fond de l'affaire. En revanche, si la sentence est manifestement contraire à l'ordre public, l'exequatur n'est pas accordé (CPC, art. 1488, al. 1). En cas de rejet, l'ordonnance qui refuse l'exequatur doit être motivée.

315 — Recours contre l'ordonnance refusant l'exequatur. À compter de sa signification, l'ordonnance qui refuse l'exequatur peut être frappée d'appel dans le délai d'un mois (CPC, art. 1500). Si le délai pour l'exercer n'est pas expiré, la cour d'appel connaît alors, à la demande d'une partie, de l'appel ou du recours en annulation formé à l'encontre de la sentence arbitrale.

316 — Ordonnance accordant l'exequatur. S'il est accordé, l'exequatur est apposé sur l'original ou, si celui-ci n'est pas produit, sur la copie de la sentence arbitrale réunissant les conditions requises pour son authenticité (CPC, art. 1487, al. 3 et 4). L'ordonnance accordant l'exequatur permet la mise en œuvre des procédures civiles d'exécution.

Conformément à l'article L. 111-3 du Code des procédures civiles d'exécution, « les sentences arbitrales déclarées exécutoires par une décision non susceptible d'un recours suspensif d'exécution » constituent des titres exécutoires permettant de poursuivre l'exécution forcée.

317 — Recours contre l'ordonnance accordant l'exequatur. L'ordonnance qui accorde l'exequatur n'est susceptible d'aucun recours (CPC, art. 1499). Afin de s'opposer à l'exécution, un appel ou un recours en annulation doit alors être formé. En effet, ces recours emportent de plein droit, dans les limites de la saisine de la cour, recours contre l'ordonnance du juge ayant statué sur l'exequatur.

2 Les voies de recours

318 — Voies de recours ouvertes. L'appel, le recours en annulation, la tierce opposition et la révision sont les voies de recours ouvertes à l'encontre de la sentence arbitrale (CPC, art. 1489 et s.). En revanche, cette sentence n'est susceptible ni d'opposition ni de pourvoi en cassation (CPC, art. 1503). Toutefois, les décisions rendues sur appel, recours en annulation, tierce opposition et révision de la sentence peuvent être déférées à la Cour de cassation.

319 — Voies de recours ordinaires. Au titre des voies de recours ordinaires, l'appel et le recours en annulation sont ouverts contre la sentence arbitrale. Ces recours sont exclusifs l'un de l'autre. Si la voie de l'appel est ouverte conformément à l'accord des parties, il s'agit de la seule voie possible. En revanche, si la sentence n'est pas susceptible d'appel, le recours en annulation est ouvert.

320 — Voie de recours ordinaire : recours en annulation. Afin d'obtenir l'annulation de la sentence arbitrale, cette dernière peut fait l'objet d'un recours en annulation. Cette voie est ouverte de manière impérative car « toute stipulation contraire est réputée non écrite » (CPC, art. 1491, al. 2). À défaut d'accord des parties sur l'appel, le recours en annulation est donc toujours possible.

321 — Motifs du recours en annulation. L'ouverture du recours en annulation est toutefois circonscrite aux motifs limitativement énumérés à l'article 1492 du CPC. Les cas énoncés sont relatifs à la compétence du tribunal arbitral, au déroulement de l'instance et à la sentence.
Le recours en annulation est ouvert dans les cas où le tribunal arbitral :
- s'est déclaré à tort compétent ou incompétent ;
- n'a pas été régulièrement constitué ;
- a statué sans se conformer à la mission qui lui avait été confiée ;
- n'a pas respecté le principe de la contradiction.

Aussi, le recours en annulation est ouvert si la sentence :
- est contraire à l'ordre public ;
- n'est pas motivée ;
- n'indique pas la date à laquelle elle a été rendue ou le nom du ou des arbitres qui l'ont rendue ;
- ne comporte pas la ou les signatures requises ;
- n'a pas été rendue à la majorité des voix.

322 — Conséquence de la nullité de la sentence. Dans l'hypothèse où la sentence arbitrale est annulée, la nullité a pour conséquence d'octroyer à la juridiction saisie le pouvoir juridictionnel de statuer sur le fond dans les limites de la mission de l'arbitre (CPC, art. 1493), sauf volonté contraire des parties.

323 — Voie de recours ordinaire : appel. Outre le recours en annulation, la sentence peut faire l'objet d'un appel. La voie de l'appel est ouverte uniquement si les parties en expriment la « volonté » (CPC, art. 1489). Par principe, la sentence n'est donc pas susceptible d'appel. L'appel tend à la réformation ou à l'annulation de la sentence. Dans les limites de la mission du tribunal arbitral, la cour statue en droit ou en amiable composition (CPC, art. 1490).

324 — Voies de recours ordinaires : règles communes. Lorsque l'appel ou le recours en annulation sont ouverts, suivant les conditions susvisées, des dispositions communes régissent ces recours (CPC, art. 1494 et s.).

325 — Voies de recours ordinaires : règles communes, délais. Au titre des dispositions communes, le délai pour former le recours est précisé. L'appel et le recours en annulation sont recevables dès le prononcé de la sentence et dans un délai d'un mois suivant la notification de la sentence (CPC, art. 1494).

326 — Voies de recours ordinaires : règles communes, exécution provisoire. Dans le délai pour former le recours, sauf si elle est assortie de l'exécution provisoire, l'exécution de la sentence arbitrale est suspendue (CPC, art. 1496). La solution vaut si un appel ou un recours est exercé dans ce délai.

> Conformément aux articles 1497 et 1498 du CPC, le premier président statuant en référé ou, dès qu'il est saisi, le conseiller de la mise en état peut arrêter ou aménager l'exécution provisoire si elle risque d'entraîner des conséquences manifestement excessives. Si la sentence n'est pas assortie de l'exécution provisoire, il peut ordonner l'exécution provisoire de tout ou partie de la sentence. L'exécution provisoire n'empêche pas de conférer l'exequatur à la sentence.

327 — Voies de recours ordinaires : règles communes, procédure. L'appel et le recours en annulation sont de la compétence de la cour d'appel dans le ressort de laquelle la sentence a été rendue. Ils sont formés, instruits et jugés conformément à la procédure en matière contentieuse des articles 900 à 930-1 du CPC (CPC, art. 1945). En cas de rejet de l'appel ou du recours en annulation, l'exequatur est conféré à la sentence arbitrale (CPC, art. 1498, al. 2).

328 — Voies de recours extraordinaires : tierce opposition. Au titre des voies de recours extraordinaires, la sentence arbitrale peut être frappée de tierce opposition (CPC, art. 1501). Celle-ci est portée devant la juridiction qui eût été compétente à défaut d'arbitrage.

329 — Voies de recours extraordinaires : recours en révision. Également, un recours en révision peut être formé contre la sentence sous les conditions prévues pour les jugements (CPC, art. 1502). Si le tribunal arbitral peut à nouveau être réuni, le recours est porté devant ce tribunal ; à défaut, il l'est devant la cour d'appel qui eût été compétente pour connaître des autres recours contre la sentence.

CHAPITRE 3

L'existence de l'action

330 — Définition. L'action est la prérogative reconnue aux justiciables de pouvoir s'adresser à un juge afin qu'il se prononce sur leurs prétentions. Le droit d'agir n'étant pas absolu, il est encadré. L'existence de l'action est subordonnée à des conditions relatives aux plaideurs (section 1). Afin que l'action soit recevable, son existence ne doit pas être affectée (section 2).

SECTION 1 L'existence de l'action conditionnée

331 — Recevabilité de l'action. Conformément à l'article 32 du CPC, « Est irrecevable toute prétention émise par ou contre une personne dépourvue du droit d'agir ». L'existence de l'action est donc une condition de recevabilité de la demande en justice. La recevabilité ne suppose pas le bien-fondé de la prétention alléguée, mais elle confère la possibilité de s'adresser au juge afin qu'il l'examine au fond.

332 — Conditions de recevabilité. En son article 31, le CPC pose deux conditions de recevabilité de la demande : l'intérêt (I) et la qualité à agir (II). Ces conditions sont qualifiées de subjectives, car elles s'apprécient en fonction de la personne des plaideurs. En l'absence d'intérêt et/ou de qualité pour agir, la sanction est l'irrecevabilité de la demande, obéissant au régime des fins de non-recevoir (v. *infra*, n° 464).

I L'intérêt à agir

333 — Définition. Conformément à l'adage « pas d'intérêt, pas d'action », l'intérêt est exigé afin d'agir. En un sens commun, l'intérêt est un avantage, une utilité. Appliqué à la procédure, l'intérêt à agir est l'avantage ou l'utilité que procurerait au plaideur la réussite de son action. Afin que l'action soit recevable, l'intérêt à agir doit légitimement exister, c'est-à-dire être concret et caractérisé.

334 — Article 31 du CPC. « L'action est ouverte à tous ceux qui ont un intérêt légitime au succès ou au rejet d'une prétention » (CPC, art. 31). L'emploi du présent est significatif : en principe, l'intérêt de celui qui agit doit exister lors de la formation de la demande. L'intérêt à agir s'apprécie donc temporellement (A). Aussi, de la lettre de l'article 31 ressort le caractère légitime de l'intérêt (B). Enfin, il est traditionnellement admis que l'intérêt doit être personnel (C).

A Le caractère temporel de l'intérêt

335 — Moment appréciation de l'intérêt. En principe, l'intérêt, tant au succès qu'au rejet d'une prétention, s'apprécie au jour de l'introduction de la demande en justice. Parfois, la jurisprudence considère que l'intérêt du demandeur doit subsister lors de l'instance.

Cass. 2ᵉ civ., 13 févr. 2003, nº 01-03272 – Cass. 3ᵉ civ., 4 déc. 2007, nº 06-18770.

336 — Intérêt né et actuel. Parce que l'intérêt doit exister, il est traditionnel d'exiger un intérêt né et actuel. En conséquence, l'intérêt passé et l'intérêt éventuel rendent irrecevable l'action en justice : le premier ne permet plus d'agir en justice et le second ne permet pas de rendre recevable l'action.

337 — Actions préventives. L'intérêt devant être né et actuel, les actions préventives sont en principe irrecevables. L'action interrogatoire, qui a pour objet de contraindre une personne, avant l'expiration du délai légal, à déclarer si elle entend user le droit dont elle est titulaire, n'est pas recevable. Il en est de même de l'action provocatoire ou de l'action en jactance dirigée contre celui qui se prétend titulaire d'un droit afin de le mettre en demeure de justifier ses allégations.

Par dérogation au principe, et à titre exceptionnel, des actions préventives sont recevables. Par exemple, concernant les brevets d'invention, une action préventive est recevable dans les conditions de l'article L. 615-9 du Code de la propriété intellectuelle afin de préserver un droit.

338 — Actions conservatoires. Les actions conservatoires – pouvant être qualifiées d'« actions préventives » dans une acceptation *lato sensu* – sont celles pour lesquelles la personne qui agit a un intérêt futur. À la condition que l'intérêt futur soit suffisamment certain, les actions conservatoires sont recevables.

Par exemple, l'action visant à obtenir du juge des référés le prononcé de mesures conservatoires afin de prévenir un dommage imminent (par ex. CPC, art. 835) est recevable, car l'intérêt, sans être certain parce que futur, est suffisamment probable et non éventuel.

339 — Actions déclaratoires. Les actions déclaratoires sont celles visant à faire constater par le juge l'existence ou l'inexistence d'un droit ou d'une situation juridique. Par exception lorsqu'une disposition légale l'autorise, les actions déclaratoires sont recevables. Par exemple, « Toute action qui a pour objet principal de faire déclarer qu'une personne a ou n'a pas la qualité de Français » est recevable (CPC, art. 1040).

340 — Justification à la recevabilité des actions déclaratoires. De prime abord, les actions déclaratoires contreviennent aux caractères né et actuel de l'intérêt en raison de leur objet. Toutefois, l'intérêt ne se fond pas pleinement dans le litige. L'inexistence d'un litige ne dénie pas l'intérêt à faire reconnaître une situation. Pour cette raison, par exception, les actions déclaratoires sont recevables.

B ▌ Le caractère légitime de l'intérêt

341 — Article 31 du CPC. Le caractère légitime de l'intérêt pour agir résulte des termes mêmes de l'article 31 du CPC : « L'action est ouverte à tous ceux qui ont un intérêt légitime ». Si le caractère légitime est expressément affirmé dans le CPC, la légitimité n'est quant à elle pas définie, ce qui n'est pas sans poser de problèmes, tant ce caractère est complexe à apprécier.

342 — Définition au sens commun. Dans un sens commun, la légitimité renvoie à la conformité avec la raison ou encore la morale. Elle est également la qualité de ce qui est conforme au droit, se confondant alors avec ce qui est licite.

343 — Légitimité distincte du bien-fondé. Envisagé comme l'état de ce qui est licite, le critère de légitimité de l'intérêt pour agir est critiquable, car son appréciation revient à envisager le fond du droit. Or, l'examen au fond se distingue de l'appréciation de l'intérêt. Le bien-fondé du droit substantiel revendiqué conditionne le succès de l'action, alors que l'existence de l'intérêt pour agir en conditionne préalablement la recevabilité.

> Conformément à l'adage « *nemo auditur propriam turpitudinem allegans* », nul ne peut se prévaloir de sa propre turpitude. Pour autant, l'action de la victime indigne ou en situation illicite ne devrait pas être irrecevable pour défaut d'intérêt légitime. L'immoralité de la situation ne devrait pas être de nature à s'opposer à l'action. En revanche, une telle situation devrait faire échec à la demande au fond (v., pour l'admission de l'intérêt à agir en cas de situation illicite, Cass. 2e civ., 30 juin 2011, nº 10-30838).

344 — Définition négative. L'appréciation de la légitimité de l'intérêt pour agir doit être circonscrite au stade de la recevabilité de l'action.

Cette délimitation permet de dire ce que n'est pas la légitimité de l'intérêt : il ne s'agit pas d'une démonstration préalable du bien-fondé de l'action.

345 — Définition positive. Si une définition négative de la légitimité peut être donnée, la définir positivement est complexe. En tant que condition de recevabilité de l'action, la légitimité serait l'exigence d'un intérêt existant et sérieux. La légitimité tendrait alors à se confondre avec les autres conditions de recevabilité de l'action.

C | Le caractère personnel de l'intérêt

346 — Principe. Non expressément requis par l'article 31 du CPC, le caractère personnel de l'intérêt pour agir est traditionnellement requis. Les intérêts de la personne – qu'elle soit physique ou morale – doivent être atteints et celle-ci doit retirer un bénéfice personnel à l'issue de l'action. En principe, cette condition est exigée tant pour le demandeur que pour le défendeur.

347 — Justification du principe. Le principe se justifie doublement :
- d'un côté, l'intérêt général est défendu par le ministère public ;
- d'un autre côté, en vertu de l'adage « nul ne plaide par procureur », une personne ne peut pas défendre l'intérêt d'autrui. En revanche, à raison d'un mandat, la mission d'agir peut être confiée à un tiers. En cette hypothèse, le caractère de l'intérêt est toujours personnel car il s'apprécie en la personne du représenté et non celle du représentant.

348 — Dérogations. Dans certains cas, l'utilité de l'action ou l'avantage recherché peuvent concerner un intérêt autre que personnel. Par dérogation au principe, certaines actions qui ne visent pas à défendre un intérêt personnel sont admises. Mais, la recevabilité de ces actions est subordonnée à l'existence d'une qualité particulière.

II | La qualité à agir

349 — Définition. La qualité à agir est le titre juridique, une habilitation légale qui confère le droit d'agir en justice. Il s'agit d'une condition de recevabilité de l'action qui s'applique en demande et en défense. La qualité à agir est prévue à l'article 31 du CPC, qui emploie le terme « qualifier ».

350 — Actions banale et attitrée. La qualité à agir est liée à l'intérêt à agir. En principe, de l'existence d'un intérêt à agir résulte la qualité (CPC, art. 31), seul l'intérêt devant alors être justifié ; l'action est alors dite « banale ». Par exception, les personnes qualifiées pour agir sont limitées, car la qualité résulte d'une disposition légale ; en ce cas, l'action est dite « attitrée ».

351 — Action attitrée. Lorsque l'action est attitrée, la recevabilité de l'action est conditionnée à la justification d'un intérêt et, condition cumulative, à la démonstration d'une qualité. Ainsi, une personne peut avoir un intérêt à agir sans pour autant que la qualité lui soit attribuée ; dans ce cas, l'action est irrecevable.

352 — Annonce. Traditionnellement, l'intérêt à agir a un caractère personnel. Par dérogation, l'intérêt peut être autre que personnel. L'intérêt à agir étant en corrélation avec la qualité, il convient d'envisager successivement la qualité à défendre un intérêt personnel (A) et la qualité à défendre un intérêt autre que personnel (B).

A La qualité à défendre un intérêt personnel

353 — Principe. Lorsque l'intérêt est personnel, l'action est ouverte à toute personne physique ou morale. Par principe, l'action est banale. La qualité à agir pour la défense d'un intérêt personnel n'a pas à être prouvée. La qualité résulte de l'intérêt, ou plus précisément elle se confond avec celui-ci.

354 — Exceptions. Exceptionnellement, la qualité à agir pour la défense d'intérêt personnel est attribuée à certaines personnes. L'action est attitrée. Il ne suffit pas de justifier d'un intérêt personnel, la qualité pour agir doit en outre résulter d'une habilitation légale expresse. Ces actions sont fréquentes en droit de la famille et en droit des contrats.

B La qualité à défendre un intérêt autre que personnel

355 — Différents intérêts. En certaines hypothèses, il est dérogé au caractère personnel de l'intérêt. L'action est attribuée à des personnes spécifiques afin qu'elles défendent un intérêt autre que leur intérêt personnel. L'intérêt défendu peut être l'intérêt d'autrui (1), l'intérêt collectif (2) ou l'intérêt général (3).

1 La qualité à défendre l'intérêt d'autrui

356 — Principe. Par principe, en vertu de l'adage « nul ne plaide par procureur », une personne tant physique que morale ne peut défendre l'intérêt personnel d'autrui. Cependant, par exception et en vertu d'une disposition légale expresse, une personne peut défendre l'intérêt personnel d'autrui.

357 — Action sociale *ut singuli*. Par l'action *ut universi*, la société qui a un intérêt personnel agit en justice par le biais de ses représentants légaux. L'action est en principe banale. Afin de renforcer la responsabilité des dirigeants, l'action *ut singuli* permet aux actionnaires ou aux associés d'agir en justice afin de défendre l'intérêt personnel de la société (C. com., art. L. 223-22 et L. 225-252).

358 — Syndicat. En certains cas et sous réserve de conditions, les syndicats bénéficient d'une habilitation législative pour défendre l'intérêt d'autrui. Par exemple, les organisations syndicales représentatives au niveau national ou dans l'entreprise peuvent exercer en justice toutes actions en faveur d'un candidat à un emploi, à un stage ou à une période de formation ou d'un salarié, résultant des dispositions relatives à l'égalité de rémunération entre les femmes et les hommes (C. trav., art. L. 1144-2).

359 — Ligues de défense. Progressivement, la jurisprudence a admis que les ligues de défense peuvent agir pour la défense des intérêts individuels de ses membres. Les ligues de défense sont par exemple les comités de quartier. L'action peut porter sur l'intérêt individuel de tous les membres, de quelques-uns, voire d'un seul. La défense du préjudice allégué doit entrer dans l'objet de l'association.

360 — Action de groupe. L'action de groupe a pour objet la réparation de préjudices individuels subis par un ensemble de personnes placées dans une situation similaire ou identique et ayant une cause commune. Par cette action, les plaignants se regroupent afin qu'une association agisse en justice dans le cadre d'une même action pour défendre leur intérêt individuel, qui a une origine commune.

361 — Action de groupe : historique. L'action de groupe a été instituée par la loi du 17 mars 2014 relative à la consommation et le décret du 24 septembre 2014. Initialement cantonnée en matière de consommation, l'action de groupe a été ouverte en matière de santé, puis la loi *J21* a étendu le champ de l'action de groupe en matière de discrimination, en matière environnementale et en matière de protection de données à caractère personnel.

362 — Action de groupe : associations. L'action de groupe est une action introduite pour des « cas individuels présentés par le demandeur au soutien de son action » (CPC, art. 849-1). L'action est ouverte aux associations agréées et aux associations régulièrement déclarées depuis 5 ans au moins dont l'objet statutaire comporte la défense d'intérêts auxquels il a été porté atteinte (L. *J21*, art. 63).

363 — Action de groupe : qualité à agir. La spécificité de l'action de groupe est que l'association ne défend pas son intérêt personnel, mais l'intérêt d'un groupe de cas individuel, non déterminé dans son nombre au moment de l'introduction de l'instance. L'action ne bénéficie pas personnellement à l'association, c'est pourquoi une qualité particulière est exigée.

364 — Action de groupe : mandat. En plus d'être soumise à une procédure particulière, l'action de groupe est spécifique, car la qualité pour agir est réservée aux associations et un mandat est également nécessaire (CPC, art. 849-17).

2 La qualité à défendre l'intérêt collectif

365 — Principe. Par définition, un intérêt collectif n'est pas personnel. En principe, l'action en justice pour la défense de l'intérêt collectif est prohibée. Cependant, en certains domaines, les actions visant l'intérêt collectif sont recevables. Il s'agit d'actions attitrées nécessitant une disposition octroyant la qualité à agir.

366 — Intérêt professionnel. Légitimement, les syndicats et les ordres professionnels ont la qualité pour défendre leur intérêt personnel. En raison de leur objet, sous réserve des conditions propres aux diverses actions, les syndicats et les ordres professionnels ont également qualité pour défendre l'intérêt collectif de la profession qu'ils représentent.

367 — Association. Les associations ont de même la possibilité d'agir pour défendre l'intérêt collectif. Le droit d'agir en justice dans un intérêt collectif est accordé aux associations « *même hors l'habilitation législative* ». Cependant, l'action est limitée matériellement, car une association peut agir en justice au nom d'intérêts collectifs dès lors que ceux-ci entrent dans son objet social défendu.

Cass. 1re civ., 18 sept. 2008 : Bull. I, n° 201 – Cass. 1re civ., 27 mai 1975 : D. 1976, p. 318.

3 La qualité à défendre l'intérêt général

368 — Principe. La défense de l'intérêt général appartient en principe au ministère public. Conformément à l'article 422 du CPC, le ministère public agit d'office dans les cas spécifiés par la loi. Mais il peut également agir, de manière plus générale, « pour la défense de l'ordre public à l'occasion des faits qui portent atteinte à celui-ci » (CPC, art. 423).

369 — Exception. À titre particulièrement exceptionnel, la qualité pour agir en défense de l'intérêt général est attribuée à un particulier. Par exemple, dans les conditions de l'article L. 2132-5 du Code général des collectivités territoriales, tout contribuable a le droit d'exercer les actions qu'il croit appartenir à la commune et que celle-ci, préalablement appelée à en délibérer, a refusé ou négligé d'exercer.

SECTION 2 L'existence de l'action affectée

370 — L'intérêt et la qualité, des conditions nécessaires mais insuffisantes. Le respect des conditions subjectives d'existence de l'action liées à la personne des plaideurs ne suffit pas à la recevabilité de l'action. En certains cas, des événements, la temporalité ou encore l'objet de l'action affectent la recevabilité de l'action.

V. en ce sens, Cadiet L. et Jeuland E., *Droit judiciaire privé*, 10e éd., 2017, LexisNexis.

371 — Distinction des hypothèses. Les hypothèses dans lesquelles l'existence de l'action est affectée se retrouvent pour l'essentiel aux dispositions des articles 122 et 384 du CPC. Si elles ont pour point commun de rendre irrecevable l'action, ces hypothèses doivent être distinguées. Les premières posent des conditions objectives d'ouverture de l'action (I), les secondes concernent l'extinction de l'instance à titre accessoire, qui est la conséquence de la perte de la possibilité d'agir (II).

I La recevabilité de l'action subordonnée à des conditions objectives

372 — Article 122 du CPC. Aux termes de l'article 122 du CPC, outre le défaut d'intérêt et de qualité, « constitue une fin de non-recevoir tout moyen qui tend à faire déclarer l'adversaire irrecevable en sa demande, sans examen au fond, pour défaut de droit d'agir, [...] la prescription, le délai préfix, la chose jugée ».

373 — Temporalité. L'action est temporellement encadrée. Le plaideur doit respecter les délais de prescription et de forclusion, à défaut de quoi sa demande est irrecevable. Si cela ne préjuge pas de l'existence ou de l'inexistence d'un intérêt et d'une qualité pour agir, l'écoulement du temps fait cependant obstacle au droit d'action.

374 — Chose jugée. La recevabilité de l'action est également conditionnée à l'objet de l'action, car la chose jugée rend irrecevable une demande. La chose jugée visée à l'article 122 du CPC renvoie à un attribut du jugement : l'autorité de la chose jugée. Sous réserve des voies de recours, une demande qui a fait l'objet d'un examen par un juge ne peut plus faire l'objet d'une nouvelle action (sur les conditions de l'autorité de la chose jugée, v. *infra*, n° 1680).

375 — Pouvoir juridictionnel. Les fins de non-recevoir ne sont pas énumérées de manière limitative à l'article 122 du CPC. De la lecture du CPC ressort que l'action se heurte à une fin de non-recevoir dans d'autres cas. Ainsi, la recevabilité de l'action est parfois conditionnée au pouvoir juridictionnel. Par exemple, en matière de référé, si certaines conditions (par ex. l'urgence) ne sont pas remplies, la demande est irrecevable.

II L'extinction de l'instance à titre accessoire

376 — Instance éteinte à titre accessoire. Les cas où l'instance s'éteint à titre accessoire sont énumérés à l'article 384 du CPC. Il s'agit de la transaction (v. *supra*, n° 201), du décès lorsque l'action est non transmissible (v. *infra*, n° 1497), du désistement d'action (A) et de l'acquiescement (B). Dans ces hypothèses, la poursuite de l'action n'est plus possible, car la faculté d'action a disparu. L'instance « s'éteint accessoirement à l'action », l'extinction de l'instance étant la conséquence de la perte de la possibilité d'agir.

A Le désistement d'action

377 — Régime. Contrairement au désistement d'instance qui éteint l'instance mais non l'action (v. *infra*, n° 1571), le régime du désistement d'action n'est pas développé dans le CPC. Le désistement d'action est évoqué à l'article 384 afin d'en donner son effet principal : l'extinction de l'action.

378 — Conditions. Le désistement d'action ne peut porter que sur un droit auquel il est possible de renoncer. Dès lors, l'auteur du désistement doit avoir la capacité de disposer de ce droit. Le désistement d'action est considéré comme un avantage pour l'adversaire ; pour cette raison, il n'est pas subordonné en principe à son acceptation. Toutefois, l'acception de l'adversaire est requise dès lors que celui-ci a un intérêt à la poursuite de l'instance.

379 — Conséquence. Le désistement d'action est un abandon des prétentions d'une partie formées à l'encontre de son adversaire. Le désistement d'action s'assimile à une renonciation du droit d'agir. Il emporte extinction du droit d'agir. Par conséquent, toute demande ultérieure fondée sur ce droit est irrecevable.

B L'acquiescement

380 — Définition. L'acquiescement peut être relatif à la demande ou au jugement. L'acquiescement à la demande est une « reconnaissance du bien-fondé des prétentions » de l'adversaire (CPC, art. 408). L'acquiescement au jugement est une « soumission aux chefs de celui-ci » (CPC, art. 409).

381 — Acquiescement à la demande : domaine. L'acquiescement à la demande concerne les droits dont la partie a la libre disposition (CPC, art. 408, al. 2). Le domaine est restreint car l'acquiescement est un consentement. Or, une partie ne peut pas manifester sa volonté relativement à un droit dont elle n'a pas la libre disposition.

382 — Acquiescement à la demande : effets. L'acquiescement à la demande emporte renonciation à l'action, car la partie acquiesçant se soumet aux prétentions adverses (CPC, art. 408, al. 1). Par l'acquiescement, l'instance est donc éteinte. En même temps, parce qu'il est une reconnaissance des prétentions adverses, l'acquiescement empêche toute nouvelle demande fondée sur le même droit.

383 — Acquiescement partiel. L'acquiescement peut être partiel. Dans ce cas, la partie acquiesce seulement à certaines prétentions de l'autre partie. Dès lors, les prétentions litigieuses subsistent, car elles n'ont pas fait l'objet d'une renonciation.

384 — Acquiescement au jugement : domaine. Contrairement à l'acquiescement à la demande, l'acquiescement au jugement est toujours admis, sauf disposition contraire (CPC, art. 409, al. 2). Ainsi, une partie peut acquiescer à un jugement relatif à un droit indisponible. La solution est légitime, car la partie n'acquiesce pas sur les prétentions en tant que telles, le juge s'étant prononcé sur celles-ci.

385 — Acquiescement au jugement : effets. L'acquiescement au jugement emporte renonciation aux voies de recours sauf si, postérieurement, une autre partie forme régulièrement un recours (CPC, art. 408, al. 1).

386 — Expression de l'acquiescement. Dans tous les cas, l'acquiescement est unilatéral et engage la partie qui acquiesce. Devant être toujours non équivoque, l'acquiescement peut être soit exprès, soit implicite. Le principe est donné à l'article 410 du CPC ; cette disposition précise en son alinéa 2 que l'exécution sans réserve d'un jugement non exécutoire vaut acquiescement, sauf si celui-ci n'est pas possible.

CHAPITRE 4

L'exercice de l'action

387 — Distinguer l'existence de l'action de son exercice. L'existence de l'action ne doit pas se confondre avec son exercice. L'existence renvoie à la recevabilité de l'action alors que l'exercice permet sa mise en œuvre. Afin d'exercer l'action, des conditions sont exigées (section 1), et sa mise en œuvre doit se matérialiser par la soumission au juge de prétentions (section 2).

SECTION 1 Conditions de l'exercice de l'action

388 — Annonce. La titularité du droit d'agir n'emporte pas le pouvoir d'exercer ce droit. Des conditions subordonnent l'exercice de l'action en justice (I). Différencier l'existence de l'exercice de l'action n'est pas théorique, car des sanctions spécifiques en cas d'irrégularité dans l'exercice de l'action sont prévues (II).

I Les conditions d'exercice de l'action

389 — Deux conditions. Non expressément énoncées au CPC, les conditions d'exercice de l'action résultent d'une lecture *a contrario* de l'article 117 du CPC. Afin d'exercer l'action, la capacité d'ester en justice est nécessaire (A) ; à défaut, la représentation dans l'exercice de l'action est impérative. La représentation dans l'exercice renvoie au pouvoir d'agir (B), qui n'est pas limité au seul cas d'incapacité d'exercice du titulaire de l'action.

A La capacité d'ester en justice

390 — Capacité juridique. La capacité juridique, attribut inhérent à la personnalité juridique, est traditionnellement définie comme l'aptitude à être titulaire de droits et à les mettre en œuvre. La capacité juridique recouvre donc la capacité de jouissance et celle d'exercice.

391 — Capacité de jouissance. L'action en justice suppose la capacité de jouissance. La capacité de jouissance résulte de la personnalité juridique, qui confère une titularité de droits, dont le droit d'ester en justice. La capacité de jouissance est une condition de l'existence de l'action ; elle ne doit pas se confondre avec la capacité d'exercice, qui est une condition d'exercice de l'action.

392 — Capacité d'exercice. Afin d'exercer l'action, la personne doit avoir la capacité d'exercice. Cela ne signifie pas que la personne frappée d'incapacité d'exercice est interdite d'ester en justice. En revanche, elle ne peut pas exercer seule les droits dont elle a la jouissance. Afin d'exercer valablement une action, une personne frappée d'incapacité d'exercice doit être représentée en justice (v. *infra*, n° 396).

393 — Personnes atteintes d'incapacité d'exercice. Dans la mesure où elle exige la capacité d'exercice, l'action ne peut en principe pas être exercée par les mineurs non émancipés et les majeurs placés sous un régime de protection. Toutefois, des précisions sont nécessaires, car la capacité d'ester est dans certains cas conférée au mineur non émancipé et tout régime de protection du majeur n'emporte pas une incapacité d'exercice.

394 — Mineur non émancipé. De la lecture combinée des articles 414 (à la majorité, chacun est capable d'exercer les droits dont il a la jouissance) et 413-6 du Code civil (le mineur émancipé est capable, comme un majeur) résulte le principe selon lequel le mineur non émancipé n'a pas la capacité d'exercice. Exceptionnellement, le mineur peut seul exercer l'action ; tel est par exemple le cas de l'action en recherche de maternité ou de paternité de l'article 328 du Code civil.

395 — Majeur protégé. L'incapacité d'exercice du majeur protégé impose de distinguer les régimes de protection. La personne placée sous sauvegarde de justice conserve l'exercice de ses droits (C. civ., art. 435). En revanche, la personne en tutelle n'a, en principe, pas la capacité d'exercice puisqu'elle « est représentée en justice par [son] tuteur » (C. civ., art. 475). Dans l'exercice de son action, le majeur sous curatelle doit, lui, être assisté par son curateur (C. civ., art. 467).

B | Le pouvoir d'agir en justice, la représentation dans l'exercice de l'action

396 — Définition. La représentation dans l'exercice de l'action – ou représentation *ad agendum* (signifiant « pour agir », « en vue de l'action ») – autorise une personne à agir en justice au nom et pour le compte d'une partie : le représenté. Seul un pouvoir de représentation étant donné, la qualité pour agir doit toujours s'apprécier en la personne du représenté et l'instance produit ses effets au profit ou à la charge de la partie représentée.

397 — Hypothèses de représentation. La représentation dans l'exercice de l'action est en certains cas obligatoire. Afin d'exercer régulièrement une action en justice, les personnes physiques frappées d'incapacité d'exercice et les personnes morales doivent être représentées à l'action. La représentation peut également être nécessaire sans être imposée (par ex. en cas d'empêchement).

398 — Pouvoir de représentation. En toute hypothèse, le représentant doit justifier d'un pouvoir régulier de représentation. Les autorisations et habilitations requises confèrent un titre permettant au représentant d'agir régulièrement. Le pouvoir peut être légal (par ex. l'autorité parentale), judiciaire (par ex. un mandataire judiciaire) ou encore conventionnel (par ex. les statuts d'une société).

399 — « Nul ne plaide par procureur ». La représentation emporte l'obligation de désigner le nom du représentant dans les actes de procédure. Le représentant doit être identifié sans pour autant occulter l'identité du représenté. Tel est le sens de la maxime « nul ne plaide par procureur ». Un temps, celle-ci signifiait l'interdiction du principe de représentation. Désormais, « nul ne plaide par procureur » signifie que le représentant ne peut masquer le représenté.

II Les sanctions relatives à l'exercice de l'action

400 — Deux types de sanctions. Si les conditions d'exercice de l'action ne sont pas respectées, l'exercice de l'action est irrégulier et est dès lors sanctionné (A). Aussi, en dépit de la capacité d'ester en justice et du pouvoir d'agir, l'exercice de l'action peut être sanctionné s'il est abusif (B).

A L'exercice irrégulier de l'action

401 — Causes de nullité de fond. L'exercice irrégulier de l'action emporte le prononcé d'une nullité pour vice de fond. Suivant l'article 117 du CPC, constituent des irrégularités de fond affectant la validité de l'acte :
- le défaut de capacité d'ester en justice ;
- le défaut de pouvoir de représentation d'une personne atteinte d'incapacité d'exercice ou d'une personne morale ;
- le défaut de capacité ou de pouvoir d'une personne assurant la représentation d'une partie.

402 — Sanction du défaut de capacité. Conformément à l'article 117 du CPC, le « défaut de capacité d'ester en justice » constitue une irrégularité de fond sanctionnée par la nullité de la demande. Cette disposition ne distinguant pas entre la capacité de jouissance et celle d'exercice, la formule doit être précisée.

403 — Sanction du défaut de capacité d'exercice. La personne frappée d'incapacité d'exercice peut agir en justice. Son action est cependant régulière à la condition d'être représentée. Ainsi, ce n'est pas le défaut de capacité d'exercice qui est directement sanctionnée par l'article 117 du CPC, mais le défaut de représentation de la personne affectée d'incapacité d'exercice.

404 — Sanction du défaut de capacité de jouissance. En revanche, l'incapacité de jouissance est sanctionnée en elle-même par une nullité de fond, car une telle incapacité signifie l'inexistence juridique d'une personne. L'incapacité de jouissance ayant pour corollaire l'absence du droit d'agir en justice, la nullité de fond peut donc se doubler d'une irrecevabilité de la demande pour défaut de droit d'agir (CPC, art. 32).

405 — Causes de nullité de fond limitatives. Les causes de nullité de fond énumérées à l'article 117 du CPC sont limitatives. La solution a été donnée dans un arrêt de la chambre mixte de la Cour de cassation en date du 7 juillet 2006 (n° 03-20026). Peu importe la gravité des irrégularités alléguées, « les irrégularités de fond [sont] limitativement énumérées à l'article 117 ».

406 — Régime de la nullité de fond. Dans la mesure où elles constituent des vices graves, les exceptions de nullité de fond obéissent à un régime spécifique. Ce régime, prévu aux articles 117 à 121 du CPC, est moins contraignant pour les parties que celui des nullités de forme.

407 — Régime de la nullité : rôle des parties. La partie qui se prévaut d'une nullité de fond n'a pas à justifier l'existence d'un grief (CPC, art. 119) et peut la présenter en tout état de cause (CPC, art. 118). Toutefois, celui qui s'abstient, dans une intention dilatoire, de la soulever plus tôt peut être condamné à des dommages et intérêts.

408 — Régime de la nullité : pouvoir du juge et régularisation. Lorsque la règle de fond inobservée a un caractère d'ordre public, le juge a l'obligation de relever d'office l'exception de nullité (CPC, art. 120). Il en a la faculté en cas de défaut de capacité d'ester en justice. Cependant, à la condition que la nullité soit susceptible d'être couverte, l'acte peut être régularisé avant que le juge statue (CPC, art. 121).

B L'exercice abusif de l'action

409 — Notion d'abus du droit d'agir. Si le droit d'agir est libre, il n'est pas pour autant discrétionnaire. L'action en justice n'est pas un droit sans limites dévolu à la volonté arbitraire du plaideur. Dès lors, le procès ne doit pas se muer en un « instrument de vengeance ». Pour cette raison, l'exercice abusif de l'action est sanctionné.

Fricero N., « Le procès civil, instrument d'une vengeance équitable », *in La vengeance*, 2011, Éd. Panthéon-Assas, p. 237.

410 — Abus du droit d'agir en défense. Se manifestant souvent en demande, l'abus du droit d'agir n'y est toutefois pas circonscrit. L'abus du droit d'agir en défense est également reconnu. Ainsi, l'attitude malicieuse du défendeur qui laisse se dérouler la procédure sans faire connaître sa véritable situation est constitutive d'un abus du droit d'agir en défense.

Cass. 2e civ., 16 juin 1993, n° 91-20203.

411 — Appréciation de l'abus du droit d'agir. Une définition restrictive de l'abus de droit est à retenir, car l'action en justice doit demeurer un droit fondamental. La liberté du droit d'agir ne doit pas être entravée par une appréciation excessive de l'abus. L'abus ne se confond donc pas avec les chances de succès de l'action et ne peut pas être assimilé simplement à une erreur sur les fondements juridiques.

Cass. 2e civ., 18 déc. 2003, n° 01-16617.

412 — Caractérisation de l'abus du droit d'agir. Afin de caractériser l'abus, le comportement du plaideur est pris en compte. Celui-ci doit être dicté par une volonté de malveillance. À de nombreuses reprises, la jurisprudence a relevé que le droit dégénère en abus dans les cas de malice, mauvaise foi ou erreur grossière équipollente au dol. Plus largement, le droit d'agir est abusif lorsque son exercice sert à détourner la justice de sa fonction.

413 — Quérulence processuelle. La quérulence processuelle est une pathologie psychiatrique se manifestant par un abus de droit. Cliniquement, il s'agit d'« une saisine acharnée, sans le recours à un mandataire, d'une juridiction par un même requérant, tendant à mettre en cause, de manière frénétique et par des moyens à la limite du rationnel, soit des mandataires de justice, soit les membres de la juridiction, soit des actes ».

Cassia P., « Entre droit et psychiatrie : la quérulence processuelle », AJDA 2006, p. 1185.

414 — Procédures bâillons. Les « procédures bâillons » sont des poursuites abusives dont l'objet est spécifique. Il s'agit, par l'action intentée – généralement une action en diffamation –, de « bâillonner » une personne, c'est-à-dire de brider la liberté d'expression ou la liberté de recherche en instrumentalisant la procédure, qui se mue alors en un instrument d'intimidation et/ou de censure.

> Strickler Y., « Défendre la liberté académique », *in Annales 2016 de la Faculté de droit et science politique de Nice*, 2017, L'Harmattan, p. 11.

415 — Sanction de l'abus du droit d'agir. En cas d'abus du droit d'agir, celui qui agit de manière dilatoire ou abusive peut être condamné à une amende civile d'un montant maximum de 10 000 € (CPC, art. 32-1). L'amende civile ne profitant pas à la partie adverse, celui qui agit abusivement peut également être condamné à des dommages et intérêts. Ces sanctions sont identiques en cas d'abus dans l'exercice des voies de recours (CPC, art. 559 et 628).

416 — Remarques sur les sanctions relatives aux manœuvres dilatoires. Certaines manœuvres dilatoires sont sanctionnées uniquement par des dommages et intérêts. À titre d'exemple, celui qui soulève tardivement une fin de non-recevoir dans une intention dilatoire peut être condamné à des dommages-intérêts, mais aucune amende civile n'est prévue (CPC, art. 123 ; v. aussi, mais non exclusivement, CPC, art. 118).

SECTION 2 Matérialisation de l'exercice de l'action

417 — Mise en œuvre de l'action. L'action est le droit de soumettre au juge ses prétentions et pour l'adversaire d'en discuter le bien-fondé (CPC, art. 30). Les prétentions définissent l'objet du litige. Matériellement, l'exercice de l'action est subordonné à la présentation de demandes (I) auxquelles peuvent être opposés des moyens de défense (II).

I Les demandes

418 — Concrétisation de la faculté d'agir. Si la faculté d'agir appartient à tous, la mise en œuvre du droit d'agir se concrétise par un acte de procédure : la demande en justice. Par cet acte, une prétention est soumise au juge. Le juge est saisi par une demande qui, sous peine d'*infra petita*, l'oblige à statuer. La demande en justice peut prendre plusieurs formes (A) et emporte de nombreux effets (B).

> La demande de « donner acte » n'est pas une demande en justice, car elle s'analyse en une déclaration plus qu'une prétention. Une telle demande tend à

une constatation et non à conférer un droit à la partie la requérant. La demande de « donner acte » est dépourvue de toute portée juridique (Cass. 3e civ., 16 juin 2016, n° 15-16469).

A Les formes de la demande

419 — Pluralisme des aspects de la demande. D'un point de vue procédural, une distinction est opérée entre différents types de demandes. Si l'acte déclenche l'instance, la demande est initiale (1). Si l'acte est accompli au cours d'une instance déjà introduite, il s'agit d'une demande incidente (2).

1 La demande initiale

420 — Notion. La demande initiale est celle qui introduit l'instance, d'où son ancienne dénomination de demande introductive d'instance. La demande initiale est donc celle par laquelle un plaideur prend l'initiative d'un procès en soumettant au juge ses prétentions (CPC, art. 53).

421 — Forme procédurale. Une diversité d'acte permet de former une demande initiale. Le décret du 11 décembre 2019 a réalisé une réduction des modes de saisine des juridictions civiles. Depuis le 1er janvier 2020, la demande initiale est formée soit par assignation, soit par requête – qui peut être formée conjointement par les parties – remise ou adressée au greffe de la juridiction (CPC, art. 54). La déclaration au greffe a disparu, ainsi que la présentation volontaire des parties.

422 — Mentions de la demande initiale. En plus de la réduction des modes de saisine, une uniformisation est réalisée car des dispositions communes aux demandes initiales sont posées. L'article 54 du CPC pose un droit commun relatif aux mentions des demandes initiales. À peine de nullité, la demande initiale doit comporter un ensemble de mentions énuméré du 1° au 6° de l'article 54 du CPC. Il s'agit de :
- l'indication de la juridiction devant laquelle la demande est portée (CPC, art. 54, 1°) ;
- l'objet de la demande (CPC, art. 54, 2°) ;
- l'identification des requérants (CPC, art. 54, 3°) ;
- le cas échéant, les mentions relatives à la désignation des immeubles exigées pour la publication au fichier immobilier (CPC, art. 54, 4°) ;
- les diligences entreprises en vue d'une résolution amiable du litige ou la justification de la dispense d'une telle tentative (CPC, art. 54, 5°) ;
- l'indication des modalités de comparution devant la juridiction et la précision que, faute pour le défendeur de comparaître, il s'expose à ce qu'un

jugement soit rendu contre lui sur les seuls éléments fournis par son adversaire (CPC, art. 54, 6°).

423 — Mentions de la demande initiale : MARD et nullité. La demande initiale doit indiquer, à peine de nullité, les diligences entreprises en vue d'une résolution amiable du litige ou la justification de la dispense d'une telle tentative (CPC, art. 54, 5°). La nouveauté est à souligner, car antérieurement à la réforme, aucune sanction n'était prévue en cas de défaut de ces mentions.

424 — Mentions de la demande initiale : MARD obligatoire. Le nouvel article 54 du CPC précise que ces mentions relatives à la résolution amiable sont prévues, à peine de nullité, lorsque la demande « doit être précédée d'une tentative de conciliation, de médiation ou de procédure participative ». L'une de ces mentions (diligence ou justification de la dispense) est donc exigée lorsque la recevabilité de la demande est subordonnée à une tentative de résolution amiable, l'article employant le verbe « devoir ». Les exigences de l'article 750-1 du CPC, dont les dispositions sont relatives aux préalables amiables légaux, doivent ainsi trouver une retranscription dans la demande initiale.

425 — Mentions de la demande initiale : voie électronique. Lorsque la demande est formée par voie électronique, des mentions supplémentaires sont exigées (CPC, art. 54, al. 2). Les mentions prévues, à peine de nullité, sont les adresse électronique et numéro de téléphone mobile du demandeur, lorsqu'il consent à la dématérialisation, ou de son avocat. L'adresse électronique et le numéro de téléphone du défendeur sont des mentions facultatives. En réaction à une action introduite devant le Conseil d'État par le Conseil national des barreaux (CNB), un arrêté devrait préciser la mention relative au numéro de téléphone mobile - mention dont l'exigence est, au jour de la rédaction du présent ouvrage, suspendue.

2 Les demandes incidentes

426 — Types de demandes. Les demandes incidentes sont les demandes formées à l'occasion d'une instance principale. Afin d'être recevables, les demandes doivent être rattachées à l'instance principale par un lien suffisant (CPC, art. 70). Les demandes incidentes peuvent être des demandes reconventionnelles (a), additionnelles (b) ou en intervention (c).

a La demande reconventionnelle

427 — Notion. Une demande reconventionnelle est celle par laquelle le défendeur originaire prétend obtenir un avantage autre que le simple rejet de la prétention de son adversaire (CPC, art. 64). Le rejet d'une prétention renvoie aux défenses au fond dont l'objet est de faire échec aux prétentions adverses. La demande reconventionnelle s'en distingue car elle consiste à obtenir un avantage autre : celui d'élargir l'objet du litige.

428 — Auteurs. À suivre la lettre de l'article 64 du CPC, la demande reconventionnelle est formée par le défendeur originaire. Mais la jurisprudence a admis qu'une demande reconventionnelle peut également être formée par le demandeur initial en défense aux prétentions reconventionnelles de son adversaire.

En cas de pluralité de défendeurs à la demande initiale, un défendeur ne peut pas former une demande reconventionnelle contre un autre défendeur. Il s'agit alors d'une demande initiale. Si la nouvelle instance créée est connexe à la première, le juge aura la faculté de joindre les deux instances.

429 — Conditions de recevabilité. Afin d'être recevable, la demande reconventionnelle doit se rattacher aux prétentions originaires par un lien suffisant (CPC, art. 70, al. 1). Toutefois, en l'absence de ce lien, la demande en compensation judiciaire est recevable, sauf au juge à la disjoindre si elle risque de retarder à l'excès le jugement sur le tout (CPC, art. 70, al. 2).

b Demande additionnelle

430 — Notion. La demande additionnelle est « la demande par laquelle une partie modifie ses prétentions antérieures » (CPC, art. 65). Celle-ci est une modification de l'objet de la demande. Le terme de « modification » est à comprendre dans un sens large. La demande additionnelle peut être un correctif d'une prétention antérieure par l'augmentation ou la diminution de son objet.

431 — Auteurs. Toute partie à l'instance peut formuler une demande additionnelle. Celle-ci peut émaner des parties originaires, demandeur ou défendeur, ou d'un tiers devenu partie à la suite d'une intervention. Dès lors, une telle demande peut modifier une demande initiale, en intervention ou reconventionnelle.

432 — Conditions de recevabilité. À l'instar de la demande reconventionnelle, la demande additionnelle doit se rattacher aux prétentions originaires par un lien suffisant (CPC, art. 70). C'est-à-dire qu'un rapport doit exister entre l'objet demandé et la demande initiale.

c ▌Demande en intervention

433 — Notion. Conformément à l'article 66 du CPC, une demande en intervention est une demande dont l'objet est de rendre un tiers partie au procès engagé entre les parties originaires. L'intervention n'est recevable que si elle se rattache aux prétentions des parties par un lien suffisant. L'intervention du tiers peut être volontaire ou forcée.

434 — Demande en intervention volontaire. L'intervention est volontaire lorsque, de sa propre initiative, le tiers souhaite prendre part à une instance à laquelle il n'est ni représenté ni partie. L'intervention volontaire peut être principale ou accessoire (CPC, art. 328).

435 — Intervention volontaire principale. L'intervention volontaire est qualifiée de « principale » lorsque le tiers élève une prétention à son profit (CPC, art. 329). En raison de l'objet de cette intervention, sa recevabilité est conditionnée. Elle est subordonnée au droit d'agir de son auteur relativement à la prétention formée (CPC, art. 329, al. 2).

436 — Intervention volontaire accessoire. L'intervention volontaire peut également être accessoire (CPC, art. 330). Son objet est d'appuyer les prétentions d'une partie. Sa recevabilité est conditionnée par l'existence d'un intérêt pour l'auteur de soutenir l'une ou l'autre des parties. L'intérêt pour le tiers est « la conservation de ses droits » (CPC, art. 330, al. 2) ; pour cette raison, le tiers peut se désister unilatéralement de son intervention.

437 — Demande en intervention forcée. Si l'intervention du tiers peut résulter de sa propre initiative, celle-ci peut également résulter d'une des parties à l'instance. Dans cette hypothèse, l'intervention est forcée : il s'agit de la mise en cause. L'objet de celle-ci est double : toute partie en droit d'agir contre le tiers à titre principal peut le mettre en cause aux fins de condamnation (CPC, art. 331, al. 1) ou afin de lui rendre commun le jugement (CPC, art. 331, al. 2).

Que l'intervention forcée soit aux fins de condamnation ou aux fins de jugement commun, « le tiers doit être appelé en temps utile pour faire valoir sa défense » (CPC, art. 331, al. 3). À noter que si la présence d'un tiers paraît nécessaire à la solution du litige, le juge peut inviter les parties à le mettre en cause (CPC, art. 332, al. 1).

B ▌Les effets de la demande

438 — Dualité des effets. La demande en justice produit de nombreux et importants effets. Ceux-ci sont de deux ordres : des effets d'ordre procédural (1), d'une part, et des effets substantiels (2), d'autre part.

1 Les effets d'ordre procédural

439 — Saisine de la juridiction. La demande initiale « introduit l'instance » (CPC, art. 53, al. 2). Mais afin de créer le lien d'instance, le juge doit être saisi. La précision est importante, car toutes les demandes initiales n'emportent pas saisine de la juridiction (par ex. l'assignation doit être remise au rôle). Ainsi, la demande initiale peut emporter un premier effet ou, plus précisément, une obligation procédurale : celle de saisir le tribunal.

440 — Obligation de statuer. Lorsque la saisine est opérée, les effets juridiques de la demande sont majeurs. La saisine emporte pour le juge l'obligation de statuer, sous peine de déni de justice. Le juge doit alors statuer en respectant l'objet du litige, qui est déterminé par les prétentions des parties fixées dans la demande initiale et les conclusions postérieures.

441 — Demandes subsidiaires. Parce que le juge est tenu de respecter l'objet du litige tel que délimité par les parties, en cas de demandes subsidiaires, le juge doit respecter la hiérarchie de présentation des demandes des parties.

Cass. ass. plén., 29 mai 2009, n° 07-20913.

442 — Intérêt des demandes subsidiaires. Pour des raisons de stratégie, les parties peuvent présenter des demandes principales et subsidiaires (ou à titre principal et à titre subsidiaire). C'est uniquement si le juge ne fait pas droit aux demandes principales que, dans un second temps, les demandes subsidiaires sont examinées (puis les demandes éventuellement formées à titre infiniment subsidiaire).

L'expression « demande principale » regroupe une réalité diverse puisque, d'une part, elle s'oppose à la demande subsidiaire et, d'autre part, elle distingue certaines prétentions principales de prétentions accessoires ; la demande accessoire dérive alors de la demande principale.

Aussi, la demande initiale est parfois qualifiée de « demande principale ». La demande initiale est principale en ce sens que, pour la première fois, elle met en cause une personne. Pour autant, il convient d'être vigilant, la demande principale n'étant pas synonyme de « demande initiale ». Une demande en intervention, puisqu'elle rend un tiers partie au procès engagé, est également une demande principale tout en étant une demande incidente.

2 Les effets d'ordre substantiel

443 — Interruption des délais de prescription et de forclusion. La demande en justice produit un effet majeur sur les délais de prescription et de forclusion. Ceux-ci sont interrompus par la demande en justice (C. civ., art. 2241). Cette règle joue même lorsque la demande est portée devant une juridiction incompétente ou en cas d'annulation de l'acte de saisine de la juridiction par l'effet d'un vice de procédure. Aussi, elle bénéficie tant aux demandes en référé que sur le fond.

444 — Temporalité de l'interruption. L'interruption produit ses effets jusqu'à « l'extinction de l'instance » (C. civ., art. 2242), c'est-à-dire tant que le jugement n'est pas irrévocable. Toutefois, l'effet interruptif disparaît et est non avenu :
- si la demande est définitivement rejetée ;
- si le demandeur se désiste de sa demande ;
- s'il laisse périmer l'instance (C. civ., art. 2243) ;
- si, à défaut d'enrôlement, l'assignation est caduque.

Cass. ass. plén., 3 avr. 1987, n° 86-11536.

445 — Mise en demeure du débiteur. La mise en demeure du débiteur est un autre effet de la demande en justice. Cette dernière fait courir les intérêts moratoires, sous réserve des cas où la loi les fait courir de plein droit (C. civ., art. 1344-1). Lorsque le défenseur est débiteur d'un corps certain, les risques de la chose lui sont transférés par l'effet de la demande (C. civ., art. 1344-2).

446 — Action transmissible. Enfin, « La chose est censée litigieuse dès qu'il y a procès et contestation sur le fond du droit » (C. civ., art. 1700), la demande rendant donc le droit litigieux. Sauf exception, la demande en justice a également pour effet de rendre transmissible l'action du *de cujus,* lorsque la demande a été formée avant son décès, alors même que l'action n'était pas par nature transmissible (v. C. civ., art. 322, al. 2).

II Les moyens de défense

447 — Trio. Les moyens de défense sont réglementés au titre V du premier livre du CPC. Ce titre est composé de trois chapitres qui présentent successivement les moyens de défense existants. Ceux-ci forment un trio composé des défenses au fond (A), des exceptions de procédure (B) et des fins de non-recevoir (C).

A Les défenses au fond

448 — Définition. La défense au fond est un moyen tendant à faire rejeter la demande de l'adversaire car cette dernière est non justifiée (CPC, art. 71). Ce moyen de défense porte sur le fond du droit. Le droit argué par l'adversaire est contesté.

Lorsque le plaideur se « *rapporte à la justice* », il s'en remet au juge pour statuer sur tout ou partie du litige. Il ne s'agit pas d'un acquiescement à la prétention adverse, mais d'une contestation de la demande constitutive d'une défense au fond (Cass. 3e civ., 16 juin 2016, n° 15-16469).

449 — Régime juridique. La défense au fond peut être présentée en tout état de cause (CPC, art. 72). Cette règle s'impose en raison de son caractère fondamental. Ainsi, une défense au fond peut être présentée, sous réserve des délais pour conclure, en première instance et en appel. Elle peut l'être également en cassation si elle ne constitue pas un moyen nouveau (CPC, art. 619 ; sauf s'il s'agit d'un moyen de pur droit ou né de la décision attaquée).

B Les exceptions de procédure

450 — Plan. Les exceptions de procédure sont des moyens de défense réglementés au chapitre II du titre V du CPC dédié aux moyens de défense. Les dispositions générales de ce chapitre (CPC, art. 73 et 74) renseignent sur la notion d'exception de procédure (1) et son régime juridique (2).

1 La notion d'exception de procédure

451 — Définition. Le terme d'« exception » est polysémique. Les civilistes utilisent ce terme dans un sens large afin de désigner tout moyen de défense. En procédure civile, l'exception a un sens précis, d'où l'emploi de l'expression distinctive d'« exception de procédure » ; celle-ci est une contestation sur la procédure engagée sans discuter le fond du droit.

452 — Objet. L'exception de procédure est un moyen de nature procédurale « qui tend soit à faire déclarer la procédure irrégulière ou éteinte, soit à en suspendre le cours » (CPC, art. 73). Il en résulte une paralysie temporaire ou l'anéantissement de l'instance qui, sous réserve de la prescription, peut être renouvelée.

453 — Classification. Les quatre sections composant le chapitre II du CPC recensent cinq exceptions de procédure : les exceptions d'incompétence, de litispendance et de connexité, ainsi que les exceptions dilatoires et de nullité. Toutefois, cette énumération semble ne pas être limitative, car l'exception de procédure est « tout moyen » qui a pour finalité de déclarer l'irrégularité de la procédure, son extinction ou d'en suspendre le cours (CPC, art. 73).

2 Le régime juridique des exceptions de procédure

454 — Plan. Les quatre sections composant le chapitre II du CPC dédié aux exceptions de procédure réglementent spécifiquement chacune de ces exceptions, en sus du régime juridique général. Le régime juridique détaillé des exceptions est abordé progressivement dans le présent ouvrage. Est présentement exposé le régime juridique général des exceptions de procédure posé à l'article 74 du CPC (a), dont la rigueur a nécessité des atténuations (b).

a Le régime juridique général

455 — Double principe. Les exceptions de procédure sont soumises à un régime strict prévu à l'article 74 du CPC, dont l'objectif est d'éviter de retarder indûment le procès. À peine d'irrecevabilité, les exceptions de procédure doivent donc être soulevées simultanément et avant toute défense au fond ou fin de non-recevoir. Un double principe est posé : celui de la simultanéité et de l'antériorité.

456 — Principe de simultanéité. La règle de la simultanéité impose de soulever ensemble les exceptions de procédure. Le terme « simultané » impose une unité temporelle. À titre d'exemple, l'exception d'incompétence territoriale soulevée dans des conclusions postérieures à celles invoquant la litispendance est irrecevable en vertu de la règle de simultanéité.

> Cass. 2e civ., 22 mars 1982 : Bull. civ. II, n° 50.

457 — Principe d'antériorité. La règle d'antériorité impose de soulever les exceptions de procédure *in limine litis,* signifiant « au commencement du procès », c'est-à-dire avant toute défense au fond ou fin de non-recevoir. Cet ordre de présentation doit être respecté dans les conclusions lors d'une procédure écrite et, par principe, à l'audience lors d'une procédure orale.

> À noter que l'exception de procédure présentée à titre subsidiaire, après avoir soulevé une fin de non-recevoir, n'est pas recevable au titre de l'article 74 du CPC (Cass. 2e civ., 14 avr. 2005, n° 03-16682).

458 — Précisions concernant la communication des pièces. Afin d'évaluer la pertinence de soulever une exception de procédure, une demande de communication de pièces peut s'avérer nécessaire. Or, une telle demande étant présentée préalablement à l'exception de procédure, elle contrevient au principe sus-énoncé. Pour cette raison, « la demande de communication de pièces ne constitue pas une cause d'irrecevabilité des exceptions » (CPC, art. 74, al. 2).

b Les atténuations portées au régime général

459 — Quatre atténuations aux principes de simultanéité et d'antériorité. La rigueur du régime juridique général des exceptions de procédure est atténuée à l'alinéa 3 de l'article 74 du CPC. Les atténuations sont présentées sous la forme d'un renvoi à des dispositions spécifiques (CPC, art. 103, 111, 112 et 118). Dans quatre cas, le régime spécial des exceptions de procédure déroge aux principes de simultanéité et d'antériorité.

460 — Première atténuation : l'exception de connexité. Alors que les exceptions de procédure doivent être présentées *in limine litis,* il est dérogé à cette règle concernant l'exception de connexité (CPC, art. 103). Celle-ci peut être proposée en tout état de cause. Toutefois, l'exception de connexité peut être écartée par le juge si elle a été soulevée tardivement dans une intention dilatoire.

461 — Deuxième atténuation : les exceptions dilatoires. La deuxième dérogation posée à l'alinéa 3 de l'article 74 du CPC renvoie à l'article 111 du CPC relatif aux exceptions dilatoires. Le bénéficiaire d'un délai pour faire inventaire et délibérer peut ne proposer ses autres exceptions qu'après l'expiration de ce délai.

462 — Troisième atténuation : la nullité des actes pour vice de forme. L'article 112 du CPC relatif à la nullité des actes pour vice de forme permet d'invoquer au fur et à mesure de leur accomplissement la nullité de ces actes de procédure. Si la solution est cohérente, l'exception est toutefois couverte si la partie qui l'invoque a, postérieurement à l'acte critiqué, fait valoir des défenses au fond ou opposé une fin de non-recevoir sans soulever la nullité.

463 — Quatrième atténuation : la nullité des actes pour irrégularité de fond. Enfin, à moins qu'il en soit disposé autrement, la nullité des actes pour irrégularité de fond peut être proposée en tout état de cause (CPC, art. 118). La dérogation est justifiée par la gravité de l'irrégularité. Cependant, si une partie s'est abstenue de la soulever plus tôt dans une intention dilatoire, le juge peut prononcer une condamnation à des dommages-intérêts.

C Les fins de non-recevoir

464 — Plan. La fin de non-recevoir, moyen de défense réglementé au chapitre III du CPC, est une institution classiquement qualifiée de « mixte » ou d'« hybride » dont il convient de cerner la notion (1) avant d'en préciser le régime (2).

1 La notion de fin de non-recevoir

465 — Fonction. La fin de non-recevoir est un moyen de défense qui tend à mettre en cause l'action de l'adversaire, en raison de l'absence de son droit d'agir. Elle a pour finalité de « faire déclarer l'adversaire irrecevable en sa demande » (CPC, art. 122). L'irrecevabilité, tirée d'une fin de non-recevoir, est une sanction procédurale faisant échec à la demande, sans examen du fond du droit par le juge.

466 — Nature. La nature des fins de non-recevoir est mixte, dans la mesure où ce moyen de défense s'apparente tant aux défenses au fond qu'aux exceptions de procédure. Les fins de non-recevoir ont pour effet l'échec de la demande, à l'instar des défenses au fond. En revanche, elles n'induisent aucun examen au fond contrairement aux défenses au fond, les fins de non-recevoir se rapprochant sur ce point des exceptions de procédure.

467 — Fins de non-recevoir de l'article 122 du CPC. L'article 122 du CPC énumère un ensemble de fins de non-recevoir : le défaut de qualité, le défaut d'intérêt, la prescription, le délai préfix et la chose jugée. L'emploi de l'adjectif « tel » préalablement à cette liste, conjugué au fait que l'irrecevabilité peut ne résulter d'aucune disposition expresse (CPC, art. 124), témoigne du caractère non limitatif des hypothèses visées à l'article 122.

468 — Autres hypothèses de fins de non-recevoir. Outre les hypothèses de l'article 122, les fins de non-recevoir ont différentes origines. Alors que certaines sont qualifiées par la loi (v. CPC, art. 74, exceptions à soulever *in limine litis*, à peine d'irrecevabilité), la Cour de cassation a également admis qu'une fin de non-recevoir pouvait avoir une origine contractuelle.

Cass. ch. mixte, 14 févr. 2003, sur le préalable amiable conventionnel.

2 Le régime des fins de non-recevoir

469 — Souplesse du régime. Le régime des fins de non-recevoir est marqué par sa souplesse, car elles peuvent être présentées en tout état de cause (CPC, art. 123). Si aucune règle d'antériorité n'est posée, celui qui s'abstient, dans une intention dilatoire, de soulever plus tôt une fin de non-recevoir peut cependant être condamné à des dommages et intérêts. Autre souplesse, la partie qui se prévaut de ce moyen n'a pas à justifier d'un grief (CPC, art. 124), sauf disposition expresse contraire.

470 — Office du juge. L'office du juge oscille entre devoir et pouvoir (CPC, art. 125). Lorsqu'elles ont un caractère d'ordre public, les fins de non-recevoir doivent être relevées d'office. Il s'agit d'une obligation (par ex. l'inobservation des délais d'exercice des voies de recours). Concernant la fin de non-recevoir tirée du défaut d'intérêt, de qualité ou de la chose jugée, le juge peut la relever d'office. Il s'agit d'une faculté.

471 — Régularisation. Par principe, les fins de non-recevoir peuvent être régularisées (CPC, art. 126). Sauf disposition contraire, elles peuvent l'être à tout moment. Dès lors, si la cause de la fin de non-recevoir a disparu au moment où le juge statue, l'irrecevabilité est écartée. Légitimement, la régularisation est subordonnée à la condition que la situation provoquant la fin de non-recevoir soit susceptible d'être régularisée.

N'est pas régularisable la fin de non-recevoir tirée du non-respect de la clause contractuelle instituant un préalable amiable obligatoire. Après la saisine du juge, la situation ayant donné lieu à la fin de non-recevoir ne peut pas être régularisée, puisque par principe le respect d'une telle clause suppose l'absence de tout juge saisi (Cass. ch. mixte, 12 déc. 2014, n° 13-19684) !

CHAPITRE 5

La compétence

472 — Définition. Dans un sens commun, la compétence renvoie à une connaissance approfondie en un domaine. Appliquée à la matière procédurale, la compétence est l'aptitude d'une juridiction à connaître d'un litige. Des règles de compétence juridictionnelle dépend la répartition du contentieux entre chacune des juridictions.

473 — Compétence et Convention européenne des droits de l'homme. En tant qu'aptitude reconnue à une juridiction à statuer sur un litige, la compétence est intimement liée au droit à un procès équitable. Ainsi, toute personne a droit à ce que sa cause soit entendue par un tribunal « établi par la loi et apte à décider sur les contestations » soumises à celui-ci (Conv. EDH, art. 6, § 1). Le justiciable doit bénéficier de l'accès à une juridiction apte à statuer sur son litige, autrement dit une juridiction compétente.

474 — Annonce. Participant à la bonne administration de la justice, la détermination de la compétence (section 1) est régie par un ensemble de règles, dont le respect est assuré par des dispositions relatives aux incidents liés à la compétence (section 2).

SECTION 1 La détermination de la compétence

475 — Dualité des règles de compétence. Afin de déterminer la compétence, une distinction est à opérer entre la compétence d'attribution et la compétence territoriale. Les règles de compétence d'attribution répartissent les contentieux entre les différentes catégories de juridictions. Parmi les juridictions de la catégorie ainsi désignée, les règles de compétence territoriale rattachent géographiquement le litige à une juridiction.

476 — Réformes contemporaines. La compétence juridictionnelle a fait l'objet de nombreuses réformes ces dernières années (notamment les lois *J21* et *PRJ*). Deux maîtres mots les gouvernent : la simplification et la spécialisation. La simplification a pour objet d'assurer une meilleure lisibilité de la répartition des compétences. La spécialisation a pour finalité de conférer une compétence spécifique pour les contentieux les plus techniques. Particulièrement, la loi *PRJ* et ses décrets subséquents ont modifié l'organisation des juridictions et, par voie de conséquence, la compétence juridictionnelle, notamment par les fusions des tribunaux d'instance à la faveur du tribunal judiciaire.

477 — Annonce. Afin de déterminer la compétence d'une juridiction, il convient d'envisager successivement la compétence d'attribution (I) puis la compétence territoriale (II).

I La détermination de la compétence d'attribution

478 — Annonce. Afin de déterminer la compétence d'attribution, deux séries de règles sont à distinguer : la première permet de déterminer, de manière classique, la juridiction apte à statuer sur le litige (A), la seconde concerne la prorogation de compétence (B). *In fine,* le dépaysement juridictionnel consacré par la loi *PRJ* doit être envisagé (C).

A Les règles de compétence d'attribution

479 — Deux critères : matière et montant. Afin de déterminer le type de juridiction apte à statuer sur le litige, des dispositions légales prévoient la répartition du contentieux en fonction de deux critères : la matière du litige (1) et le montant de celui-ci (2).

1 La compétence d'attribution en raison de la matière du litige

480 — Premier critère : la matière. La répartition de compétence entre les juridictions en raison de la matière du litige résulte d'un ensemble de disposition du COJ et des codes de droit substantiel (CPC, art. 33). Afin de présenter la compétence d'attribution définie par la nature du litige, il est classique d'opposer les juridictions de droit commun (a) à celles d'exception (b).

a Les juridictions de droit commun

481 — Juridiction unique : le tribunal judiciaire. Afin notamment de pallier les lacunes liées à la lisibilité complexe des compétences, les tribunaux de grande instance et d'instance ont fusionné à la faveur d'une juridiction unique : le tribunal judiciaire. Mise en œuvre le 1er janvier 2020, la juridiction unique de première instance poursuit un objectif de simplification et d'efficacité de l'organisation judiciaire. Antérieurement à la réforme portée par la loi *PRJ*, les juridictions de droit commun étaient le TGI et la cour d'appel. Il s'agit désormais du tribunal judiciaire et, sans changement, de la cour d'appel.

482 — Compétence générale. En tant que juridiction de droit commun, le tribunal judiciaire a une compétence générale, puisque cette juridiction « connaît de toutes les affaires civiles et commerciales pour lesquelles compétence n'est pas attribuée [...] à une autre juridiction » (COJ, art. L. 211-3). En d'autres termes, lorsqu'aucune compétence n'est définie pour un litige, le tribunal judiciaire a vocation à connaître de celui-ci.

483 — Compétence exclusive. Le tribunal judiciaire a également une compétence exclusive en certains domaines déterminés par les lois et règlements. Notamment – mais non exclusivement – en matière d'état des personnes, de successions, de dissolution des associations et d'inscription de faux contre les actes authentiques, le tribunal judiciaire a compétence exclusive (COJ, art. R. 211-3-24).

484 — Objets des compétences générales et exclusives. La compétence générale ne doit pas être confondue avec la compétence exclusive :
- la compétence générale a pour objet d'éviter un déni de justice, soit une situation dans laquelle aucune juridiction ne peut être saisie ;
- la compétence exclusive a pour objet d'attribuer expressément compétence afin qu'aucune autre juridiction ne connaisse de l'affaire.

485 — Compétence spécialisée. Aussi, poursuivant un objectif de spécialisation, une compétence particulière est réservée à certains tribunaux en fonction de la nature spécifique du litige. À titre d'exemple, seul le tribunal judiciaire de Nantes est compétent pour connaître des actions en identification du demandeur de visa par ses empreintes génétiques, dans les cas et conditions prévus par le Code de l'entrée et du séjour des étrangers et du droit d'asile (COJ, art. D. 211-8).

Les compétences particulières à certains tribunaux judiciaires sont énumérées aux articles L. 211-10 et suivants du COJ. Leur siège est précisé aux articles D. 211-5 du COJ, ainsi qu'aux tableaux V et suivants des annexes du même Code.

486 — Compétence spécialisée, création du pôle social du TJ. Le mouvement de spécialisation des juridictions, combiné à celui de lisibilité de la carte judiciaire, a conduit à la création de pôles sociaux au sein de TGI spécialement désignés. Ces pôles sont la résultante de la suppression des juridictions de la sécurité sociale et de l'aide sociale annoncée par la loi *J21* et devenue effective au 1er janvier 2019. Avec la disparition des TGI, ces pôles sont au sein du tribunal judiciaire.

487 — Suppression des juridictions de sécurité sociale et transfert au pôle social du TGI. Au 1er janvier 2019, les tribunaux des affaires de sécurité sociale (TASS), les tribunaux du contentieux de l'incapacité (TCI) et les commissions départementales d'aide sociale (CDAS) ont été supprimés. Les deux premiers ont disparu à la faveur d'un transfert dans le pôle social de TGI spécialement désignés. La suppression des CDAS est réalisée au profit des TGI spécialisés ou des juridictions administratives de droit commun.

488 — Compétence des TJ spécialement désignés en matière de contentieux de la sécurité sociale et de l'aide sociale. Conformément à l'article L. 211-16 du COJ, les TGI spécialement désignés connaissent :
- du contentieux de la sécurité sociale (CSS, art. L. 142-1) ;
- d'une partie du contentieux de l'admission à l'aide sociale (CASF, art. 134-3 et CSS, art. L. 861-5 et L. 863-3) ;
- des litiges relatifs à l'application de l'article L. 4162-13 du Code du travail.

489 — TJ spécialement désigné. Le décret n° 2018-772 du 4 septembre 2018 a désigné les TGI spécialisés, soit ceux disposant d'un pôle social. Dès lors, 116 TGI ont été spécialement désignés au sens de l'article L. 211-6 du COJ. Sauf situation particulière, il s'agit de TGI dans le ressort desquels un TASS (115 avant la réforme) avait son siège, et désormais des tribunaux judiciaires.

490 — Spécialisation des TJ d'un même département. Poursuivant l'objectif de spécialisation, la loi *PRJ* crée une spécialisation matérielle et géographique des TJ. Dans un même département, plusieurs tribunaux judiciaires peuvent coexister. En cette hypothèse, ils peuvent être désignés par décret pour connaître seuls, dans l'ensemble du département, de certaines matières civiles (également certains délits et contraventions) dont la liste est à déterminer par décret en Conseil d'État (COJ, art. L. 211-9-3, I).

Le premier président de la cour d'appel et le procureur général près cette cour peuvent, après avis des chefs de juridiction et consultation des conseils de juridiction concernés, proposer la désignation de tribunaux de leur ressort afin que ledit tribunal connaisse seul de certaines matières civiles.

491 — Spécialisation des TJ entre deux départements. En cas de pluralité de tribunaux judiciaires dans un même département, une volonté est affichée de constituer des blocs de compétence afin de créer une spécialisation de certains tribunaux judiciaires. Un tel regroupement peut également s'appliquer à des tribunaux judiciaires situés dans deux départements différents, à la condition d'être justifié par des spécificités territoriales et de respecter une proximité géographique (COJ, art. L. 211-9-3, I).

492 — Juge spécialisé. Poursuivant également un objectif de spécialisation, des magistrats du tribunal judiciaire ont une compétence dans certains domaines. Par dérogation au principe de collégialité, le tribunal statue à juge unique. Il s'agit par exemple du juge aux affaires familiales (JAF ; COJ, art. L. 213-3 et s.), du juge de l'exécution (JEX ; COJ, art. L. 213-5 et s.) ou encore du juge des contentieux de la protection (JCP) institué par la loi *PRJ*.

Au sein de chaque tribunal judiciaire, un ou plusieurs juges des contentieux de la protection sont institués (COJ, art. L. 213-4-1). Le juge exerçant les fonctions de juge des contentieux de la protection a un domaine de compétence vaste (COJ, art. L. 213-4-2 à L. 213-4-7), par exemple les fonctions de juge des tutelles des majeurs, l'expulsion des personnes qui occupent aux fins d'habitation des immeubles bâtis sans droit ni titre, ou encore le traitement des situations de surendettement des particuliers.

493 — Renvoi à la formation collégiale. En principe, dans les matières relevant de la compétence du juge des contentieux de la protection, le tribunal judiciaire ***statue à juge unique*** (v. not. COJ, art. L. 212-1, mod. par L. *PRJ*, art. 95, I, 22°). Toutefois, le juge des contentieux de la protection a le pouvoir de ***renvoyer à la formation collégiale du tribunal judiciaire*** (COJ, art. L. 213-4-8). Il en est de même pour le JAF (COJ, art. L. 213-4, al. 1) et le JEX (COJ, art. L. 213-7, al. 1).

494 — Juridiction nationale de traitement dématérialisé des injonctions de payer. Poursuivant un objectif de spécialisation, l'article 27 de la loi *PRJ* prévoit la création d'une juridiction nationale de traitement dématérialisé des injonctions de payer. L'entrée en vigueur des dispositions relatives à la juridiction compétente et la procédure est fixée au plus tard au 1er janvier 2021. Un tribunal spécialement désigné par décret aura à connaître des demandes d'injonction de payer, à l'exception de celles relevant de la compétence d'attribution du tribunal de commerce (COJ, art. L. 211-17).

495 — Organisation du tribunal judiciaire : chambre de proximité. Au sein d'un même département, plusieurs tribunaux judiciaires peuvent coexister (L. *PRJ*, art. 95, I, 17°, ajoutant COJ, art. L. 211-9-2). En dehors de son siège, un tribunal judiciaire peut comprendre des chambres de proximité dénommées « tribunaux de proximité » (L. *PRJ*, art. 95, I, 26°, ajoutant COJ, art. L. 212-8). Celles-ci constituent des démembrements du tribunal auquel elles sont rattachées et ont un statut juridique proche de celui des chambres détachées.

496 — Compétence des chambres de proximité. Les chambres de proximité partagent leurs attributions juridictionnelles avec la juridiction dont elles dépendent. Ces chambres se distinguent par leur siège, leur ressort et leurs compétences matérielles. Plus d'une soixantaine de chefs de compétence matérielle, recoupant celles des TJ, est conférée aux chambres de proximité ; ces chambres sont notamment compétentes pour les actions personnelles ou mobilières dont le montant est inférieur ou égal à 10 000 € (COJ, art. D. 212-19-1, renvoyant aux tableaux IV-II et IV-III du COJ).

Des compétences matérielles supplémentaires peuvent être attribuées aux chambres de proximité. Une telle attribution résulte d'une « décision conjointe du premier président de la cour d'appel et du procureur général près cette cour, après avis des chefs de juridiction et consultation du conseil de juridiction concernés » (COJ, art. L. 212-8, al. 2).

497 — Cour d'appel. Au second degré, la cour d'appel est la juridiction de droit commun. À l'exception des décisions rendues en premier et dernier ressort, la cour d'appel statue sur tous les jugements rendus par les juridictions de première instance de son ressort, dans toutes les matières.

498 — Compétence et ressort de la cour d'appel. L'article R. 311-3 du COJ aux termes duquel « sauf dispositions particulières, la cour d'appel connaît de l'appel des jugements des juridictions situées dans son ressort » est une disposition est d'ordre public. Si l'appel est formé devant une cour dans le ressort de laquelle n'est pas située la juridiction dont émane la décision attaquée, l'appel est irrecevable (v. Cass. soc., 17 juin 2015, nº 14-14020).

499 — Cour d'appel, spécialisation. À l'instar du tribunal judiciaire, la cour d'appel n'échappe pas au mouvement de spécialisation. À titre d'exemple, dans le contentieux de la sécurité sociale et de l'aide sociale, seules des cours d'appel spécialisées ont été désignées afin de connaître des décisions rendues par les TJ spécialisés, soit ceux disposant d'un pôle social (COJ, art. L. 311-15).

500 — Cour d'appel, premier ressort. Par dérogation aux dispositions du titre VI du livre II du CPC, la cour d'appel peut statuer en premier et dernier ressort. Tel est le cas lorsque la cour d'appel met en œuvre son pouvoir d'évocation prévu à l'article 568 du CPC.

b ▮ Les juridictions d'exception

501 — Définition. Les juridictions dites « d'exception » sont celles compétentes uniquement en raison d'une attribution expresse de la loi. Les juridictions d'exception s'opposant à celles de droit commun, il s'agit de l'ensemble des juridictions à l'exception du tribunal judiciaire et de la cour d'appel.

502 — Diminution des juridictions d'exception. Ces dernières années ont été marquées par une suppression de plusieurs juridictions d'exception : les juridictions de la sécurité sociale, les juridictions de proximité (à ne pas confondre avec les actuelles chambres de proximité dépendantes du TJ) et les tribunaux d'instance. Demeurent actuellement comme juridictions de proximité : le tribunal de commerce, le conseil des prud'hommes et le tribunal paritaire des baux ruraux.

503 — Suppression des juridictions de sécurité sociale. La loi *J21* a annoncé la suppression des juridictions de sécurité sociale – tribunaux des affaires de sécurité sociale (TASS) et tribunaux du contentieux de l'incapacité (TCI) –, qui est devenue effective au 1er janvier 2019. Le contentieux général et technique de la sécurité sociale (hors tarification) ainsi que les litiges relevant de l'admission à l'aide sociale ont été transférés aux tribunaux judiciaires spécialement désignés (COJ, art. L. 211-16).

504 — Disparition du tribunal d'instance. Le tribunal d'instance est une réponse au besoin de proximité et d'accessibilité de la justice. Son histoire l'atteste puisque le tribunal d'instance est l'héritier des juges de paix (ord. nº 58-1273, 22 déc. 1958) et que les juridictions de proximité, supprimées depuis le 1er juillet 2017, ont été qualifiées de « satellites » du tribunal d'instance. Par la suite, conséquence de la loi *PRJ*, les tribunaux d'instance ont disparu au 1er janvier 2020.

505 — Raisons de la réforme et de la disparition des tribunaux d'instance. La modification de l'organisation des juridictions en première instance a résulté d'un constat : un manque de cohérence, emportant une lisibilité complexe, entachait la répartition des compétences entre les tribunaux de grande instance et d'instance. Toutefois, ce déficit d'intelligibilité n'affecte pas le conseil de prud'hommes et le tribunal de commerce – identifiés respectivement par les justiciables comme la juridiction du contrat de travail et celle des litiges commerciaux.

506 — Tribunal de commerce. Le tribunal de commerce est identifié comme la juridiction des litiges commerciaux. L'ensemble des tribunaux sont compétents pour les litiges relatifs :
- aux engagements entre commerçants, entre établissements de crédit, entre sociétés de financement ou entre eux ;
- aux sociétés commerciales ;
- aux actes de commerce entre toutes personnes (C. com., art. L. 721-3).

507 — Compétence particulière. Outre les compétences communes à tous les tribunaux de commerce, d'autres compétences sont particulières à certains tribunaux. À titre d'exemple, peuvent être citées les procédures de sauvegarde, de redressement judiciaire et de liquidation judiciaire mentionnées au livre VI, lorsque le débiteur est une entreprise dont le montant net du chiffre d'affaires est d'au moins 40 millions d'euros (C. com., art. L. 721-8).

508 — Conseil des prud'hommes. Classiquement présenté comme la juridiction du contrat de travail, le conseil des prud'hommes est compétent pour les contentieux s'élevant à l'occasion de tout contrat de travail soumis aux dispositions du Code du travail entre les employeurs, ou leurs représentants, et les salariés qu'ils emploient (C. trav., art. L. 1411-1). Pour ces contentieux, le conseil de prud'hommes est « seul compétent » et « toute convention contraire est réputée non écrite » (C. trav., art. L. 1411-4).

509 — Tribunal paritaire des baux ruraux. Conformément à l'article L. 491-1 du Code rural et de la pêche maritime, le tribunal paritaire des baux ruraux est seul compétent pour connaître des contestations entre bailleurs et preneurs de baux ruraux relatives à l'application des titres Ier à VI et VIII du livre IV du Code précité.

2 La compétence d'attribution en raison du montant du litige

510 — Second critère : le montant. Le second critère permettant de déterminer la compétence d'attribution est le montant du litige. Ce critère permet également de distinguer les affaires susceptibles d'appel et celle y échappant. Dès lors, il convient de préciser l'intérêt de procéder à une évaluation du montant du litige (a) avant d'en préciser les règles (b).

a L'intérêt d'évaluer le montant du litige

511 — Première instance : taux de compétence. À défaut de compétence exclusive en raison de la nature du litige, les actions civiles personnelles ou mobilières relèvent d'une compétence partagée par les juridictions civiles selon le montant du litige (CPC, art. 33 et 34). En première instance, il s'agit du taux de compétence. L'intérêt d'évaluer le litige est de délimiter la compétence des chambres de proximité compétentes pour les actions personnelles ou mobilières jusqu'à la valeur de 10 000 euros et pour les demandes indéterminées qui ont pour origine l'exécution d'une obligation dont le montant n'excède pas 10 000 euros, en matière civile (COJ, tab. IV-II).

512 — Appel : taux de ressort. La détermination de la valeur du litige a également un intérêt en appel. Sauf dispositions contraires, les juridictions statuent à charge d'appel lorsque la demande excède une certaine somme. Le taux de ressort – le montant au-delà duquel la juridiction statue à charge d'appel – est fixé à 5 000 € pour l'ensemble des juridictions de première instance (v. not. COJ, art. R. 211-3-24).

513 — Intérêt d'évaluer le montant du litige hors compétence. Hormis la compétence d'attribution, l'évaluation du litige représente un intérêt en plusieurs domaines. Ainsi, l'évaluation sert à déterminer, en certains cas, si le recours à un préalable amiable est ou non obligatoire (v. *supra*, n° 171), si la représentation est obligatoire (v. *infra*, n° 862) ou encore si la procédure est orale devant le tribunal judiciaire (v. *infra*, n° 934).

b ▮ Les règles d'évaluation du montant du litige

514 — Distinction des méthodes de calcul. Les méthodes d'évaluation du montant du litige sont exposées aux articles 35 et suivants du CPC. Plusieurs configurations sont à distinguer. Il convient de distinguer le cas où la demande est unique, des cas où une pluralité de prétentions résulte d'un concours de demandes initiales ou de la formation de demandes incidentes.

α ▮ L'évaluation en cas de demande unique

515 — Éléments compris dans l'évaluation. La demande est dite « déterminée » lorsqu'elle est évaluable pécuniairement ; l'exemple type étant la réclamation par le demandeur d'une somme d'argent. Afin de calculer le montant du litige, le principal de la demande est évalué. L'évaluation comprend donc le capital et inclut, également, les dommages et intérêts, ainsi que les intérêts dus au jour de l'introduction de l'instance.

516 — Éléments exclus de l'évaluation. L'évaluation exclut, en revanche, les dépens et les frais irrépétibles de l'article 700 du CPC. Aussi, sont exclus les intérêts dus depuis la demande en justice et l'astreinte.

Cass. 2e civ., 17 nov. 1993 : Bull. civ. II, n° 331 – Cass. 3e civ., 6 janv. 1981 : Bull. civ. III, n° 4.

β ▮ L'évaluation en cas de pluralité de demandes initiales

517 — Demandes initiales formées par un demandeur contre un défendeur. Lorsqu'un demandeur forme plusieurs demandes initiales contre un seul adversaire, tant le taux de compétence que le taux de ressort dépendent du lien entre ces prétentions. Si les prétentions sont fondées sur les mêmes faits, la valeur totale des prétentions est prise en considération ; il en est de même lorsque les prétentions sont connexes, c'est-à-dire si elles se complètent ou sont unies par une causalité (CPC, art. 35, al. 2). En revanche, chaque prétention est considérée isolément, si les prétentions sont fondées sur des faits différents et non connexes (CPC, art. 35, al. 1).

518 — Demandes initiales formées par plusieurs demandeurs ou contre plusieurs défendeurs. Lorsque les prétentions sont formées par plusieurs demandeurs ou contre plusieurs défendeurs, la plus élevée des prétentions détermine, pour l'ensemble des prétentions, la compétence et le taux de ressort, à la condition que les prétentions soient émises en vertu d'un titre commun (CPC, art. 36). La notion de titre commun suggère une interdépendance des demandes résultant d'une identité de fondement ou d'intérêt. À défaut de titre commun, l'article 36 du CPC étant muet, il convient d'appliquer l'article 35 du CPC.

γ L'évaluation en cas de demandes incidentes

519 — Séries de règles. L'hypothèse d'un pluralisme de prétentions n'est pas limitée aux demandes initiales. La pluralité de prétentions peut également résulter de la formation de demandes incidentes. Le CPC distingue deux séries de règles : la première concerne l'impact des demandes incidentes sur le taux de compétence, la seconde s'applique au taux de ressort.

520 — Demandes incidentes inférieures au taux de compétence. La juridiction saisie statue sur toutes interventions, demandes reconventionnelles et en compensation inférieures à son taux de compétence (CPC, art. 37). La solution vaut même si en les ajoutant aux prétentions du demandeur, elles excédaient le taux de compétence de la juridiction saisie.

521 — Demandes incidentes supérieures au taux de compétence. En revanche, lorsqu'une demande incidente est supérieure au taux de compétence de la juridiction saisie, à la condition qu'une partie invoque l'incompétence, une option est ouverte. Le juge peut ainsi :
- soit statuer uniquement sur la demande initiale ;
- soit renvoyer les parties à se pourvoir pour le tout devant la juridiction compétente pour connaître de la demande incidente (CPC, art. 38).

522 — Précisions. L'article 38 du CPC impose deux précisions :
- d'une part, lorsqu'une demande reconventionnelle en dommages-intérêts est fondée exclusivement sur la demande initiale, le juge en connaît à quelque somme qu'elle s'élève. L'objectif est d'éviter une manipulation des règles de compétence ;
- d'autre part – et même si cela n'est pas précisé –, la règle de l'article 38 ne joue que pour la chambre de proximité, le tribunal judiciaire ne connaissant pas de taux de compétence maximum.

523 — Demandes incidentes inférieures au taux de ressort. Lorsqu'aucune des demandes incidentes n'est supérieure au taux de ressort, sous réserve de l'article 35 du CPC, le jugement n'est pas susceptible d'appel (CPC, art. 39, al. 1).

524 — Demandes incidentes supérieures au taux de ressort. En revanche, si l'une des demandes incidentes est supérieure au taux de ressort, le juge statue en premier ressort sur toutes les demandes (CPC, art. 39, al. 2). Cette dernière règle ne joue toutefois pas lorsque la seule demande qui excède le taux du dernier ressort est une demande reconventionnelle en dommages-intérêts fondée exclusivement sur la demande initiale.

B La prorogation de compétence

525 — Objet de la prorogation. La prorogation de compétence permet d'étendre le pouvoir d'une juridiction au-delà des limites des règles de compétence. Cette prorogation a une origine légale (1) ainsi qu'une origine conventionnelle (2). C'est-à-dire que la compétence est aménagée soit par le jeu de règles de procédure, soit par la volonté des parties.

1 La prorogation légale

526 — Problématique. En cours d'instance, des moyens de défense peuvent être opposés, des incidents de procédure survenir et des demandes incidentes être formulées. La compétence du tribunal saisi peut alors connaître des aménagements.

527 — Moyens de défense. Si des moyens de défense sont opposés, la juridiction saisie demeure compétente. Le juge compétent pour connaître de la demande initiale connaît, même si elles exigent l'interprétation d'un contrat, des exceptions de procédure, des fins de non-recevoir et des défenses au fond. Le principe est simple : le juge de l'action est le juge de l'exception. L'article 49 du CPC énonce ce principe, tout en y fixant une limite.

528 — Moyen de défense et limite. Si un moyen de défense relève de la compétence d'attribution exclusive d'une juridiction, la partie intéressée peut soulever une question préjudicielle. Dans ce cas, le juge est tenu de surseoir à statuer jusqu'à ce que la juridiction compétente ait tranché la question.

529 — Incidents d'instance. Si un incident d'instance survient, l'article 50 du CPC dispose que « les incidents d'instance sont tranchés par la juridiction devant laquelle se déroule l'instance qu'ils affectent ». Toute juridiction est compétente pour statuer sur les incidents de l'instance dont elle est saisie.

530 — Demandes incidentes. En cas de demandes incidentes (CPC, art. 51), le tribunal judiciaire a une compétence de principe. Il connaît de toutes les demandes incidentes qui ne relèvent pas de la compétence exclusive d'une autre juridiction. Les autres juridictions ne connaissent que des demandes incidentes qui entrent dans leur compétence d'attribution.

2 La prorogation conventionnelle

531 — Définition. La prorogation conventionnelle résulte de la volonté des parties. Ces dernières peuvent convenir de saisir une juridiction qui, en théorie, n'est pas compétente pour connaître du litige. Deux cas doivent être envisagés : la prorogation par rapport au montant du litige et celle concernant le tribunal de commerce.

532 — Cas de la prorogation par rapport au montant. L'article 41 du CPC prévoit que « le litige né, les parties peuvent toujours convenir que leur différend sera jugé par une juridiction bien que celle-ci soit incompétente en raison du montant de la demande ».

533 — Cas intéressant le tribunal de commerce. Aussi, concernant les affaires commerciales, il est admis de saisir le tribunal judiciaire. Et en cas d'acte mixte, le demandeur civil peut choisir de saisir le tribunal de commerce ou, en fonction du montant du litige, tribunal judiciaire. En revanche, le demandeur commerçant, ne disposant pas d'un tel choix, doit saisir la juridiction civile.

534 — Prorogation interdite. Dans tous les cas, aucune règle de compétence d'ordre public ne peut faire l'objet d'un aménagement. Aussi, la compétence des ordres de juridiction et celle des degrés de juridiction ne peuvent souffrir d'aucune dérogation conventionnelle.

C Le dépaysement juridictionnel

535 — Explications du dépaysement juridictionnel. Tenant probablement compte des difficultés financières de certaines juridictions et de la vétusté de certains sites, l'article 103 de la loi *PRJ* instaure un dépaysement juridictionnel. Afin d'assurer la sécurité des personnes et des biens ou de garantir une bonne administration de la justice, un transfert de juridiction ou d'audience est prévu. Aussi, une proximité géographique est prévue lorsqu'une juridiction a compétence nationale.

536 — Sécurité. Lorsque le maintien de la sécurité ne peut plus être assuré au sein des bâtiments où siège la juridiction, une juridiction peut, à titre provisoire et pour une durée n'excédant pas 6 mois en principe, être transférée en tout ou partie dans une autre commune du ressort de la même cour d'appel sur ordonnance du premier président de la cour d'appel (COJ, art. L. 124-1, ajouté par L. *PRJ*, art. 103). L'objectif est d'assurer une continuité du service public de la justice dans des conditions garantissant la sécurité des personnes et des biens.

537 — Bonne administration. Une audience peut se dérouler dans toute commune située dans le ressort d'une juridiction limitrophe, lorsqu'elle ne peut être matériellement tenue dans le respect des droits des parties ou dans des conditions garantissant la bonne administration de la justice. Il revient au premier président de la cour d'appel, après avis du procureur général, de fixer par ordonnance le lieu et le jour de ces audiences (COJ, art. L. 124-2, ajouté par L. *PRJ*, art. 103).

538 — Juridiction nationale. Des audiences dans toute commune du territoire peuvent être tenues par une juridiction qui a compétence nationale. Le lieu et le jour de ces audiences sont fixés par ordonnance du premier président de la cour d'appel dont relève la juridiction à compétence nationale, après avis du procureur général (COJ, art. L. 124-3, ajouté par L. *PRJ*, art. 103).

II La détermination de la compétence territoriale

539 — Objectifs. Les règles de compétence territoriale ont deux objectifs : protéger les intérêts des justiciables d'une part, et contribuer au bon fonctionnement de la justice d'autre part. En raison des objectifs poursuivis, les règles de compétence territoriale sont diversifiées.

540 — Diversité. À l'instar de la compétence d'attribution, des règles de compétence spéciale sont édictées. Elles se retrouvent aux COJ. Aussi, le CPC édicte des règles applicables à toutes les juridictions. Dès lors, la règle de principe donnant compétence au tribunal du lieu où demeure le défendeur (A) est assortie de nombreuses exceptions (B) et la compétence territoriale peut faire l'objet d'une clause attributive de compétence (C).

541 — Remarque. La diversité des textes relatifs à la compétence territoriale ne permet pas d'en faire une étude exhaustive. Seuls des exemples sont donnés à titre d'illustration.

A La règle de principe

542 — Principe et fondement. La solution de principe en matière de compétence territoriale est donnée à l'article 42 du CPC qui dispose, en son premier alinéa, que « la juridiction compétente est, sauf disposition contraire, celle du lieu où demeure le défendeur ». Cette disposition est une retranscription de l'adage latin « *actor sequitur forum rei* », signifiant « celui qui plaide une affaire suit le for du défendeur ». Cette locution explique le fondement de la règle de principe. Celle-ci repose sur une présomption, le défendeur ne doit rien. Le demandeur doit donc attraire le défendeur devant le tribunal du lieu où ce dernier demeure.

543 — Lieu où demeure la personne physique. Pour les personnes physiques, le lieu où demeure le défendeur s'entend du lieu de son domicile (CPC, art. 43). Suivant l'article 102 du Code civil, il s'agit du lieu du principal établissement. Celui-ci s'apprécie au jour de la demande. Tout changement de domicile en cours d'instance est sans incidence sur la compétence. À défaut de domicile connu, le lieu où demeure le défendeur est le lieu de sa résidence (CPC, art. 43). Ce n'est que si aucun de ces lieux n'est connu que le demandeur peut assigner devant le tribunal du lieu de son propre domicile.

544 — Lieu où demeure la personne morale. Pour les personnes morales, le lieu où demeure le défendeur s'entend du lieu où elles sont établies (CPC, art. 43). La jurisprudence a précisé que le lieu où sont établies les sociétés est celui où sont concentrées l'administration, la direction et l'activité commerciale. Par principe, il s'agit du lieu du siège social.

Cass. com., 29 nov. 1950 : Gaz. Pal. 1951, I, p. 86.

545 — Lieu où demeure la personne morale : jurisprudence *Gares principales*. Par dérogation au principe, en vertu de la jurisprudence dite « des gares principales », le défendeur personne morale peut être attrait au lieu de l'une de ses succursales. Une double condition est posée :
- d'une part, la succursale doit être impliquée dans le litige ;
- d'autre part, elle doit avoir le pouvoir d'engager et d'agir au nom de la société en cause.

Cass., 19 juin 1876, Chemin de fer d'Orléans c/Van den Brouck.

546 — Hypothèse d'une pluralité de défendeurs. En cas de pluralité de défendeurs, le demandeur choisit le lieu où demeure l'un d'eux. Cette règle joue uniquement si l'objet du litige est le même pour tous ; elle ne permet pas d'attraire tous les défendeurs si la compétence par rapport à l'un d'eux résulte d'une option.

B Les dérogations à la règle de principe

547 — Critères. Les dispositions dérogatoires à la compétence territoriale du lieu où demeure le défendeur sont nombreuses. Ces dérogations sont liées à deux critères :
- d'une part, la matière du litige justifie la dérogation ;
- d'autre part, des dispositions dérogatoires sont liées à la qualité d'une partie.

548 — Pluralité de règles de compétence. Les règles de compétence dérogeant à celle de principe sont plurales en raison de leurs objets sus-énoncés. Ces règles dérogent en partie ou totalement au principe de compétence du lieu où réside le défendeur.

549 — Exclusion de la compétence de principe. Dans une première série de cas, la dérogation à la règle de principe écarte totalement la compétence du lieu où demeure le défendeur. Le tribunal du lieu où demeure le défendeur est donc exclu. Ainsi, en matière de succession, le juge du lieu de l'ouverture de la succession est exclusivement compétent (CPC, art. 45).

550 — Option avec la compétence de principe. Dans une seconde série de cas, une option de compétence entre le lieu où demeure le défendeur et un autre lieu est offerte au demandeur. Cette option de compétence concerne, par exemple, la matière contractuelle. En la matière, un choix existe entre le lieu où demeure le défendeur, le lieu de la livraison effective de la chose ou le lieu d'exécution de la prestation de service.

> Le demandeur bénéficie également d'une option de compétence en matière délictuelle. Conformément à l'article 46 du CPC, « le demandeur peut saisir à son choix, outre la juridiction du lieu où demeure le défendeur : en matière délictuelle, la juridiction du lieu du fait dommageable ou celle dans le ressort de laquelle le dommage a été subi ».

C Les clauses attributives de compétence

551 — Principe. Les clauses attributives de compétence ont pour objet de proroger conventionnellement la compétence territoriale. Par ces clauses, les parties manifestent leur volonté de déroger aux règles de compétence territoriale. Par principe, en vertu de l'article 48 du CPC, ces clauses sont prohibées.

552 — Exception. La prohibition des clauses attributives de compétence n'est cependant pas absolue. La validité d'une telle clause est admise si elle est convenue entre des personnes ayant contracté en qualité de commerçants. En outre, la validité de la clause est conditionnée à son acceptation, c'est-à-dire qu'elle doit être spécifiée de manière très apparente dans l'engagement de la partie à laquelle la clause est opposée.

553 — Renonciation à la clause. Dès lors qu'elle est valable, la clause s'impose aux parties contractantes et, en raison de l'autonomie de la clause, la solution vaut même si l'acte principal est privé de son efficacité. Cependant, si la clause est stipulée dans l'intérêt exclusif de l'une des parties, celle-ci peut y renoncer et donc faire échec à son application. *A contrario*, la renonciation par l'une des parties n'est pas possible lorsque la clause est stipulée dans l'intérêt commun.

Cass. 2e civ., 1er juin 2017, nº 16-18739, F-P+B.

554 — Sanction. Sauf si elle a été convenue entre commerçants et spécifiée de manière apparente, la clause attributive de compétence est réputée non écrite. Il en résulte que la compétence territoriale ne peut résulter d'une telle clause.

SECTION 2 Les incidents liés à la compétence

555 — Exceptions de procédure. Les incidents liés à la compétence renvoient à toutes les difficultés relatives à la répartition du contentieux entre les juridictions. Afin de garantir le respect des règles de compétence, les exceptions de procédure interviennent en cas d'incident.

556 — Diversité. Loin de se limiter à la saisine d'une juridiction incompétente, les incidents renvoient aussi au cas où, saisies d'un même litige, deux juridictions sont également compétentes, ainsi qu'à l'hypothèse où il est de bonne justice de traiter ensemble des affaires portées devant deux juridictions distinctes. La première situation caractérise l'exception d'incompétence (I), les deux autres les exceptions de litispendance et de connexité (II).

I L'exception d'incompétence

557 — Définition. En cas de contestation sur l'aptitude d'une juridiction à statuer sur un litige, l'exception d'incompétence intervient. Lorsqu'une telle exception est soulevée, il est avancé que la juridiction saisie n'est pas compétente en vertu des règles de compétence d'attribution et/ou de compétence territoriale.

558 — Régime. L'exception d'incompétence est une exception de procédure. En tant que telle, elle obéit aux règles générales des articles 73 et 74 du CPC. À ces règles générales s'ajoutent des règles particulières. Ainsi, l'exception d'incompétence obéit à un régime particulier (A) et, donnant lieu à une décision, les issues de l'exception d'incompétence sont encadrées (B). En sus de cette exception, le décret du 11 décembre 2019 a créé un nouvel incident de compétence qui, en dépit de sa place dans les dispositions générales du CPC, est circonscrit aux questions de compétence au sein d'un tribunal judiciaire (C).

A Le régime de l'exception d'incompétence

559 — Double cas. L'exception d'incompétence obéit à un régime strict posé par le CPC. Une distinction est cependant à effectuer selon qu'une partie ou le juge relève l'exception. En effet, si dans la majorité des cas l'exception d'incompétence est soulevée par une partie (1), elle peut également être relevée d'office par le juge (2).

1 L'exception soulevée par une partie

560 — Condition temporelle générale aux exceptions de procédure. Conformément au droit commun des exceptions de procédure, l'exception d'incompétence doit, à peine d'irrecevabilité, être soulevée *in limine litis*, c'est-à-dire simultanément aux autres exceptions de procédure et avant toute défense au fond ou fin de non-recevoir.

561 — Conditions spécifiques à l'exception d'incompétence. En sus de la condition temporelle, des conditions propres à l'exception d'incompétence sont posées. La partie qui soulève l'exception doit « la motiver et faire connaître [...] devant quelle juridiction elle demande que l'affaire soit portée » (CPC, art. 75). La recevabilité de l'exception est donc subordonnée à la motivation du déclinatoire et à la désignation de la juridiction estimée compétente.

562 — Première condition de présentation de l'exception d'incompétence : déclinatoire motivé. La première condition posée, à peine d'irrecevabilité, est que le déclinatoire de compétence soit motivé (CPC, art. 75). En d'autres termes, l'incompétence de la juridiction saisie doit être justifiée par des moyens de fait et de droit.

563 — Seconde condition de présentation de l'exception d'incompétence : désignation de la juridiction compétente. La seconde condition posée, également à peine d'irrecevabilité, est que le déclinatoire de compétence désigne la juridiction estimée compétente et devant laquelle l'affaire doit dès lors être portée (CPC, art. 75). Hormis l'existence d'une option de compétence, seule la juridiction devant laquelle l'affaire doit être portée doit être désignée, à titre principal, par le demandeur à l'exception.

Cass. 1re civ., 9 janv. 2007, n° 04-11779.

564 — Choix de la juridiction. Dans le cas où il existe une option légale de compétence, le demandeur à l'exception d'incompétence a le choix de désigner une seule des juridictions compétentes ou de se dispenser de faire un tel choix en désignant comme compétentes plusieurs juridictions.

Cass. 2e civ., 20 nov. 1985, n° 84-12506.

2 L'incompétence relevée d'office par le juge

565 — Faculté ou obligation. En principe, sauf application de l'article 82-1 du CPC, l'incompétence peut être relevée d'office par le juge saisi de la demande principale (CPC, art. 76). Il s'agit d'une faculté. Il en résulte qu'un tribunal peut statuer sur le fond, même s'il est incompétent. Cependant, en certaines matières, le juge est dans l'obligation de soulever son incompétence (par ex. COJ, art. L. 311-12-1, al. 5, pour les matières relevant du juge de l'exécution ; CPC, art. 1406, al. 3, en matière d'injonction de payer).

566 — Incompétence relevée d'office en matière de compétence d'attribution. Hormis les cas où le juge doit relever d'office son incompétence, celle-ci peut être soulevée d'office par le juge, en matière de compétence d'attribution, dans les cas visés à l'article 76 du CPC. Une distinction est à opérer selon que l'affaire est engagée devant une juridiction de première instance ou devant une cour d'appel et la Cour de cassation.

567 — Incompétence relevée d'office en matière de compétence d'attribution : première instance. En première instance, lorsque le défendeur ne comparaît pas, le juge a la faculté de prononcer d'office l'incompétence (CPC, art. 76, al. 1). Cette faculté lui est également accordée lorsque la règle méconnue est d'ordre public. À suivre l'article 6 du Code civil, les règles d'ordre public sont celles auxquelles il n'est pas possible de déroger par convention.

568 — Incompétence relevée d'office en matière de compétence d'attribution : cour d'appel et Cour de cassation. Devant la cour d'appel et la Cour de cassation, l'incompétence peut également être relevée d'office par le juge. Cependant, cette faculté est réservée uniquement au cas où l'affaire « relève de la compétence d'une juridiction répressive ou administrative ou échappe à la connaissance de la juridiction française » (CPC, art. 76, al. 2).

569 — Incompétence relevée d'office en matière de compétence territoriale. En ce qui concerne la compétence territoriale, le juge peut relever d'office son incompétence en matière gracieuse (CPC, art. 77). En matière contentieuse, le juge ne peut le faire dans les litiges relatifs à l'état des personnes, dans les cas de compétence exclusive d'une autre juridiction ou si le défendeur ne comparaît pas (CPC, art. 77).

570 — Principe du contradictoire. Dans tous les cas où le juge relève d'office son incompétence, celui-ci doit respecter le principe du contradictoire. Car, conformément à l'article 16 du CPC, le juge doit faire observer et observer lui-même en toutes circonstances le principe de la contradiction.

B Les issues de l'exception d'incompétence

571 — Réforme. Le décret n° 2017-891 du 6 mai 2017 a renouvelé la section du CPC sur les exceptions d'incompétence en la subdivisant en deux sous-sections. La première, relative au jugement statuant sur la compétence (1), restructure pour l'essentiel des dispositions existantes du CPC. En revanche, par la seconde sous-section relative à l'appel du jugement statuant sur la compétence (2), le décret a opéré une réforme majeure dans la mesure où le contredit est supprimé.

1 Le jugement statuant sur la compétence

572 — Pluralité d'hypothèses. Que l'exception d'incompétence soit soulevée par une partie ou relevée d'office par le juge, ladite exception donne lieu à une décision. Le jugement statuant sur la compétence peut être soit une décision d'incompétence, soit une décision de compétence.

a Décision d'incompétence

573 — Première hypothèse : déclaration d'incompétence. Suivant une première hypothèse, le juge rend une décision d'incompétence. Si le juge ne se prononce pas sur le fond, la compétence peut être subordonnée à l'examen d'une question de fond. Dans ce cas, « le juge doit, dans le dispositif du jugement, statuer sur cette question de fond et sur la compétence par des dispositions distinctes » (CPC, art. 79, al. 1). Sa décision a autorité de chose jugée sur cette question de fond.

574 — Désignation de la juridiction estimée compétente. La décision d'incompétence emporte une obligation, celle de renvoyer les parties devant la juridiction compétente. Le juge est tenu de désigner cette juridiction. Cette désignation « s'impose aux parties et au juge de renvoi » (CPC, art. 81, al. 2).

575 — Précision. Le juge est seulement tenu de renvoyer les « parties à mieux se pourvoir », dès lors que le litige « relève de la compétence d'une juridiction répressive, administrative, arbitrale ou étrangère » (CPC, art. 81, al. 1).

576 — Poursuite de l'instance devant la juridiction désignée compétente. À défaut d'appel de la décision d'incompétence, le greffe de la juridiction initialement saisie transmet à la juridiction désignée le dossier de l'affaire. À la réception du dossier, le greffe de la juridiction de renvoi invite par tous moyens les parties à poursuivre l'instance.

577 — Représentation par avocat et régularisation. Si les parties n'avaient pas constitué avocats et que l'affaire est renvoyée à une juridiction devant laquelle les parties sont tenues de se faire représenter, le greffe doit inviter les parties à régulariser la procédure en constituant avocat « dans le délai d'un mois à compter de cet avis » (CPC, art. 82, al. 2). À défaut de régularisation par l'ensemble des parties, « l'affaire est d'office radiée » (CPC, art. 82, al. 3).

b ▌ Décision de compétence

578 — Seconde hypothèse : décision de compétence. Suivant une seconde hypothèse, le juge rend une décision de compétence. Deux options sont possibles :
- soit le juge se prononce uniquement sur sa compétence ;
- soit le juge se prononce sur sa compétence et sur le fond.

Le choix de la juridiction de se prononcer suivant l'une de ces deux méthodes a un impact en cas de recours de la décision rendue sur l'exception d'incompétence.

579 — Décision de compétence et sur le fond. Suivant l'article 78 du CPC, lorsqu'une décision de compétence est prononcée, le juge peut également statuer sur le fond. Ainsi, dans un même jugement, mais par des dispositions distinctes, le juge se déclare compétent et statue sur le fond. Les parties doivent cependant avoir été mises préalablement en demeure de conclure.

580 — Décision de compétence exclusivement. Le juge peut également se déclarer compétent, mais sans statuer sur le fond (CPC, art. 80). En cas de jugement se prononçant exclusivement sur la compétence, l'instance est suspendue. Elle l'est jusqu'à ce que le jugement sur la compétence soit définitif. Il en résulte qu'à défaut d'appel de la décision de compétence, l'instance est suspendue jusqu'à expiration du délai pour former cet appel. En revanche, en cas d'appel de la décision de compétence, l'instance est suspendue jusqu'à ce que la cour d'appel ait rendu sa décision.

2 L’appel du jugement statuant sur la compétence

581 — Deux configurations. Le jugement statuant sur la compétence peut faire l’objet d’un appel. Une distinction est à opérer selon que l’appel porte sur un jugement ayant statué uniquement sur la compétence (a) ou que l’appel porte sur un jugement ayant statué sur la compétence et sur le fond (b).

a L’appel du jugement statuant sur la compétence et non sur le fond

582 — Abrogation du contredit. Le décret n° 2017-891 du 6 mai 2017 a supprimé le contredit, qui était une voie de recours originale des décisions sur la compétence lorsque le juge se prononçait sur la compétence sans statuer sur le fond du litige. Désormais, « lorsque le juge s’est prononcé sur la compétence sans statuer sur le fond du litige, sa décision peut faire l’objet d’un appel » (CPC, art. 83, al. 1).

583 — Précision. L’alinéa 2 de l’article 83 du CPC précise que « la décision ne peut pareillement être attaquée du chef de la compétence que par voie d’appel lorsque le juge se prononce sur la compétence et ordonne une mesure d’instruction ou une mesure provisoire ».

584 — Délai de l’appel. Le délai de l’appel du jugement statuant exclusivement sur la compétence est fixé à 15 jours à compter de la notification du jugement (CPC, art. 84, al. 1). Cette notification est faite aux parties par le greffe par lettre recommandée avec demande d’avis de réception. Et en cas de représentation obligatoire, le greffe procède à la notification dudit jugement également aux avocats des parties.

585 — Saisine du premier président. Dans le délai d’appel de 15 jours susvisé, l’appelant doit saisir le premier président en vue d’être autorisé à assigner à jour fixe ou de bénéficier d’une fixation prioritaire de l’affaire. Cette obligation relative à la saisine du premier président est mise à la charge de l’appelant et prévue à peine de caducité de la déclaration d’appel (CPC, art. 84, al. 2).

586 — Mentions de la déclaration d’appel. La déclaration d’appel doit comporter, selon que la procédure soit ou non avec représentation obligatoire, les mentions de l’article 901 ou de l’article 933 du CPC. En sus de ces mentions (CPC, art. 85, al. 1), la déclaration d’appel doit préciser qu’elle est dirigée contre un jugement statuant sur la compétence. Aussi, elle doit être motivée, à peine d’irrecevabilité. Cette motivation doit être présente dans la déclaration d’appel elle-même ou dans des conclusions jointes à ladite déclaration.

587 — Dualité de procédure. L'appel du jugement statuant exclusivement sur la compétence est instruit suivant deux procédures (CPC, art. 85, al. 2). Sauf disposition contraire :

- d'une part, si les règles applicables à l'appel des décisions rendues par la juridiction dont émane le jugement frappé d'appel imposent la constitution d'avocat, l'appel est instruit et jugé comme en matière de procédure à jour fixe ;
- d'autre part, si la représentation n'est pas obligatoire, la procédure de l'article 948, soit celle se référant aux droits des parties qui sont en péril, est applicable.

La Cour a précisé qu'« Il résulte des articles 83, 84 et 85 du Code de procédure civile, que, nonobstant toute disposition contraire, l'appel dirigé contre la décision de toute juridiction du premier degré se prononçant sur la compétence sans statuer sur le fond du litige relève, lorsque les parties sont tenues de constituer un avocat, de la procédure à jour fixe et qu'en ce cas, l'appelant doit saisir, dans le délai d'appel et à peine de caducité de la déclaration d'appel, qui doit être relevée d'office, le premier président de la cour d'appel en vue d'être autorisé à assigner l'intimé à jour fixe » (Cass. 2e civ., avis, 11 juill. 2019, P+B+R+I, n° 19-70012 ; Cass. 2e civ., 11 juill. 2019, FS-P+B+R+I, n° 18-23617).

588 — Pluralité d'issues. Que l'appel soit instruit et jugé comme en matière de procédure à jour fixe ou suivant l'article 948 du CPC, plusieurs issues sont envisageables.

589 — Issue : renvoi à la juridiction estimée compétente ou initialement saisie. L'affaire peut être renvoyée à la juridiction que la cour d'appel estime compétente. En cas de renvoi, « cette décision s'impose aux parties et au juge de renvoi » (CPC, art. 86, al. 1). Si la cour d'appel renvoie à la juridiction initialement saisie, « l'instance se poursuit à la diligence du juge » (CPC, art. 86, al. 2).

590 — Précisions. En cas de renvoi à la juridiction estimée compétente ou initialement saisie, l'arrêt est notifié « aussitôt » par le greffier de la cour aux parties par lettre recommandée avec demande d'avis de réception (CPC, art. 87, al. 1). Cet arrêt n'est pas susceptible d'opposition (CPC, art. 87, al. 2). À compter de la notification de l'arrêt par le greffier de la cour, le délai de pourvoi en cassation court (CPC, art. 87, al. 3).

591 — Issue : évocation du fond par la cour d'appel. Autres issues envisageables, la cour d'appel peut également évoquer le fond (CPC, art. 88). Ce pouvoir d'évocation est toutefois soumis à conditions. La Cour doit ainsi être juridiction d'appel relativement à la juridiction qu'elle estime compétente et elle doit estimer de bonne justice de donner à l'affaire une solution définitive après avoir ordonné elle-même, le cas échéant, une mesure d'instruction.

592 — Précisions. En cas d'évocation, les parties sont invitées par la cour à constituer avocat dans le délai qu'elle fixe, si les règles applicables à l'appel des décisions rendues par la juridiction dont émane le jugement frappé d'appel imposent une telle constitution (CPC, art. 89, al. 1). Si aucune des parties ne constitue avocat, la radiation de l'affaire peut être prononcée d'office par la cour. La décision de radiation doit être motivée, mais n'est pas susceptible de recours.

b L'appel du jugement statuant sur la compétence et le fond du litige

593 — Double cas. Le jugement statuant sur la compétence et le fond du litige peut faire l'objet d'un appel. Deux configurations procédurales sont à distinguer :

- d'une part, le jugement est rendu en premier ressort. Il peut être frappé d'appel dans l'ensemble de ses dispositions (CPC, art. 90, al. 1) ;
- d'autre part, il est rendu en dernier ressort. Il peut être frappé d'appel exclusivement sur la compétence ; mais s'il est formé un pourvoi à l'encontre des dispositions sur le fond, l'appel est irrecevable (CPC, art. 91, al. 1).

594 — Issues. Que l'appel soit formé à l'encontre d'un jugement rendu en premier ou dernier ressort, la compétence peut être confirmée ou au contraire infirmée. En cas d'infirmation de la compétence, les issues de l'appel sont plurales.

595 — Jugement rendu en premier ressort et cour d'appel compétente. Lorsqu'un appel est formé à l'encontre d'un jugement rendu en premier ressort, si la cour d'appel infirme du chef de la compétence mais qu'elle s'estime compétente, elle statue sur le fond (CPC, art. 90, al. 2).

596 — Jugement rendu en premier ressort et cour n'étant pas une juridiction d'appel. Toutefois, sous les mêmes conditions sus-énoncées, si la cour d'appel n'est pas une juridiction d'appel, elle renvoie l'affaire devant la cour compétente pour statuer sur l'appel de la décision de la juridiction qui aurait dû se prononcer en première instance (CPC, art. 90, al. 3). Cette décision s'impose aux parties et à la cour de renvoi.

597 — Jugement rendu en dernier ressort. Lorsqu'un appel est formé à l'encontre d'un jugement rendu en dernier ressort, si la cour d'appel infirme du chef de la compétence, elle renvoie l'affaire devant la juridiction qu'elle estime compétente (CPC, art. 91, al. 2). Le dossier est transmis à ladite juridiction à l'expiration du délai du pourvoi ou, le cas échéant, lorsqu'il a été statué sur celui-ci. La décision s'impose aux parties et à la juridiction de renvoi.

C La question de compétence au sein du tribunal judiciaire

598 — Dualisme. Le décret n° 2019-1333 du 11 décembre 2019, tirant les conséquences de la création des tribunaux judiciaires, redessine les contours de l'incident de compétence. Celui-ci est empreint d'un dualisme :

- d'un côté, l'exception d'incompétence perdure pour toute question de compétence entre juridictions (CPC, art. 75 et s.) ;
- d'un autre, un nouvel incident par mention au dossier est créé par le décret n° 2019-1333 du 11 décembre 2019, à l'article 82-1 du CPC, pour les questions de compétence au sein d'un tribunal judiciaire.

599 — Mise en œuvre : condition matérielle. L'article 82-1 du CPC est dans son application limité matériellement. Il s'agit d'un incident de compétence interne, puisque cette disposition ne concerne que les « questions de compétence au sein d'un tribunal judiciaire » (CPC, art. 82-1, al. 1). Cette nouvelle disposition permet de traiter les questions de compétence entre le tribunal judiciaire et une chambre de proximité du ressort du tribunal judiciaire, ainsi que les questions de compétence entre les juges du tribunal judiciaire (JAF, JEX, JCP).

> À cet égard, il convient de préciser que la place du nouvel article 82-1 dans le livre Ier « Dispositions communes à toutes les juridictions » est critiquable en ce qu'il ne concerne que le tribunal judiciaire.

600 — Mise en œuvre : condition temporelle. Une seconde limite est temporelle. Les questions de compétence au sein d'un tribunal judiciaire sont réglées suivant les dispositions du nouvel article 82-1 du CPC avant la première audience. Le mécanisme de l'article 82-1 du CPC ne s'applique pas si l'incompétence est découverte à l'audience.

601 — Renvoi par mention au dossier. Avant la première audience, le juge, d'office ou à la demande d'une partie, règle la question de compétence au sein d'un tribunal judiciaire par mention au dossier. Si le juge estime que l'affaire est de la compétence d'un autre juge, l'affaire est renvoyée à ce dernier. Il s'agit d'un renvoi par simple mention au dossier, le greffe transmettant le dossier de l'affaire au juge désigné (CPC, art. 82-1, al. 3). Les parties ou leurs avocats en sont avisés sans délai par tout moyen conférant date certaine (CPC, art. 82-1, al. 4).

602 — Délai de 3 mois pour remettre en cause la compétence du juge à qui l'affaire a été renvoyée. Un délai de 3 mois est ouvert (à compter de l'avis, même si la précision n'est pas donnée par le texte) afin de remettre en cause la compétence du juge à qui l'affaire a été ainsi renvoyée. La remise en cause peut émaner du juge désigné ou d'une partie.

603 — Absence de remise en cause de la compétence du juge à qui l'affaire a été renvoyée. En l'absence de remise en cause dans le délai de 3 mois, le juge à qui l'affaire a été renvoyée tranche le litige.

604 — Remise en cause de la compétence du juge à qui l'affaire a été renvoyée. En cas de remise en cause dans le délai de 3 mois, l'affaire est renvoyée par le juge, par simple mention au dossier, au président du tribunal judiciaire. Ce dernier renvoie, selon les mêmes modalités (c'est-à-dire une mesure d'administration), l'affaire au juge qu'il désigne. La décision du président du tribunal judiciaire « n'est pas susceptible de recours » (CPC, art. 82-1, al. 5).

605 — Renvoi de l'affaire par le président tribunal. *In fine*, en cas de renvoi de l'affaire par le président du tribunal judiciaire au juge qu'il désigne, la décision du président n'est pas susceptible de recours, mais la compétence du juge ainsi désigné peut être contestée. Seules les parties peuvent contester, devant lui, la compétence du juge désigné, ce dernier ne pouvant contester sa compétence.

606 — Absence de contestation de la compétence du juge. En l'absence de contestation, le juge désigné par le président du tribunal judiciaire tranche le litige.

607 — Contestation de la compétence du juge. Si la compétence du juge est contestée devant lui par les parties, la décision se prononçant sur la compétence peut faire l'objet d'un appel dans les conditions prévues aux articles 83 à 91 du CPC (CPC, art. 82-1, *in fine*). *A priori*, par le jeu de l'article 82-1 du CPC, seule la question de la compétence a été traitée à ce stade ; dès lors, un appel doit être interjeté pour contester les jugements statuant exclusivement sur la compétence dans un délai de 15 jours à compter de la notification de la décision.

II Les exceptions de litispendance et de connexité

608 — Objets de la litispendance et de la connexité. *A contrario* de l'exception d'incompétence, les exceptions de litispendance et de connexité ont pour postulat la saisine de juridictions compétentes. Afin d'éviter des décisions inconciliables ou dans l'intérêt d'une bonne justice, la litispendance (A) et la connexité (B) ont pour effet de dessaisir du litige une juridiction pourtant compétente.

A | La litispendance

609 — Définition et objectif. La litispendance est définie à l'article 100 du CPC. Elle renvoie à la situation où un même litige est pendant devant deux juridictions également compétentes pour en connaître. Il en résulte donc un risque de décisions inconciliables. Afin d'éviter une telle situation préjudiciable, l'exception de litispendance emporte un dessaisissement de la juridiction saisie en second lieu au profit de la première.

610 — Moment de la présentation. L'exception de litispendance peut être soulevée par une partie ou d'office par le juge (CPC, art. 100). En tant qu'exception de procédure, l'exception de litispendance doit être soulevée *in limine litis.* Il est à noter que si les juridictions saisies ne sont pas du même degré, l'exception ne peut être soulevée que devant la juridiction du degré inférieure (CPC, art. 102).

611 — Conditions. Afin que la litispendance soit caractérisée, des conditions doivent être remplies. Concernant le litige, la litispendance suppose une identité de litige, compris comme une identité de parties, d'objet et de cause. Concernant les juridictions saisies, celles-ci doivent être distinctes, compétentes et les affaires doivent être pendantes devant elles.

612 — Décision. Dans le cas où la litispendance est caractérisée et où le même litige est pendant devant deux juridictions de même degré, la juridiction saisie en second lieu doit se dessaisir au profit de l'autre. La décision rendue sur l'exception s'impose à la juridiction dont le dessaisissement est ordonné (CPC, art. 105). En cas de dessaisissement des deux juridictions, la dernière décision - d'un point de vue temporel - est non avenue (CPC, art. 106).

613 — Date de la saisine. La litispendance impose d'apprécier l'antériorité de la saisie d'une juridiction par rapport à une autre. À cette fin, il convient de se référer à la date de la remise au greffe de l'assignation. L'appréciation est parfois complexe, notamment lorsque les juridictions ont été saisies par des actes de nature différente ou en cas de litige international.

614 — Recours. La décision rendue sur l'exception de litispendance peut faire l'objet d'un recours. Lorsque la décision est rendue par une juridiction du premier degré, le recours est formé et jugé comme en matière d'exception d'incompétence (CPC, art. 104, al. 1). En cas de recours multiples, la décision appartient à la cour d'appel saisie en premier. S'il est fait droit à l'exception, la cour attribue l'affaire à celle des juridictions qui, selon les circonstances, paraît la mieux placée pour en connaître (CPC, art. 104, al. 2).

B La connexité

615 — Définition et objectif. La connexité est définie à l'article 101 du CPC comme la situation dans laquelle le lien entre des affaires portées devant deux juridictions distinctes justifie « qu'il soit de l'intérêt d'une bonne justice de les faire instruire et juger ensemble ».

616 — Moment de la présentation. Bien qu'étant une exception de procédure, l'exception de connexité déroge (CPC, art. 74, al. 3) au premier alinéa de l'article 74 du CPC suivant lequel les exceptions sont à présenter *in limine litis*. L'exception de connexité peut être présentée en tout état de cause, avec toutefois le risque d'être écartée si elle a été soulevée tardivement dans une intention dilatoire (CPC, art. 103).

617 — Condition : juridictions distinctes. La connexité est subordonnée à la saisine de deux juridictions autonomes et distinctes. Au sens de l'article 101 du CPC, les juridictions peuvent être de même degré ou de degré différents. Dans ce dernier cas, l'exception de connexité ne peut être soulevée que devant la juridiction du degré inférieur (CPC, art. 102).

618 — Formations d'une même juridiction. La connexité suppose que deux juridictions autonomes – et non deux formations d'une même juridiction – soient saisies. S'il s'élève sur la connexité des difficultés entre diverses formations d'une même juridiction, elles sont réglées sans formalité par le président de la juridiction dont la décision est une mesure d'administration judiciaire (CPC, art. 107).

619 — Condition : lien entre les affaires. Aussi, la connexité est subordonnée à l'existence d'un « lien » entre les affaires portées devant les deux juridictions distinctes (CPC, art. 101). La notion de lien renvoie donc à la relation unissant les instances. Il s'agit d'un rapport étroit pouvant tenir à l'identité de partie ainsi qu'à une corrélation résultant de l'objet ou de la cause des litiges. Le lien est caractérisé dès lors que la solution rendue dans une instance pourrait influencer celle de l'autre.

620 — Décisions. Dans le cas où l'exception de connexité est admise, la juridiction se dessaisit et renvoie en l'état la connaissance de l'affaire à l'autre juridiction (CPC, art. 101). La décision rendue sur l'exception s'impose à la juridiction de renvoi. À l'instar de l'exception de litispendance, en cas de dessaisissement des deux juridictions, la dernière décision en date est non avenue. Le recours contre la décision obéit au même régime que celui relatif aux exceptions de litispendance (v. *supra*, n° 614).

PARTIE 2

Le déroulement de l'instance

621 — Schéma procédural. Le déroulement de l'instance suit un schéma procédural commun qui se retrouve, en principe, devant toutes les juridictions, à savoir la saisine de la juridiction, l'instruction de l'affaire et les débats. L'instance prend fin lorsque le tribunal se retire pour délibérer. La délibération appartient au jugement, car le juge délibère de la décision à prendre au sujet de l'affaire.

622 — Pluralité de procédure. L'instance obéit à une théorie générale (chapitre 1), c'est-à-dire des règles procédurales ou des principes directeurs qui l'irriguent. En fonction de la juridiction saisie (chapitre 2), de la matière en cause (chapitre 3), de l'urgence ou encore du défaut de comparution des parties (chapitre 4), des particularismes irriguent le schéma procédural type, parfois nommé « procédure ordinaire ».

623 — Complexification de l'instance. L'instance peut ainsi être compliquée, voire éteinte, par des incidents qui, dans un sens large, peuvent regrouper tels que l'administration judiciaire de la preuve (chapitre 5), l'interruption, la suspension et l'extinction de l'instance (chapitre 6), ainsi que les problèmes relatifs à la formation des juridictions et aux magistrats (chapitre 7).

CHAPITRE 1

Théorie générale de l'instance

624 — Définition. L'instance est une période lors de laquelle vont se succéder différents actes de procédure. L'instance débute par la mise en œuvre par une personne de son droit d'agir. L'instance se crée par la demande et la saisine du juge. En principe, sauf causes autres d'extinction de l'instance, elle se poursuit jusqu'au jugement.

625 — Annonce. La création de l'instance fait naître un lien juridique qui emporte des droits et des obligations. Dès lors, il convient de définir le lien juridique de l'instance (section 1). Une fois créée, l'instance est guidée par des principes directeurs (section 2). Aussi, renvoyant à l'accomplissement d'actes afin d'aboutir à un jugement, l'instance est irriguée par un formalisme (section 3). Enfin, l'instance n'échappe pas au mouvement en faveur de la résolution amiable des différends (section 4).

SECTION 1 Le lien juridique de l'instance

626 — Annonce. Le lien d'instance est un rapport d'ordre procédural qui emporte des conséquences, les parties et le juge étant tenus d'accomplir des prescriptions. L'instance se compose donc de différents éléments d'ordre subjectif relatifs aux parties (II) et d'ordre objectif relatif à la matière (III). Préalablement à l'étude des éléments constitutifs de l'instance, le moment de la création du lien d'instance doit être précisé (I).

I La temporalité du lien d'instance

627 — Naissance du lien d'instance. Par principe, une instance débute par une demande initiale formée par une personne à l'encontre d'une autre. Par la notification de ces prétentions, le lien d'instance naît. L'instance naît au jour de la délivrance d'un acte introductif.

628 — Actes introduisant l'instance. La demande initiale est formée par assignation, par remise d'une requête conjointe au greffe de la juridiction ou par requête ou déclaration au greffe de la juridiction (CPC, art. 54). À ce titre, la réforme de 2019 a réalisé une ***réduction des modes de saisine*** des juridictions civiles en supprimant la déclaration au greffe ainsi que la présentation volontaire des parties.

629 — Assignation. L'assignation est l'acte d'huissier de justice par lequel le demandeur cite son adversaire à comparaître devant le juge (CPC, art. 55). L'assignation vaut conclusions (CPC, art. 56, *in fine)*. Outre les mentions prescrites pour les actes d'huissier (CPC, art. 648), l'assignation comprend les mentions communes à toutes demandes initiales visées à l'article 54 du CPC et celles exigées à l'article 56 du CPC.

En plus de ces mentions énumérées à l'article 56 du CPC, l'assignation comprend – à l'instar des autres modes d'introduction de l'instance – des mentions propres à la procédure engagée et qui donc varient en fonction de la juridiction saisie.

630 — Mentions de l'assignation. Dans sa nouvelle rédaction issue du décret n° 2019-1333 du 11 décembre 2019, l'article 56 du CPC prévoit, en plus de celles de l'article 54, trois mentions à peine de nullité :
- les lieu, jour et heure de l'audience (CPC, art. 56, 1°). Est ainsi généralisée l'assignation avec prise de date ;
- l'exposé des moyens en fait et en droit (CPC, art. 56, 2°) ;
- la liste des pièces sur lesquelles la demande est fondée dans un bordereau qui lui est annexé. Est ainsi reprise une exigence antérieure à la réforme ; la nouveauté est que cette disposition est exigée à peine de nullité.

Concernant l'article 56 du CPC, une ***distinction temporelle*** est à effectuer entre les dispositions applicables à compter du 1er janvier 2020 et celles applicables à compter du 1er septembre 2020. Conformément au III de l'article 55 du décret n° 2019-1333 du 11 décembre 2019, jusqu'au 1er septembre 2020 :
- dans les procédures soumises, au 31 décembre 2019, à la procédure écrite ordinaire, la saisine par assignation de la juridiction et la distribution de l'affaire demeurent soumises aux dispositions notamment de l'article 56 du CPC dans sa rédaction antérieure au décret du 11 décembre 2019 ;
- les assignations demeurent soumises aux dispositions de l'article 56 du CPC, dans sa rédaction antérieure au décret du 11 décembre 2019, dans les procédures au fond :
  - prévues aux articles R. 202-1 et suivants du Livre des procédures fiscales,
  - prévues au livre VI du Code de commerce devant le tribunal judiciaire,
  - diligentées devant le tribunal paritaire des baux ruraux.

631 — Requête conjointe. La requête conjointe est un acte commun des parties. Par cet acte, les parties soumettent au juge leurs prétentions respectives, les points sur lesquels elles sont en désaccord ainsi que leurs moyens respectifs (CPC, art. 57). Si cette faculté est ouverte par l'article 12 du CPC, les parties peuvent toutefois soit conférer au juge dans la requête conjointe la mission de statuer comme amiable compositeur, soit le lier par les qualifications et points de droit auxquels elles entendent limiter le débat (CPC, art. 57-1).

632 — Mentions de la requête conjointe. À peine d'irrecevabilité, la requête conjointe contient les mentions des articles 54 et 57 du CPC. Suivant cette dernière disposition, elle comprend l'indication des pièces sur lesquelles la demande est fondée. La requête est datée et signée par les parties. Elle vaut conclusions.

633 — Requête. La requête est l'acte par lequel le demandeur saisit la juridiction sans que son adversaire en ait été préalablement informé (CPC, art. 57). Elle contient à peine de nullité, outre les mentions de l'article 54 du CPC, l'identification du demandeur, celle de la personne contre laquelle la demande est formée, ainsi que l'objet de la demande et l'indication des pièces sur lesquelles la demande est fondée (CPC, art. 57). Elle est datée et signée.

634 — Requête : Portail du justiciable. Suite à l'arrêté du 18 février 2020 modifiant l'arrêté du 6 mai 2019 relatif aux caractéristiques techniques de la communication par voie électronique des avis, convocations ou récépissés via le « Portail du justiciable », ce portail permet également au justiciable d'adresser une requête à une juridiction. La requête est composée des informations saisies par le justiciable ainsi que des pièces qu'il souhaite joindre à sa demande.

635 — Saisine de la juridiction. La naissance du lien d'instance ne doit pas se confondre avec la saisine de la juridiction. La saisine de la juridiction signifie que la demande est portée à la connaissance de la juridiction. La saisine matérialise l'instance qui a pris naissance avec la délivrance d'un acte introductif.

636 — Naissance du lien d'instance et saisine de la juridiction concomitantes. En certains cas, la naissance du lien d'instance et la saisine de la juridiction sont concomitantes. Par exemple, la requête est l'acte par lequel le demandeur « saisit la juridiction sans que son adversaire en ait été préalablement informé » (CPC, art. 57). Le lien d'instance est créé en même temps que la saisine de la juridiction.

637 — Naissance du lien d'instance et saisine de la juridiction dissociées. Dans d'autres cas, la naissance du lien d'instance et la saisine de la juridiction sont dissociées. Postérieurement à la création du lien d'instance, la juridiction est saisie par l'accomplissement d'une autre formalité. Tel est le cas de l'assignation. La signification de l'assignation fait naître le lien d'instance et son enrôlement saisit la juridiction.

638 — Intérêt de la distinction. La distinction de la naissance du lien d'instance de la saisine de la juridiction est importante dans ses conséquences. Par exemple, le tribunal judiciaire est saisi par la remise au greffe d'une copie de l'assignation, dans les délais de l'article 754 du CPC, faute de quoi celle-ci est caduque. Il en résulte que l'instance est créée par la signification de l'assignation, mais que la matérialisation de l'instance est subordonnée à son enrôlement. À défaut, le lien d'instance est caduc.

II Les parties à l'instance

639 — Parties à l'instance. Le lien d'instance est celui qui se noue entre les parties. Les parties sont un composant essentiel de l'instance, car elles initient l'instance et y participent en mettant en œuvre ses règles. Pour autant, aucune définition de la notion de partie n'est donnée. Il convient donc de cerner la notion de partie à l'instance (A) qui peut - voire doit - se faire assister et représenter (B).

A La notion de partie à l'instance

640 — Absence de définition dans le CPC. Si la notion de « partie » n'est pas définie par le CPC, certaines de ses dispositions fournissent cependant des indices afin de la cerner. Particulièrement, le premier article du CPC dispose que « seules les parties introduisent l'instance », tandis que l'article 53 précise que le « plaideur prend l'initiative d'un procès en soumettant au juge ses prétentions ».

641 — Critères de définition. Afin de définir la notion de partie à l'instance, la doctrine a proposé deux critères : un critère formel relatif au lien juridique d'instance et un critère matériel relatif à la prétention.

> Bussy F., « La notion de partie à l'instance en procédure civile », D. 2003, p. 1376.

642 — Critère formel : un demandeur contre un défendeur. La qualité de partie à l'instance résulte de l'introduction de l'instance. Dans une procédure contentieuse, les parties sont *a minima* deux : le demandeur et le défendeur. Le demandeur engage la procédure ; en introduisant l'instance, la personne acquiert la qualité de partie. Le défendeur est attrait à l'instance ; c'est parce qu'un procès est dirigé à son encontre que la personne a la qualité de partie.

En matière gracieuse, le juge est saisi d'une demande. Son objet est d'établir un contrôle judiciaire hors tout litige (v. *infra*, n° 1154). La partie demanderesse n'a pas à attraire à l'instance une partie adverse.

643 — Critère formel : pluralité de parties. Si une procédure contentieuse exige au minimum un demandeur et un défendeur, dès son introduction, une instance peut comporter une pluralité de demandeurs et/ou défendeurs. En outre, en cours d'instance, des personnes peuvent s'associer au lien existant entre les parties originaires ou être mises en cause par les parties originaires (sur l'intervention, v. *supra*, n° 433).

644 — Critère matériel : prétention. Toute participation d'une personne à l'instance ne lui confère pas la qualité de partie. Afin d'être qualifiée de « partie », la personne doit soutenir une prétention. Les personnes, même entendues pour une bonne administration de la justice, qui « n'ont pas de prétentions à soutenir au sens des articles 4 et 31 » du CPC, ne sont « pas parties à l'instance ».

Cass. com., 22 mars 1988, n°s 87-15901 et 87-15902.

645 — Critère matériel : précision. Afin d'acquérir la qualité de partie à l'instance, un avantage juridique doit être revendiqué. Concernant le défendeur, une précision doit être donnée, car il est lié à l'instance même en l'absence de volonté de sa part. Si le défendeur ne se défend pas, il n'en reste pas moins partie à l'instance car une prétention est formée à son égard.

B | L'assistance et la représentation des parties

646 — Définitions. La représentation en justice suppose un mandat qui « emporte pouvoir et devoir d'accomplir au nom du mandant les actes de la procédure » (CPC, art. 411). L'assistance est une mission qui implique « de conseiller la partie et de présenter sa défense sans l'obliger » (CPC, art. 412). La représentation se distingue de l'assistance. Mais, sauf disposition ou convention contraire, le mandat de représentation emporte mission d'assistance (CPC, art. 413).

647 — Objet de l'assistance. Comme son appellation l'indique, l'objet de l'assistance est d'assister les parties à l'instance. À cette fin, deux fonctions composent l'assistance :
- une fonction de conseil (par ex. l'opportunité de saisir une juridiction, la pertinence des preuves...) ;
- une fonction de présentation de la défense (par ex. la plaidoirie).

648 — Régime de l'assistance. « Nul ne peut, s'il n'est avocat, assister [...] les parties » (L., 31 déc. 1971, art. 4). Un monopole de l'assistance est conféré aux avocats. Toutefois, ce monopole peut être limité en cas de dispositions législatives ou réglementaires spéciales (par ex. le défenseur syndical devant les conseils de prud'hommes). L'assistant doit justifier qu'il a reçu mission, mais une présomption est posée pour les avocats et huissiers de justice (CPC, art. 416).

649 — Objet de la représentation *ad litem*. La représentation *ad litem* est une représentation dans l'accomplissement des actes de la procédure. Ainsi, la représentation *ad litem* se distingue de l'assistance, qui n'inclut aucun accomplissement d'actes. La représentation *ad litem* se distingue également de la représentation *ad agendum* : la première est une représentation à l'instance et la seconde à l'action (v. *supra*, n° 396).

650 — Caractère obligatoire ou facultatif de la représentation. En principe, les parties peuvent se défendre elles-mêmes. Le principe est posé à l'article 18 du CPC. Il en résulte que la représentation est une faculté laissée à la libre appréciation des parties. Cependant, ce même article réserve les cas dans lesquels la représentation est obligatoire. Ainsi, en fonction de la juridiction et de la procédure, la représentation est obligatoire ou facultative.

651 — Mandataire. La représentation *ad litem* repose sur un mandat. À l'instar de l'assistance, l'avocat bénéficie d'un monopole de la représentation (L., 31 déc. 1971, art. 4). Cependant, ce monopole est limité, le mandataire pouvant être une autre personne habilitée par la loi. Le nom du représentant et sa qualité doivent être portés à la connaissance du juge par déclaration au secrétaire de la juridiction (CPC, art. 415). Une partie ne peut être représentée que par un seul mandataire (CPC, art. 414).

652 — Régime de la représentation : mandat général. Le représentant, à l'exception de l'avocat et de l'huissier de justice, doit justifier qu'il a reçu mandat de représentation (CPC, art. 416). Il s'agit d'un mandat général d'accomplir tous les actes de procédure.

653 — Régime de la représentation : mandat spécial. En certaines hypothèses, un pouvoir spécial est requis. Tel est le cas « pour faire ou accepter un désistement, acquiescer, faire, accepter ou donner des offres, un aveu ou un consentement » (CPC, art. 417). Néanmoins, la personne investie d'un mandat de représentation en justice est réputée, à l'égard du juge et de la partie adverse, avoir reçu pouvoir spécial.

654 — Fin du mandat : exécution du jugement. En principe, le mandat *ad litem* prend fin par l'exécution du jugement. Une limite temporelle est toutefois fixée : l'exécution du jugement doit être entreprise moins d'un an après qu'il soit passé en force de chose jugée (CPC, art. 420).

655 — Fin du mandat : révocation. Le mandat *ad litem* peut également prendre fin par anticipation, le mandataire pouvant être révoqué (CPC, art. 418). Deux situations sont à distinguer :
- lorsque la représentation est obligatoire, la partie doit immédiatement pourvoir au remplacement de son représentant ;
- lorsque la représentation est facultative, la partie pourvoit au remplacement immédiat de son représentant, ou elle informe le juge et la partie adverse de son intention de se défendre elle-même.

656 — Fin du mandat : renonciation. En plus de la révocation, le mandat *ad litem* peut prendre fin par la renonciation (CPC, art. 419). Le cas de la représentation obligatoire doit être distingué du cas de la représentation facultative :
- si la représentation est obligatoire, le mandant est déchargé au jour de son remplacement constitué par le mandant ou, à défaut, commis par le bâtonnier ;
- si la représentation est facultative, la renonciation prend effet à compter de l'information du mandant, du juge et de la partie adverse.

III La matière du litige

657 — Objet du litige. Dès lors qu'il est saisi, le juge doit se prononcer sur tout ce qui est demandé (CPC, art. 5). Le résultat recherché par les parties est l'objet du litige. L'objet du litige est donné par les parties et est déterminé par leurs prétentions respectives (CPC, art. 4). Celles-ci sont fixées par l'acte introductif d'instance et par les conclusions en défense. L'objet du litige n'est pas pour autant figé, puisque des demandes incidentes peuvent le modifier.

658 — Fondement de la prétention. Le fondement de la prétention renvoie à la notion de cause de la demande. La cause est une notion complexe, source de nombreuses controverses. Au-delà des débats doctrinaux, l'un des enjeux de cette notion est de participer à déterminer si une action se heurte à l'autorité de chose jugée (v. *infra*, n° 1680).

SECTION 2 Les principes directeurs de l'instance

659 — Définition. Les principes directeurs sont ceux qui ordonnent le procès civil, qui reflètent sa conception. Les principes directeurs ont une double valeur : ils sont l'expression à la fois de droits fondamentaux et de règles procédurales techniques.

660 — Chapitre Ier du CPC. Le CPC s'ouvre sur un premier chapitre intitulé « Les principes directeurs du procès » ; il comprend dix sections consacrées respectivement à l'instance (art. 1 à 3), l'objet du litige (art. 4 à 5), les faits (art. 6 à 8), les preuves (art. 9 à 11), le droit (art. 12 à 13), la contradiction (art. 14 à 17), la défense (art. 18 à 20), la conciliation (art. 21), les débats (art. 22 à 23-1) et l'obligation de réserve (art. 24).

661 — Portée des principes. Les premières dispositions du CPC sont d'ordre public et s'imposent à toutes les juridictions. Ces dispositions sont de source réglementaire, mais les principes consacrés reprennent des exigences parfois à valeur constitutionnelle ou consacrées dans les textes internationaux.

662 — Intérêt. Les principes directeurs du procès organisent la procédure civile. Ils trouvent donc une retranscription technique dans les règles de procédure civile. Ainsi, l'étude de certains principes est concomitante à celle de règles procédurales. Mais l'intérêt des principes est qu'ils irriguent l'ensemble de la procédure et se veulent les garants d'intérêts supérieurs. À ce titre seront étudiés le principe dispositif (I) et le principe du contradictoire (II).

I Le principe dispositif

663 — Conception classique. Le principe dispositif est un principe directeur du procès portant sur le rôle des parties et du juge dans le procès. Suivant l'adage « *da mihi factum, tibi dabo jus* » (« donne-moi le fait, je te donnerai le droit »), la répartition des rôles est simple : le procès est la chose des parties, qui déterminent l'objet et les faits du litige ; le juge applique la règle de droit.

664 — Conception renouvelée. La conception classique du principe dispositif a cédé la place à une conception renouvelée dans laquelle les rôles respectifs des parties et des juges se sont entremêlés. Afin de saisir le pouvoir respectif des protagonistes du procès, le principe dispositif doit être précisé par rapport à la direction de l'instance (A), la matière du litige (B) et le droit applicable (C).

A La direction de l'instance

665 — Définition. La direction de l'instance renvoie au principe d'initiative. Sans entrer dans les discussions doctrinales relatives à son inclusion dans le principe dispositif, le principe d'initiative renvoie à la maîtrise de l'instance. Celle-ci appartient en premier lieu aux parties, sous réserve de l'office de régulation de l'instance du juge.

666 — Existence de l'instance. Le principe d'initiative se retrouve au premier article du CPC. Suivant cette disposition, seules les parties ont l'initiative de saisir le juge. Sauf dans les cas où le juge peut se saisir d'office, l'introduction de l'instance est du fait des parties.

667 — Fin de l'instance. Corollaire du pouvoir donné aux parties de faire naître l'instance, elles ont également la possibilité « d'y mettre fin avant qu'elle ne s'éteigne par l'effet du jugement ou en vertu de la loi » (CPC, art. 1er). Par le désistement ou encore l'acquiescement, les parties ont la faculté de mettre un terme à l'instance.

668 — Conduite de l'instance. Entre l'introduction de l'instance et son terme, les parties ont la maîtrise de son déroulement. Suivant l'article 2 du CPC, « les parties conduisent l'instance ». Elles doivent néanmoins respecter les charges qui leur incombent, notamment accomplir les actes de la procédure dans les formes et délais requis. Contrôlant le déroulement de l'instance, les parties peuvent la suspendre (par ex. par le retrait du rôle).

669 — Mission du juge de veiller au bon déroulement de l'instance. L'initiative de l'instance, son déroulement et son extinction appartiennent aux parties, sous réserve de l'office du juge. Si le rôle des parties est prépondérant dans la direction de l'instance, le juge a une mission générale de veiller à son bon déroulement (CPC, art. 3). À cette fin, il a le pouvoir d'impartir les délais et d'ordonner les mesures nécessaires.

B ▌ La matière du litige

670 — Annonce. Il est traditionnel d'énoncer que le procès est la chose des parties. Ainsi, les éléments constitutifs du procès, l'objet (1) et les faits du litige (2), sont de la prérogative des parties. Des pouvoirs sont toutefois réservés au juge, créant ainsi des interférences dans la répartition classique des rôles entre les parties et le juge.

1 ▌ L'objet du litige

671 — Parties. La détermination de l'objet du litige est confiée aux parties. Suivant l'article 4 du CPC, les prétentions des parties déterminent l'objet du litige. Celles-ci sont fixées par l'acte introductif d'instance et par les conclusions en défense. L'objet n'en est pas pour autant immuable, car « l'objet du litige peut être modifié par des demandes incidentes lorsque celles-ci se rattachent aux prétentions originaires par un lien suffisant » (CPC, art. 4, al. 2).

672 — Juge. La partie maîtrisant l'objet du litige, il en résulte, par une lecture *a contrario* de l'article 4, que le juge ne peut pas s'immiscer dans la délimitation des prétentions des parties. Cette interdiction est confirmée à l'article 5 du CPC. Interdiction est ainsi faite au juge de statuer *infra*, *ultra* ou *extra petita*, c'est-à-dire qu'il ne peut pas modifier l'objet du litige dont il est saisi et doit répondre à l'ensemble des prétentions des parties.

2 Les faits du litige

673 — Charge de l'allégation incombant aux parties. Conformément à l'article 6 du CPC, les parties doivent introduire les faits dans le débat. Il leur revient d'alléguer les faits propres à justifier le bien-fondé de leur prétention. Cette obligation concerne tant le demandeur que le défendeur, les faits servant tant à confirmer qu'infirmer une allégation.

674 — Juge tenu par les faits dans le débat. L'allégation des faits est une obligation majeure pour les parties car, en plus de justifier leur prétention, le juge ne peut fonder sa décision que sur des faits qui sont dans le débat (CPC, art. 7). Pour autant, le juge n'est pas passif dans la détermination des faits.

675 — Faits adventices. Si les faits dans le débat sont délimités par les parties, « parmi les éléments du débat, le juge peut prendre en considération même les faits que les parties n'auraient pas spécialement invoqués au soutien de leurs prétentions » (CPC, art. 7). Il s'agit des « faits adventices », c'est-à-dire ceux que les parties ont omis (volontairement ou non), mais que le juge peut déduire des éléments soumis.

676 — Introduction de nouveaux faits par le juge. Le juge joue également un rôle actif dans la détermination des faits du litige. Le juge a le pouvoir de provoquer les parties en les invitant à fournir des explications de fait qu'il estime nécessaires à la solution du litige (CPC, art. 8). Afin de découvrir de nouveaux faits, le juge a également le pouvoir d'ordonner d'office des mesures d'instruction (CPC, art. 10).

677 — Charge de la preuve. Afin d'emporter la conviction du juge, les parties doivent présenter des moyens de faits. Mais il ne suffit pas d'alléguer un fait, il faut également en apporter la preuve. La charge de la preuve repose sur la partie qui invoque le fait. Le principe est donné à l'article 9 du CPC : « Il incombe à chaque partie de prouver conformément à la loi les faits nécessaires au succès de sa prétention ».

678 — Pouvoir du juge dans la preuve des faits. Si la charge de la preuve est de la prérogative des parties, des pouvoirs sont confiés au juge afin de l'éclairer ou aider les parties à prouver leur allégation. À ces fins, le juge a « le pouvoir d'ordonner, même d'office, toute mesure d'instruction légalement admissible » (CPC, art. 10) et peut, sous conditions, ordonner la production d'éléments de preuve (CPC, art. 11).

C Le droit applicable

679 — Conception traditionnelle. Suivant une conception classique du principe dispositif, le droit applicable au litige relève de la maîtrise du juge. L'adage « *da mihi factum, tibi dabo jus* » l'exprime : le droit relève de l'office du juge. En exerçant son pouvoir de *jurisdictio*, le juge dit le droit.

680 — Principe d'hégémonie du juge. Quant au droit applicable, le principe est celui de la primauté du juge. La solution est consacrée à l'article 12 du CPC : « le juge tranche le litige conformément aux règles de droit qui lui sont applicables ». La règle est fondamentale, mais au demeurant classique. Il en résulte une interdiction pour le juge, celle de statuer en équité, et une obligation, celle d'appliquer la règle de droit, qu'elle soit de fond ou procédurale.

681 — Nécessité de collaboration des parties. À la suite du décret du 18 décembre 1998, une obligation de coopération des parties quant au droit a été instaurée. Pour les procédures introduites sur assignation, cette dernière doit en effet indiquer à peine de nullité « un exposé des moyens en fait et en droit » (CPC, art. 56, 2°). Il en résulte une ingérence des parties quant au droit applicable au litige.

Il est à noter que la structuration des conclusions devant le tribunal judiciaire et la cour d'appel impose la formulation des moyens en droit sur lesquels chacune des prétentions est fondée (CPC, art. 768 et 954), sans oublier la consécration jurisprudentielle du principe de concentration des moyens.

682 — Prérogatives du juge. Il ressort des dispositions contemporaines et de la jurisprudence que l'emploi de l'adage « *da mihi factum, tibi dabo jus* » est désormais malaisé, car les parties peuvent – voire doivent – donner du droit. Toutefois, il ne faut pas s'y tromper, l'application de la règle de droit demeure l'apanage du juge. À cette fin, il dispose de prérogatives qui imposent de distinguer selon que les parties ont ou non invoqué un fondement juridique.

683 — Carence de fondement juridique. Sauf lorsque la demande prend la forme d'une assignation, l'indication du fondement juridique des prétentions n'est exigée par aucune règle. En l'absence de moyen de droit invoqué par les parties à l'appui de leurs prétentions, le juge a une double obligation : il doit qualifier juridiquement les faits invoqués par les parties au soutien de leurs prétentions afin de dégager la règle applicable à ces faits pour que le litige soit résolu en droit.

684 — Existence de fondement juridique. Lorsque les parties ont invoqué un fondement juridique à l'appui de leurs prétentions, le juge dispose également de prérogatives. Celles-ci sont variables tant dans leur fondement que dans leur portée. Ainsi, la requalification des faits et actes litigieux doit être distinguée de la modification du fondement juridique.

685 — Requalification. En cas de fondement erroné, le juge a l'obligation de statuer en donnant ou restituant « leur exacte qualification aux faits et actes litigieux sans s'arrêter à la dénomination que les parties en auraient proposée » (CPC, art. 12, al. 2). Il en résulte une mission pour le juge : celle de corriger les éventuelles erreurs de qualification. Le juge vérifie les conditions d'application de la règle de droit invoquée par les parties et au besoin requalifie.

686 — Modification du fondement juridique. L'article 12 du CPC oblige le juge à donner ou restituer une exacte qualification aux faits et actes litigieux. En revanche, sauf règles particulières, il n'a pas à rechercher si la demande peut prospérer sur un autre fondement, c'est-à-dire qu'il n'a pas l'obligation de changer la dénomination ou le fondement juridique des demandes des parties. La solution a été consacrée par l'assemblée plénière de la Cour de cassation.

Cass. ass. plén., 21 déc. 2007, n° 06-11343.

687 — Faculté de relever d'office. S'il n'en a pas l'obligation, le juge a la faculté de relever d'office un autre moyen de droit. En cette hypothèse, le juge doit respecter les autres aspects du principe dispositif. Le pouvoir du juge de relever d'office les moyens de droit est circonscrit aux faits dans le débat et est limité par l'objet du litige. Aussi, un débat contradictoire doit légitimement être respecté.

688 — Obligation de relever d'office. Dans certains cas – soulignés dans l'arrêt du 21 décembre 2007 par l'emploi de l'expression « *sauf règles particulières* » –, le juge a l'obligation de relever d'office les moyens de droit appropriés. Tel est notamment le cas en présence de règles d'ordre public (v. par ex. CPC, art. 120, al. 1 sur la nullité d'ordre public). À nouveau, le principe de la contradiction doit être respecté.

689 — Atténuations des pouvoirs du juge. En dépit d'une collaboration des parties, il ressort du principe dispositif une hégémonie du juge quant au droit. Toutefois, celle-ci est limitée dans deux cas prévus au

CPC, par lesquels les parties peuvent interférer et mettre en échec les prérogatives du juge.

690 — Accord des parties sur le droit applicable. Les parties ont le pouvoir de circonscrire l'office du juge en vertu d'un accord exprès. Cet accord est limité aux droits dont elles ont la libre disposition. Lorsque les parties ont lié le juge par les qualifications et points de droit auxquels elles entendent limiter le débat, il ne peut changer la dénomination ou le fondement juridique (CPC, art. 12, al. 3).

691 — Mission donnée au juge par les parties de statuer en amiable compositeur. Aussi, lorsque les parties ont la libre disposition de leur droit, une fois le litige né, elles peuvent conférer au juge la mission de statuer en amiable compositeur (CPC, art. 12, al. 4). Cette possibilité est subordonnée à leur accord exprès. En cette hypothèse, le juge statue en équité.

II Le principe du contradictoire

692 — Définition. Le principe de la contradiction est un principe directeur du procès suivant lequel, afin d'être jugée, toute partie doit avoir été entendue ou appelée et avoir été mise en mesure de débattre des moyens de droit ou de fait allégués contre elle.

693 — Principe fondamental. Le principe de la contradiction est un élément central du procès équitable. La CEDH l'a rappelé à de nombreuses reprises, « le droit à un procès équitable contradictoire implique par principe, pour une partie, la faculté de prendre connaissance des observations ou des pièces produites par l'autre, ainsi que de les discuter ».

CEDH, 24 févr. 1995, n° 16424/90, McMichael c/ Royaume-Uni, § 80.

694 — Droit de la défense. En droit interne, le principe de la contradiction est consacré aux articles 14 à 17 du CPC. Le principe de la contradiction est l'élément représentatif des droits de la défense. Le premier ne doit cependant pas pleinement s'assimiler avec les seconds. Les droits de la défense, en tant que garantie fondamentale du procès, incluent d'autres principes comme la motivation des décisions de justice ou la loyauté.

695 — Principe directeur. Principe fondamental du procès, le principe de la contradiction a une double valeur car il est également un principe technique. Le principe de la contradiction est consacré comme un principe directeur de la procédure civile. À ce titre, le principe de la contradiction s'impose à toutes les étapes procédurales, tant aux parties qu'au juge.

696 — Obligation première d'informer les parties de l'existence du procès. Suivant l'expression « *audiatur et altera pars* » (« entendre l'autre côté »), toute partie à la procédure a droit au respect de la contradiction. Pour cette raison, « Nulle partie ne peut être jugée sans avoir été entendue ou appelée » (CPC, art. 14).

697 — Respect du contradictoire lors de l'introduction de l'instance. Le principe de la contradiction s'impose dès l'introduction de l'instance. Afin d'assurer que toute personne soit au courant de l'existence d'un procès à son encontre, des règles strictes sont posées quant à la notification de l'acte introductif d'instance. Et afin que toute partie ait le temps de préparer sa défense, des délais de comparution sont posés.

698 — Obligation des parties de respecter le contradictoire lors de l'instance. Le respect de la contradiction s'impose entre les parties lors du déroulement de l'instance. Afin que chaque partie soit à même d'organiser sa défense, une communication réciproque des éléments de preuve ainsi que des moyens de fait et de droit est indispensable. Cette communication doit être faite en temps utile. Cette obligation est consacrée à l'article 15 du CPC.

699 — Principe de loyauté. En imposant aux parties de se faire connaître leurs différents éléments de défense, le principe du contradictoire sollicite de leur part un comportement intègre. Ce comportement exigé des parties se rattache au principe de loyauté qui, sans être consacré explicitement dans le CPC, transparaît de certaines de ses dispositions.

700 — Juge face au contradictoire. Le premier alinéa de l'article 16 du CPC impose, en toutes circonstances, au juge de « faire observer et observer lui-même le principe de la contradiction ». Conséquemment, le juge a une double obligation : l'une vis-à-vis des parties et l'autre par rapport à lui-même.

701 — Obligation du juge de faire respecter la contradiction. Le juge doit « faire observer » le principe du contradictoire. Cette mission du juge fait écho à l'article 15 suivant lequel les parties ont à leur charge une obligation réciproque de communication. Afin d'assurer la contradiction, le juge contrôle cet échange d'information.

702 — Pouvoir du juge pour faire respecter la contradiction. Afin de faire respecter le principe du contradictoire, le juge dispose de pouvoirs. Il peut ainsi, au besoin sous astreinte, prononcer des injonctions. Aussi, le comportement portant atteinte à la contradiction peut être sanctionné par le juge, par exemple en déclarant irrecevables des conclusions tardives.

703 — Obligation du juge de respecter la contradiction. Le juge doit faire respecter le principe du contradictoire et, aux termes de l'alinéa 1er de l'article 16 du CPC, doit également « en toutes circonstances [...] observer lui-même le principe de la contradiction ». Le principe du contradictoire s'impose donc également au juge, qui doit mettre à même les parties de débattre.

704 — Conséquences de l'obligation du juge de respecter la contradiction. Le juge ne peut retenir, dans sa décision, les moyens, les explications et les documents invoqués ou produits par les parties non débattus de manière contradictoire (CPC, art. 16, al. 2). Si le juge a relevé d'office des moyens de droit, il ne peut fonder sa décision sur lesdits moyens qu'après avoir invité les parties à présenter leurs observations (CPC, art. 16, al. 3).

SECTION 3 Le formalisme de l'instance

705 — Caractère formaliste de la procédure civile. Le procès est classiquement qualifié de « rite », car il est conduit suivant des actes ou des formalités devant être accomplis dans les délais de procédure. Ce caractère formaliste de la procédure civile participe à garantir une bonne justice en protégeant les parties de l'arbitraire du juge d'une part, et en prévenant l'expression de volontés individuelles d'autre part.

706 — Formalisme et procès équitable. Aussi fondamental que soit le formalisme pour la procédure civile, son non-respect ne doit pas conduire à des conséquences immodérées. L'essentiel n'est pas tant le formalisme en soi, que le formalisme comme composante du procès équitable. Pour cette raison, si les prescriptions formelles n'ont pas disparu, progressivement, leur portée a été largement atténuée.

707 — Acte de procédure. Les actes de procédure sont à distinguer des actes des juges. Les premiers émanent des auxiliaires de justice, voire des parties, alors que les seconds sont des actes de juridictions ou des mesures d'administration judiciaire. Les actes de procédure renferment un *negocium* et un *instrumentum*. En ce dernier sens, les actes de procédure sont soumis à un formalisme (I) et régis par des délais (II).

I La forme des actes

708 — Objectifs. La régularité des actes de procédure est subordonnée à des règles de rédaction afin de fournir aux parties les informations nécessaires à l'exercice de leurs droits (A). Pour garantir l'effectivité de cet objectif, ces actes doivent être notifiés, c'est-à-dire portés à la connaissance des individus (B). La forme des actes participant à garantir les droits de la défense, leur irrégularité est sanctionnée (C).

A Les règles de rédaction des actes

709 — Langue française. « La langue française est la langue de la République » (Const., art. 2). Il en résulte que tout acte de procédure doit être rédigé en langue française. Lorsque la traduction des actes est rendue nécessaire par la loi ou par un engagement international, les frais de traduction sont compris dans les dépens (CPC, art. 695, 2°).

710 — Mentions communes. La rédaction des actes de procédure obéit à un formalisme strict. Des mentions sont communes à tous les actes. Les actes doivent être datés. Aussi, la désignation des parties ainsi que celle du représentant *ad litem* rédacteur éventuel de l'acte doivent être mentionnées.

711 — Mentions spécifiques à certains actes. Outre ces règles communes, des mentions supplémentaires peuvent être exigées. Le formalisme varie en fonction de l'acte de procédure. À titre d'exemple, les mentions de tout acte d'huissier, dont l'importance est majeure en procédure, sont précisées à l'article 648 du CPC, auxquelles s'ajoutent les mentions de l'article 54 du même code pour les demandes initiales et celles prescrites pour chaque acte spécifique (par ex., pour l'assignation, CPC, art. 56).

712 — Obligation de réserve. Nonobstant le formalisme sus-énoncé, la rédaction est libre dans la limite du « respect dû à la justice » (CPC, art. 24, al. 1). Pour cette raison, en fonction de la gravité des manquements à cette obligation de réserve, le juge peut, même d'office, prononcer des injonctions, supprimer les écrits ou encore les déclarer calomnieux (CPC, art. 24, al. 2).

B Les règles de notification des actes

713 — Notion de notification. Le terme « notification » est un terme générique. Celui-ci désigne la formalité par laquelle un acte est porté à la connaissance des personnes intéressées par ledit acte.

714 — Pluralité des modes de notification. Plusieurs modes de notification sont prévus aux articles 651 et suivants du CPC. Il s'agit de la notification en la forme ordinaire (1), de la signification (2) et de la notification entre avocats (3). Aussi, la notification internationale fait l'objet de règles particulières. Avec le développement des nouvelles technologies, la communication par voie électronique prend une place de plus en plus prégnante en procédure civile (4).

1 La notification en la forme ordinaire

715 — Forme. La notification en la forme ordinaire consiste en la remise de l'acte sous enveloppe ou pli fermé au destinataire. La notification en la forme ordinaire est faite soit par la remise directe de l'acte au destinataire contre émargement ou récépissé, soit par remise par voie postale (CPC, art. 667, al. 1), généralement via une lettre recommandée avec demande d'avis de réception.

716 — Avantages. La notification en la forme ordinaire possède l'avantage d'être peu coûteuse, les frais d'envoi d'une lettre étant incontestablement moindres comparés à ceux dus en cas de signification. Aussi, ce mode de notification a le bénéfice de la simplicité.

717 — Inconvénients. Contrebalançant ces avantages, la notification en la forme ordinaire a l'inconvénient d'être peu sûre et, dès lors, de poser des difficultés. Ainsi, sur le plan probatoire, la charge de la preuve que l'enveloppe ne contenait pas la copie de l'acte notifié revient au destinataire.

Cass. 2e civ., 1er avr. 1981 : Gaz. Pal. 1982, jur., p. 480, note Viatte J.

718 — Recours à la notification. La notification en la forme ordinaire doit être expressément permise par la loi. Dans le silence des textes, la notification doit être faite par huissier de justice, il s'agit alors d'une signification. La notification peut également être faite par signification alors même que la notification en la forme ordinaire est prévue par un texte (CPP, art. 651, al. 3).

719 — Mentions. La notification doit contenir des mentions relatives à l'identification (nom et prénom ou dénomination ou raison sociale ; domicile ou siège social) de la personne dont elle émane et désigner son destinataire (CPC, art. 665). Aussi, en fonction de la nature de l'acte notifié, des mentions spécifiques sont exigées.

720 — Nécessité de déterminer la date de la notification. Dans la mesure où la notification a pour objet de porter à la connaissance de l'intéressé un acte, la date de la notification revêt une importance majeure pour l'exécution de l'acte et la computation des délais. À ce titre, les articles 668 et 669 du CPC précisent la date de la notification en distinguant l'hypothèse de la remise de l'acte contre récépissé ou émargement, de celle de la notification effectuée par voie postale.

721 — Date de la remise contre récépissé ou émargement. La première hypothèse concerne la remise de l'acte contre récépissé ou émargement. La solution retenue est simple : la date de la remise est celle du récépissé ou de l'émargement (CPC, art. 669).

722 — Date de la remise par voie postale. La seconde hypothèse concerne la notification effectuée par voie postale. La date de la notification est celle de l'expédition de la lettre pour celui qui y procède, c'est-à-dire la date figurant sur le cachet du bureau d'émission. En revanche, pour celui à qui est notifié l'acte, la date de notification est celle de la réception de la lettre, étant précisé qu'en cas de notification faite par lettre recommandée avec demande d'avis de réception, la date est celle apposée par l'administration des postes lors de la remise de la lettre à son destinataire.

Une réserve est émise à l'article 668 du CPC concernant la notification en Polynésie française, dans les îles Wallis et Futuna, en Nouvelle-Calédonie et dans les Terres australes et antarctiques françaises ainsi qu'à l'étranger. La date de notification « est, à l'égard de celui qui y procède, la date d'expédition de l'acte par l'huissier de justice ou le greffe ou, à défaut, la date de réception par le parquet compétent » (CPC, art. 647-1).

723 — Notification à personne, à domicile. Lorsque l'avis de réception est signé par son destinataire, la notification est réputée faite à personne ; s'il est signé par une personne munie d'un pouvoir à cet effet, la notification est réputée faite à domicile ou à résidence (CPC, art. 670). En cas de retour au greffe de la juridiction d'une lettre de notification dont l'avis de réception n'a pas été signé dans ces conditions, il convient de procéder par voie de signification (CPC, art. 670-1).

2 La signification

724 — Intérêts de la signification. La signification est un mode de notification singulier. Il s'agit d'une notification faite par acte d'huissier de justice (CPC, art. 651, al. 2). Parce que l'huissier de justice est un officier ministériel rédigeant des actes authentiques, la signification est considérée comme un mode de notification fiable. Aussi, le formalisme judiciaire régissant la signification rend cette notification particulièrement efficace.

725 — Recours à la signification. En raison des garanties qu'elle offre, la signification est le mode de notification de droit commun. La signification est applicable quand la loi ne prévoit pas expressément un mode de notification et, même lorsque la loi a prévu une autre forme de notification, il est possible de recourir à la signification (CPC, art. 651, al. 3).

726 — Encadrement. Le CPC dédie de nombreuses dispositions à la signification. Certaines dispositions sont générales (a), c'est-à-dire qu'elles renvoient aux actes d'huissiers de justice. D'autres dispositions sont spécifiques au droit de la signification et précisent les modalités de remise de l'acte (b).

a ▌Les dispositions générales relatives à la signification

727 — Compétence de l'huissier de justice. La compétence des huissiers de justice a été étendue par la loi du 6 août 2015 pour la croissance, l'activité et l'égalité des chances économiques. La signification peut être réalisée par tout huissier de justice ayant sa résidence professionnelle dans le ressort de la cour d'appel duquel la signification doit être effectuée.

À noter que l'ordonnance du 2 juin 2016 relative au statut de commissaire de justice crée la profession de commissaire de justice, qui est la résultante du rapprochement des huissiers de justice et des commissaires-priseurs judiciaires. Ladite ordonnance doit entrer en vigueur le 1er juillet 2022.

728 — Mentions obligatoires. En tant qu'acte d'huissier de justice, la signification doit comporter des mentions obligatoires qui ont pour objet d'informer le destinataire de l'acte. Ces mentions sont données à l'article 648 du CPC. Elles valent pour tous les actes d'huissier de justice indépendamment des mentions prescrites par ailleurs.

729 — Moment de la signification. En principe, la signification doit être effectuée un jour ouvrable, soit hors dimanche, jour férié ou chômé, entre 6 h et 21 h (CPC, art. 664). Toutefois, il est fait exception à ces principes en cas de nécessité et avec l'autorisation du juge.

730 — Date de la signification. S'il a pu être jugé que l'indication de l'heure de la signification n'est pas une mention obligatoire, en revanche la mention de la date est obligatoire (CPC, art. 648). Par principe, il s'agit du jour où la signification est faite à personne, à domicile, à résidence ou celle de l'établissement du procès-verbal (CPC, art. 664-1).

CA Douai, 30 avr. 1980 : D. 1980, p. 572.

b ▌Les modalités de remise de l'acte

731 — Annonce. La remise de l'acte par signification est strictement encadrée et hiérarchisée par le Code de procédure civile. En principe, la signification doit être faite à personne. Si la signification à personne est impossible, elle peut être faite à domicile ou, à défaut, par procès-verbal de recherches infructueuses.

α ▌Signification à personne

732 — Principe. En principe, la signification doit être faite à personne (CPC, art. 654). La signification doit être remise en main propre par l'huissier de justice au destinataire, à son domicile ou en tout autre lieu. Si le destinataire est une personne morale, la signification est à personne lorsque l'acte est remis par l'huissier de justice au représentant légal, ou à une personne habilitée à cet effet.

733 — Lieux de remise. L'article 689 du CPC précise que la signification à personne est valable quel que soit le lieu où elle est délivrée. En principe, la signification à personne est délivrée au domicile du destinataire de l'acte. Mais elle peut également l'être sur le lieu de travail.

734 — Tentative. L'huissier de justice doit accomplir toutes les diligences afin de parvenir à une signification à personne. Toutefois, en l'absence du destinataire, l'huissier n'a pas l'obligation de présenter à nouveau l'acte, soit au même lieu, soit en un autre lieu.

β ▪ Signification à domicile ou à résidence

735 — Mode de signification subsidiaire. Si la signification à personne s'avère impossible, l'acte peut être délivré à domicile ou, à défaut de domicile connu, à résidence (CPC, art. 655). Il s'agit d'un mode subsidiaire de signification. Pour cette raison, l'huissier doit relater précisément dans son acte les diligences accomplies pour parvenir à une signification à personne et les circonstances caractérisant son impossibilité (CPC, art. 655, al. 2).

736 — Remise à une personne présente au domicile. La signification à domicile ou à résidence s'entend de la remise de la copie de l'acte à toute personne présente au domicile ou à la résidence du destinataire (CPC, art. 655, al. 3). Il en résulte deux séries de conditions : la première concerne l'identification et l'acceptation de la personne à qui est remis l'acte, la seconde vise à avertir le destinataire de la remise de l'acte à un tiers.

737 — Conditions : identification et acceptation. La personne présente au domicile ne peut être contrainte de recevoir la copie de l'acte. Elle doit donc l'accepter et déclarer ses nom, prénoms et qualité (CPC, art. 655, al. 4). Il en résulte qu'en principe toute personne présente – mineure ou non, ayant ou non un lien de parenté avec le destinataire – peut recevoir copie de l'acte, à la condition d'avoir un discernement suffisant.

Cass. 2e civ., 21 juin 1995 : Bull. civ. II, n° 197.

738 — Conditions : information. Afin d'avertir le destinataire de la remise de la copie de l'acte à la personne présente au domicile, l'huissier doit laisser un avis de passage (CPC, art. 655, al. 4). Cet avis doit être daté et mentionner la nature de l'acte, le nom du requérant ainsi que les indications relatives à la personne à laquelle la copie a été remise.

739 — Refus ou absence au domicile. Si personne ne peut ou ne veut recevoir la copie de l'acte, l'huissier ramène l'acte en son étude. Un avis de passage est laissé. Celui-ci est daté, précise la nature de l'acte et mentionne que l'acte est à retirer à l'étude de l'huissier de justice (CPC, art. 656). En une telle hypothèse, la signification est faite à domicile.

La copie de l'acte doit être conservée par l'huissier en son étude pendant 3 mois. Durant ce délai, le destinataire de l'acte ou personne spécialement mandatée doit retirer la copie contre récépissé ou émargement (CPC, art. 656, al. 2). À la demande du destinataire, l'huissier peut transmettre la copie de l'acte à une autre étude où celui-ci pourra le retirer dans les mêmes conditions.

740 — Formalités. En tous les cas, l'huissier de justice doit aviser l'intéressé de la signification, le jour même ou au plus tard le premier jour ouvrable, par lettre simple (CPC, art. 658). Celle-ci comporte les mêmes mentions que l'avis de passage. Si la copie de l'acte a été déposée en son étude, la lettre précise également que la copie de l'acte peut être transmise à une autre étude afin d'être retirée. La lettre contient en outre une copie de l'acte de signification. Le cachet de l'huissier est apposé sur l'enveloppe.

γ Procès-verbal de recherches infructueuses

741 — Principe. *In fine,* si le destinataire n'a ni domicile, ni résidence, ni lieu de travail connus, un procès-verbal de recherche est établi par l'huissier. Celui-ci relate les diligences accomplies afin de rechercher le destinataire de l'acte. Ce mode de notification est connu sous le terme « PV 659 », car il est réglementé à l'article 659 du CPC.

742 — Formalité. La copie du procès-verbal, à laquelle est jointe une copie de l'acte objet de la signification, est envoyée à la dernière adresse connue du destinataire. Elle l'est par lettre recommandée avec demande d'avis de réception, le même jour que l'établissement du procès-verbal ou, au plus tard, le premier jour ouvrable suivant.

743 — Double envoi. Le jour même de l'envoi de la copie du procès-verbal, l'huissier de justice avise le destinataire, par lettre simple, de l'accomplissement de cette formalité. Non sans une certaine incongruité, le CPC impose un double envoi postal au destinataire de l'acte, alors même que son adresse est inconnue.

3 La notification entre avocats

744 — Modes de notification. La notification entre avocats se fait par signification ou par notification directe (CPC, art. 671). Ces deux modes de notification font l'objet de dispositions spécifiques dérogeant aux dispositions des articles 653 et suivants relatifs à la signification et aux dispositions de la notification en la forme ordinaire.

745 — Modalités : notification directe. La notification entre avocats peut s'effectuer de façon directe par la remise de l'acte à l'auxiliaire (CPC, art. 673). L'acte est remis en double exemplaire à celui-ci, qui restitue un exemplaire après l'avoir signé et daté.

746 — Modalités : signification. La notification par avocat peut également être faite par signification simplifiée (CPC, art. 672). L'huissier appose son cachet, ainsi que sa signature sur l'acte et sa copie avec indication de la date et du nom du destinataire.

747 — RPVA. Avec la mise en place du réseau privé virtuel des avocats (RPVA), les modalités de notification entre avocats sont simplifiées. La communication électronique concurrence, voire remplace, les modes de notifications sus-énoncés.

4 La communication par voie électronique

748 — Origine de la dématérialisation procédurale. En procédure civile, la communication par voie électronique est principalement régie par le titre XXI du CPC (CPC, art. 748-1 à 748-9), qui a été créé par le décret nº 2005-1678 du 28 décembre 2005 et complété par les décrets des 22 mai 2008, 9 décembre 2009, 11 mars 2015 et 3 mai 2019. La communication électronique est une dématérialisation du support papier servant les échanges procéduraux.

749 — Communication par voie électronique obligatoire ou facultative. En certains domaines, le recours à la communication par voie électronique est obligatoire ; elle s'est ainsi notamment imposée, depuis le 1er septembre 2019, successivement devant le tribunal de grande instance et le tribunal judiciaire lorsque la représentation est obligatoire. Dans d'autres domaines, la communication électronique est une alternative, la possibilité d'opter pour cette voie ou celle du papier étant offerte (par ex. dans la signification).

750 — Démarche d'équivalence. La communication par voie électronique repose sur une démarche d'équivalence (de Leiris E., « Communication électronique », Rép. pr. civ. Dalloz). Il s'agit d'une adaptation des « exigences formelles posées par le CPC pour les actes sur support papier aux actes sur support électronique ». Cette démarche tend cependant à être revue par le décret du 3 mai 2019, qui intègre la logique de la plateforme à la communication électronique.

Bléry C., Douville T. et Teboul J.-P., « Nouveau décret de procédure civile : quelques briques pour une juridiction plateforme », Dalloz actualité 24 mai 2019.

751 — Champ d'application général. Le champ d'application de la communication par voie électronique est précisé à l'article 748-1 du CPC. Cette disposition a une portée importante en raison des modes de transmission des actes – envois, remises et notifications – inclus dans son champ d'application, ainsi que des nombreux actes pouvant être transmis par tous les acteurs de la procédure par voie électronique.

752 — Dispositions générales complétées. Les dispositions des articles 748-1 et suivants du CPC fixent le cadre général de la communication électronique, dont la mise en œuvre effective est soumise à un arrêté technique (v. *supra*, n° 78). Ainsi, ces dispositions sont complétées par d'autres spécifiques à certaines juridictions, procédures ou actes. Initialement strictement circonscrite, la communication par voie électronique s'est progressivement étendue, voire imposée en procédure civile. Seul sera étudié le régime général des articles 748-1 et suivants.

753 — Consentement à l'utilisation. Afin d'utiliser la voie électronique, le destinataire doit y consentir expressément (CPC, art. 748-2). Une limite est posée : lorsque son usage est imposé, le consentement est écarté. Une atténuation est prévue : « l'adhésion par un auxiliaire de justice, assistant ou représentant une partie, à un réseau de communication électronique » vaut consentement.

Cass., avis, 9 sept. 2013, n° 13-70005, consacré par CPC, art. 748-2.

754 — Dysfonctionnement de la communication électronique. Lorsqu'un acte ne peut être transmis par voie électronique, la transmission par voie papier reprend son empire et le délai pour accomplir l'acte est prorogé jusqu'au premier jour ouvrable suivant (CPC, art. 748-7). Ce dispositif est subordonné à une condition : l'acte ne doit pas pouvoir être transmis en raison d'une cause étrangère à celui qui l'accomplit, c'est-à-dire un dysfonctionnement technique et non une négligence de l'auteur de l'acte.

755 — Avis de réception. Lorsqu'ils sont accomplis par la voie électronique, les envois, remises et notifications font l'objet d'un avis électronique de réception adressé par le destinataire (CPC, art. 748-3, al. 1) qui indique la date et, le cas échéant, l'heure de celle-ci. Appliquant la démarche par équivalence, l'alinéa 3 de l'article 748-3 du CPC précise que l'avis électronique de réception tient « lieu de visa, cachet et signature ou autre mention de réception qui sont apposés sur l'acte ou sa copie lorsque ces formalités sont prévues par le présent Code ».

756 — Avis de mise à disposition. Le décret du 3 mai 2019 pose une spécificité à la règle sus-énoncée concernant les personnes morales privées ou publiques visées à l'article 692-1 du CPC. Les envois, remises et notifications, qui se font par l'intermédiaire d'une plateforme d'échanges dématérialisés entre le greffe et ces personnes, font l'objet d'un avis électronique de mise à disposition (CPC, art. 748-3, al. 2). L'avis électronique de mise à disposition est adressé au destinataire à l'adresse choisie par lui.

La notion de plateforme envisagée par l'article 748-3 dans sa rédaction issue du décret du 3 mai 2019 doit être mise en parallèle avec l'arrêté du 28 mai 2019 autorisant la mise en œuvre d'un traitement automatisé de données à caractère personnel dénommé « Portail du justiciable », et surtout celui du 6 mai 2019 relatif aux caractéristiques techniques de la communication électronique des avis, convocations ou récépissés via le « Portail du justiciable ».

757 — Identification valant signature. Initialement admis pour le ministère public et les auxiliaires de justice, le décret précise que l'identification réalisée lors de la transmission par voie électronique vaut signature pour les actes que les parties, le ministère public ou les auxiliaires de justice assistant ou représentant les parties notifient ou remettent (CPC, art. 748-6, al. 2).

758 — Portail du justiciable : avis, convocation ou récépissé. Intégrant l'idée de plateforme, l'article 748-8 du CPC, dans sa rédaction issue du décret du 3 mai 2019, déroge aux dispositions générales. Cette disposition concerne les avis, convocation ou récépissé adressés par le greffe à une partie par tous moyens, par lettre simple ou par lettre recommandée sans avis de réception. En ce cas, il peut lui être envoyé par voie électronique sur le « Portail du justiciable » du ministère de la Justice, application fondée sur une communication par voie électronique des informations relatives à l'état d'avancement des procédures civiles utilisant le réseau Internet (A., 6 mai 2019, art. 1er), à la condition que la partie y ait préalablement consenti.

La déclaration par laquelle une partie consent à l'utilisation de la voie électronique mentionne son adresse électronique et son numéro de téléphone portable. La partie est alertée de toute nouvelle communication par un avis de mise à disposition envoyé à l'adresse électronique indiquée par elle qui indique la date et, le cas échéant, l'heure de celle-ci.

759 — Portail du justiciable : accès et identification. Conformément à l'arrêté du 6 mai 2019, le système de communication électronique mis à disposition des agents du ministère de la Justice chargés du traitement et de l'exploitation des informations recueillies ou expédiées par la voie électronique depuis les applications civiles vers le « Portail du justiciable » est un système d'information fondé sur les procédés techniques d'envoi automatisé de données et d'éditions (A., 6 mai 2019, art. 2). L'accès des justiciables au système se fait via le site sécurisé www.monespace.justice.fr (A., 6 mai 2019, art. 4).

760 — Portail du justiciable : consentement. Afin que le justiciable puisse consulter son dossier sur le site sécurisé précité, il doit au préalable consentir à la communication électronique (A., 6 mai 2019, art. 5). Il le peut à tout moment de la procédure par écrit via le formulaire CERFA dédié ou par déclaration formulée par procès-verbal de greffe ou d'un agent assermenté (A., 6 mai 2019, art. 6). Le consentement donné est irrévocable.

761 — Portail du justiciable : requête. Le Portail du justiciable permet au justiciable d'adresser une requête à une juridiction. La réception de la requête génère automatiquement un avis électronique de réception à destination du justiciable. Cet avis contient la date et le numéro de la saisine ainsi que la juridiction saisie. Il tient lieu de visa par le greffe au sens de l'article 769 du CPC (A., 6 mai 2019, art. 1er, mod. par A., 18 févr. 2020).

762 — Personnes visées à l'article 692-1 du CPC : avis, convocation ou récépissé. Lorsqu'un avis, une convocation ou un récépissé est adressé par le greffe à une personne mentionnée à l'article 692-1 du CPC, par tous moyens, par lettre simple, par lettre recommandée sans avis de réception, il peut lui être envoyé par courrier électronique. La personne doit y avoir préalablement consenti et l'envoi doit être effectué dans des conditions assurant la confidentialité des informations transmises. La date de la convocation est, à l'égard du destinataire, celle du premier jour ouvré suivant son envoi.

C La sanction de l'irrégularité des actes

763 — Annonce. Une irrégularité dans la rédaction d'un acte de procédure ou dans la notification de l'acte peut entraîner le prononcé d'une nullité. Les effets de la nullité étant importants (2), une distinction est faite entre les vices de fond et de forme (1).

1 La nullité des actes

764 — Régimes. Les vices de fond et les vices de forme n'affectent pas de la même manière la procédure. Pour cette raison, ces vices obéissent à un régime différent. Cette différence de régime s'explique aussi en raison des effets importants qu'emporte le prononcé de la nullité.

765 — Nullité de fond. Les irrégularités de fond sont des vices particulièrement graves, énumérés de manière limitative à l'article 117 du CPC. Pour cette raison, ces irrégularités peuvent être soulevées en tout état de cause. À condition que cela soit possible, l'acte peut être régularisé avant que le juge statue (pour un développement du régime de la nullité de fond, v. *supra*, n° 401).

766 — Nullité de forme. La nullité de fond est à distinguer de la nullité pour vice de forme, qui doit être expressément prévue par la loi. Ce principe est énoncé à l'article 114 du CPC. Ce même article ajoute un tempérament : en cas d'inobservation d'une formalité substantielle ou d'ordre public, le juge peut sanctionner l'acte par la nullité même si aucun texte ne le prévoit.

767 — Nullité de forme : grief. Afin que la nullité pour vice de forme soit prononcée, celui qui l'invoque doit prouver que l'irrégularité lui a causé un grief. En d'autres termes, l'irrégularité doit avoir causé un préjudice. Elle doit avoir empêché la partie d'assurer convenablement sa défense.

768 — Nullité de forme : temporalité. La nullité pour vice de forme doit être invoquée au fur et à mesure de l'accomplissement des actes irréguliers (CPC, art. 112). Elle doit être présentée avant les défenses au fond et les fins de non-recevoir, c'est-à-dire *in limine litis*. À défaut, la nullité est couverte. En outre, tous les moyens de nullité doivent être invoqués simultanément à peine d'irrecevabilité (CPC, art. 113).

769 — Nullité de forme : régularisation. La nullité pour vice de fond est couverte par la régularisation ultérieure de l'acte. Elle l'est à une double condition :
- d'une part, aucune forclusion ne doit être intervenue ;
- d'autre part, la régularisation ne doit laisser subsister aucun grief.

2 Les effets de la nullité

770 — Anéantissement. La nullité entraîne les mêmes effets, que le vice sanctionné soit de fond ou de forme. La nullité a pour effet d'anéantir rétroactivement l'acte vicié. Il en résulte que tous les actes subséquents sont privés d'effets. La procédure est donc reprise à partir du dernier acte valable. Une précision doit être faite concernant la demande en justice, qui interrompt le délai de prescription ainsi que le délai de forclusion même lorsque l'acte de saisine de la juridiction est annulé par l'effet d'un vice de procédure (C. civ., art. 2241).

771 — Sanction du rédacteur. La nullité peut aussi avoir pour conséquence de sanctionner le rédacteur de l'acte nul. Si la nullité est due à la faute d'un auxiliaire de justice, ce dernier est tenu des dépens. En outre, si sa responsabilité professionnelle est engagée, il peut être condamné à des dommages et intérêts.

II La computation des délais

772 — L'importance de la gestion temporelle. La gestion du temps est impérative afin de garantir le principe du contradictoire et de respecter le délai raisonnable. Pour cette raison, la temporalité du procès est encadrée par des délais.

773 — Les délais judiciaires et légaux. Les délais judiciaires, qui concernent l'instruction de l'affaire, peuvent être modulés par le juge en fonction de la nature de l'affaire (v. CPC, art. 764, al. 1 et 2). Les délais légaux ont une durée fixée par la loi qui réglemente également leur méthode de computation (A), leur prorogation (B) et enfin leur sanction en cas de non-respect (C).

A La méthode de computation des délais

774 — La délimitation des règles de computation. Les articles 640 à 642-1 du CPC réglementent la computation des délais relatifs aux actes de procédure. Ces dispositions ne sont donc pas applicables à la prescription. Aussi, l'article 642 du CPC n'est pas applicable aux délais d'attente qui, imposant un délai *minimum* avant l'accomplissement d'un acte, se comptent à rebours à partir d'un événement futur.

> Les délais d'action sont distingués des délais d'attente : les premiers posent un délai maximum pour accomplir l'acte de procédure et les seconds un délai minimum avant l'accomplissement de l'acte. Les délais d'attente garantissent le respect des droits de la défense.

775 — *Dies a quo*. Le point de départ du délai est fixé selon l'acte considéré, l'événement, la décision ou la notification qui le fait courir (CPC, art. 640). Toutefois, une exception est à noter concernant les délais exprimés en jours. Dans ce cas, le *dies a quo* (« jour à partir duquel ») n'est pas compris dans le délai (CPC, art. 641, al. 1). Le point de départ est reporté à 0 heure à la fin du jour de l'acte, de l'événement, de la décision ou de la notification.

776 — Décompte des délais exprimés en jours. Le jour de l'acte, de l'événement, de la décision ou de la notification faisant courir le délai ne compte pas lorsque celui-ci est exprimé en jours (CPC, art. 641, al. 1). Les samedis, dimanches, jours fériés et chômés sont comptabilisés dans le décompte des délais exprimés en jours. Sauf s'il s'agit du dernier jour du délai, ces jours sont assimilés à des jours ouvrables dans le décompte du délai.

La notion de jour chômé n'est pas sans poser de difficultés. Il s'agit des jours non travaillés. Légalement, le 1er mai est le seul jour chômé et férié. Les jours fériés sont des jours de fêtes légales mentionnés à l'article L. 3133-1 du Code du travail.

777 — Décompte des délais exprimés en mois et en années, en mois et en jours. Lorsqu'un délai est exprimé en mois ou en années, il expire le jour du dernier mois ou de la dernière année qui porte le même quantième que le jour de l'acte, de l'événement, de la décision ou de la notification qui fait courir le délai. Lorsqu'un délai est exprimé en mois et en jours, les mois sont d'abord décomptés, puis les jours (CPC, art. 641).

778 — *Dies a quem*. Le délai expire le dernier jour à 24 heures (CPC, art. 642). Toutefois, si le délai expire un samedi, un dimanche ou un jour férié ou chômé, il est prorogé jusqu'au premier jour ouvrable suivant. Lorsqu'un délai est exprimé en mois ou en années, à défaut d'un quantième identique, le délai expire le dernier jour du mois.

B La prorogation

779 — Principe. Les règles de computation des délais ont une importance majeure, car les délais de procédure sont en principe intangibles. Par exception, en certaines circonstances particulières tenant à la configuration procédurale ou aux droits de la défense, les délais sont susceptibles d'être modifiés.

Il est à noter que l'épidémie de Covid-19 a eu un impact sur les délais ; v. les ordonnances du 25 mars 2020 nº 2020-304 portant adaptation des règles applicables aux juridictions de l'ordre judiciaire statuant en matière non pénale et nº 2020-306 relative à la prorogation des délais échus pendant la période d'urgence sanitaire et à l'adaptation des procédures pendant cette même période.

780 — Prorogation du fait de la distance. Conformément aux articles 643 et 644 du CPC, les délais de comparution, d'appel, d'opposition, de tierce opposition (dans l'hypothèse prévue à l'article 586, alinéa 3 du CPC), de recours en révision et de pourvoi en cassation sont augmentés en raison de la distance.

781 — Prorogation du fait de la distance : délais. Lorsque la demande est portée devant une juridiction qui a son siège en France métropolitaine, le délai est augmenté d'un mois pour les personnes demeurant dans un département ou territoire d'outre-mer et de 2 mois pour ceux à l'étranger. Les délais sont augmentés d'un mois pour les personnes qui ne demeurent pas dans la collectivité territoriale dans le ressort de laquelle la juridiction a son siège et de 2 mois pour les personnes qui demeurent à l'étranger.

782 — Délais de comparution. Si les délais de comparution sont en certaines circonstances augmentés, le juge a le pouvoir, en cas d'urgence, d'abréger les délais de comparution ou de permettre de citer à jour fixe (CPC, art. 646).

783 — Prorogation en cas de communication électronique. Lorsqu'un acte ne peut être transmis par voie électronique, la transmission par voie papier reprend son empire et le délai pour accomplir l'acte est prorogé jusqu'au premier jour ouvrable suivant (CPC, art. 748-7).

C | Les sanctions

784 — Forclusion. En principe, le non-respect des délais d'action est sanctionné par la forclusion ou la déchéance. La conséquence attachée est importante : il est impossible de réaliser l'acte hors délai, à peine d'irrecevabilité. En certains cas, le juge doit relever d'office la fin de non-recevoir tirée de l'inobservation des délais.

785 — Pluralité de sanctions. La méconnaissance des délais de procédure fait l'objet d'autres sanctions qui varient en fonction de la finalité du délai. À titre d'exemple, le défaut d'enrôlement devant le tribunal judiciaire est sanctionné par la caducité de la citation. L'inobservation du délai relatif à la notification des conclusions de l'intimé est sanctionnée par leur irrecevabilité.

SECTION 4 L'amiable au cœur de l'instance : la conciliation et la médiation judiciaires

786 — Dispositions. Le livre Ier du CPC relatif aux dispositions communes à toutes les juridictions comprend un titre VI dédié à la conciliation et la médiation. Conformément à l'article 127 ouvrant ce titre VI, « S'il n'est pas justifié, lors de l'introduction de l'instance [...], des diligences entreprises en vue de parvenir à une résolution amiable de leur litige, le juge peut proposer aux parties une mesure de conciliation ou de médiation ».

787 — Annonce. La médiation et la conciliation, qui représentent une alternative à l'action (v. chap. 2), s'intègrent également à l'instance. Certes, en cas de réussite, l'instance prendra fin autrement que par un jugement.

Mais la démarche est différente, la conciliation (I) et la médiation (II) des articles 127 du CPC étant judiciaires.

I La conciliation judiciaire

788 — Coexistences de dispositions. La conciliation judiciaire obéit à un régime général prévu aux articles 128 et suivants du CPC. En outre, des règles spécifiques sont posées afin d'intégrer le processus de conciliation devant certaines juridictions (tribunal judiciaire pour la procédure orale, v. *infra*, n° 984 ; conseil des prud'hommes, v. *infra*, n° 1069).

789 — Dualité de la conciliation judiciaire. Au titre des dispositions générales relatives à la conciliation judiciaire, l'article 128 du CPC dispose que « les parties peuvent se concilier, d'elles-mêmes ou à l'initiative du juge, tout au long de l'instance ». La conciliation judiciaire, outre les règles spécifiques à certaines procédures qui seront étudiées plus loin dans cet ouvrage, impose de distinguer la conciliation menée par le juge (A) de celle déléguée à un conciliateur de justice (B).

A Conciliation menée par le juge

790 — Mission du juge de concilier. Les dispositions du livre Ier du CPC, sous réserve de dispositions spéciales, s'appliquent devant toutes les juridictions de l'ordre judiciaire statuant en matière civile, commerciale, sociale, rurale ou prud'homale (CPC, art. 749). Il en résulte que la « mission du juge de concilier les parties » (CPC, art. 21) intéresse l'ensemble de ces juridictions.

791 — Processus de conciliation. Tout au long de l'instance, le juge peut tenter une conciliation (CPC, art. 128). Cependant, aucune disposition légale n'en définit les modalités, qui doivent donc être fixées par le juge. En revanche, le chapitre dédié à la conciliation judiciaire traite, concernant la conciliation menée par le juge, de l'acte de conciliation.

792 — Procès-verbal de conciliation. En cas d'accord, même partiel, de la conciliation menée par le juge, sa teneur est consignée dans un procès-verbal signé par les parties et le juge (CPC, art. 130). Des extraits du procès-verbal dressé par le juge peuvent être délivrés ; ils valent titre exécutoire (CPC, art. 131).

B Conciliation déléguée à un conciliateur de justice

793 — Délégation de la mission de conciliation. Conformément à l'article 129-2 du CPC, « le juge, en vertu d'une disposition particulière, délègue sa mission de conciliation ». Deux précisions s'imposent :
- d'une part, le juge a le choix de procéder lui-même à la conciliation ou de la déléguer à un conciliateur de justice ;
- d'autre part, hors « dispositions particulières », la délégation n'est pas envisagée, les dispositions générales des articles 128 et suivants du CPC se combinant avec les dispositions spéciales à certaines juridictions.

794 — Absence d'opposition à la délégation. Antérieurement au décret du 11 mars 2015, les parties pouvaient s'opposer à ce que la conciliation soit déléguée à un conciliateur de justice. Désormais, les parties ne peuvent plus imposer au juge de procéder lui-même à la conciliation.

795 — Mission. Lorsque le juge désigne un conciliateur de justice, il doit fixer la durée de sa mission (3 mois maximum, renouvelable une fois sur demande du conciliateur) et indiquer la date à laquelle l'affaire sera rappelée (CPC, art. 129-2). Les décisions prises par le juge dans le cadre de la délégation de la mission de conciliation sont des mesures d'administration judiciaire (CPC, art. 129-6).

796 — Déroulement de la conciliation. Afin d'exercer sa mission, le conciliateur convoque en tant que de besoin les parties aux lieu, jour et heure qu'il détermine (CPC, art. 129-3). Celles-ci peuvent être assistées par une personne ayant qualité pour le faire devant la juridiction ayant délégué la conciliation. Le conciliateur peut également se rendre sur les lieux et entendre toute personne dont l'audition lui paraît utile, sous réserve de l'acceptation de celle-ci (CPC, art. 129-4). Le conciliateur de justice tient le juge informé des difficultés qu'il rencontre dans l'accomplissement de sa mission (CPC, art. 129-5).

797 — Confidentialité. En vertu des obligations déontologiques du conciliateur, ce dernier est tenu à une obligation de confidentialité. Les constatations du conciliateur et les déclarations qu'il recueille ne peuvent être ni produites ni invoquées dans la suite de la procédure sans l'accord des parties ni, en tout état de cause, dans une autre instance (CPC, art. 129-4).

798 — Pluralité d'issues. Les issues de la tentative de conciliation déléguée à un conciliateur de justice sont plurales. La conciliation peut être une réussite totale ou partielle. *A contrario,* la conciliation peut échouer.

En tout cas, le conciliateur de justice tient le juge informé de la réussite ou de l'échec de la conciliation (CPC, art. 129-5, al. 1).

799 — Réussite de la conciliation menée par le conciliateur. En cas d'accord, même partiel, de la conciliation menée par le conciliateur, sa teneur est consignée dans un constat signé par les parties et le conciliateur de justice (CPC, art. 130). Le constat d'accord établi par le conciliateur de justice peut être soumis à l'homologation du juge qui statue sur la requête (CPC, art. 131, al. 2). L'homologation relève de la matière gracieuse (CPC, art. 131).

800 — Échec de la tentative de conciliation. L'échec de la tentative de conciliation peut résulter de différentes causes. La première est le défaut d'accord des parties à l'expiration de la mission. Aussi, si le bon déroulement de la procédure paraît compromis, le juge peut y mettre fin d'office à tout moment ; il le peut également à la demande d'une partie ou à l'initiative du conciliateur (CPC, art. 129-5, al. 2).

II La médiation judiciaire

801 — Définition. Régie par la loi du 8 février 1995 et les articles 131-1 et suivants du CPC, la médiation judiciaire est un « processus structuré [...] par lequel deux ou plusieurs parties tentent de parvenir à un accord en vue de la résolution amiable de leurs différends, avec l'aide d'un tiers, le médiateur, choisi par elles ou désigné, avec leur accord, par le juge saisi du litige » (L., 8 févr. 1995, art. 22).

802 — Désignation du médiateur. Dès lors qu'il est saisi d'un litige, le juge a le pouvoir de désigner un médiateur, après avoir recueilli l'accord des parties (CPC, art. 131-1). Tous les juges et l'ensemble des juridictions sont concernés. Cette désignation est possible en tout état de la procédure, y compris en référé.

803 — Faculté de solliciter un médiateur. La loi *PRJ*, en son article 3, I, modifiant l'article 22-1 de la loi du 8 février 1995, a élargi la faculté du juge de solliciter une médiation. Entrées en vigueur le 25 mars 2019, ces dispositions permettent au juge, s'il n'a pas recueilli l'accord des parties, de leur enjoindre de rencontrer un médiateur qu'il désigne, en tout état de la procédure, y compris en référé. Le juge doit estimer qu'une résolution amiable est possible, mais il n'est plus limité aux cas prévus par la loi.

804 — Objet. La médiation a pour objet de tenter de trouver une solution au conflit opposant les parties par l'intervention d'une tierce personne : le médiateur (CPC, art. 131-1). La médiation porte sur tout ou partie du litige, mais son domaine est limité aux droits disponibles. Elle ne dessaisit pas le juge (CPC, art. 131-2).

805 — Médiateur : personne physique ou morale. La médiation peut être confiée à une personne physique ou à une personne morale (CPC, art. 131-4). En ce dernier cas, le représentant légal de la personne morale soumet l'agrément du juge le nom de la ou des personnes physiques qui assureront, au sein de celle-ci et en son nom, l'exécution de la mesure.

806 — Médiateur : qualités. La personne physique qui assure l'exécution de la mission de médiation doit satisfaire aux conditions de l'article 131-5 du CPC. Ces conditions sont relatives aux qualités du médiateur. Ce dernier doit présenter des garanties d'indépendance, d'impartialité, de compétence et de probité.

807 — Médiateur : listes. La loi *J21* a prévu l'établissement, pour l'information des juges, d'une liste des médiateurs (comportant une rubrique spéciale pour les médiateurs familiaux) dressée par chaque cour d'appel. Le décret du 9 octobre 2017 a fixé les conditions de recevabilité des candidatures. La liste est dressée pour une période de 3 ans (D. nº 2017-1457, 9 oct. 2017, art. 1er et 7). Néanmoins, elle peut être modifiée à tout moment, si nécessaire, par ajout, retrait ou radiation.

808 — Décision ordonnant la médiation. La médiation est ordonnée par une décision qui doit comporter l'accord des parties. Cet accord doit être recueilli par le juge (CPC, art. 131-1), désigner le médiateur et préciser la durée initiale de sa mission, qui ne peut excéder 3 mois (CPC, art. 131-3, renouvelable une fois, pour une même durée, à la demande du médiateur) et enfin indiquer la date à laquelle l'affaire sera rappelée à l'audience (CPC, art. 131-6). La décision ordonnant ou renouvelant la médiation n'est pas susceptible d'appel (CPC, art. 131-15).

809 — Fixation de la provision. La décision qui ordonne la médiation doit également fixer le montant de la provision à valoir sur la rémunération du médiateur, celui-ci n'étant pas un bénévole (CPC, art. 131-6). À l'expiration de sa mission, le juge fixe la rémunération du médiateur et, s'il y a lieu, ordonne le versement de sommes complémentaires (CPC, art. 131-13). Aussi, la décision désigne la ou les parties qui consigneront la provision dans le délai imparti.

810 — Acceptation de la mission par le médiateur. Dès le prononcé de la décision désignant le médiateur, une copie est notifiée par lettre simple aux parties et au médiateur par le greffe de la juridiction. Le médiateur fait connaître sans délai au juge son acceptation (CPC, art. 131-7).

811 — Consignation de la provision. La consignation de la provision dans le délai prescrit a un impact sur le déroulement de la médiation. Dès lors que le médiateur est informé par le greffe de la consignation, il doit convoquer les parties (CPC, art. 131-7). En revanche, à défaut de consignation, la décision est caduque et l'instance se poursuit (CPC, art. 131-6, *in fine*).

812 — Déroulement de la médiation. Au cours de la mission de médiation, le médiateur entend les parties et confronte leurs points de vue (CPC, art. 131-1). Toutefois, à l'exception de l'audition des tiers, qui nécessite l'accord des parties et le consentement des tiers, le médiateur ne dispose pas de pouvoirs d'instruction (CPC, art. 131-8). Le médiateur tient le juge informé des difficultés rencontrées dans l'accomplissement de sa mission (CPC, art. 131-9).

813 — Confidentialité. Les constatations du médiateur et les déclarations qu'il recueille ne peuvent être ni produites ni invoquées dans la suite de la procédure sans l'accord des parties, ni en tout état de cause dans le cadre d'une autre instance (CPC, art. 131-14). L'article 23-1 de la loi du 8 février 1995 pose un principe de confidentialité auquel est soumise la médiation.

814 — Exceptions. Conformément à l'article 23-1 de la loi du 8 février 1995, il est fait exception au principe de confidentialité « en présence de raisons impérieuses d'ordre public ou de motifs liés à la protection de l'intérêt supérieur de l'enfant ou à l'intégrité physique ou psychologique de la personne », ou encore « lorsque la révélation de l'existence ou la divulgation du contenu de l'accord issu de la médiation est nécessaire pour sa mise en œuvre ou son exécution ».

815 — Issues de la médiation. L'objet de la médiation est de tenter de parvenir à un accord en vue de la résolution amiable du différend existant entre les parties. Dès lors, plusieurs issues sont envisageables. La médiation peut prendre fin par l'expiration du délai de la mission. Le juge peut également y mettre un terme. Enfin, la médiation peut prendre fin en raison de l'accord des parties.

816 — Fin de la mission. Le juge peut mettre fin à la médiation, à tout moment, sur demande d'une partie ou à l'initiative du médiateur, et d'office lorsque le bon déroulement de la médiation apparaît compromis. Au préalable, l'affaire doit être rappelée à une audience à laquelle les parties sont convoquées (CPC, art. 131-10, al. 3). À cette audience, le juge peut poursuivre l'instance. La décision mettant fin à la médiation n'est pas susceptible d'appel (CPC, art. 131-15).

817 — Expiration du délai de la mission. À l'expiration de sa mission, le médiateur informe par écrit le juge de ce que les parties sont ou non parvenues à trouver une solution au conflit qui les oppose. Le jour fixé, l'affaire revient devant le juge (CPC, art. 131-11).

818 — Constat d'accord. En cas d'accord, un constat d'accord est établi par le médiateur de justice. Celui-ci peut, à tout moment, être soumis à l'homologation du juge par les parties ou la plus diligente d'entre elles. Le juge statue sur la requête qui lui est présentée sans débat, à moins qu'il n'estime nécessaire d'entendre les parties à l'audience. L'homologation relève de la matière gracieuse (CPC, art. 131-12).

CHAPITRE 2

La procédure ordinaire

819 — Diversité des procédures. En fonction de la juridiction saisie, la procédure varie. Le deuxième livre du CPC est consacré aux dispositions particulières à chaque juridiction. Devant chaque juridiction existe une procédure ordinaire contentieuse.

820 — Distinction écrit-oral. Antérieurement à la réforme de 2019, il était traditionnel de distinguer la procédure ordinaire devant le TGI des procédures devant les juridictions d'exception, la première étant par principe écrite et les autres orales. Désormais, la distinction des procédures n'est plus aussi nette : devant les juridictions d'exception, la procédure demeure orale, et devant le tribunal judiciaire coexistent une procédure ordinaire écrite et une orale.

821 — Annonce. Sont successivement abordées les procédures ordinaires devant le tribunal judiciaire (section 1), puis celles devant les juridictions d'exception que sont le tribunal de commerce (section 2) et le conseil des prud'hommes (section 3).

SECTION 1 La procédure devant le tribunal judiciaire

822 — Dispositions. Tirant les conséquences procédurales de la nouvelle organisation juridictionnelle créant le tribunal judiciaire, le titre Ier du livre II du CPC est consacré aux « Dispositions particulières au tribunal judiciaire ». Ce titre se compose des articles 750 à 849-21 du CPC.

823 — Pluralité de procédure. La procédure devant le tribunal judiciaire n'est pas unique, mais plurale. Devant le tribunal judiciaire coexistent plusieurs procédures. Ainsi, la procédure en matière contentieuse doit être distinguée de celle en matière gracieuse (v. *infra*, nº 1154). Ces procédures devant le tribunal doivent être différenciées des pouvoirs du président, qui peut rendre des ordonnances de référé et sur requête (v. *infra*, n° 1171).

824 — Procédure en matière contentieuse. Concernant la procédure en matière contentieuse, une distinction est faite entre la procédure ordinaire (se divisant entre la procédure ordinaire écrite et celle orale), ainsi que, comme les qualifie le CPC, les autres procédures (la procédure à jour fixe, les ordonnances sur requête, la procédure sur décision de renvoi de la juridiction pénale et l'action de groupe) et la procédure sans audience, cette dernière étant toutefois plus une adaptation des procédures ordinaires écrite et orale qu'une procédure à part entière.

825 — Procédures de principe et ordinaires. Devant le tribunal judiciaire, les parties sont, en principe, tenues de constituer avocat (CPC, art. 760). Sauf dispositions contraires, la procédure devant le tribunal judiciaire est écrite (CPC, art. 775). La procédure de principe est la procédure ordinaire écrite. Cependant, ces principes sont assortis d'exceptions. Ainsi, hormis les procédures spéciales, il existe également une procédure ordinaire orale.

826 — Annonce. Concernant la procédure devant le tribunal judiciaire, des dispositions sont communes aux procédures devant le TJ (I), d'autres sont spécifiques aux procédures ordinaires écrite (II) et orale (III), ainsi qu'à la procédure sans audience (IV).

La procédure sans audience n'est pas à proprement parler une procédure à part entière. Il s'agit d'une adaptation des procédures ordinaires écrite et orale. Ainsi, les dispositions de la procédure sans audience sont abordées lors de l'étude des procédures ordinaires. Mais en raison de l'importance, à notre sens, des dispositions relatives à la procédure sans audience, un paragraphe leur est dédié.

I Les dispositions communes aux procédures devant le tribunal judiciaire

827 — Dispositions communes. Concernant la procédure devant le tribunal judiciaire, des dispositions sont communes à l'ensemble des procédures, c'est-à-dire tant la procédure écrite que la procédure orale. Outre le greffe, ces dispositions concernent l'introduction de l'instance (A), ainsi que la constitution d'avocat et les conclusions (B).

A L'introduction de l'instance devant le tribunal judiciaire

828 — Annonce. Conséquence de l'unification des modes de saisine, la demande en justice devant le tribunal judiciaire s'articule autour de l'assignation (2) et de la requête (3). À ces dispositions relatives à la demande initiale s'ajoutent les dispositions relatives aux préalables amiables légaux devant le tribunal judiciaire (1).

1 La tentative de résolution amiable préalable à la saisine du tribunal judiciaire

829 — Disposition. Sauf dérogation, une tentative de résolution à l'amiable du litige par le biais d'une conciliation, d'une médiation ou d'une convention de procédure participative s'impose, à peine d'irrecevabilité, préalablement à la saisine du tribunal judiciaire dans les cas visés à l'article 750-1 du CPC. Il s'agit d'une disposition commune à la procédure devant le tribunal judiciaire ; elle est toutefois circonscrite à deux cas.

> Les préalables amiables devant le tribunal judiciaire ont précédemment été développés, v. *supra*, nº 170. Seul un rappel est ici donné.

830 — Champ d'application. Devant le tribunal judiciaire, sauf dérogations, en fonction du montant de la demande – demande tendant au paiement d'une somme n'excédant pas 5 000 euros – ou de la nature de l'action – conflit de voisinage –, la demande en justice doit être précédée d'une tentative de résolution amiable du litige. Au choix des parties peuvent être tentées une conciliation menée par un conciliateur de justice, une médiation ou une procédure participative.

831 — Mentions. L'exigence d'un préalable amiable doit être mise en parallèle des dispositions de l'article 54, 5° du CPC relatives aux mentions des demandes initiales. Les mentions relatives aux diligences entreprises en vue d'une résolution amiable du litige ou la justification de la dispense d'une telle tentative sont prévues, à peine de nullité, lorsque la demande « doit être précédée d'une tentative de conciliation, de médiation ou de procédure participative », c'est-à-dire dans les cas visés à l'article 750-1 du CPC.

2 L'assignation devant le tribunal judiciaire

832 — Principe. Par principe, la demande en justice devant le tribunal judiciaire est formée par assignation (CPC, art. 750). Une section du CPC comprenant les articles 751 à 755 est consacrée – au titre des dispositions communes – à l'introduction de l'instance par assignation devant le tribunal judiciaire. Ces dispositions sont relatives aux mentions de l'assignation (a) et à la saisine de la juridiction (b).

833 — Assignation à date. Devant le tribunal judiciaire, l'assignation « à date » est généralisée. Aux termes de l'article 751 du CPC, « la demande formée par assignation est portée à une audience dont la date est communiquée par tout moyen au demandeur ». Les modalités de communication de la date d'audience sont définies par arrêté du garde des Sceaux.

834 — Entrée en vigueur : principe. Les « dispositions des articles 750 à 759 du CPC (...) sont applicables aux instances introduites à compter du 1er janvier 2020 » (D. nº 2019-1333, 11 déc. 2019, art. 55, II). Ainsi, les dispositions relatives à l'introduction de l'instance par assignation devant le tribunal judiciaire (CPC, art. 751 à 755) sont en principe applicables aux instances introduites depuis le 1er janvier 2020.

835 — Entrée en vigueur : dérogation. Tenant compte des difficultés pratiques de la généralisation de l'assignation à date, des dérogations sont posées. Jusqu'au 1er septembre 2020 :
- dans les procédures soumises à la procédure écrite ordinaire, la saisine par assignation de la juridiction et la distribution de l'affaire demeurent soumises aux dispositions des articles 56, 752, 757 et 758 du CPC dans leur rédaction antérieure au décret nº 2019-1333 du 11 décembre 2019 ;
- les assignations demeurent soumises aux dispositions de l'article 56 du CPC, dans sa rédaction antérieure au décret, dans les procédures au fond prévues aux articles R. 202-1 et suivants du LPF, au livre VI du Code de commerce devant le tribunal judiciaire et celles diligentées devant le tribunal paritaire des baux ruraux.

a Mentions de l'assignation

836 — Mentions de droit commun. Conformément aux dispositions générales de la demande initiale en matière contentieuse (CPC, art. 53 et s.), l'assignation contient les mentions communes à toutes les demandes initiales visées à l'article 54 du CPC, ainsi que les mentions exigées pour toute assignation à l'article 56 du CPC.

837 — Mentions propres au tribunal judiciaire. Lorsque la demande est formée devant le tribunal judiciaire, l'assignation contient des mentions supplémentaires qui s'ajoutent à celles des articles 54 et 56 du CPC. L'assignation contient des mentions qui varient en fonction du caractère obligatoire ou non de la représentation par avocat.

838 — Mentions propres au tribunal judiciaire : représentation par avocat obligatoire. Lorsque la représentation par avocat est obligatoire, l'assignation doit contenir les mentions de l'article 752 du CPC. À peine de nullité, l'assignation contient la constitution de l'avocat du demandeur et le délai dans lequel le défendeur est tenu de constituer avocat, c'est-à-dire le délai de 15 jours à compter de l'assignation (CPC, art. 763).

839 — Mentions propres au tribunal judiciaire : représentation par avocat non obligatoire. Lorsque la représentation par avocat n'est pas obligatoire, l'assignation doit contenir les mentions de l'article 753 du CPC. À peine de nullité, l'assignation contient les nom, prénoms et adresse de la personne chez qui il élit domicile en France lorsque le demandeur réside à l'étranger. Elle rappelle les dispositions de l'article 832 du CPC relatives à la demande incidente tendant à l'octroi d'un délai de paiement, et mentionne les conditions dans lesquelles le défendeur peut se faire assister ou représenter (CPC, art. 762), ainsi que, s'il y a lieu, le nom du représentant du demandeur.

840 — Procédure sans audience. L'incidence de l'instauration de la procédure sans audience se manifeste dès la demande initiale. Que la représentation par avocat soit obligatoire ou non, « le cas échéant, l'assignation mentionne l'accord du demandeur pour que la procédure se déroule sans audience » (CPC, art. 752, *in fine*, et art. 753, al. 2).

b ▌Saisine de la juridiction

841 — Principe de remise au greffe. Avec la réforme, le principe de remise au greffe d'une copie de l'assignation afin de saisir la juridiction demeure inchangé (CPC, art. 754, al. 1). En revanche, conséquence de l'assignation à date, les délais de remise sont modifiés, notamment par rapport à l'ancienne procédure ordinaire devant le TGI. Trois cas sont à distinguer.

842 — Délais de remise : premier cas. La communication de la date d'audience par la juridiction effectuée selon les modalités prévues à l'article 748-1 du CPC et la date d'audience est fixée plus de 2 mois après la communication de cette date. Dans les 2 mois suivant la communication de la date, une remise au greffe de la copie de l'assignation doit être effectuée (CPC, art. 754, al. 2).

843 — Délais de remise : deuxième cas. Dans un deuxième cas, la communication de la date d'audience par la juridiction est également effectuée selon les modalités prévues à l'article 748-1 du CPC et, contrairement au premier cas, la date d'audience est fixée moins de 2 mois après la communication de cette date. En cette hypothèse, la copie de l'assignation doit être remise au plus tard 15 jours avant la date de l'audience (CPC, art. 754, 2°).

844 — Délais de remise : troisième cas. Dans un troisième cas, la communication de la date d'audience par la juridiction n'est pas effectuée selon les modalités prévues à l'article 748-1 du CPC, mais selon des modalités autres. En cette hypothèse, la copie de l'assignation doit être remise au plus tard 15 jours avant la date de l'audience (CPC, art. 754, 1°).

845 — Délais de remise : sanction. À défaut de respecter les délais de remise, la sanction est la **caducité** de l'assignation constatée d'office par ordonnance du juge, ou, à défaut, à la requête d'une partie (CPC, art. 754, *in fine*).

846 — Délais de remise : réduction. Il est à noter que les délais de remise de l'assignation, à l'instar des délais de comparution, peuvent être réduits par autorisation du juge en cas d'urgence (CPC, art. 755).

847 — Enrôlement. L'enrôlement est le fait de remettre au tribunal la citation en justice afin de saisir le tribunal. La remise au greffe d'une copie de l'assignation, à la diligence de l'une ou l'autre des parties, emporte saisine du tribunal qui, à peine de déni de justice, est tenu de statuer. La remise de la copie de l'assignation constitue également le point de départ du délai raisonnable dans lequel le tribunal doit se prononcer.

3 La requête devant le tribunal judiciaire

848 — Domaine. Outre d'être formée par assignation, la demande en justice devant le tribunal judiciaire peut être formée par requête (CPC, art. 750, al. 2). Toute demande ne peut, cependant, pas être formée par requête. La demande peut être formée par requête lorsque le montant de la demande n'excède pas 5 000 euros, ou dans certaines matières fixées par la loi ou le règlement. En revanche, en toute hypothèse, les parties peuvent saisir la juridiction par une requête conjointe (CPC, art. 750, al. 3).

849 — Annonce. Les articles 756 à 759 du CPC sont dédiés à la requête devant le tribunal judiciaire. Ces dispositions concernent les mentions de la requête (a), la saisine du tribunal (b) et la convocation à l'audience (c).

a Mentions de la requête

850 — Mentions de droit commun. Conformément aux dispositions générales de la demande initiale en matière contentieuse (CPC, art. 53 et s.), la requête contient les mentions communes à toutes les demandes initiales visées à l'article 54 du CPC, ainsi que les mentions exigées pour toute requête à l'article 57 du CPC.

851 — Mentions propres au tribunal judiciaire. Lorsque la demande est formée devant le tribunal judiciaire, l'assignation contient des mentions supplémentaires qui s'ajoutent à celles des articles 54 et 57. À peine de nullité, la requête doit contenir un exposé sommaire des motifs de la demande (CPC, art. 757, al. 1). Doivent être jointes à la requête, les pièces que le demandeur souhaite invoquer à l'appui de ses prétentions (CPC, art. 757, al. 1). Elles sont jointes en autant de copies que de personnes dont la convocation est demandée, mais en un seul exemplaire lorsque la requête est formée par voie électronique (CPC, art. 757, al. 3).

852 — Mentions propres au tribunal judiciaire : procédure sans audience. En plus de ces mentions, certaines mentions peuvent être exigées en fonction de la configuration procédurale de l'affaire. L'instauration de la procédure sans audience a une incidence sur la demande initiale puisque, « le cas échéant, la requête mentionne l'accord du demandeur pour que la procédure se déroule sans audience » (CPC, art. 757, al. 2).

853 — Mentions propres au tribunal judiciaire : représentation par avocat. Lorsque les parties sont représentées par un avocat, un formalisme supplémentaire est à respecter. À peine de nullité, la requête contient la constitution de l'avocat ou des avocats des parties (CPC, art. 757, al. 4). Elle est signée par les avocats constitués.

b Saisine du tribunal

854 — Remise au greffe par une partie. La saisine du tribunal est faite par la remise au greffe de la requête. La remise au greffe de la requête est effectuée par la partie la plus diligente, étant précisé que la requête peut être effectuée par voie électronique dans les conditions prévues par arrêté du garde des Sceaux (CPC, art. 756, al. 1).

855 — Remise au greffe par le conciliateur. La requête peut également être transmise au greffe par le conciliateur (CPC, art. 756, al. 2). Cette possibilité est subordonnée à l'absence de succès de la tentative préalable de résolution amiable du litige sous l'égide d'un conciliateur de justice. Et ce n'est qu'à la demande des parties que le conciliateur peut transmettre la requête au greffe.

856 — Dépôt de la requête conjointe. Il est à noter que dès le dépôt de la requête conjointe au greffe, les requérants peuvent demander que l'affaire soit attribuée à un juge unique ou renoncer à la faculté de demander le renvoi à la formation collégiale (CPC, art. 759).

c ▌ Convocation à l'audience

857 — Formalité de distribution et fixation de l'affaire. Dès sa remise au greffe, la copie de la requête est présentée par le greffier au président du tribunal en vue des formalités de fixation et de distribution (CPC, art. 770). Le président du tribunal fixe les jour et heure auxquels l'affaire sera appelée : il s'agit de la fixation. S'il y a lieu, il désigne la chambre à laquelle elle est distribuée : il s'agit de la distribution (CPC, art. 758).

858 — Modalités de l'avis donné aux parties. Le demandeur est avisé des lieu, jour et heure de l'audience par tous moyens. Le défendeur est convoqué, par le greffier, à l'audience par lettre recommandée avec demande d'avis de réception. Cette convocation vaut citation.

859 — Avis donné aux avocats. Lorsque la représentation est obligatoire, l'avis est donné aux avocats par simple bulletin. La copie de la requête est jointe à l'avis adressé à l'avocat du défendeur ou, lorsque la représentation n'est pas obligatoire, au défendeur (CPC, art. 758, *in fine*).

B ▌ La constitution d'avocat et les conclusions

860 — Principe : constitution d'avocat. Par principe, « nul ne peut, s'il n'est avocat, assister ou représenter les parties, postuler et plaider devant les juridictions » (L., 31 déc. 1971, art. 4). Il s'ensuit que, sauf exception, la procédure devant le tribunal judiciaire est une procédure avec représentation obligatoire. Le principe est codifié à l'article 760 du CPC : les parties sont, en principe, tenues de constituer avocat.

861 — Dispense de constitution d'avocat. Par exception, les parties sont dispensées de constituer avocat dans les hypothèses visées à l'article 761 du CPC. Mais elles sont tenues de constituer avocat dans les matières relevant de la compétence exclusive du tribunal judiciaire (CPC, art. 761, al. 5).

862 — Dispense de constitution d'avocat : cas. Les parties sont dispensées de constituer avocat dans trois cas :
- dans les matières relevant de la compétence du juge des contentieux de la protection (CPC, art. 761, 1°) ;
- dans les matières énumérées au 2° de l'article 761 du CPC, c'est-à-dire les matières énumérées aux articles R. 211-3-13 à R. 211-3-16, R. 211-3-18 à R. 211-3-21 et R. 211-3-23 du COJ concernant la compétence en dernier ressort du tribunal judiciaire en certaines matières (opérations et contestations électorales, contestations relatives à la désignation ou à l'élection du représentant des salariés, etc.) et les matières énumérées au

tableau IV-II annexé au COJ relatif aux compétences matérielles des chambres de proximité (COJ, art. D. 212-19-1) ;
- la demande, à l'exclusion des matières relevant de la compétence exclusive du tribunal judiciaire, portant sur un montant inférieur ou égal à 10 000 euros ou ayant pour origine l'exécution d'une obligation dont le montant n'excède pas 10 000 euros. Afin d'apprécier le montant de cette demande, les articles 35 à 37 du CPC s'appliquent.

863 — Dispense de constitution d'avocats : oralité. L'oralité de la procédure est en partie liée à la dispense de constituer avocat. « Lorsque les parties sont dispensées de constituer avocat conformément aux dispositions de l'article 761, la procédure est orale » (CPC, art. 817). Ce lien entre la dispense de représentation et l'oralité vaut « sous réserve des dispositions particulières propres aux matières concernées » (CPC, art. 761). Ainsi, la représentation par avocat s'étend partiellement en première instance dans la procédure de référé.

864 — Dispense de constitution d'avocat : assistance ou représentation. Lorsque les parties sont dispensées de constituer avocat, elles se défendent elles-mêmes (CPC, art. 762, al. 1). Outre par un avocat, les parties peuvent toutefois se faire assister ou représenter par les personnes visées à l'article 762 du CPC.

> Outre par un avocat, les parties peuvent toutefois se faire assister ou représenter par :
> - leur conjoint ;
> - leur concubin ou la personne avec laquelle elles ont conclu un pacte civil de solidarité ;
> - leurs parents ou alliés en ligne directe ;
> - leurs parents ou alliés en ligne collatérale jusqu'au troisième degré inclus ;
> - les personnes exclusivement attachées à leur service personnel ou à leur entreprise.
>
> Sauf s'il est avocat, le représentant doit justifier d'un pouvoir spécial (CPC, art. 762, *in fine*).

865 — Comparution du défendeur. Le délai dans lequel le défendeur doit constituer avocat est de 15 jours à compter de l'assignation (CPC, art. 763). Devant le tribunal judiciaire, la constitution d'avocat revient juridiquement à comparaître. Il s'agit du premier jalon d'un jugement contradictoire.

Dès qu'il est constitué, l'avocat du défendeur en informe celui du demandeur ; copie de l'acte de constitution est remise au greffe. Afin de tenir compte de la procédure sans audience, l'article 764 du CPC précise en son second alinéa que « L'acte comporte, le cas échéant, l'accord du défendeur pour que la procédure se déroule sans audience en application de l'article L. 212-5-1 du Code de l'organisation judiciaire. »

866 — Structure des conclusions. L'article 768 du CPC impose une structure des conclusions devant le tribunal judiciaire. Formellement, les conclusions doivent comprendre un exposé des faits et de la procédure, une discussion des prétentions et des moyens, un dispositif récapitulant les prétentions, ainsi qu'en annexe un bordereau énumérant les pièces (CPC, art. 768, al. 2).

867 — Structure des conclusions : discussion. Les conclusions doivent formuler expressément les prétentions des parties. Pour chacune des prétentions, les moyens en fait et en droit sur lesquels la prétention est fondée doivent être formulés. Les conclusions doivent également faire la distinction entre les moyens repris des conclusions précédentes et les moyens nouveaux. Aussi, sur le modèle des conclusions d'appel, les pièces invoquées pour chaque prétention et leur numérotation doivent être mentionnées.

868 — Structure des conclusions : dispositif. Outre la discussion, les conclusions doivent se terminer par un dispositif. Ce dernier doit récapituler l'ensemble des prétentions. Les exigences en résultant sont strictes et impératives, car « le tribunal ne statue que sur les prétentions énoncées au dispositif et n'examine les moyens au soutien de ces prétentions que s'ils sont invoqués dans la discussion » (CPC, art. 768, al. 2).

> En cas de non-respect du formalisme relatif au dispositif, la sanction est sévère. La régularité du formalisme conditionne la prise en compte par le tribunal des moyens à l'appui des prétentions et le dispositif circonscrit les prétentions sur lesquelles le juge a à statuer.

869 — Conclusions récapitulatives. Les parties doivent reprendre dans leurs dernières conclusions les prétentions et moyens présentés ou invoqués dans leurs conclusions antérieures. À défaut, elles sont réputées les avoir abandonnés et le tribunal ne statue que sur les dernières conclusions déposées (CPC, art. 768).

870 — Communication électronique. L'exigence de communication par voie électronique, en vigueur depuis le 1er septembre 2019 devant le TGI, se prolonge devant le tribunal judiciaire. En matière de procédure écrite ordinaire et à jour fixe, les actes de procédure – à l'exception de la requête mentionnée à l'article 839 du CPC (requête au président en vue d'être autorisé à assigner à jour fixe) – sont remis à la juridiction par voie électronique (CPC, art. 850).

871 — Communication électronique : obligation. Concrètement, dans les limites susvisées, les actes de procédure afférents aux instances introduites devant le tribunal judiciaire doivent être remis par la voie du RPVA « à peine d'irrecevabilité relevée d'office » (CPC, art. 850, I). Toutefois, si pour une cause étrangère à celui qui l'accomplit, l'acte ne peut pas être transmis par voie électronique, il est établi sur support papier (CPC, art. 850, II). Dans ce cas, l'acte est remis ou adressé au greffe.

II La procédure écrite ordinaire devant le tribunal judiciaire

872 — Procédure écrite. La procédure écrite ordinaire devant le tribunal judiciaire s'inspire de la procédure devant le tribunal de grande instance, voire la reprend. La procédure écrite ordinaire est celle suivant laquelle les parties sont tenues de constituer avocats. Elle est donc marquée par des échanges de conclusions, une éventuelle mise en état et une ordonnance de clôture.

873 — Procédure écrite et oralité. Le caractère écrit de la procédure devant le tribunal judiciaire s'oppose au caractère oral des procédures devant les juridictions d'exception et de la procédure orale devant le tribunal judiciaire. Pour autant, le caractère écrit ne dénie pas toute oralité. Que la procédure soit écrite ou orale, les parties ont un « droit à un débat oral ». En tant que principe de procédure civile, l'oralité est un moyen utilisé afin d'instaurer une discussion entre les protagonistes du procès.

Cass. ass. plén., 24 nov. 1989, n° 88-18188.

874 — Différentes étapes. La procédure écrite ordinaire devant le tribunal judiciaire comprend plusieurs phases. Elle débute par l'introduction de l'instance, régie par des dispositions communes – que la procédure soit écrite ou orale. Suite à ce tronc commun procédural, les spécificités de la procédure écrite ordinaire se manifestent. La procédure se prolonge par l'instruction de l'affaire (A) et l'audience des plaidoiries (B).

A L'instruction de l'affaire

875 — Audience d'orientation. Au jour fixé, l'affaire est appelée devant le président de la chambre saisie ou à laquelle elle a été distribuée afin de conférer avec les avocats présents de l'état de la cause. L'audience d'orientation est essentielle, car à son issue est décidé le circuit ou l'orientation de l'affaire.

876 — Annonce. Lors de l'audience d'orientation, en fonction de sa complexité, l'affaire est orientée (1). Elle peut être instruite par le juge de la mise en état (2). En toute hypothèse, une ordonnance de clôture est rendue (3).

1 L'orientation de l'affaire

877 — Première audience : audience d'orientation. Suite à l'introduction de l'instance – régie par les dispositions communes des articles 750 et suivants du CPC –, la procédure écrite ordinaire débute par une première audience nommée « audience d'orientation » qui remplace l'audience de conférence présidentielle. L'affaire est appelée devant le président de la chambre saisie ou à laquelle l'affaire a été distribuée qui confère de l'état de la cause avec les avocats présents (CPC, art. 776).

878 — Options à l'audience d'orientation. Lors de l'audience d'orientation, plusieurs options sont envisageables :
- le défaut de comparution du défendeur (CPC, art. 778, al. 2) ;
- le renvoi à l'audience des affaires prêtes à être jugées sur le fond (CPC, art. 778, al. 1) ;
- la conclusion d'une procédure participative de mise en état ou un délai pour la conclure (CPC, art. 776, al. 2, 777 et 779, al. 1) ;
- l'application de la procédure sans audience (CPC, art. 778, *in fine*) ;
- un ultime échange afin de mettre l'affaire en état d'être jugée (CPC, art. 779) ;
- les affaires que le président ne renvoie pas à l'audience ou qui ne font pas l'objet d'une procédure sans audience sont mises en état d'être jugées devant le juge de la mise en état (CPC, art. 779, *in fine*).

879 — Défaut de comparution du défendeur. À l'audience d'orientation, une hypothèse envisageable est que le « défendeur ne comparaît pas » (CPC, art. 778, al. 2). Deux options sont possibles :
- soit l'affaire est en état d'être jugée, le président la renvoie à l'audience de plaidoirie, il déclare l'instruction close et fixe la date de l'audience de plaidoirie, audience qui peut être tenue le jour même (CPC, art. 778, al. 3 et 4) ;
- soit le président peut ordonner la réassignation du défendeur.

880 — Renvoi à l'audience des affaires prêtes à être jugées sur le fond. À l'audience d'orientation, une hypothèse concerne l'affaire en état d'être jugée (CPC, art. 778, al. 1). Si, « d'après les explications des avocats et au vu des conclusions échangées et des pièces communiquées », il paraît au président que l'affaire est prête à être jugée sur le fond, il la renvoie à l'audience de plaidoirie. Le président déclare alors l'instruction close et fixe la date de l'audience de plaidoirie, audience qui peut être tenue le jour même (CPC, art. 778, al. 3 et 4). Cette hypothèse correspond aux affaires soit préalablement préparées (par ex. la requête conjointe, la mise en état participative), soit relativement simples en fait et en droit.

881 — Conclusion d'une convention de procédure participative aux fins de mise en état. À l'audience d'orientation, les avocats présents peuvent indiquer au président s'ils envisagent de conclure une convention de procédure participative aux fins de mise en état (CPC, art. 776, al. 2) dans les conditions du titre II du livre V du CPC, titre au demeurant modifié par le décret nº 2019-1333 du 11 décembre 2019. Deux cas sont prévus : s'il est justifié de la conclusion d'une convention d'une part, si un délai est sollicité afin de conclure une telle convention d'autre part.

882 — Conclusion d'une convention de procédure participative aux fins de mise en état : justification à l'audience. Dans un premier cas, à l'audience d'orientation, les parties et leurs avocats justifient avoir conclu une convention de procédure participative aux fins de mise en état. En ce cas, le président prend les mesures prévues au deuxième alinéa de l'article 1546-1 du CPC. Sauf en cas de retrait du rôle, il désigne le juge de la mise en état (CPC, art. 777).

883 — Conclusion d'une convention de procédure participative aux fins de mise en état : délai pour conclure. Dans un second cas, à l'audience d'orientation, les parties sollicitent un délai pour conclure une convention de procédure participative aux fins de mise en état (CPC, art. 779, al. 1). La décision de renvoi fait l'objet d'une simple mention au dossier, le président fixant une nouvelle date d'audience. À ladite audience, trois situations sont envisageables.

884 — Conclusion d'une convention de procédure participative aux fins de mise en état : délai pour conclure, 1re situation. À la nouvelle audience, si les parties et leurs avocats justifient avoir conclu une convention de procédure participative aux fins de mise en état, le président prend les mesures prévues au deuxième alinéa de l'article 1546-1 du CPC et, sauf en cas de retrait du rôle, il désigne le juge de la mise en état (CPC, art. 779, al. 3).

> Il est à noter que conformément au troisième alinéa de l'article 1546-1 du CPC, « La signature d'une convention de procédure participative aux fins de mise en état vaut renonciation de chaque partie à se prévaloir d'une fin de non-recevoir, de toute exception de procédure et des dispositions de l'article 47 du présent code, à l'exception de celles qui surviennent ou sont révélées postérieurement à la signature de la convention de procédure participative. »

885 — Conclusion d'une convention de procédure participative aux fins de mise en état : délai pour conclure, 2e situation. À la nouvelle audience, si les parties et leurs avocats ne justifient pas avoir conclu une convention de procédure participative aux fins de mise en état et que l'affaire est en état d'être jugée, le président déclare alors l'instruction close et renvoie l'affaire à l'audience de plaidoiries, audience qui peut être tenue le jour même (CPC, art. 779, al. 3).

886 — Conclusion d'une convention de procédure participative aux fins de mise en état : délai pour conclure, 3e situation. À la nouvelle audience, si les parties et leurs avocats ne justifient pas avoir conclu une convention de procédure participative aux fins de mise en état et que l'affaire n'est pas en état d'être jugée, le président renvoie alors l'affaire au juge de la mise en état (CPC, art. 779, *in fine*).

887 — Procédure sans audience. Lors de l'audience d'orientation, les parties peuvent également recourir à la procédure sans audience. Ils peuvent y recourir en deux hypothèses.

888 — Procédure sans audience : première hypothèse. Le président renvoie à l'audience les affaires prêtes à être jugées sur le fond (CPC, art. 778, *in fine*). S'il est fait application de la procédure sans audience suivant le souhait des parties, une date pour le dépôt des dossiers au greffe de la chambre est fixée par le président, éventuellement avec l'accord du ministère public.

889 — Procédure sans audience : seconde hypothèse. Un ultime échange est nécessaire afin de mettre l'affaire en état d'être jugée. Si, suite à cet échange, l'affaire est en état d'être jugée, les parties peuvent faire application de la procédure sans audience définie à l'article L. 212-5-1 du COJ ; les modalités de mise en œuvre sont identiques à celles exposées ci-dessus : date de dépôt des dossiers, informations des parties (cf. *infra*, CPC, art. 779, al. 4 renvoyant à CPC, art. 778, *in fine*).

890 — Ultime échange afin de mettre l'affaire en état d'être jugée. À l'audience d'orientation, le président peut également estimer qu'un ultime échange de conclusions ou une ultime communication de pièces suffit à mettre l'affaire en état. Afin de conférer une dernière fois de l'affaire, le président peut décider que les avocats se présenteront à nouveau devant lui, à une date d'audience qu'il fixe (CPC, art. 779, al. 1). Il en est de même si le président estime que les conclusions des parties doivent être mises en conformité avec les dispositions de l'article 768 du CPC. La décision de renvoi fait alors l'objet d'une simple mention au dossier. S'il y a lieu, le président impartit à chacun des avocats le délai nécessaire à la notification des conclusions et à la communication des pièces (CPC, art. 779, al. 2).

891 — Ultime échange afin de mettre l'affaire en état d'être jugée : issues. À l'audience, dont la date est fixée par le président qui a estimé qu'un ultime échange était nécessaire, trois situations sont envisageables :

- l'affaire est en état d'être jugée, le président déclare alors l'instruction close et renvoie l'affaire à l'audience de plaidoiries, audience qui peut être tenue le jour même (CPC, art. 779, al. 3) ;
- l'affaire est en état d'être jugée, il est fait application de la procédure sans audience (CPC, art. 779, al. 4) ;
- l'affaire n'est pas en état d'être jugée, le président renvoie alors l'affaire au juge de la mise en état (CPC, art. 779, *in fine*).

892 — Juge de la mise en état. Enfin, à l'audience d'orientation, les affaires que le président ne renvoie pas à l'audience ou qui ne font pas l'objet d'une procédure sans audience sont mises en état d'être jugées devant le juge de la mise en état (CPC, art. 779, *in fine*).

2 L'instruction devant le juge de la mise en état

893 — Désignation du juge de la mise en état. Dans le cadre de la procédure écrite ordinaire devant le tribunal judiciaire, la représentation par avocat est obligatoire. Dans le cadre de cette procédure, lorsque le président ne renvoie pas à l'audience une affaire, celle-ci est mise en état d'être jugée. Pour cette raison, les avocats constitués doivent être avisés par le greffe de la désignation du juge de la mise en état (CPC, art. 779 *in fine*).

894 — Annonce. Le juge de la mise en état dispose de nombreux pouvoirs en raison de sa mission (a). S'insérant dans le cadre d'une procédure écrite, le JME doit être saisi par conclusions. Ces conclusions doivent lui être spécialement adressées (b).

a Les pouvoirs du juge de la mise en état

895 — Pluralité de missions. Toutes les affaires que le président ne renvoie pas à l'audience sont mises en état d'être jugées conformément aux dispositions des articles 780 à 797 du CPC, instituant une procédure d'instruction devant le juge de la mise en état. Les pouvoirs de ce juge sont importants, car il a pour mission d'instruire l'affaire et de la purger de ses incidents.

896 — Régulation de l'affaire. Le juge de la mise en état a des pouvoirs de contrôle qui consistent à réguler l'affaire. À cette fin, il fixe les délais nécessaires à l'instruction de l'affaire ou, après avoir recueilli l'avis des avocats, un calendrier de la mise en état (CPC, art. 781). Les pouvoirs du JME font écho à l'article 3 du CPC disposant que « le juge veille au bon déroulement de l'instance ; il a le pouvoir d'impartir les délais et d'ordonner les mesures nécessaires ».

897 — Orientation de l'affaire. Le juge de la mise en état a également le pouvoir de demander des explications. À cette fin, il peut inviter :
- « les avocats à répondre aux moyens sur lesquels ils n'auraient pas conclu, à fournir les explications de fait et de droit nécessaires à la solution du litige » (CPC, art. 782) ;
- « les parties à mettre en cause tous les intéressés dont la présence lui paraît nécessaire à la solution du litige » (CPC, art. 786).

898 — Conciliation. Les pouvoirs du juge de la mise en état sont nombreux et variés. Ainsi, il peut aussi constater la conciliation, même partielle, des parties. À la demande des parties, il homologue l'accord qu'elles lui soumettent (CPC, art. 785).

899 — Médiation. Le juge de la mise en état peut également désigner un médiateur (CPC, art. 785, al. 2). En une telle hypothèse, le médiateur est désigné dans les conditions de l'article 131-1 du CPC, c'est-à-dire suivant les conditions de droit commun de la médiation judiciaire.

900 — Pouvoirs exclusifs. De sa désignation jusqu'à son dessaisissement, le juge de la mise en état a des pouvoirs exclusifs, c'est-à-dire qu'il exerce à l'exclusion de toute autre formation du tribunal. Ces pouvoirs, énumérés à l'article 789 du CPC, sont de plusieurs ordres. Le JME a le pouvoir exclusif d'ordonner même d'office toute mesure d'instruction, de statuer sur les exceptions de procédure, les demandes formées en application de l'article 47 du CPC, sur les fins de non-recevoir et sur les incidents mettant fin à l'instance, ainsi que d'ordonner des mesures provisoires.

901 — Pouvoirs exclusifs : exceptions de procédure et incidents. Afin que l'affaire soit en état d'être jugée sur le fond devant la formation de jugement, le juge de la mise en état est seul compétent pour statuer sur les exceptions de procédure et les incidents mettant fin à l'instance. Suivant l'avis du 13 novembre 2006, les incidents mettant fin à l'instance sont ceux mentionnés aux articles 384 et 385 du CPC.

Cass., avis, 13 nov. 2006, n° 0060012P.

902 — Pouvoirs exclusifs : fins de non-recevoir. Avec la réforme de 2019, les pouvoirs du juge de la mise en état sont étendus puisqu'il est désormais compétent, pour les instances depuis le 1er janvier 2020, pour statuer sur les fins de non-recevoir (CPC, art. 789, 6°).

903 — Pouvoirs exclusifs : fins de non-recevoir et question de fond. Dans l'hypothèse où la fin de non-recevoir suppose que soit tranchée au préalable une question de fond, le juge statue tant sur cette question de fond que sur la fin de non-recevoir. Néanmoins, l'examen de l'affaire peut être renvoyé par le JME à une audience devant la formation de jugement, le cas échéant sans clore l'instruction, afin que la formation statue.

904 — Pouvoirs exclusifs : fins de non-recevoir, question de fond et renvoi. L'affaire fait l'objet d'un renvoi si l'affaire ne relève pas du juge unique ou si l'affaire ne lui est pas attribuée. Et le renvoi est ordonné à la condition qu'une partie s'oppose à ce que le juge de la mise en état statue sur la question de fond et sur la fin de non-recevoir, sauf si le juge de la mise en état l'estimant nécessaire ordonne ce renvoi. La décision de renvoi est une mesure d'administration judiciaire.

905 — Pouvoirs exclusifs : fins de non-recevoir, question de fond et décision. Le juge de la mise en état ou, en cas de renvoi, la formation de jugement statue sur la question de fond et sur la fin de non-recevoir par des dispositions distinctes dans le dispositif de l'ordonnance ou du jugement. Si la formation de jugement n'estime pas nécessaire de statuer au préalable sur la question de fond, elle statue sur la fin de non-recevoir. Le cas échéant, elle renvoie l'affaire devant le juge de la mise en état.

906 — Pouvoirs exclusifs : fins de non-recevoir et temporalité. Les parties ne sont plus recevables à soulever ces fins de non-recevoir au cours de la même instance, à moins qu'elles ne surviennent ou soient révélées postérieurement au dessaisissement du juge de la mise en état.

907 — Comparaison avec la procédure devant la cour d'appel. L'article 911 du CPC relatif à la procédure devant la cour d'appel permet au conseiller de la mise en état (CME) de statuer sur les fins de non-recevoir tendant à faire « déclarer l'appel irrecevable ». Avec la réforme de 2019, les pouvoirs du JME s'alignent sur ceux du conseiller de la mise en état.

908 — Pouvoirs exclusifs : mesures provisoires. Au titre des mesures provisoires relevant de la compétence exclusive du juge de la mise en état, ce dernier peut :

- allouer une provision pour le procès ;
- accorder une provision au créancier lorsque l'existence de l'obligation n'est pas sérieusement contestable ;
- effectuer toutes autres mesures provisoires, même conservatoires, à l'exception des saisies conservatoires et des hypothèques et nantissements provisoires.

909 — Juge de la mise en état et référé. Dans les cas où le juge des référés a le pouvoir d'ordonner une mesure, « cette faculté cesse de lui appartenir dès l'instant où a été désigné le juge de la mise en état, à qui les mêmes pouvoirs ont été attribués et qui se trouve alors exclusivement compétent ».

Cass. 2e civ., 9 déc. 1976, n° 76-10130.

910 — Autres pouvoirs. Le juge de la mise en état peut également statuer sur les dépens et les demandes formées en application de l'article 700 du CPC (CPC, art. 790). Le JME constate l'extinction de l'instance (CPC, art. 787). Il exerce également tous les pouvoirs nécessaires à la communication, à l'obtention et à la production des pièces (CPC, art. 788).

911 — Mention au dossier ou ordonnance. Les mesures prises par le juge de la mise en état sont constatées par simple mention sur le dossier. Toutefois, dans les cas prévus aux articles 787 à 790 du CPC, le JME statue par ordonnance motivée sous réserve des règles particulières aux mesures d'instruction (CPC, art. 792).

912 — Ordonnance. Lorsque le juge de la mise en état statue par ordonnance, celle-ci est rendue, immédiatement s'il y a lieu, les avocats entendus ou appelés (CPC, art. 793). En principe, les ordonnances du JME n'ont pas, au principal, l'autorité de la chose jugée. Toutefois, les ordonnances statuant sur les exceptions de procédure, les incidents mettant fin à l'instance et les fins de non-recevoir ont autorité de la chose jugée au principal (CPC, art. 794).

913 — Ordonnance : opposition et appel. Les ordonnances du juge de la mise en état ne sont pas susceptibles d'opposition. En principe, elles ne peuvent pas être frappées d'appel ou de pourvoi en cassation, sinon avec le jugement rendu plus tard au fond (CPC, art. 795).

914 — Ordonnance : appel. Par dérogation au principe, les ordonnances sont susceptibles d'appel dans les cas et conditions prévus en matière d'expertise ou de sursis à statuer. Aussi, dans les 15 jours à compter de leur signification, les ordonnances visées à l'article 795 du CPC sont susceptibles d'appel. En ce cas, le président de la chambre saisie, d'office ou à la demande d'une partie, fixe les jour et heure auxquels l'affaire sera appelée à bref délai (CPC, art. 905).

Les ordonnances sont susceptibles d'appel lorsqu'elles statuent sur un incident mettant fin à l'instance, une exception de procédure, une fin de non-recevoir, ont trait aux mesures provisoires ordonnées en matière de divorce ou de séparation de corps et aux provisions qui peuvent être accordées au créancier au cas où l'existence de l'obligation n'est pas sérieusement contestable si le montant de la demande est supérieur au taux de compétence en dernier ressort (CPC, art. 776).

b Les conclusions spécialement adressées au juge de la mise en état

915 — Article 791 du CPC. Institué par le décret nº 2017-891 du 6 mai 2017 relatif aux exceptions d'incompétence et à l'appel en matière civile, entré en vigueur le 1er septembre 2017, l'article 791 du CPC (numéro modifié par le décret nº 2019-1333 du 11 décembre 2019) dispose que « Le juge de la mise en état est saisi par des conclusions qui lui sont spécialement adressées distinctes des conclusions au sens de l'article 768 » (CPC, art. 768 concernant le formalisme des conclusions, v. *supra*, nº 866).

916 — Codification d'une solution jurisprudentielle. La réforme de la procédure civile de 2017 a codifié une solution jurisprudentielle remarquée. Désormais, les demandes adressées au juge de la mise en état doivent être formulées dans des conclusions distinctes de celles destinées à la formation de jugement.

> Il peut ici être précisé que l'article 28 du décret nº 2017-891 (codifiant une jurisprudence récente, Cass. 2e civ., 12 mai 2016, nº 14-25054) a modifié l'article 914 du CPC afin de poser une règle identique pour les conclusions adressées au conseiller de la mise en état.
>
> Cass. 2e civ., 12 mai 2016, nº 14-28086.

917 — Conclusions et pouvoirs du juge de la mise en état. Cette nouvelle exigence impose une vigilance accrue car le juge de la mise en état n'est saisi, par des conclusions qui lui sont spécialement adressées, que des demandes relevant de sa compétence. Or, le JME est, jusqu'à son dessaisissement, seul compétent, à l'exclusion de toute autre formation du tribunal, dans les cas visés à l'article 789 du CPC.

918 — Conséquences. Le non-respect du nouvel article 791 peut emporter de graves conséquences procédurales. À titre d'exemple, comme l'illustre l'arrêt du 12 mai 2016, lorsqu'avant les conclusions aux fins d'incident saisissant explicitement le juge de la mise en état de l'exception d'incompétence, des conclusions adressées à la formation de jugement formulaient à la fois cette exception de procédure et des demandes au fond, l'exception d'incompétence était irrecevable, faute d'avoir été soulevée avant toute défense au fond ou fin de non-recevoir.

3 L'ordonnance de clôture

919 — Ordonnance de clôture. Afin d'éviter des reports d'audience démesurés, une clôture de l'instruction est prononcée dans le cadre de la procédure devant le tribunal judiciaire. Elle est prononcée par ordonnance non motivée et qui n'est pas susceptible de recours (CPC, art. 798).

920 — Ordonnance de clôture : cas. La clôture de l'instruction est ordonnée dans les cas prévus aux articles 778, 779, 799 et 800 du CPC, c'est-à-dire quand l'affaire est en état d'être jugée. Une clôture partielle peut également être ordonnée si l'un des avocats n'a pas accompli les actes de la procédure dans le délai imparti (CPC, art. 800).

921 — Effets de l'ordonnance : irrecevabilité des conclusions et pièces tardives. Une fois l'ordonnance de clôture rendue, aucune conclusion ne peut plus être déposée, ni aucune pièce produite aux débats. Les conclusions et pièces tardives, c'est-à-dire déposées ou produites *a posteriori* de l'ordonnance de clôture, sont d'office irrecevables (CPC, art. 802).

Par exception au principe d'irrecevabilité, certaines demandes (par ex. la révocation de l'ordonnance de clôture) et conclusions (par ex. les conclusions de reprise de l'instance) sont recevables après l'ordonnance de clôture (CPC, art. 802).

922 — Effets de l'ordonnance : conclusions et pièces de dernière heure. En principe, les conclusions déposées avant la clôture sont recevables. Cependant, afin de garantir le respect des droits de la défense et assurer la loyauté des débats (CPC, art. 15 et 16), elles peuvent être écartées lorsque leur production de dernière heure empêche l'adversaire de répliquer avant la clôture, et à la condition que la date de la clôture ait été connue.

L'appréciation du caractère tardif relève des constatations souveraines des juges (Cass. ch. mixte, 3 févr. 2006 : Bull. ch. mixte, n° 2). Des conclusions déposées la veille de l'ordonnance de clôture, qui n'ont pas permis l'instauration d'un débat contradictoire, peuvent être écartées des débats pour atteinte aux droits de la défense (Cass. 1re civ., 7 juin 1995 : Bull. civ. 1995, I, n° 235). Il est à préciser que des pièces peuvent être écartées des débats, quand bien même les conclusions sont déclarées recevables (Cass. 2e civ., 6 déc. 2018, n° 17-17557).

923 — Effets de l'ordonnance : audience des plaidoiries. Sauf cas particulier, l'ordonnance de clôture est également une ordonnance de renvoi à l'audience des plaidoiries (CPC, art. 778, 779, 799 et 800). L'ordonnance de clôture emporte un double effet : elle met un terme à la phase d'instruction de l'affaire tout en ouvrant celle des plaidoiries.

924 — Révocation de l'ordonnance de clôture : cause grave. L'ordonnance de clôture peut être révoquée. Sa révocation est conditionnée à l'existence d'une cause grave qui se révèle *a posteriori* de l'ordonnance (CPC, art. 803). L'ordonnance de clôture peut être révoquée, d'office ou à la demande des parties. Elle l'est par ordonnance motivée du juge de la mise en état ou, après l'ouverture des débats, par décision du tribunal (CPC, art. 803, al. 3).

925 — Révocation de l'ordonnance de clôture : effet. La révocation de l'ordonnance de clôture emporte réouverture de la phase d'instruction. Il en résulte que des conclusions peuvent être échangées et des pièces communiquées.

926 — Procédure sans audience. Dans l'hypothèse où les parties ont donné leur accord pour une procédure sans audience, l'instruction est déclarée close par le juge de la mise en état dès que l'état de celle-ci le permet. Le juge de la mise en état fixe alors la date pour le dépôt des dossiers au greffe de la chambre. Le greffier en avise les parties et, le cas échéant, le ministère public.

927 — Procédure sans audience : décision. À l'expiration du délai prévu pour la remise des dossiers, le président de la chambre informe les parties du nom des juges de la chambre qui seront amenés à délibérer et de la date à laquelle le jugement sera rendu (CPC, art. 806, al. 1). Toutefois, si le tribunal estime qu'au regard des preuves écrites il n'est pas possible de rendre une décision ou si l'une des parties en fait la demande, la réouverture des débats peut être ordonnée conformément à l'article 444 du CPC (CPC, art. 806, al. 2).

B L'audience des plaidoiries

928 — Ouverture des débats. Au jour fixé, le président appelle l'affaire à l'audience. Conformément au droit commun des débats (CPC, art. 430 et s.), la composition doit être conforme aux règles de l'organisation judiciaire (CPC, art. 430). La composition de la formation de jugement doit rester la même à partir de l'ouverture des débats (CPC, art. 432). Sauf exceptions, les débats sont publics (CPC, art. 22 et 433).

À peine d'irrecevabilité, toute contestation relative à la composition doit être soulevée dès l'ouverture des débats ou, si elle naît postérieurement, dès la révélation de l'irrégularité (CPC, art. 430).

929 — Organisation des débats. Conformément au droit commun des débats, le président veille à l'ordre de l'audience (CPC, art. 438) et dirige les débats (CPC, art. 440). À ces fins, il donne la parole au rapporteur dans le cas où un rapport doit être fait, après quoi le demandeur puis le défendeur sont invités à exposer leurs prétentions (CPC, art. 440). Le président peut également inviter les parties à fournir les explications de droit ou de fait qu'il estime nécessaires (CPC, art. 442). Le ministère public, partie jointe, a le dernier la parole (CPC, art. 443).

930 — Organisation des débats : le juge de la mise en état. Avant les plaidoiries, le JME (exceptionnellement, le président de la chambre ou un autre juge qu'il désigne) fait un rapport oral de l'affaire à l'audience. Le rapport expose l'objet de la demande et les moyens des parties, il précise les questions de fait et de droit soulevées par le litige et mentionne les éléments éclairant le débat. Le rapport ne doit pas faire connaître l'avis du magistrat qui en est l'auteur (CPC, art. 804).

931 — Audience tenue par le juge de la mise en état. À la condition que les avocats ne s'y opposent pas, le JME ou le magistrat chargé du rapport peut tenir seul l'audience pour entendre les plaidoiries. Il en rend compte au tribunal dans son délibéré (CPC, art. 805).

932 — Clôture des débats. Lorsque la juridiction s'estime éclairée, le président fait cesser les plaidoiries ou les observations présentées par les parties pour leur défense (CPC, art. 440, al. 3). Après la clôture des débats, les parties ne peuvent déposer aucune note à l'appui de leurs observations, si ce n'est en vue de répondre aux arguments développés par le ministère public, ou à la demande du président (CPC, art. 445).

933 — Réouverture des débats. La réouverture des débats peut être ordonnée par le président chaque fois que les parties n'ont pas été à même de s'expliquer contradictoirement sur les éclaircissements de droit ou de fait qui leur avaient été demandés (CPC, art. 444).

III La procédure orale ordinaire devant le tribunal judiciaire

934 — Domaine. Sauf dispositions contraires, la procédure devant le tribunal judiciaire est écrite (CPC, art. 775). Au titre des dispositions contraires doit être cité l'article 817 disposant que « Lorsque les parties sont dispensées de constituer avocat conformément aux dispositions de l'article 761, la procédure est orale, sous réserve des dispositions particulières propres aux matières concernées » (sur la représentation, v. supra, n° 860). Dans ces cas, la procédure orale ordinaire s'applique.

Devant le tribunal judiciaire, les procédures orales sont multiples et le caractère oral de la procédure n'a pas obligatoirement pour corollaire la dispense de constitution d'avocat. Devant le tribunal judiciaire est orale la procédure de référé (v. infra, n° 1172) qui en fonction du litige peut imposer la constitution d'avocat. Aussi la procédure accélérée au fond est une procédure orale (v. infra, n° 1259).

935 — Introduction de l'instance : dispositions communes. Conformément aux dispositions communes de l'introduction de l'instance devant le tribunal judiciaire, en cas de procédure orale, la demande en justice est par principe formée par assignation (CPC, art. 750, al. 1). La juridiction peut également, dans tous les cas, être saisie par une requête conjointe

(CPC, art. 750, *in fine*). Enfin, « lorsque le montant de la demande n'excède pas 5 000 euros en procédure orale ordinaire ou dans certaines matières fixées par la loi ou le règlement », la demande peut être formée par requête (CPC, art. 750, al. 2).

936 — Introduction de l'instance : disposition spécifique. Les dispositions de l'article 750 du CPC sont réitérées à l'article 818 du même code relatif à l'introduction de l'instance dans le cadre de la procédure orale ordinaire. D'une part, l'article 818 du CPC prévoit un cas dans lequel la demande est formée par requête, il s'agit de la demande formée aux fins de tentative préalable de conciliation. D'autre part, cet article reprend les dispositions de principe. La procédure aux fins de jugement peut être formée par assignation, requête conjointe ou requête lorsque le montant n'excède pas 5 000 euros.

937 — Annonce. La procédure orale ordinaire devant le tribunal judiciaire reprend les principales caractéristiques de l'ancienne procédure applicable devant le tribunal d'instance. Héritée de la justice de paix, la conciliation est au cœur de la procédure. Ainsi coexistent la demande aux fins de tentative préalable de conciliation formée par requête (B) et la procédure aux fins de jugement (C). Les dispositions de la procédure orale ordinaire devant le tribunal judiciaire sont à combiner avec le droit commun de l'oralité (A).

Jusqu'au 31 décembre 2019, la procédure applicable devant le tribunal paritaire était celle suivie devant le tribunal d'instance. Depuis le 1er janvier 2020, la procédure applicable devant le tribunal paritaire des baux ruraux est la procédure orale ordinaire suivie devant le tribunal judiciaire. La procédure orale ordinaire est applicable sous réserve des dispositions des articles 883 et suivants du CPC ; notamment, la demande est formée et le tribunal saisi par requête.

A | Le droit commun de l'oralité

938 — Notion d'oralité. L'oralité est le caractère de ce qui s'énonce de vive voix, de ce qui a trait à la parole, au discours. Que la procédure soit écrite ou orale, les parties ont un « droit à un débat oral ». En tant que principe de procédure civile, l'oralité est un moyen utilisé afin d'instaurer une discussion entre les protagonistes du procès.

Cass. ass. plén., 24 nov. 1989, n° 88-18188.

939 — Notion de procédure orale. L'oralité en tant que principe de procédure civile est à distinguer de la procédure orale. Lorsque la procédure est orale, l'oralité se mue en une technique procédurale par laquelle un juge est saisi des prétentions et moyens des parties par leur formulation verbale à l'audience (CPC, art. 446-1).

940 — Pluralité des procédures orales. Outre devant le tribunal judiciaire, sont orales les procédures devant les juridictions d'exception – le tribunal de commerce (CPC, art. 860-1), le conseil des prud'hommes (C. trav., art. R. 1453-3) et le tribunal paritaire des baux ruraux (CPC, art. 882, renvoyant à la procédure orale suivie devant le tribunal judiciaire) – ainsi que certaines procédures suivies devant les juridictions de droit commun, comme la procédure d'appel sans représentation obligatoire (CPC, art. 946), les procédures devant le JAF (CPC, art. 1140) ou encore devant les juridictions spécialement désignées en matière de contentieux de sécurité sociale et de l'aide sociale (CPC, art. R. 142-10-4 et R. 142-13-3). En référé, la procédure est orale.

941 — Simplicité des procédures orales ? Les procédures orales se veulent simples en raison de deux traits caractéristiques : l'absence d'écrit et le caractère non obligatoire du ministère d'avocat. Pourtant louées pour leur simplicité, les procédures orales peuvent du « rêve » tourner au « cadeau empoisonné », car le caractère oral ne dénie ni la potentielle complexité de l'affaire ni celle de la procédure.

Cass. 2e civ., 6 mai 1999 : Bull. civ., n° 82, p. 61 ; RTD civ. 1999, p. 700, obs. Perrot.

942 — Évolution des procédures orales. La simplicité des procédures orales est un préjugé, bien souvent démenti par la réalité. Pour cette raison, en dépit de l'oralité, la propension est à solliciter l'assistance et la représentation par avocat, alors amené à rédiger des écritures. En ce sens, les procédures orales se rapprochent de deux traits caractérisant la procédure écrite : la représentation par avocat et le recours aux conclusions.

943 — Réforme de la procédure orale. Si la possible représentation par avocat est depuis longtemps admise, ce n'est que le décret du 1er octobre 2010 relatif à la conciliation et à la procédure orale en matière civile, commerciale et sociale qui a institutionnalisé le recours à l'écrit dans les procédures orales. Ce décret a une importance majeure car en plus d'officialiser l'écrit, il a créé un ensemble de règles communes aux procédures orales (CPC, art. 446-1 à 446-4).

944 — Socle commun. Le décret du 1er octobre 2010 a innové en consacrant un socle commun de la procédure orale aux articles 446-1 à 446-4 du CPC. Ces dispositions maintiennent le principe de l'oralité tout en consacrant le recours à l'écrit dans les procédures orales. Il en résulte une double conception de la procédure orale. Dans une conception classique, l'écrit est seulement autorisé (1), alors que dans une conception renouvelée, il est institutionnalisé (2).

1 Une conception classique de la procédure orale autorisant l'écrit

945 — Annonce. La conception classique de la procédure orale repose sur le principe de la primauté de l'oral sur l'écrit (a). Ce principe emporte des conséquences procédurales propres aux procédures orales (b).

a Le principe de primauté de l'oral sur l'écrit

946 — Technique de l'oralité. Dans le cadre d'une procédure orale, l'oralité est une technique procédurale par laquelle les parties ne peuvent saisir un juge de prétentions et de moyens qu'en les formulant verbalement à l'audience. Cette définition de la procédure orale est classique, mais elle n'a été consacrée dans le CPC en son article 446-1 que par le décret du 1er octobre 2010.

Afin d'assurer une sécurité des débats, l'alinéa premier de l'article 446-1 du CPC précise que les observations des parties – et pas uniquement leurs prétentions – sont notées au dossier ou consignées dans un procès-verbal.

947 — Obligation de présentation à l'audience. Il résulte de cette conception traditionnelle de la technique de l'oralité que la présentation à l'audience est un élément essentiel de la procédure orale. L'oralité impose à la partie de comparaître ou de se faire représenter afin de formuler valablement ses prétentions et moyens. La présence physique des parties ou de leur représentant devant la juridiction saisie de l'affaire est donc une obligation procédurale de l'oralité afin de saisir le juge.

948 — Demande incidente et partie non comparante. Conformément à l'article 68 du CPC, les demandes incidentes sont formées à l'encontre des parties à l'instance de la même manière que sont présentés les moyens de défense. Dès lors, en procédure orale, ces demandes doivent l'être verbalement à l'audience. Cependant, à l'encontre des parties défaillantes ou des tiers, elles sont faites dans les formes prévues pour l'introduction de l'instance.

949 — Saisine du juge en cas de renvoi. Afin de saisir le juge, il n'est pas nécessaire pour les parties ou leur représentant de se présenter à l'ensemble des audiences. En cas de renvoi, le juge demeure saisi des prétentions et moyens dont il a été régulièrement saisi à une audience. La solution vaut même si la partie n'est ni comparante ni représentée aux audiences ultérieures.

Cass. 2e civ., 9 avr. 2009, n° 07-44389.

950 — Référence aux écritures. La conception classique de la procédure orale n'exclut pas la faculté de déposer des écrits. Suivant l'article 446-1 du CPC, dans le cadre d'une procédure orale, « les parties peuvent également se référer aux observations consignées par écrit ». Il s'agit d'une faculté laissée à la discrétion des parties.

951 — Saisine du juge par référence aux écrits. Si l'oralité n'exclut pas le recours aux écritures, les écrits ne sont qu'un auxiliaire à la présentation orale lors de l'audience. Sauf cas particuliers (v. *infra*, n° 965), la validité des écrits est subordonnée à la présence physique effective et active des parties ou de leur représentant à l'audience. Les écritures saisissent le juge, à la condition d'y faire référence lors de l'audience.

952 — Interprétation du terme « se référer » aux écritures. « Se référer » signifie donner une indication à ce à quoi il est renvoyé. Dès lors, afin de saisir le juge, il ne suffit pas de comparaître, un report aux écritures est également nécessaire. Et si, suivant un arrêt de 2014, seule une « réitération » verbale des écrits saisit le juge, il apparaît que sans nécessiter un développement complet des moyens et prétentions contenus dans les écritures, une référence explicite aux écrits à l'audience est indispensable.

Cass. 2e civ., 15 mai 2014, n° 12-27035 – Cass. 3e civ., 18 juin 2014, n° 12-20714.

953 — Bon déroulement de l'instance. Bien que les parties aient la libre disposition de l'instance, l'office du juge est de veiller à son bon déroulement (CPC, art. 2 et 3). L'audience des plaidoiries cessant seulement « lorsque la juridiction s'estime éclairée » (CPC, art. 440), la partie ou son représentant doit assister à la présentation orale de la partie adverse et, au besoin, répondre aux demandes d'explication du juge.

954 — Primauté de l'oral sur l'écrit. S'il est possible de se référer aux écrits, sauf exceptions (v. *infra*, n° 962), les seuls écrits ne lient pas les parties. Ainsi, les parties peuvent déposer de nouveaux moyens et prétentions à l'audience. Surtout, en cas de contradiction entre les écrits et l'oral, l'oralité prime.

b Les conséquences procédurales de l'oralité

955 — Date des prétentions. En raison de l'obligation de comparution attachée à la procédure orale, par principe, la date des prétentions et moyens est celle de leur présentation à l'audience. La date de l'allégation orale est donc prise en considération.

956 — Présentation des moyens. Il en résulte que le moment de présentation des moyens de défense est apprécié à l'oral lors de l'audience. Les exceptions de procédure sont donc à soulever *in limine litis* à l'audience et les écrits antérieurs ne sont pas de nature à priver une partie de soulever une telle exception, à la condition qu'elle le soit avant toute référence à une fin de non-recevoir ou une défense au fond.

Cass. 2e civ., 16 oct. 2003, nº 01-13036.

957 — Effet des écrits antérieurs. La procédure orale n'ignore pas, pour autant, les écrits antérieurs à l'audience. Suivant la définition de l'oralité, le juge est saisi verbalement des prétentions et des moyens des parties. Il s'ensuit qu'un écrit produit ses effets lorsqu'il ne s'attache pas à une prétention et un moyen. L'explication tient au fait que, dans ce cas, l'écrit sort de la technique de l'oralité.

958 — Exemples. Le désistement écrit du demandeur à l'instance produit immédiatement son effet extinctif. Cependant, l'égalité des armes et l'exigence d'un procès équitable imposent qu'il soit statué sur la demande incidente soutenue à l'audience, lorsque cette demande incidente a été formulée par un écrit déposé au greffe antérieurement au désistement d'appel.

Cass. 2e civ., 12 oct. 2006, nº 05-19096 – Cass. ch. mixte, 13 mars 2009, nº 07-17670.

959 — Principe du contradictoire. Légitimement, ni le juge ni les parties ne sont dispensés du principe de la contradiction en raison de l'oralité de la procédure. Le contradictoire doit toutefois s'articuler avec deux spécificités de l'oralité : pouvoir présenter des demandes et des pièces jusqu'à la mise en délibéré et ne pas être tenu à une communication préalable. Dès lors, le temps utile (CPC, art. 15), nécessaire au respect du contradictoire (CPC, art. 16), est celui de l'audience.

960 — Respect du contradictoire. Afin d'assurer le respect du principe du contradictoire, le juge a le pouvoir de renvoyer l'affaire à une nouvelle audience. Un tel renvoi est effectué lorsque l'adversaire ne dispose pas du temps utile pour répondre pendant l'audience.

961 — Preuve du respect du contradictoire. En raison du principe d'oralité des débats dans la procédure orale, une présomption de régularité est attachée au principe de la contradiction. Il appartient donc, non sans difficulté, à la partie se prévalant du non-respect du contradictoire d'en rapporter la preuve.

Conformément à l'article 457 du CPC, « le jugement a la force probante d'un acte authentique ». Il en résulte une difficulté majeure concernant la preuve de la violation du contradictoire en procédure orale, car les mentions des jugements relatifs aux formulations orales ne peuvent être remises en cause que par une inscription de faux (CPC, art. 303 et s.).

2 Une conception renouvelée de la procédure orale institutionnalisant l'écrit

962 — Évolution. Se détachant de la simple faculté de se référer aux écrits, le décret de 2010 a consacré le recours à l'écrit dans la procédure orale (a). Poursuivant la métamorphose de la procédure orale, le décret du 6 mai 2017 portant diverses mesures de modernisation et de simplification de la procédure civile a structuré les écritures en procédure orale (b). Cette institutionnalisation de l'écrit impose de préciser la date à laquelle il produit ses effets (c).

a Le recours aux écritures en procédure orale

963 — Deux hypothèses de recours aux écritures. Le droit commun de l'oralité a affaibli le caractère oral de la procédure en permettant aux parties de recourir à l'écrit. Le recours aux écritures est autorisé dans deux hypothèses : la première est relative à la dispense de présentation, la seconde concerne l'organisation des échanges écrits, qui instaure une mise en état en procédure orale.

964 — Précisions. L'organisation des échanges écrits entre les parties conformément au dispositif de mise en état de la procédure orale n'emporte pas dispense pour les parties de se présenter. Les deux hypothèses ne sont pas liées.

α Le recours aux écritures en cas de dispense de présentation

965 — Écrit sans présentation à l'audience. Innovation du décret du 1er octobre 2010, le droit commun de la procédure orale autorise les parties à formuler leurs prétentions et leurs moyens par écrit sans se présenter à l'audience (CPC, art. 446-1, al. 2). Est officiellement reconnu un recours aux écritures sans exigence de présentation et sans que le caractère contradictoire du jugement en soit affecté.

966 — Condition : existence d'une dispense. La dispense de présentation emportant primauté de l'écrit est autorisée à la condition qu'une « disposition particulière » de la juridiction saisie le prévoie (CPC, art. 446-1, al. 2). Des dispositions existantes résultent deux catégories de dispense : l'une judiciaire et l'autre légale.

967 — Dispense judiciaire. La dispense judiciaire est celle accordée par le juge qui organise les échanges entre les parties comparantes. Lorsque la dispense est accordée par le juge, la communication entre les parties se fait par lettre recommandée avec demande d'avis de réception ou par notification entre avocats. Dans les délais impartis par le juge, il lui en est justifié.

Initialement autorisée devant le tribunal d'instance (CPC, art. 847-1 ; et donc devant le tribunal paritaire des baux ruraux, CPC, art. 882), le tribunal de commerce (CPC, art. 861-1), la cour d'appel lorsque la représentation n'est pas obligatoire (CPC, art. 946, al. 2), le juge de l'exécution (CPC exéc., art. R. 121-9) et les juridictions de la sécurité sociale (CSS, art. R. 142-20-2 ancien), le décret n° 2016-660 du 20 mai 2016 a étendu la dispense à la procédure prud'homale (C. trav., art. R. 1454-19-2). Le décret n° 2018-928 du 29 octobre 2018 prévoit cette dispense devant le pôle social du TGI (CSS, art. R. 142-10-4) et dans la procédure du contentieux de la tarification (CSS, art. R. 142-13-3, al. 3). La dispense est désormais prévue devant le tribunal judiciaire (CPC, art. 831).

968 — Dispense légale. La dispense légale est celle qui joue de plein droit dans les seuls cas réservés par la loi. La dispense légale concerne la présentation de moyens en cours d'instance (par ex. le juge de l'exécution, CPC exéc., art. 121-10) ou de demandes spécifiques (par ex. la demande incidente de délais de paiement devant les tribunaux d'instance et de commerce, CPC, art. 847-2 et 861-2).

969 — Référé. Le décret n° 2017-892 du 6 mai 2017 portant diverses mesures de modernisation et de simplification de la procédure civile a créé un nouvel article 486-1, alinéa 1er au CPC édictant une dispense de présentation en matière de référé. Celle-ci est limitée aux demandes portant sur une mesure d'instruction en référé. Aussi, elle apparaît ne bénéficier qu'au défendeur qui, indiquant avant l'audience acquiescer à la demande, est dispensé de se présenter devant le juge.

970 — Conséquences. En cas de dispense judiciaire ou légale, sous réserve de leur régularité, les écrits sont recevables et se substituent entièrement à l'oral. Le juge conserve néanmoins la faculté d'ordonner que les parties se présentent devant lui (CPC, art. 446-1, al. 2).

β ▮ L'émergence d'une mise en état par le recours aux écritures

971 — Calendrier des échanges écrits. Conformément au premier alinéa de l'article 446-2 du CPC, le juge peut organiser les échanges entre les parties comparantes, lorsque les débats sont renvoyés à une audience ultérieure. Sans le dire, par un calendrier des échanges écrits, une mise en état substantielle est institutionnalisée dans la procédure orale.

972 — Mise en état intellectuelle. L'article 446-3 du CPC reprend les principes généraux des articles 8 et 13 et de l'article 11 du CPC en disposant que « Le juge peut inviter, à tout moment, les parties à fournir les explications de fait et de droit qu'il estime nécessaires à la solution du litige et les mettre en demeure de produire dans le délai qu'il détermine tous les documents ou justifications propres à l'éclairer, faute de quoi il peut passer outre et statuer en tirant toute conséquence de l'abstention de la partie ou de son refus ».

973 — Avis et accord des parties. Depuis le décret n° 2017-892 du 6 mai 2017 portant diverses mesures de modernisation et de simplification de la procédure civile, afin de fixer les délais, c'est-à-dire organiser un calendrier de la procédure, le juge doit simplement recueillir l'avis des parties. Dans ce cadre de la mise en état écrite, l'accord des parties est exigé pour les conditions de communication de leurs prétentions, moyens et pièces.

974 — Sanctions. Si les modalités de communication ne sont pas respectées, le juge peut rappeler l'affaire à l'audience, en vue de la juger ou de la radier (CPC, art. 446-2, al. 4). En outre, les prétentions, moyens et pièces communiqués après la date fixée pour les échanges peuvent être écartés par le juge, si la tardiveté porte atteinte aux droits de la défense et – condition cumulative – s'il n'existe pas de motif légitime de communication tardive (CPC, art. 446-2, al. 5).

b ▌La structuration des écritures en procédure orale

975 — Principe. Lorsque toutes les parties sont assistées ou représentées par un avocat et que toutes les parties comparantes formulent leurs prétentions et moyens par écrit, une structuration des écritures est imposée en procédure orale (CPC, art. 446, al. 2).

976 — Vers une modélisation des écritures. La structuration des écritures en procédure orale résulte du décret n° 2017-892 du 6 mai 2017 portant diverses mesures de modernisation et de simplification de la procédure civile qui a créé un nouvel alinéa 2 à l'article 446-2 du CPC. Cette structure est similaire à celle des conclusions devant le tribunal judiciaire (CPC, art. 753) et la cour d'appel (CPC, art. 954).

977 — Contenu. Formellement, les écritures (le texte utilise le terme de « conclusions ») doivent comprendre un exposé des faits et de la procédure, une discussion des prétentions et des moyens, un dispositif récapitulant les prétentions, ainsi qu'en annexe un bordereau énumérant les pièces.

Les écritures doivent formuler expressément les prétentions. Pour chacune de ces prétentions, les moyens en fait et en droit sur lesquels la prétention est fondée doivent être formulés. Aussi, les pièces invoquées pour chaque prétention et leur numérotation doivent être mentionnées. Les écritures doivent également distinguer de « manière formellement distincte » les moyens non formulés dans les écritures précédentes. Enfin, un dispositif doit récapituler l'ensemble des prétentions.

978 — Sanction. Ce formalisme est strict et impératif car – suivant une formule similaire à celle de l'article 753 du CPC – « le tribunal ne statue que sur les prétentions énoncées au dispositif et n'examine les moyens au soutien de ces prétentions que s'ils sont invoqués dans la discussion ». Dès lors, la sanction est sévère en cas de non-respect du formalisme.

979 — Obligation de récapitulation. Lorsque toutes les parties sont assistées ou représentées par un avocat et que toutes les parties comparantes formulent leurs prétentions et moyens par écrit, une obligation de récapitulation est posée. Les dernières écritures doivent reprendre les prétentions et moyens présentés ou invoqués dans leurs écritures antérieures. À défaut, les parties sont réputées les avoir abandonnés et le juge ne statue que sur les dernières conclusions déposées.

Lorsque les parties formulent leurs prétentions et moyens par écrit mais qu'elles ne sont pas assistées ou représentées par un avocat, il est nécessaire d'obtenir l'accord des parties afin que les écritures soient récapitulatives (CPC, art. 446-2).

C ▮ La date des effets des écrits

980 — Date de communication des écrits entre les parties. Lorsque les prétentions et moyens sont régulièrement présentés par écrit, conformément à l'article 446-4 du CPC, la date des prétentions et des moyens est celle de leur communication entre les parties. Il ne s'agit donc pas de la date de dépôt au greffe.

981 — Domaine d'application : dispense de présentation à l'audience. L'article 446-4 du CPC est, logiquement, applicable en cas de dispense de présentation à l'audience (CPC, art. 446-1, al. 2). La date d'effet des écrits est alors celle de l'avis de réception de la lettre recommandée ou de la notification entre avocats.

982 — Domaine d'application : organisation des échanges écrits par le juge. L'article 446-4 du CPC est également rendu applicable par l'organisation des échanges écrits entre les parties conformément au dispositif de mise en état de la procédure orale (CPC, art. 446-2), peu importe que les parties aient été ou non dispensées de comparaître.

Cass. 2e civ., 22 juin 2017, no 16-17118.

983 — Conséquences. Il en résulte une primauté de l'écrit sur l'oral. Les écrits prennent effet à leur date de communication entre les parties, et cela indépendamment de toute référence à l'oral. La précision est importante, car la mise en état écrite n'emporte pas dispense de présentation à l'audience. Les écrits priment même si des prétentions et des moyens sont ultérieurement présentés oralement à l'audience. La vigilance est donc de rigueur concernant, notamment, la présentation d'une exception d'incompétence.

Cass. 2e civ., 22 juin 2017, préc.

B Tentative préalable de conciliation

984 — Demande aux fins de tentative préalable de conciliation. L'article 829 du CPC dispose que la demande en justice est formée « à fin de conciliation et, à défaut, de jugement, sauf la faculté pour le demandeur de provoquer une tentative de conciliation ». De manière originale, le demandeur peut former une demande uniquement aux fins de tentative préalable de conciliation (CPC, art. 830).

985 — Introduction et effet de la demande. La demande en justice peut être formée aux fins de tentative préalable de conciliation. La demande de conciliation préalable est formée par requête faite, remise ou adressée au greffe. Son enregistrement emporte interruption de la prescription et des délais pour agir (CPC, art. 820).

986 — Annonce. Dans l'hypothèse où le demandeur forme une demande aux fins de tentative préalable de conciliation, le CPC, en ses articles 821 et suivants, organise les modalités de la conciliation (1) ainsi que ses issues (2). La conciliation étant judiciaire, le droit commun des articles 127 et suivants du CPC est applicable, et à combiner avec les dispositions spéciales de la tentative préalable de conciliation de la procédure orale ordinaire du tribunal judiciaire.

1 Les modalités de la conciliation

987 — Délégation ou non de la conciliation. Le juge peut mener lui-même la conciliation (CPC, art. 825) ou la déléguer à un conciliateur de justice (CPC, art. 821 et s.). Le choix des modalités de rapprochement des parties, à savoir la délégation (a) ou non à un conciliateur (b), revient au seul juge, l'accord des parties n'étant pas exigé.

a La conciliation déléguée à un conciliateur de justice

988 — Désignation du conciliateur. Lorsque le juge délègue à un conciliateur de justice la tentative préalable de conciliation, le greffier avise par tous moyens le défendeur de la décision du juge (CPC, art. 821), il en est de même pour le demandeur et le conciliateur de justice (CPC, art. 822).

989 — Mission. Conformément au droit commun de la conciliation judiciaire (CPC, art. 129-2), lorsque le juge désigne un conciliateur de justice, il doit fixer la durée de sa mission (3 mois maximum, renouvelable une fois sur demande du conciliateur) et indiquer la date à laquelle l'affaire sera rappelée. Les décisions prises par le juge dans le cadre de la délégation de la mission de conciliation sont des mesures d'administration judiciaire (CPC, art. 129-6).

990 — Déroulement de la conciliation. Lors de la tentative préalable de conciliation devant le tribunal judiciaire, afin d'exercer sa mission, le conciliateur dispose des pouvoirs applicables à la conciliation devant toutes les juridictions (CPC, art. 822, al. 2). Il peut convoquer les parties (CPC, art. 129-3), qui doivent se présenter en personne mais ont la possibilité de se faire assister (CPC, art. 823), ou encore se rendre sur les lieux et entendre toute personne dont l'audition lui paraît utile, sous réserve de l'acceptation de celle-ci (CPC, art. 129-4).

b La conciliation menée par le juge

991 — Dispositions. À défaut de délégation à un conciliateur de justice, le juge procède lui-même à la tentative préalable de conciliation. Le régime de la conciliation préalable menée par le juge devant le tribunal judiciaire en cas de procédure orale est succinct. Seul un article y est dédié : l'article 825 du CPC.

992 — Régime. Suivant l'article 325 du CPC, le greffe avise le demandeur par tous moyens des lieu, jour et heure auxquels l'audience de conciliation se déroulera ; le défendeur est lui convoqué par lettre simple. Lors de la conciliation, les parties ont la faculté de se faire assister par une personne énoncée à l'article 762 du CPC. En dehors de ces modalités, rien n'est précisé sur le déroulement de la conciliation, ce qui octroie au juge une liberté importante dans la conduite de la conciliation.

2 Les issues de la conciliation

993 — Pluralité d'issues. Les issues de la tentative préalable de conciliation sont plurales. La conciliation menée par le conciliateur ou le juge peut être une réussite totale ou partielle. *A contrario,* la conciliation peut échouer totalement ou partiellement.

994 — Réussite de la conciliation menée par le conciliateur. En cas d'accord, même partiel, de la conciliation menée par le conciliateur, sa teneur est consignée dans un constat signé par les parties et le conciliateur de justice (CPC, art. 130). Le constat d'accord établi par le conciliateur de justice peut être soumis à l'homologation du juge. La demande d'homologation formée par les parties est transmise au juge par le conciliateur

(CPC, art. 824). L'homologation relève de la matière gracieuse (CPC, art. 131) et confère force exécutoire.

995 — Réussite de la conciliation menée par le juge. En cas d'accord, même partiel, de la conciliation menée par le juge, sa teneur est consignée dans un procès-verbal signé par les parties et le juge (CPC, art. 130). Des extraits du procès-verbal dressé par le juge peuvent être délivrés ; ils valent titre exécutoire (CPC, art. 131).

996 — Échec de la tentative de conciliation. L'échec de la tentative préalable de conciliation peut résulter de différentes causes. La première est le défaut d'accord des parties à l'issue de la procédure. Aussi, si le bon déroulement de la procédure paraît compromis, à tout moment, le juge peut y mettre fin d'office ; il le peut également à la demande d'une partie ou à l'initiative du conciliateur (CPC, art. 129-5, al. 2).

997 — Échec de la tentative de conciliation menée par le conciliateur. En cas d'échec de la conciliation, le conciliateur de justice en informe le juge (CPC, art. 129-5 et 822) et les parties sont avisées que la juridiction peut être saisie aux fins de jugement (CPC, art. 823, al. 2). La date de la réunion à l'issue de laquelle l'échec est constaté doit être indiquée (CPC, art. 822, al. 3). Cette indication temporelle marque le terme du processus de conciliation.

998 — Demandes aux fins de jugement en cas d'échec de la conciliation. L'échec total ou partiel de la conciliation permet au demandeur de saisir la juridiction aux fins de jugement de tout ou partie de ses prétentions initiales suivant les modalités de l'article 818 du CPC. La demande aux fins de jugement en cas d'échec de la conciliation est formée par assignation, requête conjointe ou requête pour les demandes inférieures à 5 000 euros.

C Procédure aux fins de jugement

999 — Conciliation. Lors de l'instance, la conciliation tient à nouveau une place importante. Suivant l'article 827 du CPC, « le juge s'efforce de concilier les parties ». Aussi, à tout moment de la procédure, le juge peut « inviter » les parties à rencontrer un conciliateur (CPC, art. 827, al. 2).

1000 — Conciliation déléguée à un conciliateur. Les parties sont avisées par tous moyens de l'invitation du juge à rencontrer un conciliateur, il s'agit donc d'une délégation de la mission de conciliation à un conciliateur (CPC, art. 129-1 et s.). L'avis indiquant en outre la date d'audience à laquelle le juge constatera la conciliation ou tranchera le litige, il s'agit dès lors d'une double convocation. En cas de conciliation, le juge homologue l'accord qui lui est soumis (CPC, art. 131).

1001 — Audience. À défaut de conciliation constatée à l'audience, le juge tranche le litige suivant les principes de l'oralité. À l'audience, afin de saisir le juge des prétentions et moyens, les parties doivent comparaître en personne ou être représentées. Plusieurs orientations sont envisageables selon que l'affaire est ou non en état d'être jugée (CPC, art. 830).

1002 — Affaire en état. Lorsque l'affaire est en état d'être jugée, elle l'est immédiatement et les débats ont lieu. L'audience des débats se déroule suivant les dispositions de droit commun (CPC, art. 430 et s.). L'affaire est mise en délibéré et le juge donne la date de mise à disposition du jugement au greffe.

1003 — Affaire non en état. Lorsque l'affaire n'est pas en état d'être jugée, elle est renvoyée à une audience ultérieure. Dans ce cas, le greffier avise par tous moyens les parties qui ne l'auraient pas été verbalement de la date de l'audience (CPC, art. 830).

1004 — Affaire non en état : droit commun. Conformément au droit commun de l'oralité, si l'affaire n'est pas en état d'être jugée, soit le juge renvoie à une audience ultérieure dans les conditions de l'article 446-3 du CPC, soit il fixe un calendrier des échanges écrits (CPC, art. 446-2). Dans les deux cas, les parties doivent se présenter en personne ou par représentant à l'audience ultérieure.

1005 — Audience ultérieure et dispense de présentation. Toutefois, devant le tribunal judiciaire, une dispense de présentation à une audience ultérieure est prévue à l'article 831 du CPC. Suivant les conditions de l'article 446-1 du CPC, le juge peut dispenser une partie comparante, qui en fait la demande, de se présenter à une audience ultérieure. Dans ce cas, la communication entre les parties est faite par lettre recommandée avec demande d'avis de réception ou par notification entre avocats, et il en est justifié auprès du tribunal dans les délais que le juge impartit.

1006 — Audience des débats. Réserve faite des dispositions propres à la procédure orale, notamment la dispense de présentation des parties, le droit commun des débats des articles 430 et suivants du CPC est applicable. Ainsi, sauf exception, les débats sont publics. Le juge dirige les débats et organise l'audience (v. *supra*, n° 928).

1007 — Procédure sans audience. Bien que la procédure soit orale, les parties peuvent consentir à la procédure sans audience prévue à l'article L. 212-5-1 du COJ à tout moment de la procédure (CPC, art. 828). Le consentement à la procédure sans audience peut être formulé lors de l'introduction de l'instance ou en cours d'instance par déclaration adressée au greffe. La déclaration est écrite, datée et signée de la main de son auteur.

À peine de nullité, la déclaration doit comporter les mentions relatives à l'identité des parties (CPC, art 829, 1° et 2°). Aussi doit être annexé à la déclaration, en original ou en photocopie, tout document officiel justifiant de son identité et comportant sa signature.

IV Les dispositions relatives à la procédure sans audience

1008 — Loi *PRJ*. La loi *PRJ* a introduit la possibilité de statuer sans audience devant le tribunal judiciaire avec l'accord des parties tout en posant les fondements d'une procédure dématérialisée. Deux cas sont prévus, respectivement aux articles L. 212-5-1 et L. 212-5-2 du COJ :
- d'une part une procédure sans audience exclusivement écrite ;
- d'autre part une procédure dématérialisée pour les litiges du quotidien, soit ceux n'excédant pas un certain montant.

Le décret n° 2019-1333 du 11 décembre 2019 organise la possibilité pour les parties de bénéficier avec leur accord de la procédure sans audience. Les dispositions s'appliquent depuis 1er janvier 2020. En revanche, la procédure dématérialisée doit entrer en vigueur au plus tard le 1er janvier 2022 et un décret est nécessaire (L. *PRJ*, art. 109, VIII).

1009 — Demande initiale. La procédure sans audience est réservée au tribunal judiciaire. Il s'agit d'une faculté dont l'initiative de la mise en œuvre revient aux parties. Les parties peuvent bénéficier de la procédure sans audience dès la demande initiale. Que la représentation par avocat soit obligatoire (CPC, art. 753, *in fine*) ou non (CPC, art. 754, al. 2), l'assignation mentionne, le cas échéant, l'accord du demandeur pour que la procédure se déroule sans audience. Il en est de même pour la requête (CPC, art. 757, al. 2).

La formule est identique pour l'assignation et la requête : « Le cas échéant, l'assignation (ou la requête) mentionne l'accord du demandeur pour que la procédure se déroule sans audience ». Le demandeur peut donc manifester son souhait de recourir à la procédure sans audience dès l'introduction de l'instance.

1010 — Accord des parties. En tous les cas (procédure orale ou écrite, avec ou sans représentation obligatoire), la procédure sans audience est soumise à l'accord des parties. Lorsque le défendeur constitue avocat, l'accord du défendeur à la procédure sans audience peut se manifester au commencement de la procédure. En cette hypothèse, l'accord se matérialise dans l'acte de constitution de l'avocat du défendeur remis au greffe (CPC, art. 763, al. 2).

1011 — Accord des parties : moment. Dès l'introduction de l'instance, les parties peuvent indiquer leur souhait de recourir à la procédure sans audience. Le consentement à la procédure sans audience peut également intervenir en cours d'instance. Outre les dispositions communes relatives aux modes de saisine, des dispositions sont propres à la procédure écrite ordinaire et à la procédure orale ordinaire. Ces dispositions prévoient le recours à la procédure sans audience et en précisent les modalités.

1012 — Domaine. La procédure sans audience peut intervenir dans le cadre de la procédure ordinaire écrite ou orale devant le tribunal judiciaire. Il convient de préciser qu'il ne s'agit pas d'une autre procédure, le recours à la procédure sans audience emportant une adaptation de certaines règles de la procédure ordinaire.

1013 — Procédure écrite ordinaire. Devant le tribunal judiciaire, la procédure écrite ordinaire débute par une audience d'orientation. Lors de cette audience, plusieurs options sont envisageables. En deux hypothèses, les parties peuvent recourir à la procédure sans audience.

1014 — Procédure écrite ordinaire : affaires prêtes à être jugées. En une première hypothèse, le président renvoie à l'audience les affaires prêtes à être jugées sur le fond (CPC, art. 778). S'il est fait application de la procédure sans audience suivant le souhait des parties, une date pour le dépôt des dossiers au greffe de la chambre est fixée par le président, éventuellement avec l'accord du ministère public. Lorsque le délai prévu pour la remise des dossiers est expiré, les parties sont informées par le président du nom des juges de la chambre qui seront amenés à délibérer et de la date à laquelle le jugement sera rendu.

1015 — Procédure écrite ordinaire : ultime échange. En une seconde hypothèse, un ultime échange est nécessaire afin de mettre l'affaire en état d'être jugée (CPC, art. 779). Si les parties souhaitent faire application de la procédure sans audience définie à l'article L. 212-5-1 du COJ, les modalités de mise en œuvre sont identiques à celles exposées ci-dessus : date de dépôt des dossiers, informations des parties. En effet, l'article 779 du CPC dédié au circuit moyen (affaires nécessitant un ultime échange) renvoie à l'article 778 du CPC consacré au circuit court (affaires prêtes à être jugées).

1016 — Procédure écrite ordinaire : mise en état. Lors de l'audience d'orientation, la procédure sans audience peut intervenir dans deux cas. Par une lecture *a contrario* du dernier alinéa de l'article 779 du CPC, les affaires faisant l'objet d'une procédure sans audience ne peuvent pas être mises en état d'être jugées. Il convient néanmoins de préciser que même s'il y a une mise en état, les parties peuvent souhaiter bénéficier de la procédure sans audience de l'article L. 212-5-1 du COJ. En ce cas, le juge de la mise en état doit déclarer l'instruction close. Il la déclare close dès que l'état de celle-ci le permet. Alors, le juge de la mise en état autorise le dépôt des dossiers au greffe de la chambre à une date qu'il fixe.

1017 — Procédure orale ordinaire. Devant le tribunal judiciaire dans le cadre de la procédure orale ordinaire aux fins de jugement, les parties peuvent consentir à la procédure sans audience à tout moment de la procédure (CPC, art. 828, al. 1).

1018 — Procédure orale ordinaire : accord des parties. La procédure sans audience est une faculté dont la mise en œuvre est subordonnée à l'accord des parties. Le consentement des parties revêt la forme d'une déclaration adressée au greffe (CPC, art. 829). À peine de nullité, la déclaration comporte les éléments d'identification des parties. La déclaration est « écrite, datée et signée de la main de son auteur. Celui-ci doit lui annexer, en original ou en photocopie, tout document officiel justifiant de son identité et comportant sa signature » (CPC, art. 829, *in fine*).

1019 — Procédure orale ordinaire : écrit. En cas de recours à la procédure sans audience, l'écrit est institué dans la procédure orale. Le deuxième alinéa de l'article 828 du CPC est sans ambiguïté : « les parties formulent leurs prétentions et leurs moyens par écrit ».

1020 — Procédure orale ordinaire : écrit écarté. La procédure écrite qui se déroule sans audience peut néanmoins être ***écartée*** par le tribunal judiciaire. Les limites sont posées au second alinéa de l'article L. 212-5-1 du COJ. Elles sont réitérées à l'identique au dernier alinéa de l'article 828 du CPC. Le tribunal peut décider de tenir une audience en deux cas :
- dans un premier cas, si le tribunal estime qu'au regard des preuves écrites il n'est pas possible de rendre une décision, il peut décider de tenir une audience ;
- dans un second cas, une audience peut être tenue si une des parties en fait la demande. Il en résulte que l'accord initial de recourir à une procédure sans audience n'est pas définitif.

SECTION 2 Procédure devant le tribunal de commerce

1021 — Procédures. Devant le tribunal de commerce, des procédures spéciales en fonction de la matière du litige sont régies par des dispositions du Code de commerce (v. par ex. la procédure de sauvegarde, C. com., art. L. 620-1 et s.). Le CPC, en ses articles 853 et suivants, pose les règles de la procédure ordinaire devant le tribunal de commerce, seule présentement étudiée.

1022 — Procédure orale. La procédure devant le tribunal de commerce est orale (CPC, art. 860-1). Les dispositions propres à la procédure devant le tribunal de commerce sont donc à combiner avec le droit commun de la procédure orale des articles 446-1 et suivants du CPC (v. *supra,* nº 938).

1023 — Représentation obligatoire. Pour les instances introduites à compter du 1er janvier 2020, les parties sont tenues de constituer avocat devant le tribunal de commerce. Ce principe de représentation obligatoire devant le tribunal de commerce est posé à l'article 853 du CPC et a été instauré par l'article 5 du décret nº 2019-1333 du 11 décembre 2019.

1024 — Représentation par avocat : dérogations. Par dérogation au principe de représentation obligatoire, les parties sont dispensées de constituer avocat dans quatre cas énoncés à l'alinéa 3 de l'article 853 du CPC :

- lorsque la loi ou le règlement prévoit une telle dispense de représentation ;
- lorsque la demande porte sur un montant inférieur ou égal à 10 000 euros ;
- dans le cadre des procédures instituées par le livre VI du Code de commerce intitulé « De la liberté des prix et de la concurrence » ;
- pour les litiges relatifs à la tenue du registre du commerce et des sociétés.

Dans ces cas, les parties se défendent elles-mêmes, mais elles ont la faculté de se faire assister ou représenter par toute personne de leur choix qui, s'il n'est avocat, doit justifier d'un pouvoir spécial (CPC, art. 853, *in fine*).

1025 — Communication par voie électronique : i-greffes. Depuis l'arrêté du 21 juin 2013, la communication par voie électronique est possible entre les avocats et entre les avocats et la juridiction dans les procédures devant les tribunaux de commerce. Les dispositions de cet arrêté permettent une notification entre avocats par le RPVA. Une plateforme d'échanges et de suivi sécurisée – dénommée « i-greffes » – est également prévue, à laquelle accèdent les greffiers des tribunaux de commerce.

1026 — Communication par voie électronique : Sécurigreffe. L'arrêté du 9 février 2016 a créé le système « Sécurigreffe », qui permet la communication entre les greffes des tribunaux de commerce et les autres acteurs – à l'exclusion des avocats (l'arrêté de 2016 ne s'appliquant pas aux transmissions visées par l'arrêté du 21 juin 2013). La transmission des actes de procédure entre le justiciable et la juridiction *via* Sécurigreffe concerne les envois, remises et notifications visés à l'article 748-1 du CPC.

1027 — Identité numérique du justiciable du tribunal de commerce. Conformément à l'article 8 de l'arrêté du 9 février 2016, « La première identification au système Sécurigreffe par les parties à la communication électronique emporte consentement de leur part à l'utilisation de la voie électronique ». Il s'agit d'une identité numérique du justiciable du tribunal de commerce.

1028 — Annonce. Devant le tribunal de commerce, la procédure ordinaire est prévue aux articles 853 et suivants du CPC. De manière classique, il convient de distinguer l'introduction de l'instance (I) et son déroulement (II).

I L'introduction de l'instance

1029 — Modes d'introduction de l'instance. Dans le cadre de la procédure ordinaire devant le tribunal de commerce, la demande en justice est formée par assignation ou par la remise au greffe d'une requête conjointe ou par la présentation volontaire des parties devant le tribunal (CPC, art. 854). Conséquence de l'unification des modes de saisine réalisée par la réforme de 2019, l'introduction de l'instance par la présentation volontaire des parties devant le tribunal de commerce disparaît.

1030 — Assignation : mentions. Outre les mentions prescrites pour les actes d'huissier (CPC, art. 648), celles exigées pour les demandes initiales (CPC, art. 54) et celles pour les assignations (CPC, art. 56), de manière spécifique devant le tribunal de commerce, l'assignation doit contenir les nom, prénoms et adresse de la personne chez qui le demandeur élit domicile en France s'il réside à l'étranger (CPC, art. 855).

1031 — Assignation : autres mentions. L'assignation doit également reproduire, en cas de demande en paiement, les dispositions de l'article 861-2 du CPC relatives à la demande de délai de paiement. Aussi, les conditions dans lesquelles le défendeur peut ou doit se faire assister ou représenter doivent être précisées, ainsi que, s'il y a lieu, le nom du représentant du demandeur (CPC, art. 855, al. 2).

1032 — Assignation : délai de comparution. L'assignation étant délivrée pour un jour déterminé, afin d'assurer le respect des droits de la défense, un délai de comparution minimal est exigé. L'assignation doit être délivrée 15 jours au moins avant la date de l'audience (CPC, art. 856). Aucune sanction n'est prévue en cas de non-respect du délai. Toutefois, ce délai est posé afin de garantir les droits de la défense. C'est pourquoi cette disposition peut être assimilée à une formalité substantielle sanctionnée par une nullité de forme (v. CA Riom, 23 juin 1988 : D. 1989, Somm. 182).

1033 — Assignation : saisine. La signification de l'assignation n'emporte pas saisine du tribunal, laquelle exige d'accomplir l'enrôlement de l'affaire. À cette fin, une copie de l'assignation doit être remise au greffe, à la diligence de l'une ou l'autre partie (CPC, art. 857, al. 1).

1034 — Assignation : délai de saisine. La remise au greffe d'une copie de l'assignation doit avoir lieu au plus tard dans le délai de 8 jours avant la date de l'audience. Si ce délai est méconnu, la caducité de l'assignation est constatée d'office par ordonnance du président ou du juge chargé d'instruire l'affaire ou, à défaut, à la requête d'une partie (CPC, art. 857, al. 2). La caducité emporte anéantissement de l'assignation.

1035 — Assignation : réduction des délais de comparution et de remise. Les délais de comparution et de remise de l'assignation peuvent être réduits en cas d'urgence par autorisation du juge (CPC, art. 858). Dans les affaires maritimes et aériennes, lorsqu'il existe des parties non domiciliées ou s'il s'agit de matières urgentes et provisoires, l'assignation peut être donnée, même d'heure à heure, sans autorisation du président.

1036 — Autres modes d'introduction de l'instance. Outre l'assignation, les parties peuvent exposer leurs prétentions par requête conjointe (CPC, art. 859). Le tribunal est saisi par la remise de la requête conjointe (contenant les mentions prévues aux articles 54 du CPC pour toute demande initiale et 57 du même code pour la requête conjointe).

II Le déroulement de l'instance

1037 — Annonce. Au jour fixé, l'affaire est appelée devant la formation de jugement du tribunal de commerce. Plusieurs options sont envisageables (A). L'une d'elles consiste à confier à l'un des membres de la formation – le juge chargé d'instruire l'affaire – le soin de l'instruire (B). Dans le déroulement de l'affaire, la communication par voie électronique a une place qu'il convient de préciser (C).

A Les différentes options de déroulement de l'affaire

1038 — Conciliation. Suivant une première option, une conciliation entre les parties apparaît envisageable. En ce cas, la formation de jugement peut désigner un conciliateur de justice ; la désignation peut revêtir la forme d'une simple mention au dossier (CPC, art. 860-2). Le droit commun de la conciliation judiciaire des articles 129-1 et suivants du CPC s'applique.

1039 — Affaire en état d'être jugée. Une deuxième option concerne les affaires pour lesquelles la conciliation n'est pas envisageable et qui sont en état d'être jugées. En ce cas, l'affaire peut immédiatement être jugée dès la première audience (CPC, art. 861, al. 2).

1040 — Affaire non en état d'être jugée : renvoi à une audience ultérieure. Une autre option concerne l'absence de conciliation et l'affaire qui n'est pas en état d'être jugée. En ce cas, la formation de jugement la renvoie à une prochaine audience ou confie à l'un de ses membres le soin de l'instruire (CPC, art. 861, al. 1). Le greffier avise alors par tous moyens les parties qui ne l'auraient pas été verbalement de la date des audiences ultérieures.

1041 — Affaire non en état d'être jugée : renvoi à une audience ultérieure, droit commun de l'oralité. Conformément au droit commun de l'oralité, si l'affaire n'est pas en état d'être jugée, soit le juge renvoie à une audience ultérieure dans les conditions de l'article 446-3 du CPC, soit il fixe un calendrier des échanges écrits (CPC, art. 446-2).

1042 — Affaire non en état d'être jugée : renvoi à une audience ultérieure, dispense de présentation. Une dispense de présentation à une audience ultérieure est prévue à l'article 861-1 du CPC. Suivant les conditions de l'article 446-1 du CPC, le juge peut dispenser une partie comparante, qui en fait la demande, de se présenter à une audience ultérieure. Dans ce cas, la communication entre les parties est faite par lettre recommandée avec demande d'avis de réception ou par notification entre avocats, et il en est justifié auprès du tribunal dans les délais qu'il impartit.

1043 — Affaire non en état d'être jugée : juge chargé d'instruire l'affaire. Enfin, une dernière option concerne également l'absence de conciliation et l'affaire qui n'est pas en état d'être jugée. En ce cas, la formation de jugement, en plus de renvoyer l'affaire à une prochaine audience, peut confier à l'un de ses membres le soin de l'instruire (CPC, art. 861, al. 1) ; il s'agit du juge chargé d'instruire l'affaire.

1044 — Affaire non en état d'être jugée : communication électronique. Dans le cadre de la mise en état de l'affaire, que l'affaire soit renvoyée à une prochaine audience ou confiée à un membre de la formation de jugement, l'article 12 de l'arrêté du 21 juin 2013 donne une précision concernant la communication électronique lorsque les parties sont assistées ou représentées par avocat. Afin de permettre aux avocats, en application de l'article 861-1 du CPC, « d'accomplir les notifications directes prévues à l'article 673 dudit Code, la remise de l'acte à l'avocat destinataire s'opère par sa transmission au moyen du RPVA ».

B ▌ Le juge chargé d'instruire l'affaire

1045 — Droit commun de l'oralité. Le juge chargé d'instruire l'affaire dispose des attributions conférées par le droit commun de l'oralité. À l'instar de la formation de jugement, le juge chargé d'instruire l'affaire peut organiser les échanges dans les conditions de l'article 446-2 du CPC et dispenser une partie de se présenter à une audience ultérieure (CPC, art. 861-3). Aussi, il dispose des pouvoirs de mise en état de l'article 446-3 du CPC (CPC, art. 862).

1046 — Conciliation. Le juge chargé d'instruire l'affaire peut désigner un conciliateur de justice dans les conditions prévues à l'article 860-2 du CPC. En cas d'accord, même partiel, des parties, le juge chargé d'instruire l'affaire constate la conciliation (CPC, art. 863).

1047 — Attributions. L'instruction étant confiée à un juge chargé d'instruire l'affaire, de nombreuses prérogatives lui sont accordées. Ainsi, il peut ordonner, même d'office, toute mesure d'instruction (CPC, art. 865). Il procède aux jonctions et disjonctions d'instance (CPC, art. 864). Il constate l'extinction de l'instance et statue, en ce cas, sur les dépens et les demandes relatives aux frais de l'article 700 du CPC (CPC, art. 865, al. 3).

1048 — Issue de l'instruction. Dès que l'état de l'instruction le permet, le juge chargé d'instruire l'affaire la renvoie devant le tribunal (CPC, art. 869). En principe, ce n'est qu'à l'issue de l'instruction que l'affaire est renvoyée. Pour autant, aucune ordonnance de clôture n'est rendue par le juge chargé d'instruire l'affaire.

1049 — Ordonnance. Sous réserve des règles particulières aux mesures d'instruction, le juge chargé d'instruire l'affaire statue par ordonnance motivée (CPC, art. 866) qui n'a pas, au principal, l'autorité de la chose jugée (CPC, art. 867). Ces ordonnances ne sont susceptibles d'aucun recours indépendamment du jugement sur le fond. Un appel est toutefois ouvert dans les 15 jours de leur date lorsqu'elles constatent l'extinction de l'instance ou suivant les modalités prévues en matière d'expertise (CPC, art. 868).

C ▌ L'audience des débats

1050 — Droit commun. Les dispositions de droit commun des articles 430 et suivants du CPC relatives à l'audience des débats s'appliquent à la procédure devant le tribunal de commerce (v. *supra*, n° 928). L'intervention du juge chargé d'instruire l'affaire a toutefois des conséquences sur l'audience des plaidoiries.

1051 — Rapport oral. À l'audience, avant les plaidoiries, le juge chargé d'instruire l'affaire fait un rapport oral de l'affaire à la demande du président. Ce rapport peut également être fait par le président de la formation ou un autre juge de la formation qu'il désigne.

1052 — Rapport oral : contenu. Le rapport expose l'objet de la demande et les moyens des parties, les questions de fait et de droit soulevées par le litige et les éléments propres à éclairer le débat (CPC, art. 870). Le rapport ne doit pas faire connaître l'avis du juge qui en est l'auteur.

1053 — Spécificité. À la condition que les parties ne s'y opposent pas, le juge chargé d'instruire l'affaire peut tenir seul l'audience pour entendre les plaidoiries. En cette hypothèse, il en rend compte au tribunal dans son délibéré (CPC, art. 871).

SECTION 3 La procédure devant le conseil des prud'hommes

1054 — Réforme. Pris pour application de la loi du 6 août 2015 pour la croissance, l'activité et l'égalité des chances économiques, le décret du 20 mai 2016 a réformé la procédure prud'homale, qui a ensuite été modifiée par la loi du 8 août 2016 relative au travail, à la modernisation du dialogue social et à la sécurisation des parcours professionnels, puis ajustée par le décret du 10 mai 2017 portant diverses dispositions procédurales relatives aux juridictions du travail.

1055 — Apport de la réforme. Les différents textes ont apporté des modifications substantielles à la procédure prud'homale. Particulièrement, la saisine par requête est ouverte, l'obligation de comparution personnelle est supprimée, le bureau de conciliation est renommé « bureau de conciliation et d'orientation » et le principe d'unicité de l'instance est supprimé.

1056 — Oralité de la procédure. Devant le conseil des prud'hommes, « la procédure est orale ». Le principe est posé à l'article R. 1453-3 du Code du travail. Il en résulte que les parties doivent comparaître en personne ou être représentées à l'audience. Le droit commun de l'oralité est applicable (v. *supra*, n° 938).

1057 — Représentation et assistance. Jusqu'au décret du 20 mai 2016, sauf motif légitime d'absence, une obligation de comparution personnelle pesait sur les parties. Désormais, les parties ont toujours le droit de se défendre elles-mêmes, sans justificatif, et ont la possibilité de se faire assister ou représenter par une personne visée (C. trav., art. R. 1453-1). Les personnes pouvant assister ou représenter les parties sont limitativement énumérées aux articles R. 1453-2 et L. 1453-1 A du Code du travail.

1058 — Personnes habilitées à assister ou à représenter. Les personnes habilitées à assister ou à représenter les parties sont les salariés ou les employeurs appartenant à la même branche d'activité, les défenseurs syndicaux, le conjoint, le partenaire lié par un pacte civil de solidarité, le concubin et les avocats. L'employeur peut également se faire assister ou représenter par un membre de l'entreprise ou de l'établissement.

1059 — Mandat et représentation. À l'exception de l'avocat, le représentant d'une partie doit justifier d'un pouvoir spécial. En raison des spécificités de la procédure prud'homale, devant le bureau de conciliation et d'orientation, cet écrit doit autoriser le représentant à concilier au nom et pour le compte du mandant, et à prendre part aux mesures d'orientation (C. trav., art. R. 1453-1, *in fine*).

1060 — Bureau de conciliation et d'orientation. Autre apport de la réforme, les prérogatives du bureau de conciliation et d'orientation ont été affermies par la loi du 6 août 2015. Confirmant l'ambition conciliatrice de la procédure prud'homale, le bureau de conciliation et d'orientation a pour principale mission de concilier les parties. Aussi, il lui revient d'orienter l'affaire et d'en assurer la mise en état jusqu'à la date du bureau de jugement (C. trav., art. R. 1454-1).

1061 — Étapes de la procédure prud'homale. La procédure prud'homale se compose de plusieurs étapes. À l'introduction de l'instance (I) succède la phase de conciliation et d'orientation de l'affaire (II), puis la mise en état (III), le déroulement de l'audience devant le bureau de jugement (IV). *In fine*, les spécificités du délibéré seront précisées (V).

I L'introduction de l'instance

1062 — Modalités de saisine. Conformément à l'article R. 1452-1 du Code du travail, la demande peut également être formée par requête, le décret du 20 mai 2016 ayant substitué la demande formée ou adressée au greffe à la requête et le décret du 11 décembre 2019 ayant supprimé la présentation volontaire.

1063 — Requête. La requête introductive doit comporter les mentions prescrites à peine de nullité à l'article 57 du CPC, contenir un exposé sommaire des motifs de la demande et mentionner chacun des chefs de celle-ci ; elle doit également être accompagnée des pièces (énumérées sur un bordereau annexé à la requête) invoquées par le demandeur à l'appui de ses prétentions (C. trav., art. R. 1452-2).

1064 — Avis au demandeur. Par tous moyens, le greffe avise le demandeur des lieu, jour et heure de la séance du bureau de conciliation et d'orientation ou de l'audience (C. trav., art. R. 1452-3). Par cet avis, le demandeur est invité à adresser ses pièces au défendeur avant la séance ou l'audience. L'avis doit indiquer qu'en cas de non-comparution sans motif légitime, il pourra être statué en l'état des pièces et moyens contradictoirement communiqués par l'autre partie.

1065 — Convocation du défendeur. Le défendeur est convoqué par le greffe par lettre recommandée avec demande d'avis de réception. Cette convocation a lieu à la réception des exemplaires de la requête et du bordereau. Il est permis au greffe de notifier au défendeur, avec l'accord de ce dernier, l'ensemble des requêtes et bordereaux par remise contre émargement ou récépissé, lorsque ce défendeur est attrait par plusieurs demandeurs. La convocation vaut citation en justice (C. trav., art. R. 1452-5).

1066 — Mention de la convocation. Les éléments et mentions de la convocation du défendeur sont précisés à l'article R. 1452-4 du Code du travail. Celle-ci doit indiquer les nom, profession et domicile du demandeur, les lieu, jour et heure de la séance ou de l'audience et reproduire certaines dispositions du Code du travail.

1067 — Contenu de la convocation. La convocation informe le défendeur que des décisions exécutoires à titre provisoire pourront, même en son absence, être prises contre lui par le bureau de conciliation et d'orientation au vu des seuls éléments de son adversaire. Est joint à la convocation un exemplaire de la requête et du bordereau énumérant les pièces adressées par le demandeur. Enfin, le défendeur est invité à faire connaître les pièces utiles à sa défense.

1068 — Effets de la saisine. La saisine du conseil de prud'hommes interrompt la prescription. Cet effet interruptif de la saisine joue même si le conseil des prud'hommes saisi est incompétent (C. trav., art. R. 1452-1).

II La conciliation et l'orientation de l'affaire

1069 — Première phase de conciliation. L'audience de conciliation est la première phase de l'instance. Sauf cas exceptionnels, elle est obligatoire. Lors de l'audience de conciliation, les parties ont la possibilité de se faire représenter sans avoir à justifier d'un motif légitime.

1070 — Tentative de conciliation. À la suite de l'appel des causes, qui est public, la tentative de conciliation se déroule à huis clos (C. trav., art. R. 1454-8) devant le bureau de conciliation et d'orientation composé d'un conseiller salarié et d'un autre employeur (C. trav., art. R. 1454-7). Chargé de concilier les parties, le bureau peut entendre chacune des parties séparément et dans la confidentialité (C. trav., art. L. 1454-1). Un procès-verbal est établi (C. trav., art. R. 1454-10).

1071 — Issues de la tentative de conciliation. L'audience de conciliation peut aboutir à plusieurs issues correspondant à trois hypothèses distinctes :
- soit une partie ne comparaît pas à l'audience de conciliation ;
- soit l'audience de conciliation aboutit à un accord des parties ;
- soit l'absence de conciliation totale impose une orientation de l'affaire.

1072 — Non-comparution à l'audience de conciliation. Lorsqu'au jour fixé pour la tentative de conciliation, le demandeur ou le défendeur ne comparaît pas sans avoir justifié en temps utile d'un motif légitime, le bureau de conciliation et d'orientation peut juger l'affaire. Il juge en l'état des pièces et moyens que la partie comparante a contradictoirement communiqués. Il statue en tant que bureau de jugement dans sa composition restreinte (C. trav., art. L. 1454-1-3).

1073 — Non-comparution du demandeur. Lorsque le demandeur ne comparaît pas, le bureau de conciliation et d'orientation a la faculté soit de renvoyer l'affaire à une audience ultérieure du bureau de jugement dans sa composition restreinte, soit de déclarer la requête et la citation caduques si le défendeur ne sollicite pas un jugement sur le fond (C. trav., art. R. 1454-12).

1074 — Non-comparution du défendeur. Lorsque le défendeur ne comparaît pas, le bureau de conciliation et d'orientation ne peut renvoyer l'affaire à une audience ultérieure du bureau de jugement dans sa composition restreinte que pour s'assurer de la communication des pièces et moyens au défendeur (C. trav., art. R. 1454-13).

1075 — Conciliation. En cas de conciliation, même partielle, l'accord est constaté par un procès-verbal qui mentionne la teneur de l'accord intervenu et précise si celui-ci a fait l'objet en tout ou partie d'une exécution immédiate devant le bureau de conciliation et d'orientation (C. trav., art. R. 1454-10). Un extrait du procès-verbal peut être délivré, qui vaut titre exécutoire (C. trav., art. R. 1454-11). Pour les chefs de demande conciliés, le procès-verbal met un terme à l'instance.

1076 — Conciliation partielle. À défaut de conciliation totale, les prétentions qui restent contestées et les déclarations faites par les parties sur ces prétentions sont notées au dossier ou au procès-verbal par le greffier sous le contrôle du président (C. trav., art. R. 1454-10).

1077 — Échec de la conciliation totale : orientation de l'affaire. À défaut de conciliation totale, le bureau de conciliation renvoie l'examen au fond de l'affaire devant le bureau de jugement. Trois orientations de l'affaire sont prévues à l'article L. 1454-1-1 du Code du travail.

1078 — Échec de la conciliation totale : première orientation de l'affaire. En cas d'échec de la conciliation, si le litige porte sur un licenciement ou une demande de résiliation judiciaire du contrat de travail, le bureau de conciliation et d'orientation peut, par simple mesure d'administration judiciaire, renvoyer les parties, avec leur accord, devant le bureau de jugement dans sa composition restreinte. La formation restreinte doit statuer dans un délai de 3 mois (C. trav., art. L. 1454-1-1).

1079 — Échec de la conciliation totale : deuxième orientation de l'affaire. En cas d'échec de la conciliation, si les parties le demandent ou si la nature du litige le justifie, le bureau de conciliation et d'orientation peut, par simple mesure d'administration judiciaire, renvoyer les parties devant le bureau de jugement présidé par le juge départiteur (C. trav., art. L. 1454-1-1).

1080 — Échec de la conciliation totale : troisième orientation de l'affaire. En cas d'échec de la conciliation, et à défaut des situations susmentionnées, l'affaire est renvoyée devant le bureau de jugement ordinaire (C. trav., art. L. 1454-1-1).

1081 — Échec de la conciliation totale : renvoi à une audience immédiate. Dans tous les cas précédemment évoqués, lorsque l'affaire est en état d'être immédiatement jugée, le bureau de conciliation et d'orientation peut faire comparaître les parties à une audience que le bureau de jugement tient sur le champ (C. trav., art. R. 1454-18).

III La mise en état de l'affaire

1082 — Mise en état de l'affaire. Lorsque l'affaire n'est pas en état d'être jugée, le bureau de conciliation et d'orientation doit assurer sa mise en état jusqu'à la date qu'il fixe pour l'audience de jugement (C. trav., art. L. 1454-1-2 et R. 1454-1). Afin de procéder à la mise en état de l'affaire, il peut désigner un ou deux conseillers rapporteurs. Cette désignation est faite par décision, non susceptible de recours, qui fixe un délai pour l'exécution de leur mission (C. trav., art. R. 1454-3).

1083 — Pouvoirs de mise en état de l'affaire. À fin de mise en état, le bureau de conciliation et d'orientation dispose de pouvoirs. Il peut fixer les délais et les conditions de communication des prétentions, moyens et pièces, entendre les parties, les inviter à fournir des explications ou encore les mettre en demeure de produire, dans le délai qu'il détermine, tous documents ou justifications propres à éclairer le bureau de jugement (C. trav., art. R. 1454-1 et R. 1454-2).

Le conseiller rapporteur dispose des pouvoirs de mise en état conférés au bureau de conciliation et d'orientation. Il peut, pour la manifestation de la vérité, auditionner toute personne et faire procéder à toutes mesures d'instruction ou encore ordonner toutes mesures nécessaires à la conservation des preuves ou des objets litigieux (C. trav., art. R. 1454-4).

1084 — Sanctions relatives à la mise en état. À défaut pour les parties de respecter les modalités de communication fixées, le bureau de conciliation et d'orientation peut radier l'affaire ou la renvoyer à la première date utile devant le bureau de jugement (C. trav., art. R. 1454-2). En cas de non-production des documents et justifications demandés, il peut renvoyer l'affaire à la première date utile devant le bureau de jugement. Ce bureau tire toute conséquence de l'abstention de la partie ou de son refus.

1085 — Pouvoirs juridictionnels. Le bureau de conciliation et d'orientation dispose de pouvoirs juridictionnels énumérés à l'article R. 1454-14 du Code du travail. Ils concernent l'octroi de provision, la délivrance de documents, la conservation de preuves ou encore la possibilité d'ordonner des mesures d'instruction. Les décisions ordonnant ces mesures sont provisoires. Elles n'ont pas autorité de la chose jugée au principal, mais elles sont exécutoires par provision (C. trav., art. R. 1454-16).

1086 — Ordonnance de clôture. La loi du 8 août 2016 relative au travail, à la modernisation du dialogue social et à la sécurisation des parcours professionnels a ajouté un alinéa *in fine* à l'article L. 1454-1-2 du Code du travail, afin de permettre au bureau de conciliation et d'orientation, aux conseillers rapporteurs désignés par le bureau de conciliation et d'orientation ou au bureau de jugement de fixer la clôture de l'instruction par ordonnance.

1087 — Ordonnance de clôture : régime. L'ordonnance de clôture rend hybride la procédure prud'homale, car un élément caractéristique de la procédure écrite est introduit dans une procédure orale. Le décret du 10 mai 2017 a précisé le régime et les conséquences procédurales de l'ordonnance de clôture.

1088 — Conséquences de l'ordonnance de clôture : principe. L'article R. 1454-19-3 du Code du travail pose un principe classique : aucune conclusion ne peut être déposée ni aucune pièce produite aux débats postérieurement à l'ordonnance de clôture. À défaut, la sanction est l'irrecevabilité, prononcée d'office. Des exceptions sont néanmoins prévues.

1089 — Conséquences de l'ordonnance de clôture : exceptions. Après l'ordonnance de clôture, les demandes en intervention volontaire sont recevables, de même que les conclusions relatives aux rémunérations échues postérieurement à l'ordonnance de clôture, si leur décompte ne peut faire l'objet d'aucune contestation sérieuse. Aussi, légitimement, les demandes de révocation de l'ordonnance de clôture sont recevables. Enfin, les conclusions qui tendent à la reprise de l'instance en l'état où celle-ci se trouvait au moment de son interruption sont recevables *a posteriori* de l'ordonnance de clôture.

1090 — Révocation de l'ordonnance de clôture. Le régime de la révocation de l'ordonnance de clôture est précisé à l'article R. 1454-19-4 du Code du travail. Le bureau de jugement peut révoquer l'ordonnance de clôture, d'office ou à la demande des parties et après l'ouverture des débats, si une cause grave s'est révélée depuis que ladite ordonnance a été rendue.

1091 — Révocation de l'ordonnance de clôture : cause grave. La notion de cause grave n'est pas définie. L'article R. 1454-19-4 du Code du travail précise toutefois que postérieurement à la clôture, une partie peut choisir une personne pour l'assister ou la représenter sans que ce choix ne constitue, en soi, une cause de révocation. Aussi, l'ordonnance de clôture n'est pas révoquée si une demande en intervention volontaire est formée *a posteriori* de la clôture de l'instruction, sauf si « le bureau de jugement ne peut immédiatement statuer sur le tout ».

IV Bureau de jugement

1092 — Affaires portées devant le bureau de jugement. En cas d'échec total ou partiel de la tentative de conciliation, l'affaire est portée devant le bureau de jugement qui doit trancher le litige (C. trav., art. L. 1454-1-1). En certaines hypothèses, l'affaire est directement portée devant le bureau de jugement (par ex. en cas de demande de requalification de contrat à durée déterminée en contrat à durée indéterminée).

1093 — Mise en état par le bureau de jugement. Dans les cas où l'affaire est directement portée devant le bureau de jugement ou lorsque l'affaire transmise par le bureau de conciliation et d'orientation n'est pas prête à être jugée, le bureau de jugement assure la mise en état ou désigne un ou deux conseillers rapporteurs (C. trav., art. R. 1454-19 et R. 1454-19-1).

1094 — Mise en état par le bureau de jugement : pouvoirs. À fin de mise en état, le bureau de jugement peut prendre les mesures nécessaires, à l'instar du bureau de conciliation et d'orientation. À défaut pour les parties de respecter les modalités de communication fixées, le bureau de jugement peut rappeler l'affaire à l'audience, en vue de la juger ou de la radier (C. trav., art. R. 1454-19).

1095 — Convocation des parties. À l'issue de la séance de conciliation et d'orientation, les parties peuvent être convoquées verbalement devant le bureau de jugement par le président ou, à défaut, par tous moyens par le greffe (C. trav., art. R. 1454-18).

1096 — Non-comparution du demandeur. Si le demandeur ne comparaît pas, en l'absence de motif légitime et sans avertissement de sa part, il est fait application de l'article 468 du CPC (C. trav., art. R. 1454-21) : le défendeur peut requérir un jugement sur le fond, la caducité de la citation peut être prononcée ou l'affaire renvoyée à une audience ultérieure.

1097 — Non-comparution du défendeur. Si le défendeur régulièrement convoqué ne comparaît pas, il est statué sur le fond. Mais s'il justifie d'un motif légitime en temps utile, le défendeur est convoqué à une prochaine audience du bureau de jugement par tous moyens (C. trav., art. R. 1454-20).

1098 — Conciliation. Confirmant la vocation conciliatrice de la procédure prud'homale, il peut être procédé à une tentative de conciliation des parties devant le bureau de jugement. Si la tentative de conciliation aboutit, le bureau de jugement procède à la constatation de la teneur de l'accord dans un procès-verbal qui, s'il y a lieu, précise que l'accord a fait l'objet d'une exécution immédiate devant le bureau de jugement (C. trav., art. R. 1454-22).

1099 — Oralité des débats. Conformément à l'article R. 1453-3 du Code du travail, les débats sont oraux. Le droit commun de l'oralité trouve donc à s'appliquer. À ce titre, suivant l'article 446-1 du CPC, le bureau de jugement qui organise les échanges entre les parties comparantes peut dispenser une partie qui en fait la demande de se présenter à une audience ultérieure (C. trav., art. R. 1454-19-2).

1100 — Structuration des écritures. Si la procédure prud'homale est orale, le décret du 20 mai 2016 a introduit des règles proches de celles d'une procédure écrite. Lorsque toutes les parties comparantes formulent leurs prétentions par écrit et qu'elles sont assistées ou représentées par un avocat, une obligation de structuration et de consolidation des écritures est posée (C. trav., art. R. 1453-5).

> Les parties sont tenues, dans leurs conclusions, de formuler expressément les prétentions ainsi que les moyens en fait et en droit sur lesquels chacune de ces prétentions est fondée avec indication pour chaque prétention des pièces invoquées. Un bordereau énumérant les pièces justifiant ces prétentions est annexé aux conclusions. Les prétentions sont récapitulées sous forme de dispositif.

Le bureau de jugement ne statue que sur les prétentions énoncées au dispositif. Les parties doivent reprendre dans leurs dernières conclusions les prétentions et moyens présentés ou invoqués dans leurs conclusions antérieures. À défaut, elles sont réputées les avoir abandonnés et il n'est statué que sur les dernières conclusions communiquées.

1101 — Structuration des écrits : absence d'obligation. L'obligation de structuration des écritures ne s'applique pas si l'une des parties n'est pas assistée ou représentée par un avocat. Dans tous les cas, les parties peuvent se référer aux prétentions et aux moyens qu'elles auraient formulés par écrit (C. trav., art. R. 1453-4).

V Le délibéré

1102 — Délibéré. À la suite de la clôture des débats, exceptionnellement la décision est rendue sur le siège, et en principe l'affaire est mise en délibéré. En ce dernier cas, le président indique aux parties la date à laquelle le jugement sera prononcé, le cas échéant par sa mise à disposition au greffe de la juridiction (C. trav., art. R. 1454-25). La décision est adoptée à la majorité absolue des voix (C. trav., art. R. 1454-23).

1103 — Départage. En cas d'égalité de voix, une procédure de départage est engagée (C. trav., art. L. 1454-2). La formation s'adjoint un juge départiteur (C. trav., art. L. 1454-2 à L. 1454-4). L'audience de départage doit avoir lieu dans le mois qui suit le partage de voix.

1104 — Notification. Par principe, le greffe du conseil de prud'hommes notifie le jugement aux parties par lettre recommandée avec avis de réception au lieu de leur domicile (C. trav., art. R. 1454-26). Toutefois, le jugement peut être porté à la connaissance des parties par signification (C. trav., art. R. 1454-26).

CHAPITRE 3

Les procédures en fonction de la matière

1105 — Diversité procédurale. Le livre troisième du CPC s'intitule « Dispositions particulières à certaines matières ». Ce livre atteste de la richesse et de la diversité des procédures existantes. En plus de varier en fonction des juridictions, les procédures sont parfois adaptées en fonction de la matière du litige.

1106 — Avertissement. En raison de la grande variété des dispositions procédurales existantes en fonction de la matière, qui en sus peuvent être détaillées dans d'autres codes que le CPC, toutes ne peuvent pas être étudiées dans le cadre du présent ouvrage, qui se veut un ouvrage général sur la procédure civile.

1107 — Procédures retenues. Le choix a été fait de traiter les procédures d'injonction. La procédure d'injonction de payer est, tout d'abord, traitée tant en raison de son importance pratique que de sa future refonte (section 1). Cette procédure d'injonction de payer coexiste avec une autre procédure d'injonction : l'injonction de faire (section 2).

SECTION 1 La procédure d'injonction de payer

1108 — Présentation générale. La procédure d'injonction de payer est prévue aux articles 1405 à 1424 du CPC. Il s'agit d'une procédure simplifiée qui a pour objet de faciliter le recouvrement de certaines créances. La spécificité de cette procédure est d'être, dans un premier temps, unilatérale. Elle ne devient contradictoire, dans un second temps, que si le débiteur forme opposition.

1109 — Injonction de payer européenne. Il est à noter que dans le cadre de l'Union européenne, une procédure d'injonction de payer européenne existe. Cantonnée aux litiges transfrontières, elle est réglementée aux articles 1424-1 à 1424-15 du CPC et par le règlement (CE) nº 1896/2006 du Parlement européen et du Conseil du 12 décembre 2006.

1110 — Réformes. Partant du constat que près de 500 000 injonctions de payer sont traitées en France chaque année, la loi *PRJ* opère une refonte de la procédure d'injonction de payer en instaurant une juridiction nationale de traitement dématérialisé des injonctions de payer. Cette procédure d'injonction de payer dématérialisée (II) devant entrer en vigueur au plus tard le 1er septembre 2021, elle sera présentée après celle actuellement en vigueur (I).

I L'actuelle procédure d'injonction de payer

1111 — Créances concernées. La procédure d'injonction de payer permet de demander le recouvrement d'une créance ayant une cause contractuelle ou résultant d'une obligation de caractère statutaire. Le montant de la créance doit être déterminé. En matière contractuelle, la détermination est faite en vertu des stipulations du contrat, y compris, le cas échéant, la clause pénale (CPC, art. 1405, 1°).

1112 — Champ d'application : précisions. La procédure d'injonction de payer concerne également l'engagement résultant de l'acceptation ou du tirage d'une lettre de change, de la souscription d'un billet à ordre, de l'endossement ou de l'aval de l'un ou l'autre de ces titres ou de l'acceptation de la cession de créances (CPC, art. 1405, 2°).

1113 — Compétence d'attribution et compétence territoriale. En fonction de la nature de la créance, la demande d'injonction de payer est portée devant le juge des contentieux de la protection ou devant le président du tribunal judiciaire ou du tribunal de commerce. Le juge territorialement compétent est celui du lieu où demeure le ou l'un des débiteurs poursuivis.

1114 — Compétence : régime. Les règles de compétence relatives à la procédure d'injonction de payer sont d'ordre public. Toute clause y dérogeant est réputée non écrite. En cas de saisine d'une juridiction incompétente, le juge doit relever d'office son incompétence (CPC, art. 1406).

1115 — Requête. La demande est formée par requête. Outre les mentions prescrites à l'article 57 du CPC, celle-ci doit indiquer le montant de la somme réclamée, avec le décompte des différents éléments de la créance ainsi que le fondement de la créance, et être accompagnée des documents justificatifs (CPC, art. 1407). La requête en injonction de payer est remise ou adressée, selon le cas, au greffe par le créancier ou par tout mandataire.

1116 — Procédure unilatérale. Dans sa première phase, la procédure en injonction de payer est unilatérale. Le juge a plusieurs possibilités : il peut rejeter la requête en injonction de payer, la retenir en partie ou rendre une ordonnance portant injonction de payer.

1117 — Rejet de la requête. Si la demande est infondée, le juge rejette la requête en injonction de payer. Si la décision est sans recours pour le créancier (CPC, art. 1410, al. 2), ce dernier peut toutefois procéder selon les voies de droit commun. En cas de rejet de la requête, celle-ci et les documents produits sont restitués au requérant (CPC, art. 1410, al. 2).

1118 — Rejet partiel de la requête. Si le juge ne retient la requête que pour partie, sa décision est également sans recours pour le créancier. Toutefois, le demandeur peut ne pas signifier l'ordonnance - donc y renoncer - et procéder selon les voies de droit commun (CPC, art. 1409, al. 3).

1119 — Ordonnance portant injonction de payer. Lorsque la demande lui paraît fondée en tout ou partie au vu des documents produits, le juge rend une ordonnance portant injonction de payer pour la somme qu'il retient (CPC, art. 1410, al. 1). Une copie certifiée conforme de la requête et de l'ordonnance doit être signifiée, à l'initiative du créancier, à chacun des débiteurs dans les 6 mois de sa date ; à défaut, elle est non avenue (CPC, art. 1411).

1120 — Acte de signification de l'ordonnance portant injonction de payer. Outre les mentions prescrites pour les actes d'huissier de justice, l'acte de signification de l'ordonnance portant injonction de payer contient, à peine de nullité, une double sommation : celle d'avoir à payer au créancier le montant de la somme fixée par l'ordonnance ainsi que les intérêts et frais de greffe, et celle de former opposition si le débiteur a à faire valoir des moyens de défense (CPC, art. 1413).

1121 — Acte de signification et droits de la défense. Afin de garantir les droits de la défense, notamment parce que l'opposition ouvre la phase contradictoire de la procédure, l'acte de signification doit, à peine de nullité, préciser le délai, les modalités d'opposition et son effet, qui est de saisir le tribunal de la demande initiale du créancier et de l'ensemble du litige (CPC, art. 1413).

1122 — Conséquences de l'ordonnance portant injonction de payer. En cas d'ordonnance portant injonction de payer, deux situations sont envisageables :

- dans une première hypothèse, le débiteur peut s'opposer à l'injonction de payer (CPC, art. 1412). En cas d'opposition s'ouvre alors un débat contradictoire ;
- dans une seconde hypothèse, le débiteur ne forme pas d'opposition. En ce cas, le créancier peut demander l'apposition de la formule exécutoire sur l'ordonnance d'injonction.

1123 — Absence d'opposition. Si le débiteur ne s'est pas opposé dans le mois qui suit la signification de l'ordonnance, quelles que soient les modalités de cette signification, le créancier peut demander l'apposition sur l'ordonnance de la formule exécutoire (CPC, art. 1422). Cette demande est formée au greffe par déclaration ou lettre simple. L'ordonnance est non avenue si la demande du créancier n'a pas été présentée dans le délai d'un mois suivant l'expiration du délai d'opposition.

1124 — Désistement du débiteur. En cas de désistement du débiteur qui a formé opposition, le créancier peut également demander l'apposition sur l'ordonnance de la formule exécutoire. Le désistement du débiteur obéit aux règles prévues aux articles 400 à 405 du CPC.

1125 — Opposition. Si le débiteur s'oppose à l'ordonnance portant injonction de payer, l'opposition est portée devant la juridiction dont le juge ou le président a rendu l'ordonnance (CPC, art. 1415). L'opposition est formée, dans le mois qui suit la signification de l'ordonnance (CPC, art. 1416), au greffe par le débiteur ou tout mandataire par déclaration contre récépissé ou lettre recommandée. Le mandataire, s'il n'est pas avocat, doit justifier d'un pouvoir spécial.

1126 — Précision sur le délai. Si la signification n'a pas été faite à personne, l'opposition est recevable jusqu'à l'expiration du délai d'un mois suivant le premier acte signifié à personne ou, à défaut, suivant la première mesure d'exécution ayant pour effet de rendre indisponibles en tout ou partie les biens du débiteur (CPC, art. 1406, al. 2).

1127 — Opposition : Tribunal judiciaire (CPC, art. 817), juge des contentieux de la protection et tribunal de commerce. Devant le tribunal judiciaire dans les matières visées à l'article 817 du CPC (parties dispensées de constituer avocat), le juge des contentieux de la protection et le tribunal de commerce, le greffier convoque les parties – même celles qui n'ont pas formé opposition – à l'audience par lettre recommandée avec demande d'avis de réception. Les mentions que doit contenir la convocation sont précisées à l'article 1418 du CPC. Ces mentions sont prescrites à peine de nullité.

1128 — Mentions de la convocation. La convocation contient sa date, indique la juridiction devant laquelle l'opposition est portée et la date de l'audience à laquelle les parties sont convoquées. Elle précise également les conditions dans lesquelles les parties peuvent se faire assister ou représenter. La convocation adressée au défendeur précise en outre que, faute de comparaître, il s'expose à ce qu'un jugement soit rendu contre lui sur les seuls éléments fournis par son adversaire.

1129 — Opposition : TJ. Devant le tribunal judiciaire, le greffe adresse au créancier une copie de la déclaration d'opposition par lettre recommandée. Le créancier doit constituer avocat dans un délai de 15 jours à compter de la notification. Dès qu'il est constitué, l'avocat du créancier en informe le débiteur par lettre recommandée avec demande d'avis de réception, lui indiquant qu'il est tenu de constituer avocat dans un délai de 15 jours. Sous réserve de ces dispositions, l'affaire est instruite et jugée selon la procédure écrite ordinaire (CPC, art. 1418).

1130 — Procédure contradictoire. Le tribunal statue sur la demande en recouvrement. Dans les limites de sa compétence d'attribution, il connaît de la demande initiale et de toutes les demandes incidentes et défenses au fond.

1131 — Défaut de comparution. Devant le tribunal judiciaire dans les matières visées à l'article 817 du CPC, le juge des contentieux de la protection et le tribunal de commerce, la juridiction constate l'extinction de l'instance si aucune des parties ne comparaît. Devant le tribunal judiciaire dans les autres matières, le président constate l'extinction de l'instance si le créancier ne constitue pas avocat dans le délai de 15 jours. L'extinction de l'instance rend non avenue l'ordonnance portant injonction de payer (CPC, art. 1419).

1132 — Jugement. Le jugement du tribunal se substitue à l'ordonnance portant injonction de payer (CPC, art. 1420). Le tribunal statue à charge d'appel lorsque le montant de la demande excède le taux de sa compétence en dernier ressort (CPC, art. 1421).

II La future procédure d'injonction de payer

1133 — Présentation générale. Afin de faciliter et d'accélérer le traitement des procédures d'injonction de payer, la loi *PRJ*, en son article 27, réforme la procédure d'injonction de payer. Devant entrer en vigueur au plus tard le 1er septembre 2021, la procédure sera dématérialisée et traitée par un tribunal judiciaire à compétence nationale. Toutefois, en cas d'opposition, une proximité géographique et un traitement matérialisé sont réintroduits.

Initialement fixée au 1er janvier 2021, l'entrée en vigueur de la future injonction de payer prévue à l'article 27 de la loi PRJ a été repoussée au 1er septembre 2021 par la loi n° 2020-734 du 17 juin 2020 relative à diverses dispositions liées à la crise sanitaire, à d'autres mesures urgentes ainsi qu'au retrait du Royaume-Uni de l'Union européenne.

1134 — Juridiction nationale. Afin d'assurer le traitement des requêtes en injonction de payer, un tribunal judiciaire à compétence nationale sera spécialement désigné. Il doit l'être par décret. La juridiction nationale assurera le traitement des requêtes en injonction de payer, à l'exception de celles relevant du tribunal de commerce (L. *PRJ*, art. 27, créant COJ, art. L. 211-17).

1135 — Procédure dématérialisée. Les demandes en injonction de payer seront formées par voie dématérialisée devant la juridiction nationale. Toutefois, les personnes physiques agissant sans mandataire à des fins non professionnelles et les requérants en injonction de payer européenne pourront adresser leur demande au greffe sur support papier (L. *PRJ*, art. 27, créant COJ, art. L. 211-18).

1136 — Opposition. L'opposition demeure dans la future procédure d'injonction de payer. Les oppositions seront formées auprès du tribunal national spécialement désigné. Les oppositions aux ordonnances portant injonction de payer seront transmises par le greffe de la juridiction vers les tribunaux territorialement compétents (L. *PRJ*, art. 27, créant COJ, art. L. 211-18). En cas d'opposition, une proximité géographique est réintroduite et, sauf accord des parties, le traitement n'est plus dématérialisé.

1137 — Opposition : procédure dématérialisée. Les oppositions aux ordonnances portant injonction de payer statuant sur une demande initiale n'excédant pas un certain montant (à définir par décret en Conseil d'État) pourront, à l'initiative des parties lorsqu'elles en sont expressément d'accord, être traitées dans le cadre d'une procédure dématérialisée. Dans ce cas, la procédure se déroulera sans audience. Toutefois, le tribunal pourra décider de tenir une audience (L. *PRJ*, art. 26 créant COJ, art. L. 212-5-2).

SECTION 2 L'injonction de faire

1138 — Objet. L'injonction de faire est une procédure prévue aux articles 1425-1 à 1425-9 du CPC. Cette procédure d'injonction a pour objet d'obtenir l'exécution en nature d'une obligation née d'un contrat. Le contrat en cause doit avoir été conclu entre des personnes n'ayant pas toutes la qualité de commerçant (CPC, art. 1425-1).

1139 — Compétence matérielle. La procédure d'injonction de faire est de la compétence du « juge des contentieux de la protection ou [du] tribunal judiciaire dans les matières visées à l'article 817 » du CPC (CPC, art. 1425-1). Les matières visées à l'article 817 du CPC sont celles relatives à la procédure orale ordinaire devant le tribunal judiciaire (notamment lorsque le montant du litige n'excède pas 10 000 euros).

1140 — Compétence territoriale. Concernant la compétence territoriale, une option est conférée au demandeur (CPC, art. 1425-2). Ce dernier peut porter sa demande devant la juridiction du lieu où demeure le défendeur ou, à son choix, devant la juridiction du lieu d'exécution de l'obligation.

1141 — Introduction de l'instance. La demande est formée par requête déposée ou adressée au greffe. L'enregistrement au greffe de la requête interrompt la prescription et les délais pour agir. La requête contient les mentions de l'article 57 du CPC, l'indication de la nature de l'obligation dont l'exécution est poursuivie, son fondement et, éventuellement, les dommages et intérêts qui seront réclamés en cas d'inexécution de l'injonction de faire (CPC, art. 1425-3). Elle est accompagnée des documents justificatifs.

1142 — Examen de la demande. Dans un premier temps, le juge examine la demande au vu des documents produits. Deux issues sont envisageables suite à l'examen de la demande : le juge rend une ordonnance portant injonction de faire si la demande lui paraît fondée ; à défaut, il rejette la requête.

1143 — Rejet de la requête. Dans une première hypothèse, le juge rejette la requête. La décision est sans recours pour le requérant (CPC, art. 1425-9). Toutefois, le requérant a la possibilité de procéder selon les voies de droit commun. Il est à noter qu'en cas de rejet, la requête et les documents produits sont restitués au requérant.

1144 — Ordonnance portant injonction de faire. Dans une seconde hypothèse, le juge examine la demande au vu des documents produits et celle-ci lui paraît fondée. En ce cas, le juge rend une ordonnance portant injonction de faire. Celle-ci n'est pas susceptible de recours. Par cette ordonnance, l'obligation, le délai et les conditions de son exécution sont fixés. L'ordonnance est notifiée par le greffe aux parties, par lettre recommandée avec demande d'avis de réception (CPC, art. 1425-5).

1145 — Ordonnance portant injonction de faire : issues. En cas d'ordonnance portant injonction de faire, trois possibilités sont envisageables :
- soit l'injonction a été exécutée dans les délais ;
- soit à défaut d'exécution de l'ordonnance, l'affaire est examinée à l'audience ;
- soit le demandeur ne se présente pas à l'audience.

Ces possibilités expliquent que l'ordonnance doit mentionner, « les lieu, jour et heure de l'audience à laquelle l'affaire sera examinée, à moins que le demandeur n'ait fait connaître que l'injonction a été exécutée » (CPC, art. 1425-4, *in fine*).

1146 — Injonction exécutée. Dans une première hypothèse, l'ordonnance portant injonction de faire est exécutée dans les délais impartis (CPC, art. 1425-7). Dans ce cas, le demandeur en informe le greffe. Du fait de l'exécution, l'affaire est retirée du rôle.

1147 — Injonction inexécutée. Dans une deuxième hypothèse, l'ordonnance portant injonction de faire est inexécutée totalement ou partiellement. Le tribunal, qui a délivré l'ordonnance, tente de concilier les parties. À défaut de conciliation, il statue sur la demande à l'audience visée dans l'ordonnance. Dans les limites de sa compétence d'attribution, il connaît de la demande initiale et de toutes les demandes incidentes et défenses au fond (CPC, art. 1425-8).

1148 — Non-présentation à l'audience. Dans une troisième hypothèse, le demandeur n'informe pas le greffe d'une hypothétique exécution de l'injonction de faire et, sans motif légitime, il ne se présente pas à l'audience visée dans l'ordonnance, c'est-à-dire l'audience à laquelle l'affaire doit être examinée. À ces conditions, le tribunal déclare caduque la procédure d'injonction de faire (CPC, art. 1425-7, al. 2).

1149 — Non-présentation à l'audience : motif légitime. Dans un délai de 15 jours suivant la caducité, le demandeur a la possibilité de faire connaître au greffe le motif légitime qu'il n'aurait pas été en mesure d'invoquer en temps utile. Dans ce cas, la déclaration de caducité peut être rapportée. Les parties sont alors convoquées à une audience ultérieure (CPC, art. 1425-7, al. 3).

CHAPITRE 4

Les procédures spéciales

1150 — Procédures ordinaires et spéciales. La procédure ordinaire est contentieuse et contradictoire. Elle est celle où les parties sont comparantes et par laquelle un jugement contradictoire et définitif est rendu. La procédure ordinaire n'est cependant pas la seule existante ; des procédures spéciales ou particulières existent en effet. Celles-ci sont qualifiées de « spéciales », car l'une des caractéristiques de la procédure ordinaire fait défaut.

1151 — Procédures spéciales : juridictions gracieuses et provisoires. La première des procédures spéciales est la procédure gracieuse, généralement présentée comme l'exception à la procédure contentieuse puisqu'elle suppose l'absence de litige (section 1). Deux autres procédures, la procédure de référé et la procédure sur requête, sont également spéciales dans la mesure où elles débouchent sur une ordonnance provisoire (section 2). Enfin, la procédure PAF, comme son nom l'indique, a pour spécificité d'être une procédure accélérée au fond (section 3).

1152 — Aménagements procéduraux : le défaut de comparution. Enfin, le défaut de comparution d'une ou des parties a des répercussions sur le caractère contradictoire de la procédure. La non-comparution impose de reconsidérer le principe de la contradiction. Une telle situation emporte dès lors des aménagements procéduraux (section 4).

1153 — Avertissement concernant le défaut de comparution. Le CPC n'édicte pas, en soi, une procédure en cas de défaut de comparution. En réalité, des dispositions réorganisent la procédure engagée en raison du défaut de comparution d'une ou des parties. Ces règles sont ici traitées, car le défaut de comparution contrevient à l'une des caractéristiques de la procédure ordinaire : la comparution des parties.

SECTION 1 La procédure gracieuse

1154 — Définition et objet. En matière gracieuse, le juge est saisi d'une demande, et non d'un litige, pour laquelle « la loi exige, en raison de la nature de l'affaire ou de la qualité du requérant, qu'elle soit soumise à son contrôle » (CPC, art. 25). L'objet de la procédure gracieuse est donc d'établir un contrôle judiciaire hors tout litige. La finalité est de circonscrire, préciser et fixer les droits en cause, mais sans trancher une contestation.

1155 — Demandes relevant de la matière gracieuse. Seul le législateur peut décider des demandes relevant de la matière gracieuse ; en d'autres termes, il est seul à décider qu'à la volonté des individus doit être suppléé un nécessaire contrôle judiciaire. À titre d'exemple, relève de la matière gracieuse l'action aux fins d'adoption (CPC, art. 1167) ou encore l'homologation d'un changement de régime matrimonial (CPC, art. 1301).

1156 — Dispositions. En raison de la nature de la matière gracieuse, des dispositions procédurales propres sont édictées au CPC. Certaines dispositions sont applicables devant toutes les juridictions (not. CPC, art. 25 et s. et art. 60 et s.), d'autres sont propres au tribunal judiciaire et à la cour d'appel.

1157 — Dispositions propres au TJ. La demande est formée par un avocat ou, dans les cas où il y est habilité, par un officier public ou ministériel (CPC, art. 808). Aussi, en raison de la nature des affaires, le ministère public doit en avoir communication (CPC, art. 809). Enfin, un juge rapporteur est désigné par le président de la chambre saisie ou à laquelle l'affaire est distribuée. Celui-ci dispose, dans l'instruction de l'affaire, des mêmes pouvoirs que le tribunal (CPC, art. 810).

1158 — Introduction de la demande. Conformément à l'article 60 du CPC, en matière gracieuse, la demande est formée par requête. Le formalisme et le contenu de la requête gracieuse ne sont pas précisés. Toutefois, des règles particulières à la juridiction saisie (notamment la représentation, v. CPC, art. 808) ou à l'objet de la requête peuvent trouver à s'appliquer. La remise de la requête au greffe de la juridiction vaut saisine du juge (CPC, art. 61).

1159 — Déroulement de la procédure. La procédure gracieuse, puisqu'elle suppose l'absence de litige, est unilatérale. Elle est donc marquée par l'absence de contradicteur. Ce particularisme explique certains aménagements procéduraux, l'importance des pouvoirs du juge en matière gracieuse résultant notamment des articles 26 et 27 du CPC.

1160 — Légalité des articles 26 et 27 du CPC. Le Conseil d'État a précisé que les articles 26 et 27 du CPC figurent dans un chapitre propre à la matière gracieuse dans laquelle les principes directeurs du procès ne peuvent s'appliquer.

CE, 12 oct. 1979 : D. 1979, p. 606, note Bénabent.

1161 — Instruction de l'affaire. Concernant l'instruction de l'affaire, les pouvoirs du juge sont majeurs. En effet, le juge procède, même d'office, à toutes les investigations qu'il estime utiles (CPC, art. 27, al. 1). Notamment, afin d'être éclairé, il peut entendre toute personne sans formalité. Aussi, il peut fonder sa décision sur tous les faits relatifs au cas soumis, même ceux non allégués par le demandeur (CPC, art. 26).

1162 — Explications. En conférant au juge le pouvoir de se prononcer sur des faits non allégués par le demandeur, la procédure gracieuse contrevient à l'article 7 du CPC suivant lequel « le juge ne peut fonder sa décision sur des faits qui ne sont pas dans le débat ». L'explication tient à l'essence de la procédure gracieuse : le juge intervient sur une demande sans trancher un litige.

1163 — Tiers. Bien que la procédure gracieuse soit marquée par son absence de litige, il n'en reste pas moins que des tiers peuvent être intéressés par la décision. Il convient donc de les protéger. Pour cette raison, si le tiers justifie d'un motif légitime, le juge peut l'autoriser à consulter le dossier de l'affaire et à s'en faire délivrer copie (CPC, art. 29).

1164 — Débat non public. En matière gracieuse, la demande est examinée en chambre du conseil (CPC, art. 434). Ainsi, une dérogation au principe de publicité des débats est posée, puisqu'« en chambre du conseil, il est procédé hors la présence du public » (CPC, art. 436). L'objet de la matière gracieuse justifie l'évincement de la publicité.

1165 — Débat et pouvoir du juge. En raison de la nature même de la procédure gracieuse, les débats se réduisent à l'audition du requérant et du représentant du parquet lorsque l'affaire est communiquée au ministère public (CPC, art. 809 et 811). Toutefois, preuve à nouveau de l'importance des pouvoirs du juge en matière gracieuse, celui-ci « peut se prononcer sans débat » (CPC, art. 28).

1166 — Absence de débat et contradictoire. En matière gracieuse, si les principes directeurs ne s'appliquent pas, des limites sont toutefois posées. Ainsi, le juge peut se prononcer sans débats. Mais, lorsqu'il se fonde sur les éléments que le requérant lui soumet, il ne peut retenir des faits que ce dernier n'a pas allégués sans provoquer ses explications. La contradiction est donc aménagée, plus qu'écartée.

Cass. 1re civ., 13 janv. 1993, n° 91-04135.

1167 — Jugement. Sauf disposition contraire, le jugement gracieux est rendu « hors la présence du public » (CPC, art. 451). Son autorité n'est pas précisée dans le CPC. De l'article 480 du CPC précisant que le jugement a « l'autorité de la chose jugée relativement à la contestation qu'il tranche », il doit être déduit que les décisions gracieuses sont dépourvues de l'autorité de la chose jugée.

Cass. 1re civ., 6 avr. 1994, n° 92-15170.

1168 — Autorité du jugement. L'absence d'autorité de la chose jugée des décisions gracieuses peut être discutée et est critiquée par une partie de la doctrine. En tout état de cause, il convient de souligner que ces décisions sont susceptibles d'être rapportées ou modifiées, uniquement en cas de circonstances nouvelles. Ainsi, sans entrer dans le débat relatif à l'autorité de la chose jugée, une certaine autorité est attachée au jugement gracieux.

1169 — Notification du jugement. Le jugement est notifié, par le greffier de la juridiction, par lettre recommandée avec demande d'avis de réception (CPC, art. 675, al. 2). Il est notifié au requérant, aux tiers dont les intérêts risquent d'être affectés par la décision (à condition que leurs noms soient indiqués dans le jugement, CPC, art. 454, *in fine*) et, dans le cas où un recours lui est ouvert, au ministère public (CPC, art. 679).

1170 — Recours. L'importance de la notification se manifeste au niveau des voies de recours. En effet, la voie de l'appel est ouverte aux parties – même en l'absence d'autres parties – en matière gracieuse (CPC, art. 547, al. 2). En revanche, la voie de l'appel est uniquement ouverte aux tiers auxquels le jugement a été notifié (CPC, art. 546, al. 2). À défaut de notification, la tierce opposition est ouverte aux tiers (CPC, art. 583, al. 3).

SECTION 2 Les procédures provisoires : le référé et la requête

1171 — Différenciation entre procédures de référé et sur requête. Les procédures de référé et sur requête ont pour point commun d'être des procédures rapides et aboutissant à une ordonnance provisoire. Ces deux procédures sont cependant distinctes. Un point majeur les différencie en effet : la procédure de référé est contradictoire (I), alors que la procédure sur requête est non contradictoire (II).

I Le référé

1172 — Historique et importance du référé. D'origine ancienne, consacré par un édit royal de 1685, le référé a été inséré dans le CPC de 1806. Depuis, le référé n'a cessé de se développer et son importance pratique de croître. Ainsi, à l'heure actuelle, devant toutes les juridictions de l'ordre judiciaire – et même de l'ordre administratif – existe une procédure de référé.

1173 — Définition. La procédure de référé est une procédure rapide et simplifiée, dont la spécificité est de ne pas aboutir à une décision tranchant le fond de l'affaire. Le juge des référés n'étant pas saisi du principal, celui-ci rend une ordonnance provisoire. Le juge des référés est parfois nommé le « juge de l'urgence » ou le « juge du provisoire » en raison de sa triple fonction de préparation, de conservation et d'anticipation.

1174 — Distinction : juge des référés et procédure PAF. Pendant longtemps, le juge des référés, juge du provisoire, a coexisté avec le juge statuant en la forme des référés, statuant sur le fond du litige selon une procédure rapide. Partant du constat que les dispositions régissant les procédures « en la forme des référés » sont dispersées et emportent des confusions, l'ordonnance no 2019-738 du 17 juillet 2019 – prise en application de l'article 28 de la loi *PRJ* – harmonise le traitement des procédures au fond à bref délai notamment en supprimant toute référence à la formule « en la forme des référés ». Puis le décret n° 2019-1419 du 20 décembre 2019 relatif à la procédure accélérée au fond devant les juridictions judiciaires modifie les dispositions relatives à la procédure en la forme des référés devant les juridictions de l'ordre judiciaire afin de la renommer « procédure accélérée au fond ». Le référé en la forme est remplacé par la procédure accélérée au fond pour les demandes introduites depuis le 1er janvier 2020.

1175 — Juge unique. La fonction de juge des référés est dévolue à un juge unique – par principe, le président de la juridiction. Toutefois, la formation des référés prud'homaux est composée de deux conseillers (C. trav., art. R. 1455-1 et L. 1423-13). Aussi, par exception, l'article 487 du CPC offre au juge des référés « la faculté de renvoyer l'affaire en état de référé devant la formation collégiale de la juridiction à une audience dont il fixe la date ».

1176 — Compétence d'attribution. Afin de déterminer la compétence, il convient de se reporter aux règles de droit commun de la compétence d'attribution. L'article 836 du CPC précise que dans « toutes les matières où il n'existe pas de procédure particulière de référé », le président du TJ a le pouvoir de se prononcer en référé. Cette disposition est cependant d'application résiduelle, car une procédure de référé existe devant toutes les juridictions.

1177 — Compétence territoriale. La compétence territoriale en matière de référé se calque également sur celle du droit commun. Toutefois, des aménagements ont été posés par la jurisprudence afin de tenir compte de la spécificité du référé. À titre d'exemple, le demandeur peut saisir en référé le président de la juridiction du lieu où doit être exécutée la mesure demandée.

Cass. 2e civ., 17 juin 1998, n° 95-10563.

1178 — Clause de compétence territoriale. Si la jurisprudence a introduit une certaine souplesse en ce qui concerne la compétence territoriale en matière de référé, la clause attributive de compétence territoriale est en revanche inopposable à la partie qui saisit le juge des référés.

Cass. 2e civ., 17 juin 1998, n° 95-10563.

1179 — Dispositions. La matière des référés est répartie en plusieurs séries de dispositions dans le CPC. Au livre Ier, consacré aux dispositions communes à toutes les juridictions, les articles 484 à 492-1 sont relatifs à l'ordonnance de référé et aux règles procédurales. Au livre II, consacré aux dispositions particulières à chaque juridiction, divers articles sont consacrés aux pouvoirs du juge des référés. Le référé prud'homal est prévu aux articles R. 1455-1 et suivants du Code du travail.

1180 — Annonce. Que le référé relève de la compétence du TJ ou d'une juridiction d'exception, hormis quelques dispositions, la procédure de référé est la même (A). Toutefois, toutes les demandes ne peuvent pas faire l'objet d'une procédure en référé en raison des pouvoirs du juge des référés (B).

A Procédure de référé

1181 — Caractère. La procédure de référé, en raison de sa finalité, se veut une procédure simple et rapide. Ces caractéristiques se retrouvent au niveau de l'introduction de l'instance (1) et de son déroulement (2). *In fine*, les particularismes de l'ordonnance de référé doivent être relevés (3).

1 Introduction de l'instance

1182 — Acte introductif d'instance. L'introduction de l'instance s'effectue par voie d'assignation (CPC, art. 485). Elle est donc délivrée par exploit d'huissier et doit comporter les mentions exigées pour toutes les assignations (CPC, art. 54 et 56). L'assignation est pour « une audience tenue à cet effet aux jour et heure habituels des référés » (CPC, art. 485, al. 1).

1183 — Précisions sur les modes amiables. Il doit être précisé qu'une clause de conciliation ne fait pas obstacle à la saisine du juge des référés.

En matière de procédure participative, en cas d'urgence, l'alinéa 2 de l'article 2065 du Code civil autorise le recours au juge du provisoire afin de demander des mesures provisoires ou conservatoires.

CA Paris, sect. B, ch. 1, 13 oct. 2006, n° 06/13726.

1184 — Temps suffisant. Aucun délai fixe n'est posé entre l'assignation et l'audience. Cette absence s'explique par le fait qu'il s'agit d'une procédure rapide. Cependant, l'exigence de célérité ne doit pas porter atteinte aux droits de la défense. Ainsi, le juge doit s'assurer « qu'il s'est écoulé un temps suffisant entre l'assignation et l'audience » (CPC, art. 486). Le temps est suffisant dès lors que la partie assignée a pu préparer sa défense.

1185 — Référé d'heure à heure. En certains cas d'extrême urgence, le juge des référés peut permettre d'assigner à heure indiquée, même les jours fériés ou chômés (CPC, art. 485, al. 2). Le référé d'heure à heure est cependant conditionné à une nécessité de célérité au vu de la situation. Afin d'obtenir l'autorisation judiciaire d'assigner à heure fixée, le demandeur doit adresser une requête au juge.

1186 — Prescription. Conformément à l'article 2241 du Code civil, la demande en justice interrompt le délai de prescription ainsi que le délai de forclusion. Le principe vaut même en référé. La précision relative au référé est explicitement donnée au premier alinéa de l'article 2241 susvisé.

1187 — Référé parallèle à une instance au fond. Si le référé est généralement préalable à une action au fond, la saisine du juge des référés est possible au cours d'une instance. Toutefois, des exceptions existent. Le référé *in futurum* (CPC, art. 145) doit être engagé « avant tout procès ». Aussi, dès l'instant où est désigné un JME, celui-ci se trouve exclusivement compétent.

Cass. 2e civ., 9 déc. 1976, n° 76-10130.

2 Déroulement de l'instance

1188 — Caractères de la procédure : contradictoire. La procédure de référé est contradictoire. Le caractère contradictoire ressort de l'article 484 du CPC. En effet, suivant cette disposition, l'ordonnance de référé est rendue « à la demande d'une partie, l'autre présente ou appelée ».

1189 — Caractères de la procédure : oralité. Le caractère oral n'est expressément spécifié dans aucune disposition du CPC. Néanmoins, l'oralité est sous-jacente à l'article 486-1, alinéa 1er du CPC. Le caractère oral se déduit également de la procédure elle-même (absence de conclusions obligatoires, de JME, de délais). Enfin, sur un plan légistique, la place du chapitre dédié aux ordonnances de référé au sein du sous-titre III dédié à la procédure orale devant le TJ confirme – s'il en était vraiment besoin – le caractère oral de la procédure de référé.

1190 — Représentation. Jusqu'au décret du 11 décembre 2019, l'oralité de la procédure avait pour conséquence que les parties pouvaient comparaître en personne ou se faire représenter. Même devant le président du TGI, la représentation n'était pas obligatoire. Désormais, l'oralité de la procédure est en partie liée à la dispense de constituer avocat. Particulièrement, devant le TJ, « Lorsque les parties sont dispensées de constituer avocat conformément aux dispositions de l'article 761, la procédure est orale » (CPC, art. 817). Ce lien entre la dispense de représentation et l'oralité vaut « sous réserve des dispositions particulières propres aux matières concernées » (CPC, art. 761). Ainsi, la représentation par avocat s'étend partiellement en première instance dans la procédure de référé.

1191 — Audience. Afin d'assurer une procédure rapide, l'instruction se veut simplifiée. En principe, celle-ci a lieu à l'audience. Toutefois, si le respect du contradictoire l'exige ou si le juge des référés ordonne une mesure d'instruction, l'affaire est renvoyée à une nouvelle audience. Aussi, la faculté est octroyée au juge de renvoyer l'affaire en état de référé devant la formation collégiale de la juridiction à une audience (CPC, art. 487).

1192 — Dispense de présentation. À la condition qu'une disposition particulière le prévoie, conformément au droit commun de l'oralité, « les parties peuvent être autorisées à formuler leurs prétentions et leurs moyens par écrit sans se présenter à l'audience » (CPC, art. 446-1, al. 2). En référé, cette dispense est prévue à l'alinéa 1 de l'article 486-1 du CPC.

1193 — Dispense de présentation : conditions. La dispense de présentation est limitée aux demandes relatives à une mesure d'instruction en référé. Aussi, elle apparaît ne bénéficier qu'au défendeur qui, indiquant, avant l'audience, acquiescer à la demande, est dispensé de se présenter devant le juge. Ce dernier a toutefois la faculté d'ordonner que les parties se présentent devant lui.

1194 — Décision contradictoire. L'alinéa 2 de l'article 486-1 du CPC précise que « la décision rendue dans ces conditions est contradictoire ». Cette précision est sans surprise, voire superfétatoire dans la mesure où elle est présente à l'identique à l'article 446-1 du Code de procédure civile, soit dans l'une des dispositions de droit commun de la procédure orale.

1195 — Passerelles. En certaines hypothèses, le juge des référés n'a pas le pouvoir d'ordonner la mesure sollicitée, alors même que l'urgence de la situation impose une solution rapide. Afin qu'il soit statué rapidement sur le fond, la technique de la passerelle a été mise en place. Celle-ci obéit à différentes conditions en fonction de la juridiction saisie. Dans tous les cas, le défendeur doit disposer d'un temps suffisant pour assurer sa défense.

1196 — Passerelle et TJ. À la demande de l'une des parties et si l'urgence le justifie, le président du TJ ou le JCP saisi en référé peut renvoyer l'affaire à une audience dont il fixe la date afin qu'il soit statué au fond (CPC, art. 811). L'ordonnance de renvoi emporte saisine du tribunal, qui statuera au fond dans un bref délai. Il est procédé selon l'article 842 et les trois derniers alinéas de l'article 844 du CPC.

1197 — sPasserelle et précisions relatives à la constitution d'avocat. Avant la date de l'audience, le défendeur est tenu de constituer avocat ; à défaut, l'affaire est renvoyée à une audience ultérieure, sauf si le juge ordonne la réassignation du défendeur. Si le défendeur a constitué avocat, l'affaire est plaidée sur-le-champ en l'état où elle se trouve, sauf si le président de la chambre renvoie l'affaire à une nouvelle audience ou devant le juge de la mise en état.

1198 — Passerelle et juridictions d'exception hors prud'hommes. Devant le tribunal de commerce (CPC, art. 873-1) et le tribunal paritaire des baux ruraux (CPC, art. 896), une passerelle vers le fond est prévue dans des conditions identiques. Le juge saisi en référé peut renvoyer l'affaire à une audience dont il fixe la date pour qu'il soit statué au fond. Il le peut à la demande de l'une des parties et si l'urgence le justifie. L'ordonnance emporte saisine du tribunal.

1199 — Passerelle et conseil des prud'hommes. Devant le conseil des prud'hommes, la passerelle avec le fond est prévue à l'article R. 1455-8 du Code du travail. La formation de référé, en cas d'urgence et si la demande semble excéder ses pouvoirs, peut renvoyer l'affaire devant le bureau de jugement. À cette fin, l'accord des parties est nécessaire et la formation de référé doit avoir procédé à une tentative de conciliation en audience non publique. L'ordonnance de référé mentionnant la date de l'audience du bureau de jugement doit être notifiée aux parties et vaut citation en justice.

3 Ordonnance de référé

1200 — Intérêts et attributs de l'ordonnance. En raison des objectifs de la procédure de référé, l'ordonnance de référé se doit d'être exécutoire rapidement, au risque sinon de devenir sans objet et de mettre à mal la finalité du référé. Cette exigence d'effectivité ne doit cependant pas contrevenir au caractère provisoire du référé. Dès lors, les attributs de l'ordonnance sont spécifiques : elle a une autorité provisoire tout en étant immédiatement exécutoire.

1201 — Absence d'autorité de la chose jugée au principal. L'autorité de la chose jugée est un attribut du jugement qui interdit, en dehors des voies de recours, de remettre en cause la contestation tranchée (CPC, art. 480). Dans la mesure où elle émane d'une juridiction du provisoire, « l'ordonnance de référé n'a pas, au principal, l'autorité de la chose jugée » (CPC, art. 488, al. 1), tant en première instance qu'en appel.

1202 — Conséquences de l'absence d'autorité de la chose jugée au principal. L'absence d'autorité de la chose jugée à l'égard du principal emporte deux conséquences :
- d'une part, l'ordonnance de référé n'est pas une décision définitive. Elle ne lie donc pas le juge du fond ;
- d'autre part, le juge des référés ne peut pas, en principe, modifier sa décision car, au provisoire, une certaine autorité est attachée à l'ordonnance.

1203 — Autorité de l'ordonnance au provisoire. Par principe, dans la mesure où l'absence d'autorité de la chose jugée est au principal, le juge des référés, en tant que juge du provisoire, ne peut pas revenir sur sa décision. Toutefois, en cas de circonstances nouvelles, l'ordonnance peut être modifiée ou rapportée en référé (CPC, art. 488, al. 2). Lesdites circonstances sont, notamment, les faits postérieurs ou connus *a posteriori* de l'ordonnance.

1204 — Exécution provisoire. Afin d'assurer l'efficacité au référé, l'ordonnance est exécutoire à titre provisoire. Ce principe était affirmé à l'ancien article 489 du CPC, avant même la consécration du principe de l'exécution provisoire de droit par le décret n° 2019-1333 du 11 décembre 2019. Dès la notification de la décision, son exécution peut être poursuivie. En outre, « en cas de nécessité », le juge est autorisé à ordonner que « l'exécution [ait] lieu au vu de la seule minute » (CPC, art. 489).

1205 — Absence de dérogation au principe. Si l'exécution provisoire de droit est consacrée en principe, le juge peut écarter cette exécution provisoire de droit. Toutefois, cette dérogation au principe de l'exécution provisoire ne joue pas en tout domaine. Conformément à l'alinéa 3 du nouvel article 514-1 du CPC, l'exécution provisoire de droit ne peut être écartée par le juge, notamment lorsque ce dernier :
- statue en référé ;
- prescrit des mesures provisoires pour le cours de l'instance ;
- ordonne des mesures conservatoires.

1206 — Conséquences du caractère exécutoire. Puisque l'ordonnance de référé est exécutoire immédiatement, elle constitue un titre exécutoire (CPC exéc., art. L. 111-3) permettant de recourir aux procédures civiles d'exécution. Ainsi, cet attribut de l'ordonnance confère une efficience au référé. En même temps, l'exécution comporte un double risque : l'un pour celui qui a poursuivi l'exécution, l'autre pour celui qui s'est exécuté.

1207 — **Exécution de l'ordonnance aux risques de celui qui la poursuit.** L'exécution de l'ordonnance a lieu aux risques de celui qui la poursuit. Si l'ordonnance est infirmée, celui qui s'est exécuté obtient restitution des sommes versées avec intérêts légaux à compter de la signification de l'arrêt. En outre, il peut solliciter des dommages et intérêts en réparation du préjudice dû à l'exécution.

1208 — **Jurisprudence.** L'assemblée plénière, dans un arrêt du 24 février 2006, a jugé que l'exécution « n'a lieu qu'aux risques de celui qui la poursuit, à charge par lui, si le titre est ultérieurement modifié, d'en réparer les conséquences dommageables ».

Cass. ass. plén., 24 févr. 2006, n° 05-12679.

1209 — **Voies de recours contre l'ordonnance.** Sauf si elle émane du premier président de la cour d'appel ou si elle a été rendue en dernier ressort, l'ordonnance de référé peut être frappée d'appel (CPC, art. 490, al. 1) ; celui-ci est alors instruit et jugé selon la procédure de l'article 905 du CPC. Lorsqu'elle est rendue en dernier ressort par défaut, l'ordonnance est susceptible d'opposition. Le délai d'appel ou d'opposition est de 15 jours (CPC, art. 490, al. 3).

1210 — **Instance au fond *a posteriori* de l'ordonnance.** En raison de son absence d'autorité de chose jugée au principal, l'ordonnance de référé n'interdit pas la saisine du juge du fond. En certains cas, l'autorité de fait de l'ordonnance est telle que les parties s'en contentent. Dans d'autres, les parties souhaitent un jugement au fond. Si un juge intervient au fond après avoir connu de l'affaire en référé, l'exigence d'impartialité est singulière.

1211 — **Impartialité du juge du fond et référé.** Aucune atteinte objective au principe d'impartialité n'existe si un magistrat statue au fond dans un litige dans lequel il avait pris préalablement une mesure conservatoire en référé. La solution est inverse, lorsqu'un juge connaît d'un litige au fond après avoir ordonné une provision en référé ou pris une mesure d'anticipation.

Cass. ass. plén., 6 nov. 1998, n° 95-11006 – Cass. ass. plén., 6 nov. 1998, n° 94-17709.

B Pouvoirs du juge des référés

1212 — Définition et sanction. Le pouvoir du juge des référés renvoie aux mesures pouvant être ordonnées par le juge saisi en référé. Celui-ci s'apprécie par rapport aux conditions posées par la loi dans les différents cas d'ouverture du référé. En cas de demande excédant les pouvoirs du juge des référés, une décision d'« il n'y a lieu à référer » est rendue, le juge devant déclarer la demande irrecevable.

1213 — Précision terminologique. Le pouvoir du juge des référés ne doit pas se confondre avec sa compétence. Le pouvoir est l'aptitude à se prononcer sur la demande. En revanche, la compétence est relative à la possibilité de connaître du litige en vertu des règles de compétence d'attribution et de compétence territoriale.

1214 — Cas d'ouverture du référé. L'urgence est le cas traditionnel d'ouverture du référé. Il n'est cependant pas le seul. Traditionnellement qualifié de « juge de l'urgence », le juge des référés est aussi le juge de l'évidence. Ainsi, outre l'urgence, les cas d'ouverture du référé sont le dommage imminent ou le trouble manifestement illicite ainsi qu'entre autres l'obligation non sérieusement contestable.

1215 — Pluralisme des cas de référé. Les dispositions octroyant pouvoir au juge des référés sont nombreuses. Les référés urgence, préventif ou de remise en état, provision ou exécution de l'obligation, ou enfin les mesures d'instruction *in futurum* sont les dispositifs les plus connus et seront ici étudiés. Des référés spécifiques sont également prévus dans divers textes épars, tel l'article 9-1 du Code civil sur la présomption d'innocence ou encore le référé concurrence de l'article L. 442-4, II du Code de commerce.

1216 — Cas d'ouverture et mesures ordonnées. Les mesures qui peuvent être ordonnées par le juge des référés sont dépendantes des conditions d'ouverture du référé. Peuvent ainsi être ordonnées des mesures dictées par l'urgence (1), des mesures conservatoires ou de remise en état en cas de dommage imminent ou de trouble manifestement illicite (2), une provision ou une exécution de l'obligation en cas d'obligation non sérieusement contestable (3) ou encore des mesures d'instruction *in futurum* (4).

1 Le référé urgence

1217 — Conception traditionnelle. Le référé urgence correspond à une conception classique du référé selon laquelle le juge des référés intervient en « cas d'urgence ». Le référé urgence est prévu, dans des conditions identiques, aux articles 834, 872, 893 du CPC et R. 1455-5 du Code du travail, concernant respectivement le TJ, le tribunal de commerce, le tribunal paritaire de baux ruraux et le conseil de prud'hommes.

1218 — Notion d'urgence. La notion d'urgence, non définie par le CPC, est un standard. Elle suppose une appréciation *in concreto* des intérêts en cause :
- d'un côté, la situation impose d'agir rapidement afin d'éviter que le préjudice s'aggrave ou se réalise ;
- d'un autre côté, l'examen rapide ne doit pas compromettre les intérêts de l'autre partie.

1219 — Pouvoir d'appréciation de l'urgence. En tant que notion de fait, la caractérisation de l'urgence relève du pouvoir souverain d'appréciation du juge. Ce dernier doit constater formellement l'urgence. La constatation peut résulter de la simple mention « *vu l'urgence* », mais si le défendeur conteste l'urgence, le juge doit motiver sa décision sur ce point.

Cass. 2e civ., 17 juill. 1976 : Bull. civ. II, n° 252.

1220 — Moment d'appréciation de l'urgence. L'urgence est donc une notion factuelle résultant de la nature de l'affaire. L'urgence reposant sur l'idée de retard préjudiciable, elle s'apprécie au moment où la décision est rendue et non au moment où le juge a été saisi.

Cass. 3e civ., 22 févr. 1983, n° 81-11440.

1221 — Mesures ordonnées en cas d'urgence. Dans tous les cas d'urgence, le juge peut ordonner en référé « toutes les mesures » (CPC, art. 834 et dispositions équivalentes). La disposition est d'un intérêt indéniable puisque les mesures pouvant être ordonnées ne sont pas limitativement énumérées. Au contraire, elles sont laissées à la libre appréciation du juge des référés.

1222 — L'urgence, une condition nécessaire mais insuffisante. Si l'urgence est la condition première d'ouverture du référé, elle ne suffit pas à elle seule. En effet, à l'urgence doit s'ajouter une autre condition, car « dans tous les cas d'urgence, le juge des référés peut ordonner toutes les mesures qui ne se heurtent à aucune contestation sérieuse ou que justifie l'existence d'un différend » (CPC, art. 834 et dispositions équivalentes).

1223 — Absence de contestation sérieuse. Associée à l'urgence, l'absence de contestation sérieuse permet au juge des référés de prendre des mesures. Il est, dans ce cas, le juge de l'évidence, de ce qui n'est pas contestable. *A contrario,* est sérieuse la contestation sur les faits, les moyens, ou encore les preuves, qui emporte une incertitude quant à la décision qui pourrait être rendue sur le fond.

1224 — Exemples. La mesure ne doit pas se heurter à une contestation sérieuse car, à défaut, le juge des référés connaîtrait du fond. À titre d'exemple, constitue une contestation sérieuse la désignation d'un expert pour fixer les responsabilités ; *a contrario*, n'est pas contestable la demande de la remise des clefs d'un appartement dont le prix a été payé.

Cass. 2e civ., 19 déc. 1973, no 72-13103.

1225 — Existence d'un différend. Dans d'autres cas, l'existence même d'un différend, associé à l'urgence, confère au juge des référés le pouvoir de prendre des mesures immédiates. En cette hypothèse, la contestation n'est pas relative aux moyens à l'appui de la mesure demandée ; au contraire, elle porte sur l'objet du différend. C'est parce qu'il crée un risque d'aggravation du conflit que le différend justifie la mesure.

1226 — Exemple. À titre d'exemple, un différend peut exister concernant la propriété d'un bien. La contestation sur l'appartenance du bien devrait faire obstacle à la remise dudit bien à l'une des parties. En revanche, afin d'éviter notamment une destruction du bien, une mise sous séquestre du bien litigieux peut être ordonnée, le différend justifiant la mesure. En outre, la mesure ordonnée ne préjuge pas du sort du litige au fond.

1227 — Comparaison entre absence de contestation sérieuse et existence d'un différend. L'absence de contestation sérieuse et l'existence d'un différend sont des conditions alternatives, correspondant à deux hypothèses bien distinctes, qui ne doivent pas être confondues :
- l'absence de contestation sérieuse s'évalue en réaction aux mesures qui seraient ordonnées ;
- l'existence d'un différend, étant préalable à l'intervention du juge, justifie d'ordonner des mesures préparatoires ou conservatoires.

2 Le référé préventif ou de remise en état

1228 — Dispositions. Le référé préventif ou de remise en état est prévu, dans des conditions identiques, aux articles 835, alinéa 1, 873, alinéa 1, 894, alinéa 1 et R. 1455-6 du Code du travail, concernant respectivement le tribunal judiciaire, le tribunal de commerce, le tribunal paritaire de baux ruraux et le conseil de prud'hommes.

1229 — Définition. Suivant ces dispositions, le juge des référés peut ordonner des mesures conservatoires ou de remise en état afin de prévenir un dommage imminent ou de faire cesser un trouble manifestement illicite. Bien que voisines, ces causes d'ouverture du référé sont à distinguer.

1230 — Dommage imminent. Le dommage imminent est une notion de fait relevant du pouvoir d'appréciation du juge. Le caractère imminent du dommage suppose que celui-ci est sur le point de se produire. Si la situation en cause perdure, la réalisation du dommage, qui n'a pas encore eu lieu, se concrétisera certainement.

1231 — Exemple. Dans l'affaire du naufrage du *Costa Concordia,* dans la mesure où les croisiéristes n'étaient pas à même de prendre une décision mûrement réfléchie, l'offre de dédommagement était constitutive d'un dommage imminent.

Cass. 1re civ., 14 nov. 2013, n° 12-25102.

1232 — Trouble manifestement illicite. Le trouble renvoie au désordre, à la perturbation. En ce sens, le trouble suppose d'ores et déjà la réalisation du dommage. Le trouble est manifestement illicite lorsqu'une norme obligatoire est violée de manière évidente et emporte une perturbation. L'origine de la norme n'a pas d'incidence : elle peut être contractuelle, et il peut également s'agir d'une voie de fait.

1233 — Exemple. La réalisation de remblais de nature à porter une atteinte grave à l'environnement dans une vallée en dénaturant le site constitue un trouble manifestement illicite. En revanche, aucun trouble manifestement illicite n'est établi lorsque le juge des référés ne peut établir si la toile tendue au-dessus d'une piscine constitue une toiture au sens du règlement de lotissement.

Cass. 1re civ., 14 mai 1991, n° 89-20492 – Cass. 3e civ., 20 déc. 2018, n° 17-21002.

1234 — Contestation sérieuse. Bien qu'elle ne soit pas posée en condition, l'urgence est souvent sous-jacente aux cas de référé relatifs au dommage imminent et au trouble manifestement illicite. Tout l'intérêt est que, *a contrario* du référé urgence, en cas de dommage imminent ou de trouble manifestement illicite, le juge peut prescrire toutes les mesures conservatoires ou de remise en état, même celles qui se heurtent à une contestation sérieuse.

3 Le référé provision ou exécution de l'obligation

1235 — Dispositions. Le référé provision ou exécution de l'obligation est prévu, dans des conditions identiques aux articles 835, alinéa 2, 873, alinéa 2, 894, alinéa 2 et R. 1455-6 du Code du travail, concernant respectivement le TJ, le tribunal de commerce, le tribunal paritaire de baux ruraux et le conseil de prud'hommes.

1236 — Définition. Suivant ces dispositions, dans les cas où l'existence de l'obligation n'est pas sérieusement contestable, le juge des référés peut accorder une provision au créancier, ou ordonner l'exécution de l'obligation même s'il s'agit d'une obligation de faire.

1237 — Obligation non sérieusement contestable. Tant le référé provision que celui exécution de l'obligation sont conditionnés à l'existence d'une obligation non sérieusement contestable. En revanche, aucune condition d'urgence n'est posée. Il appartient au demandeur d'établir l'existence de l'obligation qu'il invoque et au défendeur de prouver que cette obligation est sérieusement contestable.

Cass. 1re civ., 4 nov. 1987, n° 86-14379.

1238 — Précision : référé provision et dommages-intérêts. Si une somme à titre de provision à valoir sur des dommages-intérêts peut être allouée par le juge des référés, en revanche, il ne peut pas allouer des dommages-intérêts à titre provisionnel. En effet, en ce dernier cas, le juge des référés prononcerait des condamnations à des dommages-intérêts, ce qui excéderait ses pouvoirs.

Cass. 2e civ., 11 déc. 2008, n° 07-20255.

4 Mesures d'instruction in futurum

1239 — Définition. Prévu à l'article 145 du CPC, disposition applicable à toutes les juridictions, le référé *in futurum* est une procédure autonome permettant d'ordonner des mesures probatoires. Ce référé a pour objet de recueillir des preuves en vue d'un procès ultérieur ou, tout au moins, afin d'évaluer l'opportunité d'un tel procès.

1240 — Conditions. À la demande de tout intéressé, les mesures d'instruction légalement admissibles, c'est-à-dire prévues aux articles 232 à 284-1 du CPC, peuvent être ordonnées en référé, « s'il existe un motif légitime de conserver ou d'établir avant tout procès la preuve de faits dont pourrait dépendre la solution d'un litige » (CPC, art. 145). Il en résulte que si l'ouverture du référé probatoire est soumise à conditions, l'urgence n'est pas l'une d'elles.

Cass. ch. mixte, 7 mai 1982, n° 79-11814.

1241 — Absence de procès. Tout d'abord, les mesures d'instruction *in futurum* doivent être demandées avant tout procès. Cette première condition renvoie à l'objet même de ce référé, qui est de réunir des preuves en vue d'un procès ultérieur. Ainsi, le référé probatoire doit être engagé avant que le juge du fond ne soit saisi.

1242 — Recherche ou conservation de la preuve. En outre, le référé probatoire est conditionné à la recherche ou la conservation de la preuve.

Cette condition est liée à la finalité du référé probatoire. Dès lors, la situation en présence doit rendre nécessaire l'établissement ou la conservation d'une preuve.

1243 — Motif légitime. Enfin, la demande de mesure probatoire doit être justifiée par l'existence d'un motif légitime. L'intérêt de la mesure probatoire sollicité par le demandeur doit trouver une répercussion dans le potentiel litige entre le demandeur à la mesure et son adversaire. En même temps, la demande de mesure probatoire peut être rejetée si elle porte atteinte aux intérêts légitimes du défendeur.

1244 — Motif légitime et secret des affaires. Afin de protéger le secret de l'affaire, la loi n° 2018-670 du 30 juillet 2018 relative à la protection du secret des affaires a complété le Code de commerce d'un article L. 152-4 disposant que « Pour prévenir une atteinte imminente ou faire cesser une atteinte illicite à un secret des affaires, la juridiction peut, sur requête ou en référé, ordonner des mesures provisoires et conservatoires ».

II La requête

1245 — Définition. La procédure sur requête est une procédure non contradictoire. Il s'agit d'une voie unilatérale par laquelle « le requérant est fondé à ne pas appeler de partie adverse » (CPC, art. 493). Cette procédure aboutit à une décision provisoire rendue non contradictoirement.

1246 — Compétence. À l'instar du référé, dans la limite de la compétence de la juridiction, le juge (président de juridiction ou JCP) peut statuer sur requête.

1247 — Cas d'ouverture. Les cas d'ouverture de la voie sur requête sont duaux. Il s'agit, d'une part, de l'hypothèse des requêtes spéciales ou nommées et, d'autre part, des requêtes générales ou innomées. Ces deux hypothèses d'ouverture de la voie sur requête sont précisées dans des dispositions propres à chaque juridiction.

1248 — Requêtes spéciales. Le juge « est saisi par requête dans les cas spécifiés par la loi » conformément aux articles 845, al. 1, 874 et 897 du CPC, respectivement pour le président du TJ ou le JCP, le président du tribunal de commerce et le président du tribunal paritaire des baux ruraux. Dans ces cas, l'absence de contradiction est automatique. Il s'agit par exemple de la rectification des actes d'état civil (C. civ., art. 99) ou encore des mesures d'instruction avant tout procès (CPC, art. 145).

1249 — Requêtes générales. Dans les limites de la compétence du tribunal, le juge peut ordonner sur requête « toutes mesures urgentes lorsque les circonstances exigent qu'elles ne soient pas prises contradictoirement » conformément aux articles 845, al. 2, 875 et 898 du CPC, respectivement pour le président du TJ ou le JCP, le président du tribunal de commerce, le président du tribunal paritaire des baux ruraux et l'appel.

1250 — Requêtes générales : conditions. L'ouverture de la voie sur requête est doublement conditionnée. Le requérant doit justifier l'urgence de la mesure sollicitée et - condition cumulative - les circonstances exigeant que la mesure ne soit pas prise contradictoirement. Ces conditions renvoient à une exigence d'effectivité de la mesure. La mesure sollicitée impose d'agir promptement et à l'insu de l'autre partie, l'ensemble devant être incompatible avec un débat contradictoire.

1251 — Présentation de la requête. L'instance est engagée par requête qui est l'acte par lequel le demandeur « saisit la juridiction sans que son adversaire en ait été préalablement informé » (CPC, art. 57). Présentée en double exemplaire, la requête doit être motivée et comporter l'indication précise des pièces invoquées. Si une juridiction est déjà saisie, la requête doit le préciser. En outre, elle doit contenir à peine de nullité les mentions des articles 54 et 57 du CPC.

1252 — Précision TJ. Devant le TJ, la requête est présentée par un avocat ou par un officier public ou ministériel habilité (CPC, art. 846, al. 1).

1253 — Dépôt de la requête et examen. La requête est déposée au greffe de la juridiction. Toutefois, en cas d'urgence, la requête peut être présentée au domicile du juge (CPC, art. 494, al. 3). Puis, afin de rendre son ordonnance, le juge examine le dossier, c'est-à-dire la requête et les pièces du requérant.

1254 — Ordonnance sur requête. L'ordonnance doit être motivée. L'ordonnance est laissée à la personne à laquelle elle est opposée (CPC, art. 495) ; le double de l'ordonnance est conservé au greffe (CPC, art. 498).

1255 — Attributs de l'ordonnance. L'ordonnance a une autorité qui est provisoire. Ainsi, et alors même qu'un juge du fond serait saisi de l'affaire, le juge des requêtes a la faculté de modifier ou de rétracter son ordonnance (CPC, art. 497). Aussi, l'ordonnance est exécutoire au seul vu de la minute (CPC, art. 495). Cependant, une présentation de l'ordonnance et d'une copie de la requête à la personne à laquelle elle est opposée est exigée (CPC, art. 495).

1256 — Appel en cas de rejet de la requête. À compter de l'ordonnance, un appel peut être interjeté dans un délai de 15 jours, s'il n'est pas fait droit à la requête (CPC, art. 496, al. 1). Dans l'hypothèse où l'auteur de la requête rejetée interjette appel, celui-ci est formé, instruit et jugé comme en matière gracieuse. Il est à noter que l'ordonnance n'est pas susceptible d'appel si elle émane du premier président de la cour d'appel.

1257 — Rétablissement de la contradiction. Si le juge fait droit à la requête, « tout intéressé peut en référer au juge qui a rendu l'ordonnance » (CPC, art. 496, al. 2). Ainsi, devant la même juridiction provisoire, tout intéressé peut contester la mesure afin d'en obtenir la rétractation ou la modification. Cette voie permet un rétablissement du contradictoire. La décision rendue sur rétractation est contentieuse. Dans les conditions de droit commun, elle est susceptible d'appel.

1258 — Nécessité de rétablir le contradictoire. La voie de rétablissement du contradictoire est un impératif. Il s'agit d'une retranscription du principe directeur de l'article 17 du CPC autorisant qu'une mesure soit ordonnée à l'insu d'une partie, à la condition que « celle-ci dispose d'un recours approprié contre la décision qui lui fait grief ». Le terme « recours » ne doit pas être pris au sens d'un second degré de juridiction : il s'agit de permettre le rétablissement du contradictoire afin de compléter l'examen de la requête devant la juridiction qui a rendu l'ordonnance.

SECTION 3 La procédure accélérée au fond

1259 — Réforme. L'ordonnance n° 2019-738 du 17 juillet 2019 prise en application de l'article 28 de la loi n° 2019-222 du 23 mars 2019 de programmation 2018-2022 et de réforme pour la justice harmonise le traitement des procédures au fond à bref délai. À cette fin, elle supprime notamment toute référence à la formule « en la forme des référés », trop souvent confondue à tort avec le référé (v. supra, n° 1174). La faveur est faite à une nouvelle formule : la « procédure accélérée au fond ».

1260 — Création de la procédure accélérée au fond. Le décret n° 2019-1419 du 20 décembre 2019, relatif à la procédure accélérée au fond devant les juridictions judiciaires, modifie les dispositions relatives à la procédure en la forme des référés devant les juridictions de l'ordre judiciaire afin de la renommer procédure « accélérée au fond ». Il crée le nouvel article 481-1 du CPC afin de préciser la procédure au sens strict, et distingue les procédures qui demeurent des procédures accélérées au fond de celles qui deviennent des procédures de référé, sur requête ou au fond.

1261 — Domaine. Le champ d'application de la procédure accélérée au fond est important. D'une part, la procédure accélérée au fond concerne l'ensemble des juridictions de l'ordre judiciaire (v. pour le tribunal judiciaire, CPC, art. 839 ; le tribunal de commerce, CPC, art. 876-1 ; le tribunal paritaire des baux ruraux, CPC, art. 898-1 ; le conseil des prud'hommes, C. trav., art. R. 1455-12). D'autre part, la procédure accélérée au fond concerne un nombre conséquent de matières (v. par ex. CPC, art. 272, 380).

1262 — Procédure de droit commun. L'article 481-1 du CPC, créé par le décret nº 2019-1419 du 20 décembre 2019, précise le déroulement de la procédure accélérée au fond. Cette disposition pose, sauf s'il en est disposé autrement, les modalités procédurales de principe en ce qui concerne la procédure accélérée au fond. En d'autres termes, la procédure accélérée au fond de droit commun est régie par l'article 481-1 du CPC.

1263 — Assignation. La procédure accélérée au fond est une procédure introduite par assignation avec prise de date. Conformément au 1° de l'article 481-1 du CPC, « La demande est portée par voie d'assignation à une audience tenue aux jour et heure prévus à cet effet ». Il est à noter qu'« à titre exceptionnel, en cas d'urgence manifeste à raison notamment d'un délai imposé par la loi ou le règlement, le président du tribunal, statuant sur requête, peut autoriser à assigner à une heure qu'il indique, même les jours fériés ou chômés » (CPC, art. 481-1, 5°).

1264 — Remise de la copie de l'assignation. Le juge est saisi par la remise d'une copie de l'assignation au greffe. Sous peine de caducité de l'assignation constatée d'office par ordonnance du juge, ou, à défaut, à la requête d'une partie, la remise est effectuée avant la date fixée pour l'audience (CPC, art. 481-1, 2°). Aucun délai n'étant posé entre l'assignation et l'audience, « le jour de l'audience, le juge s'assure qu'il s'est écoulé un temps suffisant depuis l'assignation pour que la partie assignée ait pu préparer sa défense » (CPC, art. 481-1, 3°).

1265 — Procédure orale. La procédure accélérée au fond est une procédure orale (CPC, art. 481-1, 3°). Par principe, cette procédure est dévolue à un juge unique. Cependant, la faculté lui est conférée de renvoyer l'affaire devant la formation collégiale, à une audience dont il fixe la date. La formation collégiale statue selon la procédure accélérée au fond (CPC, art. 481-1, 4°).

1266 — Décision. Dans les conditions prévues aux articles 514-1 à 514-6 du CPC, le jugement est exécutoire de droit à titre provisoire (CPC, art. 481-1, 6°). La décision du juge peut être frappée d'appel, à moins qu'elle n'émane du premier président de la cour d'appel ou qu'elle n'ait été rendue en dernier ressort en raison du montant ou de l'objet de la demande. Le délai d'appel ou d'opposition est de 15 jours (CPC, art. 481-1, 7°).

1267 — Procédure spécifique. Le domaine de la procédure accélérée au fond est très divers et cette procédure concerne l'ensemble des juridictions de l'ordre judiciaire. C'est pourquoi cette procédure accélérée au fond de droit commun fait l'objet, en certains cas, d'adaptation. Particulièrement, des règles spéciales sont instaurées lorsque le conseil des prud'hommes statue selon la procédure accélérée au fond. Ces spécificités sont prévues au nouvel article R. 1455-12 du Code du travail.

SECTION 4 Les aménagements procéduraux en cas de défaut de comparution

1268 — Cadre général. Le défaut de comparution suppose qu'une instance a été introduite. Ainsi, la procédure par défaut ou plus précisément les aménagements procéduraux en cas de défaut de comparution peuvent intervenir devant toutes les juridictions, quelle que soit la procédure engagée. Afin de cerner la notion de comparution et de défaut de comparution, une distinction doit être faite selon que la représentation par avocat est obligatoire ou non.

1269 — Comparution et représentation obligatoire par avocat. Devant le TJ, sauf dispositions contraires, les parties sont tenues de constituer avocat (CPC, art. 760, al. 1). En constituant avocat, les parties sont ainsi comparantes. Pris *a contrario*, le défendeur ne constituant pas avocat est défaillant et donc non comparant.

1270 — Représentation obligatoire et demandeur non comparant. Le cas du demandeur est plus spécifique : un aménagement procédural pour défaut de comparution du demandeur n'est pas concevable, car le défaut de constitution d'avocat emporte la nullité de l'assignation (CPC, art. 752).

1271 — Comparution et absence de représentation obligatoire par avocat. Devant les juridictions d'exception, ou lorsque la procédure est orale, la présentation en personne ou par mandataire habilité à la première audience devant le juge vaut comparution. Ainsi, contrairement à la procédure avec représentation obligatoire, le défaut de comparution du demandeur est envisageable et donne donc lieu à une procédure par défaut.

1272 — Objets des aménagements procéduraux. En raison du défaut de comparution d'une partie, la contradiction ne peut prendre pleinement effet. Mais, si le contradictoire est un principe directeur du procès, il n'en reste pas moins que le défaut de comparution ne doit pas empêcher le déroulement de l'instance. Ainsi, c'est afin d'assurer une juste protection des droits et intérêts en cause que des aménagements procéduraux sont prévus en cas de défaut de comparution.

1273 — Conséquences du défaut de comparution. Les aménagements procéduraux et les conséquences du défaut de comparution imposent de distinguer deux situations : le défaut du demandeur (I) et le défaut du défendeur (II).

I Le défaut de comparution du demandeur

1274 — Raisons de la non-comparution du demandeur. Hormis le cas où le demandeur ne constitue pas avocat alors que la représentation est obligatoire, le demandeur est non comparant lorsqu'il ne se présente pas à la première audience. Ce défaut de comparution peut s'expliquer de deux manières : soit le défaut traduit une volonté de renoncer à l'instance engagée, soit le défaut résulte d'un empêchement de se présenter ou se faire représenter.

1275 — Pluralité de conséquences. En cas de défaut de comparution du demandeur, l'article 468 du CPC envisage un ensemble de règles applicables. Ces règles distinguent selon que le demandeur a fait ou non parvenir au tribunal un motif légitime de non-comparution.

1276 — Motif légitime de non-comparution. En cas de motif légitime de non-comparution, le juge a la faculté de renvoyer l'affaire à une audience ultérieure.

1277 — Absence de motif légitime de non-comparution. En l'absence de motif légitime de non-comparution, la juge a toujours la faculté de renvoyer l'affaire à une audience ultérieure. Aussi, à la demande du défendeur, un jugement sur le fond peut être rendu. Celui-ci est dit « contradictoire ».

1278 — Caducité. *In fine,* en cas de défaut de comparution du demandeur, le juge peut aussi déclarer la citation caduque. Il le peut même d'office. La caducité emportant extinction de l'instance, un délai de 15 jours est laissé au demandeur afin de faire connaître le motif légitime de non-comparution qu'il n'aurait pas été en mesure d'invoquer en temps utile (CPC, art. 468, al. 2). Dans ces conditions, la déclaration de caducité peut être rapportée. Si tel est le cas, les parties sont convoquées à une audience ultérieure.

II Le défaut de comparution du défendeur

1279 — Objectifs. À l'instar du demandeur, le défaut de comparution du défendeur peut être volontaire ou non. Dès lors, un nécessaire équilibre doit être trouvé :

- d'un côté, le défaut de comparution du défendeur ne doit pas entraver le prononcé du jugement, au risque sinon de porter atteinte au droit au procès équitable du demandeur ;
- d'un autre côté, le procès équitable doit également être garanti pour le défendeur, c'est pourquoi il est tenté de rétablir le contradictoire.

1280 — Réitération de la citation. En cas de défaut de comparution du défendeur et à la condition que la citation n'ait pas été délivrée à personne, le défendeur peut être à nouveau invité à comparaître (CPC, art. 471). Cette invitation peut être faite à l'initiative du demandeur ou sur décision prise d'office par le juge. Sauf disposition particulière et hormis le cas où le juge ordonne qu'elle soit faite par acte d'huissier, la nouvelle citation est réitérée selon les formes de la première citation.

1281 — Précision. La nouvelle citation doit faire mention, selon le cas, des dispositions des articles 472 et 473, de celles de l'alinéa 2 de l'article 474 du CPC, ou de celles relatives au prononcé du jugement et à sa qualification en cas de défendeur non comparant. Le juge peut aussi informer l'intéressé, par lettre simple, des conséquences de son abstention.

1282 — Jugement sur le fond. Si le défendeur ne comparaît pas, le juge doit statuer sur le fond (CPC, art. 472). En effet, la non-comparution du défendeur ne peut créer un déni de justice pour le demandeur. Lorsqu'il statue sur le fond alors que le défendeur est non-comparant, le juge doit examiner la régularité, la recevabilité et le bien-fondé de la demande afin d'y faire droit.

1283 — Qualifications des jugements. Lorsqu'en cas de non-comparution du défendeur, il est statué sur le fond, le jugement est susceptible de deux qualifications. Celles-ci dépendent de la configuration procédurale dans laquelle le jugement a été rendu. La qualification est importante car elle guide les voies de recours.

1284 — Jugement rendu par défaut. Lorsque la décision est rendue en dernier ressort et, condition cumulative, lorsque la citation n'a pas été délivrée à personne, le jugement est rendu par défaut (CPC, art. 473, al. 1). Sous réserve de disposition excluant cette voie de recours, le jugement rendu par défaut peut être frappé d'opposition (CPC, art. 476).

1285 — Jugement réputé contradictoire. Lorsque la décision est susceptible d'appel ou, condition alternative, lorsque la citation a été délivrée à la personne du défendeur, le jugement est réputé contradictoire (CPC, art. 473, al. 2). Celui-ci ne peut être frappé de recours que par les voies ouvertes contre les jugements contradictoires (CPC, art. 477).

1286 — Jugement et pluralité de défendeur. En cas de pluralité de défendeurs cités pour le même objet, lorsque l'un au moins d'entre eux ne comparaît pas, l'article 474 du CPC distingue deux hypothèses. Celles-ci reprennent les principes sus-énoncés :

- d'une part, le jugement est réputé contradictoire à l'égard de tous si la décision est susceptible d'appel ou si ceux qui ne comparaissent pas ont été cités à personne ;
- d'autre part, lorsque la décision n'est pas susceptible d'appel et que l'une au moins des parties qui n'ont pas comparu n'a pas été citée à personne, le jugement est rendu par défaut.

1287 — Notifications des jugements. Le jugement rendu par défaut ou le jugement réputé contradictoire au seul motif qu'il est susceptible d'appel doit être notifié dans les 6 mois de sa date (CPC, art. 478). À défaut de notification dans le délai, le jugement est non avenu. En une telle hypothèse, après réitération de la citation primitive, la procédure peut être reprise.

CHAPITRE 5

L'administration judiciaire de la preuve

1288 — Droit de la preuve. La preuve intéresse toutes les matières du droit et de sa pertinence dépend en partie la réussite d'une action. Le droit de la preuve est régi par des dispositions présentes, pour l'essentiel, au Code civil et au CPC. L'admissibilité de la preuve et leurs modes dépendent du Code civil. En revanche, sont régies par le CPC « l'administration judiciaire de la preuve et les contestations qui s'y rapportent » (C. civ., art. 1357).

1289 — Licéité et loyauté de la preuve. Conformément à l'article 9 du CPC, chaque partie doit prouver « conformément à la loi les faits nécessaires au succès de sa prétention ». Il en résulte une exigence de licéité de la preuve, c'est-à-dire de fournir une preuve légalement admissible. La licéité est à distinguer de la loyauté de la preuve, dont l'exigence interdit l'utilisation de procédés déloyaux afin d'obtenir une preuve.

1290 — Droit à la preuve. Dans un arrêt en date du 5 avril 2012, la Cour de cassation a posé un droit à la preuve. Une production ou une obtention litigieuse – déloyale ou illicite – peut être admise. Le bénéfice de ce droit à la preuve est cependant doublement conditionné : la preuve en cause doit être « indispensable [...] et proportionnée aux intérêts antinomiques en présence ».

Cass. 1re civ., 5 avr. 2012, nº 11-14177.

1291 — Dispositions communes aux juridictions. L'administration judiciaire de la preuve est régie par les articles 132 à 322 du CPC. Ces dispositions composent le titre VII du livre Ier du CPC. Ces règles de procédure sont donc applicables devant toutes les juridictions.

1292 — Objectifs. Les dispositions relatives à l'administration judiciaire de la preuve sont nombreuses. Le CPC les divise en quatre sous-titres : les pièces, les mesures d'instruction, les contestations relatives à la preuve littérale et le serment judiciaire. Il en ressort trois objectifs de l'administration judiciaire de la preuve, à savoir obtenir, contester et constituer une preuve.

1293 — Procédure participative. L'administration judiciaire de la preuve ne doit pas exclure l'existence d'un mouvement de déjudiciarisation en la matière. Par actes contresignés par avocats précisés dans la convention de procédure participative, les parties peuvent notamment recourir à un technicien ou encore consigner les déclarations de toute personne acceptant de fournir son témoignage (CPC, art. 1546-3, 4° et 7°). Non seulement la procédure participative externalise la mise en état, elle déjudiciarise également les mesures d'instruction. Les articles 1547 à 1554 du CPC sont consacrés aux recours à un technicien en procédure participative.

1294 — Annonce. Du fait des objectifs de l'administration judiciaire de la preuve, la preuve peut préexister ou résulter de l'intervention judiciaire. Ainsi, l'administration judiciaire de la preuve est duale. D'un côté, l'intervention judiciaire est subséquente à l'existence de la preuve (section 1), d'un autre, elle est constitutive de la preuve (section 2). *In fine*, car plus difficiles à classer, seront abordés successivement l'*amicus curiae* (section 3) et le serment judiciaire (section 4).

SECTION 1 L'intervention judiciaire subséquente à l'existence de la preuve

1295 — Annonce. L'intervention judiciaire subséquente à l'existence de la preuve suppose la préexistence d'élément de preuve. En ce cas, l'administration judiciaire de la preuve répond à deux objectifs : obtenir et contester. Cela renvoie à la communication, l'obtention et la production des pièces (I), et aux contestations relatives à la preuve littérale (II).

I La communication, l'obtention et la production des pièces

1296 — Distinction entre production et communication. La production des pièces doit être distinguée de leur communication :
- lorsqu'une pièce est versée aux débats par une partie, il s'agit d'une production ;
- lorsqu'elle est portée à la connaissance de la partie adverse, il s'agit d'une communication.

Il en résulte que la production d'une pièce entraîne l'obligation de la communiquer.

1297 — Annonce. En ce qui concerne les pièces, le CPC distingue trois cas dans l'administration judiciaire de la preuve : la communication des pièces entre les parties (A), l'obtention des pièces détenues par un tiers et la production des pièces détenues par une partie. Les deux derniers cas renvoient à la production forcée des pièces (B).

A La communication des pièces entre les parties

1298 — Objectif de la communication. Chaque partie doit communiquer à l'adversaire toute pièce dont elle fait état (CPC, art. 132). La communication des pièces est inhérente au principe du contradictoire. Afin que les parties puissent organiser leur défense, elles doivent se faire connaître réciproquement les pièces avancées au soutien de leurs prétentions.

1299 — Principe de communication spontanée. La communication des pièces doit être spontanée (CPC, art. 132, al. 2). Par principe, chaque partie doit, par elle-même et sans y être incitée ou contrainte, porter à la connaissance de l'autre ses pièces. Ainsi, la communication des pièces doit être mutuelle et volontaire.

1300 — Obligation de communication en temps utile. Dans tous les cas, conformément aux articles 15 et 135 du CPC, la communication des pièces doit intervenir en temps utile. Le temps utile est celui nécessaire à l'exercice des droits de la défense. La communication est tardive lorsqu'elle emporte une violation du principe du contradictoire. L'appréciation du caractère tardif relève du pouvoir souverain du juge.

Cass. ch. mixte, 3 févr. 2006, n° 04-30592.

1301 — Délais de communication. En principe, les pièces sur lesquelles sont fondées les prétentions formées par assignation (CPC, art. 56, 3°), par requête conjointe (CPC, art. 57) ou encore par voie incidente (CPC, art. 67) doivent être indiquées et listées sur un bordereau annexé. Leur communication peut donc être ultérieure. Cependant, afin de diminuer les incidents de communication, à certains actes doivent être simultanément jointes les pièces (par ex. la requête devant le tribunal judiciaire, CPC, art. 757).

1302 — Présomption de régularité de la communication. La communication des pièces repose sur une présomption de régularité. Ainsi, sauf preuve contraire, toute pièce visée dans un acte et n'ayant donné lieu à aucune contestation est réputée avoir été régulièrement communiquée.

1303 — Injonction de communiquer. En dépit du principe de communication spontanée, une partie peut fonder ses prétentions sur une pièce non communiquée à la partie adverse. Dans ce cas, afin d'enjoindre la partie à communiquer ladite pièce, le juge peut être saisi, sans forme, par l'autre partie (CPC, art. 133).

1304 — Demande de communication et exception de procédure. La demande de communication de pièces peut être présentée antérieurement à une exception de procédure sans que cela constitue une cause d'irrecevabilité de la demande (v. *supra*, n° 458).

1305 — Pouvoir d'injonction de communiquer. Il relève du pouvoir d'appréciation du juge de faire droit ou non à la demande de communication, le pouvoir d'injonction constituant une faculté. S'il est fait droit à la demande, le juge peut enjoindre la communication au lieu et suivant les modalités qu'il fixe, au besoin sous astreinte qu'il peut liquider (CPC, art. 134 et 137). Si la partie ne restitue pas les pièces communiquées, elle peut y être contrainte, éventuellement sous astreinte (CPC, art. 136).

1306 — Communication tardive ou faisant défaut. À défaut de communication ou en cas de communication tardive, la pièce est écartée des débats (CPC, art. 135). La solution s'impose au regard des articles 15, 16 et 132 du CPC, car une pièce non communiquée ou transmise tardivement n'a pas été soumise à un débat contradictoire.

B La production forcée des pièces

1307 — Principe. « Chacun est tenu d'apporter son concours à la justice en vue de la manifestation de la vérité » (C. civ., art. 10). Cette obligation s'imposant à tous, le juge peut enjoindre la production de pièces détenues tant par une partie (CPC, art. 142) que par un tiers (CPC, art. 138 et s.). Dans cette hypothèse, contrairement à la communication des pièces, il n'a pas été fait état de la pièce en cause.

> Le CPC dédie deux chapitres à l'obtention et la production des pièces : l'un concerne les pièces détenues par un tiers, l'autre celles détenues par les parties. L'unique disposition du chapitre relatif aux pièces détenues par une partie (CPC, art. 142) renvoie aux articles 138 et 139, soit à certaines dispositions relatives aux pièces détenues par un tiers. Sauf précisions contraires, les développements concernent la production des pièces détenues par une partie et un tiers.

1308 — Pouvoir d'injonction. Afin de demander la production d'une pièce détenue par une partie ou un tiers, le juge est saisi sans forme (CPC, art. 139, al. 1). Celui-ci n'est pas obligé de faire droit à cette demande, l'exercice du pouvoir d'injonction relevant de son pouvoir discrétionnaire. S'il y est fait droit, le juge ordonne la production, au besoin sous astreinte, dans les conditions et sous les garanties qu'il fixe. Le juge apprécie s'il est opportun de produire la pièce « en original, en copie ou en extrait » (CPC, art. 139, al. 2).

1309 — Sanction en cas de refus. Le refus ou l'abstention de production d'une pièce est un manquement à l'obligation « d'apporter son concours à la justice ». Dès lors, celui qui se soustrait à cette obligation peut être contraint d'y satisfaire, « au besoin à peine d'astreinte ou d'amende civile, sans préjudice de dommages et intérêts » (C. civ., art. 10).

1310 — Empêchement légitime et tiers. Le tiers est tenu d'apporter son concours à la manifestation de la vérité. Mais il peut invoquer un empêchement légitime afin de refuser la production d'une pièce. Dans ce cas, le juge peut, sur la demande sans forme qui lui est faite, rétracter ou modifier sa décision (CPC, art. 141). Si la décision ne le contente pas, le tiers a la possibilité d'en interjeter appel dans les 15 jours de son prononcé (CPC, art. 141).

1311 — Qualification de l'empêchement légitime. La demande de rétraction doit être justifiée par l'existence d'un empêchement légitime. Non définie, la formule est vague et, au regard de la jurisprudence, varie en fonction des cas. Légitimement, l'empêchement légitime renvoie à la force majeure (par ex. le vol ou la destruction de la pièce). Aussi, le respect de la vie privée a pu être considéré comme un empêchement légitime, à l'instar du secret professionnel.

1312 — Empêchement légitime invoqué par les parties. L'article 142 du CPC, seule disposition relative à la production des pièces détenues par une partie, renvoie aux articles 138 et 139 du CPC. En l'absence de référence à l'article 141, il devrait en être déduit que seuls les tiers – et non les parties – peuvent opposer un empêchement légitime à la demande production d'une pièce. Pour autant, il ressort de certaines jurisprudences que le secret et la force majeure peuvent être invoqués par les parties destinataires d'une injonction de production.

II Les contestations relatives à la preuve littérale

1313 — Définition de la preuve littérale. La preuve littérale est une preuve par écrit consistant « en une suite de lettres, de caractères, de chiffres ou de tous autres signes ou symboles dotés d'une signification intelligible, quel que soit leur support » (C. civ., art. 1365).

1314 — Contestations : distinction entre acte sous signature privé et acte authentique. Lorsqu'une preuve par écrit est opposée à une partie, cette dernière peut en contester tant la contenance que la provenance. Le CPC distingue selon que les contestations portent sur un acte sous seing privé (A) ou sur un acte authentique (B).

A Les contestations relatives aux actes sous seing privé

1315 — Force probante. L'acte sous signature privée est celui qui, établi par les parties ou par un tiers, est signé par les parties en vue de produire des effets juridiques. Cet acte fait foi, jusqu'à preuve contraire, entre ceux qui l'ont souscrit et à l'égard de leurs héritiers et ayants cause (C. civ., art. 1372). Afin de contester un acte sous signature privée, une vérification d'écriture (1) ou de faux (2) peut être demandée.

1 La vérification d'écriture

1316 — Annonce. La vérification d'écriture peut être demandée en cours de procédure ou en dehors de tout litige. Dans le premier cas, il s'agit d'un incident de vérification (a) et dans le second cas, d'une vérification d'écriture à titre principal (b).

a L'incident de vérification

1317 — Objet. Un incident en vérification d'écriture est formé lorsqu'une partie désavoue la signature ou l'écriture qui lui est attribuée. Un tel incident est également formé si les héritiers ou ayants cause d'une partie déclarent ne pas reconnaître l'écriture qui est attribuée à son auteur (CPC, art. 287 et C. civ., art. 1373).

1318 — Compétence. Lorsque la vérification d'écriture sous seing privé est demandée incidemment, elle relève de la compétence du juge saisi du principal (CPC, art. 285, al. 1). Il en résulte que l'incident en vérification d'écriture est formé selon les modes de présentation des moyens de défense de la juridiction saisie du principal.

1319 — Vérification du juge. Il revient au juge de procéder à la vérification d'écriture (CPC, art. 288). À cette fin, le juge peut retenir tout document utile de comparaison, et peut au besoin enjoindre les parties à produire un document, voire faire « composer, sous sa dictée, des échantillons d'écriture » (CPC, art. 288).

1320 — Écrit ou signature électronique. Si une partie dénie un écrit ou une signature électronique, le juge vérifie si les conditions de validité de l'écrit ou de la signature imposées par les articles 1366 et 1367 du Code civil sont satisfaites (CPC, art. 287, al. 2). Lorsque la signature électronique bénéficie d'une présomption de fiabilité, il appartient au juge de dire si les éléments dont il dispose justifient le renversement de cette présomption (CPC, art. 288-1).

1321 — Décision et sanction. La décision du juge relative à l'incident en vérification d'écriture revêt la forme d'une simple mention au dossier ou au registre d'audience. En cas de nécessité, la décision prend la forme d'une ordonnance ou d'un jugement. Si la pièce a été écrite ou signée par la personne qui l'a déniée, celle-ci est condamnée à une amende civile d'un maximum de 10 000 € sans préjudice des dommages-intérêts qui seraient réclamés.

b Vérification d'écriture à titre principal

1322 — Objet. Hors tout litige en cours, une demande de vérification d'écriture peut être formée. Elle l'est alors à titre principal. La finalité de cette demande est préventive. L'objectif est de faire reconnaître que l'acte émane de celui qui l'a écrit ou signé. Ainsi, il ne s'agit pas pour le demandeur de contester l'attribution de l'écrit, mais au contraire d'en confirmer l'attribution.

1323 — Compétence et procédure. La vérification d'écriture à titre principal relève de la compétence du tribunal judiciaire (CPC, art. 285, al. 2). Le demandeur doit citer à comparaître celui dont il craint que la signature soit contestée. Il est à noter que si le défendeur ne comparaît pas car il n'a pas été cité à personne, il est procédé suivant la procédure de vérification en écriture incidente (CPC, art. 298, al. 2).

1324 — Issues. Trois issues sont possibles :
- tout d'abord, si le défendeur cité à personne ne comparaît pas, le juge tient l'écrit pour reconnu (CPC, art. 296) ;
- ensuite, si le défendeur reconnaît l'écriture, le juge en donne acte au demandeur (CPC, art. 297) ;
- enfin, le défendeur peut dénier ou méconnaître l'écriture. Dans ce dernier cas, il est procédé suivant la procédure de vérification en écriture incidente (CPC, art. 298, renvoyant aux art. 287 à 295).

2 Le faux

1325 — Incident de faux. En cours d'instance, un acte sous signature privée peut être argué de faux. Cet incident de faux est prévu à l'article 299 du CPC, disposant qu'« il est procédé à l'examen de l'écrit litigieux comme il est dit aux articles 287 à 295 » du même Code. La procédure d'incident de faux est donc identique à la procédure de vérification d'écriture par voie incidente.

1326 — Faux demandé à titre principal. Un écrit sous seing privé peut également être argué de faux à titre principal. Dans ce cas, il est procédé par assignation. Celle-ci indique les moyens de faux. Si le défendeur déclare ne pas vouloir se servir de l'écrit argué de faux, le juge en donne acte au demandeur. Si le défendeur ne comparaît pas ou déclare vouloir se servir de l'écrit litigieux, il est procédé comme il est dit aux articles 287 à 295 du CPC.

1327 — Acte contresigné par un avocat. L'acte sous signature privée contresigné par les avocats de chacune des parties ou par l'avocat de toutes les parties fait foi de l'écriture et de la signature des parties, tant à leur égard qu'à celui de leurs héritiers ou ayants cause. La procédure de faux lui est applicable (C. civ., art. 1374).

B | L'inscription de faux contre les actes authentiques

1328 — Force probante. Un acte est authentique lorsqu'il est dressé, suivant les solennités requises, par un officier public ayant qualité pour instrumenter et agissant dans le cadre de sa compétence (C. civ., art. 1369, al. 1). En raison de ses caractéristiques, l'acte authentique constitue une preuve parfaite s'imposant au juge. Cette force probante vaut pour les mentions constatées ou portées par l'officier public.

1329 — Contestation. L'acte authentique fait cependant foi « jusqu'à inscription de faux de ce que l'officier public dit avoir personnellement accompli ou constaté » (C. civ., art. 1371, al. 1). Les actes authentiques peuvent donc faire l'objet d'une contestation par la procédure dite « d'inscription de faux ». Une telle contestation mettant en cause un officier public, l'inscription de faux contre un acte authentique donne lieu à communication au ministère public (CPC, art. 303).

1330 — Annonce. La contestation de la véracité d'un acte authentique est prévue aux articles 303 et suivants du CPC. Celle-ci peut intervenir lors d'une procédure, en défense à une demande fondée sur un acte litigieux. La contestation peut également être antérieure à tout litige afin d'anticiper l'utilisation d'un acte litigieux. Pour cette raison, le Code distingue l'inscription de faux incidente (1) et l'inscription principale (2).

1 L'inscription de faux formée par voie incidente

1331 — Compétence. Formée à titre incident, l'inscription de faux contre un acte authentique relève de la compétence du juge saisi du principal, à la condition que la procédure soit en cours devant un tribunal judiciaire ou devant une cour d'appel (CPC, art. 286, al. 1). Si le litige est porté devant une juridiction d'exception, l'inscription de faux relève de la compétence du tribunal judiciaire (CPC, art. 286, al. 2).

1332 — Procédure. Conformément à l'article 306 du CPC, l'inscription de faux est formée par la remise au greffe, par la partie ou son mandataire muni d'un pouvoir spécial, d'un acte devant, à peine d'irrecevabilité, articuler les moyens invoqués par la partie afin d'établir le faux. Dans le mois de l'inscription, une dénonciation est faite au défendeur par notification entre avocats ou signification.

1333 — Pouvoir du juge. Sauf s'il peut statuer sur le litige sans tenir compte de la pièce litigieuse, le juge se prononce sur le faux (CPC, art. 307). À cette fin, il statue au vu des éléments dont il dispose et au besoin en ordonnant toutes mesures d'instruction nécessaires (CPC, art. 308, al. 2).

1334 — Sursis à statuer. Lorsque l'incident est soulevé devant une juridiction d'exception, en principe il est sursis à statuer jusqu'au jugement sur le faux. Si des poursuites pénales sont engagées contre les auteurs ou complices du faux, il est sursis au jugement civil jusqu'à ce qu'il ait été statué au pénal, à moins que le principal puisse être jugé sans tenir compte de la pièce arguée de faux ou qu'il y ait eu, sur le faux, renonciation ou transaction (CPC, art. 312).

1335 — Jugement. Si le faux est admis, l'inscription de faux donne lieu à un jugement déclarant le faux. Celui-ci est mentionné en marge de l'acte reconnu faux. En revanche, si le faux est rejeté, le demandeur en faux est condamné à une amende civile d'un maximum de 10 000 € sans préjudice des dommages-intérêts qui seraient réclamés (CPC, art. 305).

2 L'inscription de faux formée par voie principale

1336 — Compétence. Afin d'anticiper l'utilisation d'un acte authentique supposé faux, une action en inscription de faux peut être engagée à titre principal. La compétence pour connaître de cette demande est réservée au tribunal judiciaire (CPC, art. 286).

1337 — Procédure. La demande principale en faux est précédée d'une inscription de faux (CPC, art. 314). Cette dernière est formée par la remise au greffe d'un acte devant, à peine d'irrecevabilité, articuler les moyens invoqués par la partie afin d'établir le faux. La copie de l'acte d'inscription est jointe à l'assignation qui, à peine de caducité, doit être faite dans le mois de l'inscription de faux.

1338 — Issues. Si le défendeur déclare ne pas vouloir se servir de la pièce arguée de faux, le juge en donne acte au demandeur (CPC, art. 315). Si le défendeur ne comparaît pas ou déclare vouloir se servir de la pièce litigieuse, il est procédé comme il est dit aux articles 287 à 294 et 309 à 312 du CPC.

SECTION 2 L'intervention judiciaire constitutive de la preuve

1339 — Annonce. L'intervention judiciaire constitutive de la preuve renvoie aux mesures d'instruction. Les mesures d'instruction sont diverses et obéissent à un régime spécifique (II). En même temps, elles sont soumises à des dispositions communes (I).

I Les dispositions communes aux mesures d'instruction

1340 — Mesure ordonnée d'office. Dès lors que le juge ne dispose pas d'éléments suffisants pour statuer, les mesures d'instruction peuvent être ordonnées en tout état de cause (CPC, art. 144). La mesure peut être ordonnée d'office à la condition que le juge ne dispose pas d'élément suffisant.

1341 — Mesure ordonnée à la demande d'une partie. La mesure d'instruction peut également être ordonnée à la demande des parties (CPC, art. 143). En ce dernier cas, la partie ne doit pas disposer d'élément suffisant pour prouver le fait qu'il allègue et la mesure d'instruction ne doit pas suppléer la carence de la partie dans l'administration de la preuve (CPC, art. 146, al. 2).

1342 — Choix adapté de la mesure. Lorsqu'il ordonne la mesure, le juge doit choisir la plus adaptée (CPC, art. 147). La mesure doit être limitée à ce qui est suffisant pour la solution du litige. Ainsi, le juge doit s'attacher à deux critères lors du choix de la mesure : la mesure doit être la plus simple et la moins onéreuse possible. À tout moment, le juge peut accroître ou restreindre l'étendue des mesures prescrites (CPC, art. 149).

1343 — Décision ordonnant la mesure d'instruction. La décision qui, en cours d'instance, ordonne ou modifie (ou refuse de modifier) une mesure d'instruction n'est pas notifiée (CPC, art. 152). Cependant, une copie est adressée par lettre simple par le greffier aux parties défaillantes ou absentes lors du prononcé de la décision. La décision ne dessaisit pas le juge (CPC, art. 153). Elle indique la date à laquelle l'affaire sera rappelée pour un nouvel examen.

1344 — Recours. Que la décision ordonne ou refuse d'ordonner une mesure d'instruction, qu'elle modifie la mesure ou en refuse la modification, elle n'est pas susceptible d'opposition. Sauf cas spécifiés par la loi, un appel ou un pourvoi ne peut être formé qu'avec le jugement sur le fond (CPC, art. 150).

1345 — Contrôle de l'exécution. Sauf s'il y procède lui-même, le juge qui a ordonné la mesure en contrôle l'exécution (CPC, art. 154). Le contrôle est exercé par le juge chargé de l'instruction en cas de mesure ordonnée par une formation collégiale. Afin de contrôler l'exécution, le juge peut se déplacer hors de son ressort, voire charger une autre juridiction de procéder à tout ou partie des opérations (CPC, art. 156 et 157).

1346 — Convocation aux mesures d'instruction. Les parties et les tiers doivent apporter leur concours aux mesures d'instruction. À cette fin et pour respecter le principe de la contradiction, ils sont convoqués par lettre recommandée avec demande d'avis de réception, ou par remise à leur défenseur d'un simple bulletin, ou verbalement (CPC, art. 160). Les défenseurs des parties sont avisés par lettre simple s'ils ne l'ont été verbalement ou par bulletin. Les parties défaillantes sont avisées par lettre simple.

1347 — Assistance des parties. Lors de l'exécution d'une mesure d'instruction, les parties peuvent se faire assister (CPC, art. 161). Celui qui représente ou assiste une partie devant la juridiction qui a ordonné la mesure peut en suivre l'exécution, quel qu'en soit le lieu, formuler des observations et présenter toutes les demandes relatives à cette exécution (CPC, art. 162).

1348 — Ministère public. Lors de l'exécution des mesures d'instruction, le ministère public peut toujours être présent (CPC, art. 163). Il convient de préciser que même s'il n'est pas partie principale, le ministère public peut être présent.

1349 — Difficultés d'exécution. Les difficultés survenant lors de l'exécution de la mesure d'instruction sont réglées soit par le juge qui y procède, soit par le juge chargé du contrôle de son exécution (CPC, art. 167). Si la difficulté survient au cours d'une opération à laquelle il procède ou assiste, le juge se prononce sur-le-champ. Dans les autres cas, le juge est saisi sans forme et fixe la date pour laquelle les parties et, s'il y a lieu, le technicien commis seront convoqués (CPC, art. 168).

1350 — Nullité. La nullité des décisions et des actes d'exécution relatifs aux mesures d'instruction est soumise aux dispositions régissant la nullité des actes de procédure (CPC, art. 175). Il convient donc de se reporter à leur régime général. Toutefois, l'étendue de la nullité est spécifique car la nullité ne frappe que celles des opérations qu'affecte l'irrégularité (CPC, art. 176). Les opérations peuvent être régularisées ou recommencées, même sur-le-champ, si le vice qui les entache peut être écarté (CPC, art. 177).

1351 — Décisions. Les décisions relatives à l'exécution d'une mesure d'instruction n'ont pas au principal l'autorité de la chose jugée (CPC, art. 171). Elles ne sont pas susceptibles d'opposition et ne peuvent être frappées d'appel ou de pourvoi en cassation qu'en même temps que le jugement sur le fond. Elles revêtent la forme soit d'une simple mention au dossier ou au registre d'audience, soit, en cas de nécessité, d'une ordonnance ou d'un jugement (CPC, art. 170).

1352 — Procès-verbal, avis ou rapport. L'exécution de la mesure se termine par la rédaction d'un procès-verbal, avis ou rapport. Ceux-ci sont établis à l'occasion ou à la suite de l'exécution d'une mesure d'instruction. Ils sont adressés ou remis en copie à chacune des parties par le greffier de la juridiction qui les a établis ou par le technicien qui les a rédigés. Mention en est faite sur l'original (CPC, art. 173).

II La diversité des mesures d'instruction

1353 — Pluralisme des mesures. Les mesures d'instruction sont plurales et diverses. Un regroupement dual peut toutefois être réalisé en distinguant les mesures d'instruction nécessitant le concours du juge (A) de celles exécutées par un technicien (B).

A Les mesures nécessitant le concours du juge

1354 — Annonce. Au titre des mesures nécessitant le concours du juge, sont abordées successivement les vérifications personnelles du juge (1), la comparution personnelle des parties (2) et les déclarations des tiers (3).

1 Les vérifications personnelles du juge

1355 — Objet de la mesure de vérification personnelle du juge. Mesure d'instruction prévue aux articles 179 et suivants du CPC, la vérification personnelle du juge a pour objet de permettre à celui-ci d'avoir une connaissance personnelle des faits. En toute matière, le juge a la faculté de vérifier par lui-même les faits litigieux.

1356 — Juge compétent. Les vérifications personnelles sont ordonnées par le juge chargé d'instruire l'affaire ou de la mettre en état (v. par ex. CPC, art. 771, 5). Il est à noter qu'en formation collégiale, un membre de la juridiction doit être désigné pour procéder à la mesure de vérification (CPC, art. 180). Même s'il n'appartient pas à la formation de jugement, un juge peut également procéder à des vérifications personnelles lorsqu'il exécute une autre mesure d'instruction (CPC, art. 183).

1357 — Pouvoir du juge lors d'une mesure de vérification. Afin de vérifier personnellement les faits, le juge peut se déplacer, au besoin, sur les lieux, procéder à des constatations, des évaluations, des appréciations ou encore des reconstitutions (CPC, art. 179, al. 2). Aussi, au cours des opérations de vérification, le juge peut se faire assister d'un technicien, entendre les parties ou procéder à l'audition de toute personne (CPC, art. 181).

1358 — Contradictoire et mesure de vérification. Le juge peut procéder à des vérifications personnelles uniquement si les parties sont présentes ou ont été appelées (CPC, art. 179, al. 1). Cette condition est une garantie du principe du contradictoire que doit faire respecter le juge et qu'il doit respecter lui-même (CPC, art. 16).

1359 — Procès-verbal. Une fois la mesure exécutée, un procès-verbal des constatations, évaluations, appréciations, reconstitutions ou déclarations est dressé (CPC, art. 182). Si l'affaire est immédiatement jugée en dernier ressort, la rédaction du procès-verbal peut être suppléée par une mention dans le jugement.

2 La comparution personnelle des parties

1360 — Objet de la comparution. Mesure d'instruction prévue aux articles 184 et suivants du CPC, la comparution personnelle permet au juge d'être éclairé sur le litige en interrogeant les parties. Le juge a ainsi le pouvoir de faire comparaître personnellement une ou plusieurs des parties. Ce pouvoir s'étend à toute matière, aucune condition de recevabilité de la preuve testimoniale n'est posée. En revanche, la comparution est limitée aux seules parties à l'instance.

Subordonnée aux parties à l'instance, la comparution peut trouver à s'appliquer à une personne physique atteinte d'une incapacité d'exercice ou à une personne morale, qui ont la qualité de partie. Dans ces hypothèses, le juge peut faire comparaître « les mineurs et les majeurs protégés [...], ainsi que leurs représentants légaux ou ceux qui les assistent », ainsi que les représentants et « tout membre ou agent d'une personne morale » (CPC, art. 197).

1361 — Compétence. La formation de jugement ou le membre de cette formation responsable de l'instruction de l'affaire ordonne la comparution personnelle (CPC, art. 185). Lorsqu'une formation collégiale ordonne la comparution, celle-ci peut avoir lieu devant l'un des membres de la formation. Dans le cas où la comparution est ordonnée par le juge chargé de l'instruction, ce dernier peut procéder à la comparution ou celle-ci peut avoir lieu devant la formation de jugement.

1362 — Contradictoire et comparution. Afin de respecter le principe du contradictoire, l'article 192 du CPC dispose que « la comparution personnelle a lieu en présence des défenseurs de toutes les parties ou ceux-ci appelés ». Pour cette raison, lorsqu'il ordonne la comparution personnelle, le juge en fixe les lieu, jour et heure. Et si le juge a le pouvoir de procéder sur-le-champ à la comparution (CPC, art. 187), cela suppose la présence des parties et de leurs défenseurs.

1363 — Audience de comparution. Par une lecture *a contrario* de l'article 188, la comparution a lieu en principe en audience publique. Toutefois, celle-ci peut avoir lieu en chambre du conseil (CPC, art. 188). En cas d'impossibilité pour une partie de se présenter, le juge peut se transporter auprès de celle-ci après avoir, le cas échéant, convoqué la partie adverse (CPC, art. 196).

1364 — Audience de comparution et contradictoire. Le principe est l'audition de l'une ou des parties en présence l'une de l'autre (CPC, art. 189). Le but est de respecter les droits de la défense. Cependant, si les circonstances le justifient, la comparution est séparée ou hors la présence de l'autre.

1365 — Comparution séparée. Afin de respecter les droits de la défense, si la comparution de l'une des parties est effectuée hors la présence de l'autre, cette dernière doit avoir connaissance de ce qui a été dit lors de la comparution. Dans tous les cas, la comparution a lieu en présence des défenseurs des parties. En outre, l'absence d'une partie n'empêche pas l'audition de l'autre (CPC, art. 189, al. 3).

1366 — Déroulement de l'audience de comparution. Le juge maîtrise le déroulement de l'audience. Ainsi, les parties doivent répondre aux questions du juge. Ce dernier est libre du choix de ses questions. Il a le pouvoir d'apprécier l'opportunité de poser les questions que les parties lui soumettent (CPC, art. 193). Lors de l'interrogatoire, un technicien peut être présent et les parties peuvent être confrontées à des témoins (CPC, art. 190).

1367 — Procès-verbal. Une fois la mesure exécutée, un procès-verbal des déclarations des parties, de leur absence ou de leur refus de répondre est dressé (CPC, art. 194). Si l'affaire est immédiatement jugée en dernier ressort, la rédaction du procès-verbal peut être suppléée par une mention dans le jugement.

1368 — Formalisme du procès-verbal. L'article 195 du CPC précise le formalisme attaché au procès-verbal. Après lecture de ce document, celui-ci est signé par les parties interrogées ou elles le certifient conforme à leurs déclarations. En cas de refus par les parties de signer le procès-verbal ou de le certifier conforme, l'indication du refus est portée sur le document. Le procès-verbal est daté et signé par le juge et, s'il y a lieu, par le greffier.

1369 — Valeur des déclarations des parties. L'intime conviction du juge est privilégiée en ce qui concerne les conséquences de la comparution. Le juge tire toutes les conséquences de droit de la déclaration des parties et a le pouvoir d'en faire état comme équivalant à un commencement de preuve par écrit (CPC, art. 198). Aussi, l'absence d'une partie ou son refus de répondre sont appréciés souverainement par le juge. Il relève du pouvoir du juge d'apprécier l'absence ou le refus comme équivalant à un commencement de preuve par écrit.

3 Les déclarations des tiers

1370 — Principe. Conformément à l'article 10 du Code civil, « chacun est tenu d'apporter son concours à la justice en vue de la manifestation de la vérité ». Les tiers peuvent donc être amenés à faire des déclarations, c'est-à-dire apporter un éclairage sur des faits litigieux (CPC, art. 199). Les déclarations des tiers souffrent toutefois de deux limitations générales : l'admission de la preuve testimoniale et la connaissance directe des faits par le tiers.

1371 — Preuve testimoniale. La recevabilité des déclarations des tiers est conditionnée à l'admission de la preuve testimoniale. Ainsi, la preuve par témoignage est exclue pour rapporter la preuve d'un acte juridique d'un montant supérieur à 1 500 €, ou encore pour prouver outre ou contre un écrit établissant un acte juridique (C. civ., art. 1359).

1372 — Témoignage indirect. Les témoignages des tiers sont limités aux faits dont « ils ont eu personnellement connaissance » (CPC, art. 199). En principe, ils ne doivent donc pas fournir de témoignage indirect (rumeurs, propos rapportés). Si un tiers relate des faits qui ne sont qu'indirectement connus, le juge est fondé à considérer que le témoignage n'est pas crédible. Il n'est toutefois pas dans l'obligation d'écarter un tel témoignage.

1373 — Formes des déclarations. Conformément à l'article 199 du CPC, les déclarations peuvent prendre la forme d'attestation (a) ou être recueillies par voie d'enquête (b). Dans le premier cas, la déclaration est écrite et dans le second, elle est orale.

a L'attestation

1374 — Définition. Une attestation est une déclaration écrite par un tiers, produite par une partie ou à la demande du juge (CPC, art. 200), qui relate les faits auxquels le tiers a assisté ou qu'il a personnellement constatés (CPC, art. 202, al. 1).

1375 — Mentions de l'attestation. En son article 202, le CPC énumère les différentes mentions que doit contenir une attestation (notamment la relation des faits, les nom et prénoms, l'éventuel lien de parenté, etc.) et précise que doit y être joint un document justifiant de l'identité de son auteur. Les dispositions de l'article 202 du CPC ne sont pas prescrites à peine de nullité ; mais à défaut de conformité à l'article 202, le juge apprécie souverainement si l'attestation présente des garanties suffisantes afin d'emporter sa conviction.

1376 — Auteur de l'attestation : principe. Si, par principe, chacun est tenu d'apporter son concours à la justice, toute personne ne peut attester. Le CPC réserve l'établissement d'une attestation aux personnes pouvant être entendues comme témoin (CPC, art. 201 qui implicitement renvoie à l'article 205 relatif à l'enquête).

1377 — Auteur de l'attestation : exception. Toute personne peut attester, à l'exception de celles frappées d'une incapacité de témoigner en justice. Il en résulte que le mineur ne peut pas valablement attester. Aussi, les descendants ne peuvent jamais être entendus – et dès lors attester – sur les griefs invoqués par les époux à l'appui d'une demande de divorce ou de séparation de corps (CPC, art. 205, al. 2).

1378 — Empêchement légitime à attester. La demande d'attestation pouvant émaner du juge, il peut être légalement requis au tiers d'attester. Ce dernier peut cependant en être dispensé sur justification d'un motif légitime (CPC, art. 206). À titre d'exemple, une partie tenue au secret professionnel n'a pas à fournir d'attestation. Aussi, les parents ou alliés en ligne directe de l'une des parties ou son conjoint, même divorcé, peuvent refuser d'attester (CPC, art. 206).

1379 — Valeur probante. La valeur probante des déclarations faites par un tiers est laissée à l'appréciation du juge (C. civ., art. 1381). Souverainement, le juge peut également user de la faculté qui lui est offerte d'entendre, par voie d'enquête, l'auteur d'une attestation (CPC, art. 203).

1380 — Faux témoignage. L'établissement d'une attestation faisant état de faits matériellement inexacts, la falsification d'une attestation ainsi que l'usage d'une attestation inexacte ou falsifiée sont punis d'un an d'emprisonnement et de 15 000 € d'amende (C. pén., art. 441-7). Si l'infraction est commise en vue de porter préjudice au Trésor public ou au patrimoine d'autrui, ou bien en vue d'obtenir un titre de séjour ou le bénéfice d'une protection contre l'éloignement, les peines sont portées à 3 ans d'emprisonnement et à 45 000 € d'amende.

b ▮ L'enquête

1381 — Définition. L'enquête est une déclaration des tiers prenant la forme d'un témoignage oral qui relate les faits auxquels la personne a assisté ou qu'elle a personnellement constatés (CPC, art. 199). L'enquête est une mesure d'instruction permettant de requérir légalement qu'un témoin dépose (CPC, art. 206).

1382 — Enquête ordinaire et enquête sur-le-champ. L'initiative de l'enquête peut émaner d'une partie ou du juge. L'enquête peut être demandée par une partie. Il s'agit de l'enquête ordinaire (CPC, art. 222). Aussi, le juge peut à l'audience, en son cabinet ou en tout lieu lors de l'exécution d'une mesure d'instruction, entendre sur-le-champ les personnes dont l'audition lui paraît utile à la manifestation de la vérité. Il s'agit de l'enquête sur-le-champ (CPC, art. 231).

1383 — Demande d'enquête par une partie. Lorsque la demande d'enquête émane d'une partie, celle-ci doit préciser les faits dont elle entend apporter la preuve (CPC, art. 222) et il lui incombe de désigner – sauf impossibilité (CPC, art. 224) – les témoins dont elle sollicite l'audition (CPC, art. 223).

1384 — Décision ordonnant l'enquête. S'il est fait droit à la demande d'enquête de la partie, la décision qui ordonne l'enquête mentionne l'identité des personnes à entendre, la formation devant laquelle l'enquête aura lieu, ainsi que les jour, heure et lieu où se déroulera ladite enquête (CPC, art. 223 et s.). Légitimement, les témoins se doivent d'être convoqués. Ils le sont, 8 jours au moins avant la date de l'enquête, par le greffier de la juridiction (CPC, art. 228).

1385 — Obligation de déposer. Que l'enquête soit ordinaire ou sur-le-champ, le tiers qui en est légalement requis est tenu de déposer (CPC, art. 206). Suivant les mêmes cas que l'attestation, les personnes frappées d'une incapacité de témoigner en justice ne peuvent pas être entendues comme témoin et, sous réserve de justifications, certaines en sont dispensées (CPC, art. 205). À défaut de motif légitime ou de justification, celui qui s'abstient ou refuse de témoigner est condamné à une amende civile d'un maximum de 10 000 € (CPC, art. 207, al. 2).

1386 — Déclaration et serment. Préalablement à l'audition des témoins, ces derniers doivent déclarer leur identité, ainsi que tout lien pouvant exister avec les parties (CPC, art. 201). Aussi, au préalable, les témoins doivent prêter serment de dire la vérité (CPC, art. 211). Le refus de prêter emporte un risque de condamnation à une amende civile d'un maximum de 10 000 € (CPC, art. 207, al. 2). Lors de la prestation de serment, le juge rappelle les peines encourues en cas de faux témoignage.

1387 — Sanctions des faux témoignages. Le faux témoignage est puni de 5 ans d'emprisonnement et de 75 000 € d'amende (C. pén., art. 434-13). Les sanctions sont portées à 7 ans d'emprisonnement et 100 000 € d'amende si le témoignage mensonger est provoqué par la remise d'un don ou d'une récompense quelconque (CPC, art. 434-14).

1388 — Audition des témoins. Les témoins sont entendus par le juge séparément, dans l'ordre qu'il détermine, en présence des parties et des défenseurs de celles-ci. Cependant, si les circonstances l'exigent, le juge peut inviter une partie à se retirer. Dans cette hypothèse, afin de respecter le principe du contradictoire, les déclarations doivent être portées immédiatement à sa connaissance.

1389 — Audition des témoins : pouvoirs du juge. Lors de l'audition, le rôle de chacun des protagonistes est clairement défini. Concernant le juge, ce dernier peut interroger les témoins sur tous les faits, même ceux non précisés dans la décision ordonnant l'enquête, mais à la condition que la preuve soit admise par la loi (CPC, art. 213). Le juge a également la possibilité de confronter les témoins entre eux ou avec les parties. Il peut procéder, le cas échéant, à l'audition en présence d'un technicien (CPC, art. 215).

1390 — Audition des témoins : obligations des témoins. Lors de l'audition, les témoins doivent répondre aux juges, sans toutefois pouvoir lire un projet (CPC, art. 212). Sauf ordre contraire, les témoins restent à la disposition du juge jusqu'à la clôture de l'enquête ou des débats (CPC, art. 216). Jusqu'à ce moment, les témoins peuvent apporter des additions ou des changements à leur déposition.

1391 — Audition des témoins : devoirs des parties. Lors de l'audition, les parties, sauf exception, sont présentes. À peine d'exclusion, elles ne doivent ni interrompre, ni interpeller, ni chercher à influencer les témoins qui déposent, ni s'adresser directement à eux. Afin de garantir les droits de la défense, les parties peuvent soumettre au juge des questions à poser aux témoins. Suivant son appréciation souveraine, le juge les pose s'il les estime nécessaires.

1392 — Procès-verbal. Par principe, les dépositions des témoins sont consignées dans un procès-verbal. L'article 220 du CPC précise le contenu du procès-verbal et son formalisme. Les dépositions des témoins, éventuellement leur comportement lors de l'audition ou encore les observations des parties, y sont notamment consignées. Après sa lecture, le procès-verbal est signé par les personnes entendues. En cas de refus de signer le procès-verbal ou de le certifier conforme, l'indication du refus est portée sur le procès-verbal. En outre, le procès-verbal est daté et signé par le juge et, s'il y a lieu, par le greffier.

B Les mesures d'instruction exécutées par un technicien

1393 — Régime. Les mesures d'instruction exécutées par un technicien sont soumises à un régime particulièrement développé. En sus d'être régies par les dispositions générales applicables aux mesures d'instruction, des dispositions sont communes à l'ensemble des mesures d'instruction exécutées par un technicien (1). Ces dispositions sont complétées par des dispositions propres à chacune des mesures (2).

1 Les dispositions communes

1394 — Mission du technicien. Le juge peut commettre toute personne de son choix afin de l'éclairer sur une question de fait (CPC, art. 232). De cette mission du technicien résulte un principe : le juge ne peut pas lui déléguer son pouvoir. Pour cette raison, le technicien ne peut pas porter des appréciations d'ordre juridique (CPC, art. 238).

1395 — Exécution personnelle. Conformément à l'article 233 du CPC, le technicien doit exécuter sa mission en personne. Si le technicien est une personne morale, la ou les personnes qui assurent l'expertise en son nom sont désignées par le représentant légal et soumis à l'agrément du juge.

1396 — Obligations déontologiques. Conformément à l'article 237 du CPC, le technicien est soumis à des obligations déontologiques. Celui-ci doit accomplir sa mission avec conscience, objectivité et impartialité. Ces garanties doivent irriguer les opérations qu'il mène. En cas de méconnaissance des obligations déontologiques, la mesure peut être annulée et le technicien récusé, voire sa responsabilité engagée.

1397 — Règles transcrivant des obligations déontologiques. Les obligations déontologiques du technicien se retrouvent dans de nombreuses dispositions. Particulièrement, le technicien doit donner son avis sur les points pour l'examen desquels il a été commis (CPC, art. 232 et 233), respecter les délais qui lui sont impartis (CPC, art. 239) ou encore refuser de recevoir directement d'une partie une rémunération (CPC, art. 248).

1398 — Récusation. Un technicien peut être récusé à la demande d'une partie (CPC, art. 234). La demande doit être présentée au juge qui a commis le technicien ou devant le juge chargé du contrôle avant le début des opérations ou dès la révélation de la cause de la récusation. L'incident est jugé immédiatement. Si la récusation est admise, le juge remplace d'office le technicien désigné (CPC, art. 235). Les causes de récusation sont les mêmes que celles du juge (CPC, art. 234, al. 1).

1399 — Empêchement légitime. Outre la récusation, l'empêchement légitime est une cause de remplacement de l'expert (CPC, art. 235). Le technicien peut soit avant d'avoir accepté sa mission, soit au cours de son exécution, être définitivement empêché de l'accomplir (par ex. en cas de maladie). Il est alors procédé à son remplacement.

1400 — Exécution de la mission. Afin d'exécuter sa mission, le technicien peut recueillir des informations orales ou écrites de toutes personnes, sauf s'il estime utile que le juge les entende (CPC, art. 242). Le technicien peut également demander communication de tous documents aux parties et aux tiers, sauf au juge à l'ordonner en cas de difficulté (CPC, art. 243).

1401 — Avis du technicien. Dans son avis, le technicien doit faire connaître l'ensemble des informations légitimement recueillies et qui éclairent les questions à examiner. Tenu par sa mission, le technicien ne peut pas révéler d'autres informations (CPC, art. 244). À l'invitation du juge, le technicien peut compléter, préciser ou expliquer, soit par écrit, soit à l'audience, ses constatations ou ses conclusions (CPC, art. 245).

1402 — Portée de l'avis du technicien. Les constatations ou les conclusions du technicien ne lient pas le juge (CPC, art. 246). Sauf autorisation du juge ou consentement des parties, l'avis du technicien dont la divulgation porterait atteinte à l'intimité de la vie privée ou à tout autre intérêt légitime ne peut être utilisé en dehors de l'instance (CPC, art. 247).

2 Les différentes mesures d'instruction

1403 — Degré de technicité. Dans la mesure où le juge doit choisir la mesure d'instruction adaptée (CPC, art. 147), l'expertise a un caractère supplétif. L'expertise (b) est ordonnée dans les cas où des constatations ou une consultation (a) ne suffisent pas à éclairer le juge (CPC, art. 263).

a Les constatations et la consultation

1404 — Constatations. Si le juge peut prendre en toute matière une connaissance personnelle des faits litigieux, il a également le pouvoir de charger une personne de procéder à des constatations (CPC, art. 249, al. 1). La personne, nommée le « constatant », rapporte ce dont elle a eu connaissance, ce qu'elle a observé.

1405 — Mission du constatant. Une liberté est conférée au juge afin de déterminer les constatations auxquelles il doit être procédé. Toutefois, la mission du constatant est limitée à des constatations matérielles. En effet, les constatations sont exclusives de tout avis sur les conséquences de fait ou de droit pouvant en résulter (CPC, art. 249, al. 1).

1406 — Consultation. Mesure d'instruction plus poussée que les constatations, la consultation porte sur une question purement technique. En revanche, il s'agit d'une mesure plus simple que l'expertise. En effet, la question technique ne doit pas requérir d'investigations complexes ; c'est à cette condition que le juge peut charger la personne qu'il commet de lui fournir une simple consultation (CPC, art. 256).

1407 — Dispositions. Les articles 249 à 255 du CPC sont consacrés aux constatations et les articles 256 à 262 du CPC sont dédiés à la consultation. Ces deux mesures d'instruction sont à distinguer en raison de leur degré de technicité. Cependant, les modalités relatives à la mission et son exécution sont similaires.

1408 — Moment. Les constatations et la consultation peuvent être prescrites à tout moment, y compris en conciliation ou au cours du délibéré. Ce dernier cas appelle deux précisions :
- d'une part, les parties doivent en être avisées (CPC, art. 250, al. 1 et 257, al. 1) afin de respecter le contradictoire ;
- d'autre part, à la suite de l'exécution de la mesure, si l'une des parties le demande ou si le juge l'estime nécessaire, le juge doit ordonner la réouverture des débats (CPC, art. 254 et 261).

1409 — Délai. Par principe, les constatations et la consultation sont consignées par écrit, mais le juge peut décider de leur présentation orale (CPC, art. 250, al. 2, et 257, al. 2) :
- lorsque le juge prescrit des constatations consignées par écrit, il fixe le délai dans lequel le constat sera déposé ;
- s'il décide que les constatations sont présentées oralement, il fixe la date de l'audience à laquelle elles seront exposées par le constatant (CPC, art. 251, al. 1 et 258, al. 1).

1410 — Avis de la mission. Tant le constatant que le consultant sont avisés de leur mission par le greffier de la juridiction (CPC, art. 252 et 259). S'il y a lieu, le greffier peut convoquer le consultant. La précision est donnée au CPC uniquement pour la consultation.

1411 — Exécution. Une fois la mesure effectuée, le constat (CPC, art. 253) ou la consultation (CPC, art. 260) sont remis au greffe de la juridiction, ou un procès-verbal de présentation est dressé lorsque la présentation est orale. Si l'affaire est immédiatement jugée en dernier ressort, la rédaction du procès-verbal peut être suppléée par une mention dans le jugement. Dans tous les cas, les documents à l'appui des constatations et de la consultation doivent être joints au dossier de l'affaire.

1412 — Rémunération. Lorsqu'il prescrit les constatations ou la consultation, le juge désigne la ou les parties tenues de verser par provision au constatant ou au consultant une avance sur sa rémunération, et il en fixe le montant (CPC, art. 251 et 258). Une fois la mission accomplie, le juge fixe la rémunération du constatant ou du consultant, et il peut lui délivrer un titre exécutoire (CPC, art. 255 et 262).

b ▌ L'expertise

1413 — Annonce. L'expertise se compose d'un ensemble d'étapes. La première d'entre elles est constituée par la décision ordonnant l'expertise ; s'ensuivent les opérations d'expertise, et *in fine* l'avis de l'expert. En cas d'irrégularité, les opérations d'expertise ou le rapport d'expertise peuvent être annulés.

α ▌ Les étapes de l'expertise

• ▌ Décision ordonnant l'expertise

1414 — Choix de l'expert. Le juge peut désigner toute personne en qualité d'expert, en s'expliquant sur son choix si la personne n'est pas inscrite sur la liste des experts judiciaires près la cour d'appel (CPC, art. 265 ; L., 29 juin 1971 relative aux experts judiciaires, art. 2, mod. par L. *J21*, art. 21).

Un collège d'experts peut également être nommé, le juge devant expliquer ce choix (CPC, art. 264 et 265).

1415 — Décision ordonnant l'expertise. La décision qui ordonne l'expertise doit exposer les circonstances qui motivent l'expertise, nommer l'expert, énoncer les chefs de la mission confiés à l'expert, impartir le délai dans lequel l'expert devra donner son avis (CPC, art. 265). En cas de nomination de plusieurs experts ou de désignation en tant qu'expert d'une personne ne figurant pas sur une liste, la décision doit en exposer les circonstances.

1416 — Recours. S'il est justifié d'un motif grave et légitime, la décision ordonnant l'expertise peut être frappée d'appel indépendamment du jugement sur le fond sur autorisation du premier président de la cour d'appel, qui statue selon la procédure accélérée au fond (CPC, art. 272).

1417 — Provision. Lors de la nomination de l'expert, le juge fixe le montant d'une provision à valoir sur la rémunération de l'expert (CPC, art. 269). Ce montant doit être aussi proche que possible de la rémunération définitive prévisible. Aussi, la ou les parties, qui devront consigner la provision au greffe de la juridiction dans un délai déterminé, sont désignées.

1418 — Acceptation de l'expert. Dès le prononcé de la décision nommant l'expert, un avis de nomination est envoyé à l'expert (CPC, art. 234, 235 et 267). À cette fin, le greffier de la juridiction notifie à l'expert une copie de la décision par tous moyens. Sans délai, l'expert fait connaître au juge son acceptation. Si l'expert refuse la mission, le juge doit être immédiatement averti afin qu'il pourvoie à son remplacement.

1419 — Début des opérations d'expertise. Les opérations d'expertise débutent dès que l'expert est averti que les parties ont consigné la provision mise à leur charge, ou le montant de la première échéance dont la consignation a pu être assortie (CPC, art. 267, al. 2). Le juge a néanmoins le pouvoir de lui enjoindre d'entreprendre immédiatement les opérations.

1420 — Défaut de consignation. À défaut de consignation dans le délai et selon les modalités imparties, la désignation de l'expert est caduque. L'instance est poursuivie, sauf à ce qu'il soit tiré toute conséquence de l'abstention ou du refus de consigner. Toutefois, le juge, à la demande d'une des parties se prévalant d'un motif légitime, peut décider une prorogation du délai ou un relevé de la caducité (CPC, art. 271).

Le déroulement des opérations d'expertise

1421 — Présentation générale. Si l'expert accepte sa mission, et à partir du moment où la provision est consignée, les opérations d'expertise débutent. Ces opérations doivent être exécutées personnellement par l'expert. Elles sont guidées par l'idée de coopération entre l'expert et le juge, ainsi qu'entre l'expert et les parties. Aussi, les opérations d'expertise doivent se dérouler dans le respect des principes fondamentaux.

1422 — Exécution personnelle. L'expert doit exécuter sa mission en personne (CPC, art. 233). Toutefois :
- d'une part, l'expert peut se faire assister dans l'accomplissement de sa mission par une personne, dont le choix est laissé à l'expert, qui doit intervenir sous le contrôle et la responsabilité de ce dernier (CPC, art. 278-1) ;
- d'autre part, l'expert peut recueillir l'avis d'un autre technicien, à condition que la spécialité de ce dernier soit différente de celle de l'expert (CPC, art. 278).

1423 — Coopération entre l'expert et le juge. Une idée de coopération entre l'expert et le juge irrigue les opérations d'expertise. En effet, d'une part le juge est informé de l'avancement des opérations et de ses diligences (CPC, art. 273), et d'autre part il peut assister aux opérations (CPC, art. 274). En cas de difficulté, l'expert en fait rapport au juge, qui doit régler la difficulté immédiatement ou lors d'une audience (CPC, art. 167, 168 et 279). Au besoin, le juge étend la mission de l'expert (CPC, art. 279).

1424 — Coopération entre l'expert et les parties. L'idée de coopération lors de l'expertise se manifeste également entre l'expert et les parties :
- d'un côté, les parties doivent remettre à l'expert tous les documents que celui-ci estime nécessaires à l'accomplissement de sa mission (CPC, art. 275) ;
- d'un autre côté, l'expert doit prendre en considération les observations ou réclamations des parties (CPC, art. 276).

1425 — Droits fondamentaux. Le principe de la contradiction est un principe fondamental de la procédure qui concerne ses différentes phases, expertise comprise. Le principe du contradictoire se retrouve dans des dispositions relatives au déroulement des opérations d'expertise, notamment celles concernant la convocation aux opérations d'expertise et les observations ou réclamations des parties.

> CEDH, 18 mars 1997, Mantovanelli c/ France : RTD civ. 1997, p. 1006, obs. Marguénaud.

1426 — Convocation aux opérations d'expertise. Les parties doivent être convoquées aux opérations d'expertise afin de respecter le principe du contradictoire. Cette obligation de convocation s'applique pour toutes les opérations successives. Les parties peuvent toutefois ne pas être convoquées aux opérations techniques, mais les résultats desdites opérations doivent alors leur être transmis afin de respecter le principe du contradictoire.

Cass. 1re civ., 9 juin 1982 : Bull. civ. I, n° 219

1427 — Observations des parties. Afin de garantir le principe de la contradiction, l'expert doit prendre en considération les observations ou réclamations des parties et faire mention, dans son avis, de la suite qu'il y aura donnée (CPC, art. 276). Sauf s'il existe une cause grave et dûment justifiée, et à la condition qu'il ait fixé un délai pour formuler les observations ou réclamations, l'expert n'est pas tenu de prendre en compte celles qui auraient été faites après l'expiration de ce délai.

L'avis de l'expert

1428 — Rapport. L'avis de l'expert est contenu dans un rapport. En principe, l'expert doit déposer un rapport écrit unique au greffe de la juridiction. Toutefois, si l'avis de l'expert n'exige pas de développement écrit, le juge peut autoriser l'expert à l'exposer oralement à l'audience ; il en est dressé un procès-verbal (CPC, art. 282).

1429 — Pré-rapport. Avant la remise du rapport, les experts ont développé la pratique de la notification aux parties d'un pré-rapport. L'objectif est de recueillir leurs observations avant le dépôt définitif du rapport. Toutefois, seule l'absence d'établissement d'un pré-rapport, en méconnaissance des termes de la mission d'expertise, constitue l'inobservation d'une formalité substantielle sanctionnée par une nullité pour vice de forme.

Cass. 2e civ., 29 nov. 2012, n° 11-10805.

1430 — Pré-rapport et contradictoire. Aucune règle n'impose à l'expert de permettre à chacune des parties de fournir des observations sur les dires déposés par les autres ; il respecte les règles relatives à la contradiction en les invitant à lui faire part des observations qu'appelait son pré-rapport.

Cass. 3e civ., 9 mars 2017, n° 15-18105

1431 — Rémunération. Le dépôt par l'expert de son rapport est accompagné de sa demande de rémunération. Un exemplaire est adressé par tous moyens aux parties, qui peuvent former des observations écrites sur cette demande dans un délai de 15 jours à compter de sa réception (CPC, art. 282) ; passé ce délai, le juge fixe la rémunération de l'expert (CPC, art. 284). Le juge autorise l'expert à se faire remettre jusqu'à due concurrence les sommes consignées au greffe et, au besoin, ordonne le versement des sommes complémentaires (CPC, art. 284).

β ■ La sanction de l'expertise irrégulière

1432 — Nullité et opposabilité. La nullité des décisions et des actes d'exécution relatifs aux mesures d'instruction est soumise aux dispositions qui régissent la nullité des actes de procédure (CPC, art. 175). Les parties à une instance au cours de laquelle une expertise judiciaire a été ordonnée ne peuvent pas invoquer l'inopposabilité du rapport d'expertise en raison d'irrégularités affectant le déroulement des opérations, lesquelles sont sanctionnées, selon l'article 175, par une nullité.

Cass. ch. mixte, 28 sept. 2012, n° 11-11381.

1433 — Moment de la demande et preuve d'un grief. La nullité des actes de procédure peut être invoquée au fur et à mesure de leur accomplissement, mais elle est couverte si celui qui l'invoque a, postérieurement à l'acte critiqué, fait valoir des défenses au fond ou opposé une fin de non-recevoir sans soulever la nullité (CPC, art. 112 et 175). L'exception de nullité doit donc être soulevée *in limine litis*. En plus, la nullité des actes de procédure pour vice de forme exige la preuve d'un grief (CPC, art. 114).

1434 — Preuve de l'absence d'irrégularité. L'omission ou l'inexactitude d'une mention destinée à établir la régularité d'une opération d'expertise ne peut entraîner la nullité de celle-ci s'il est établi, par tous moyens, que les prescriptions légales ont, en fait, été observées (CPC, art. 178).

1435 — Défense au fond. Si la nullité de l'expertise est régie par la nullité des actes de procédure, il n'en reste pas moins que la demande de nullité de l'expertise ne constitue pas une exception de procédure au sens de l'article 73 du CPC. En conséquence, une telle demande ne relève pas du juge de la mise en état.

Cass. 2e civ., 31 janv. 2013, n° 10-16910.

1436 — Étendue de la nullité et régularisation. La nullité ne frappe que celles des opérations qu'affecte l'irrégularité (CPC, art. 176). Les opérations peuvent être régularisées ou recommencées, même sur-le-champ, si le vice qui les entache peut être écarté (CPC, art. 177).

1437 — Effets de la nullité. En principe, un rapport d'expertise déclaré nul est dépourvu de valeur probante. Par conséquent, les juges ne peuvent pas fonder leur décision uniquement sur la base d'une expertise nulle.

Toutefois, à la condition d'être corroboré par d'autres éléments, un rapport d'expertise annulé peut être retenu à titre de renseignement.

Cass. 1re civ., 5 déc. 1973, n° 72-12577 – Cass. 2e civ., 23 oct. 2003, n° 01-15416.

SECTION 3 L'*amicus curiae*

1438 — Définition. L'*amicus curiae*, qui n'est ni un témoin ni un expert, délivre au juge sa connaissance de très haut niveau scientifique relative à un sujet d'ordre général. L'*amicus curiae*, soit « l'ami de la cour », est celui « dont la compétence ou les connaissances sont de nature à l'éclairer utilement sur la solution à donner à un litige » (COJ, art. L. 431-3-1).

Exemple. À titre d'illustration, le Professeur L. Montagnier, l'un des plus grands médecins de la recherche sur le sida a, en sa qualité d'*amicus curiae*, fourni lors d'une audience devant la cour d'appel de Paris des informations concernant la contamination par ce virus.

CA Paris, 16 oct. 1992 : D. 1993, Jur., p. 1723.

1439 — Officialisation. Pendant longtemps, le recours à l'*amicus curiae* a été admis, alors même que cette institution n'était pas connue du CPC. Finalement, la loi du 18 novembre 2016 de modernisation de la justice du XXIe siècle a officiellement permis de solliciter un *amicus curiae*.

1440 — *Amicus curiae* réservé à la Cour de cassation ? Depuis, lors de l'examen du pourvoi, la Cour de cassation peut inviter un *amicus curiae* à produire des observations d'ordre général sur les points qu'elle détermine (COJ, art. L. 431-3-1). À la lecture du COJ, l'opportunité de faire intervenir un *amicus curiae* semble réservée à la Cour de cassation. Cependant, comme antérieurement à la loi *J21*, cette possibilité devrait être admise devant les autres juridictions.

1441 — Encadrement. En raison de son objet, la pratique de *l'amicus curiae* est restreinte et peu réglementée. La jurisprudence a toutefois précisé son statut. Plus récemment, le décret n° 2017-396 du 24 mars 2017 a précisé les modalités afin d'assurer le respect du contradictoire en cas d'intervention d'un *amicus curiae*.

1442 — Statut de l'*amicus curiae*. Le statut de l'*amicus curiae* n'est pas posé par le CPC. Toutefois, la jurisprudence a précisé qu'il n'était ni expert ni témoin, dès lors il n'est pas soumis aux règles de récusation du CPC. Il en résulte que l'*amicus curiae* peut éclairer la juridiction en émettant un avis sur une question tant de fait que de droit.

CA Paris, 21 juin et 6 juill. 1988 : D. 1989, p. 341, note Laurin Y.

1443 — Droit de la défense. Dès ses premières manifestations, il a été affirmé que le recours à l'*amicus curiae* devait s'effectuer dans le respect du principe du contradictoire. Il a cependant fallu attendre le décret n° 2017-396 du 24 mars 2017, créant l'article 1015-2 du CPC, pour que soient prévues les modalités de recueil des observations de la personne qualifiée, observations devant être soumises à un débat contradictoire. Deux situations sont envisagées à l'article 1015-2 du CPC.

1444 — Contradictoire et observations écrites. D'une part, l'*amicus curiae* présente des observations par écrit. Afin de faire respecter le principe du contradictoire, ces observations sont alors communiquées aux parties, qui doivent présenter leurs observations écrites dans un délai imparti.

1445 — Contradiction et audition. D'autre part, l'*amicus curiae* est entendu au cours d'une audience. Un délai est alors imparti aux parties, qui ont été convoquées à l'audience, afin qu'elles présentent leurs observations écrites et que soit ainsi respecté le principe du contradictoire.

SECTION 4 Le serment judiciaire

1446 — Définition. Le serment judiciaire est une déclaration solennelle d'une partie à l'instance devant le juge. Le Code civil, en son article 1384, distingue deux types de serments judiciaires :
- le serment déféré à titre décisoire, qui renvoie à la demande d'une partie à une autre de prêter serment ;
- le serment déféré d'office, ou « serment supplétoire », par lequel le juge demande d'office à l'une des parties de prêter serment.

1447 — Objet. Le serment judiciaire est une forme spéciale de preuve, car le serment s'attache moins à la réalité des faits qu'à la parole de la partie par rapport à ces faits. En effet, la force probante du serment réside dans la déclaration d'une partie ou dans son refus de prêter serment.

1448 — Serment judiciaire en pratique. Aussi importants que puissent être les effets du serment judiciaire, ce mode d'administration de la preuve ne doit pas être surévalué. L'application en pratique du serment judiciaire est résiduelle, voire tend à disparaître.

1449 — Annonce. En tant que mode de preuve, le serment est prévu aux articles 1384 et suivants du Code civil. Son administration judiciaire est précisée aux articles 317 à 322 du CPC. Certaines de ces dispositions sont communes aux deux types de serments (I), d'autres distinguent le serment déféré à titre décisoire (II) du serment supplétoire (III).

1450 — Précisions sur les dispositions du CPC. Le CPC, en son titre VII dédié à l'administration judiciaire de la preuve, consacre un sous-titre distinct au serment judiciaire (CPC, art. 317 à 322). En raison de sa particularité, ce serment n'est pas soumis aux dispositions générales applicables aux mesures d'instruction.

I Dispositions communes

1451 — Personnes concernées. Seules les parties à un procès peuvent être appelées à prêter serment sur le fondement des articles 317 à 322 du CPC. Si le témoignage d'un tiers est requis, il convient de procéder par voie d'attestation ou d'enquête (v. *supra*, n° 1370 et s.).

1452 — Représentation. Suivant l'article 417 du CPC, la personne investie d'un mandat de représentation est réputée avoir reçu pouvoir spécial notamment de faire, accepter ou donner des offres, un aveu ou un consentement. Cependant, la spécificité du serment emporte l'obligation pour la personne investie d'un mandat de représentation de justifier d'un pouvoir spécial afin de déférer ou référer le serment (CPC, art. 322).

1453 — Jugement ordonnant le serment. Le serment est ordonné par jugement qui fixe les jour, heure et lieu où celui-ci sera reçu, formule la question soumise au serment et indique les sanctions en cas de faux serment, refus ou abstention (CPC, art. 319). Dans tous les cas, la notification du jugement est faite à la partie à laquelle le serment est demandé ainsi que, s'il y a lieu, à son mandataire (CPC, art. 319, al. 3).

1454 — Déroulement. Le serment est fait par la partie en personne, en présence de l'autre partie ou celle-ci appelée (CPC, art. 321). La prestation n'est soumise à aucune formalité particulière. Particulièrement, aucune disposition ne prescrit de constater la prestation par un procès-verbal. Cependant, la formulation du serment suppose, sans doute, d'énoncer l'expression « je le jure » ou une formule équivalente.

Cass. 2e civ., 13 mars 1974, n° 72-13736.

1455 — Lieu. Le serment s'effectue à l'audience, sauf impossibilité pour la partie de se déplacer. En cette dernière hypothèse, le serment peut être prêté :
- soit devant un juge commis à cet effet, qui se transporte, assisté du greffier, chez la partie ;
- soit devant le tribunal du lieu de sa résidence (CPC, art. 321).

1456 — Faux serment. Le témoignage mensonger fait sous serment est une entrave à l'exercice de la justice. L'auteur d'un faux serment encourt une sanction pénale de 5 ans d'emprisonnement et de 75 000 € d'amende

(C. pén., art. 434-13). Lorsque le témoignage mensonger est provoqué par une promesse de don ou de récompense, il est puni de 7 ans d'emprisonnement et de 100 000 € d'amende (C. pén., art. 434-14).

II Serment déféré à titre décisoire

1457 — Définition. Le serment décisoire est celui que seule une partie peut demander à l'autre de prêter. Il est à noter que s'il peut être déféré à une personne morale, le serment ne peut être prêté que par son représentant légal en exercice. La finalité du serment décisoire est d'en « faire dépendre le jugement de la cause » (C. civ., art. 1384). Il a pour effet de terminer le litige de façon définitive et absolue.

Cass. 3e civ., 22 févr. 1978, n° 76-13705. Cass. com., 20 oct. 2009, n° 06-16772

1458 — Demande. La partie qui défère le serment doit énoncer les faits sur lesquels elle le défère (CPC, art. 317, al. 1). Le serment décisoire peut être déféré, en tout état de cause, sur quelque espèce de contestation que ce soit (C. civ., art. 1385). Le domaine du serment est cependant circonscrit. Il ne peut porter que sur « un fait personnel à la partie » à laquelle le serment est déféré (C. civ., art. 1385-1).

1459 — Serment et juge des référés. Le serment met fin définitivement au litige. Il en résulte que si la question posée a pour conséquence de trancher le fond du litige et d'y mettre un terme, le juge des référés ne devrait pas avoir le pouvoir d'ordonner le serment.

1460 — Décision du juge. Le juge ordonne le serment s'il est admissible et retient les faits pertinents sur lesquels il sera reçu (CPC, art. 317, al. 2). Le juge est souverain pour apprécier si le serment est ou non nécessaire, mais il doit motiver sa décision. Indépendamment de la décision sur le fond, le jugement qui ordonne ou refuse d'ordonner un serment décisoire peut être frappé de recours (CPC, art. 320).

Cass. soc., 17 nov. 1983, n° 81-40896.

1461 — Issues. En cas de jugement ordonnant le serment, la partie à qui le serment est déféré a plusieurs options : elle peut prêter serment selon les termes du jugement, refuser de prêter serment ou référer le serment. Chacune de ces options doit être envisagée successivement, car elles emportent des effets différents.

1462 — Première issue : prêter serment. Lorsque la partie à qui le serment est déféré prête serment, celle-ci gagne le procès. Effectivement, lorsque le serment déféré a été fait, il n'est pas admis que l'autre partie en établisse la fausseté (C. civ., art. 1385-3, al. 2). En outre, lorsque la partie prête serment, le juge perd tout pouvoir d'appréciation.

Cass. 3e civ., 22 févr. 1978, n° 76-13705.

1463 — Deuxième issue : refus de prêter serment. Lorsque la partie à qui le serment est déféré refuse de prêter serment, elle succombe dans sa prétention (C. civ., art. 1385-2). Il est à noter que l'ambiguïté des termes du serment prêté s'assimile à un refus.

Cass. 1re civ., 24 nov. 1987, n° 86-11387.

1464 — Troisième issue : référer le serment. La partie à qui le serment est déféré peut le référer à l'autre partie. En ce cas, la partie qui l'a déféré doit prêter serment à la place de celle à qui le serment est déféré. La partie à qui est référé le serment se retrouve dans une situation similaire à la partie à laquelle est déféré le serment : soit elle prête serment et gagne le procès, soit elle refuse et perd alors le procès.

1465 — Précision. Afin de référer le serment, l'objet du serment doit être commun aux parties. Ainsi, le serment ne peut être référé quand le fait objet du serment est « purement personnel » à celui auquel le serment avait été déféré (C. civ., art. 1385-1). La solution s'impose car aucune déclaration solennelle ne peut être faite sur un fait non constaté personnellement.

III Serment déféré d'office (ou « serment supplétoire »)

1466 — Condition. Le juge peut d'office déférer le serment à l'une des parties (C. civ., art. 1386, al. 1). Ce pouvoir octroyé au juge est cependant conditionné ; en effet, le juge ne peut déférer d'office le serment que si la demande « n'est pas pleinement justifiée ou totalement dénuée de preuves » (C. civ., art. 1386-1).

1467 — Serment décisoire et possibilité de déférer d'office. Il doit être souligné que le juge ne peut pas, même avec l'approbation des parties, déférer d'office le serment décisoire. En effet, celui-ci relève de la seule initiative des parties.

Cass. com., 26 janv. 1981, n° 79-11091.

1468 — Présentation. En cas de serment déféré d'office, le juge détermine les faits sur lesquels le serment sera reçu (CPC, art. 318). La partie à qui le serment est demandé ne peut pas le référer à l'autre partie (C. civ., art. 1386, al. 2).

1469 — Effets. La force probante du serment déféré d'office se distingue de celle du serment décisoire. Le serment supplétoire ne lie pas le juge car, *a contrario* du serment décisoire, « sa valeur probante est laissée à l'appréciation du juge » (CPC, art. 1386, al. 3).

CHAPITRE 6

Les incidents d'instance

1470 — Notion d'incident. Un incident est un fait de nature procédurale affectant ou complexifiant le déroulement de l'instance. Dans un sens large, les incidents de procédure ont trait à l'administration judiciaire de la preuve, aux exceptions de procédure, aux demandes incidentes, à l'interruption, la suspension, l'extinction de l'instance, ou encore aux problèmes relatifs à la formation des juridictions et aux magistrats.

1471 — Notion d'incident d'instance. Au titre des incidents d'instance, le CPC ne retient pas l'ensemble des événements procéduraux qui compliquent l'instance. Conformément à la classification du CPC, les incidents d'instance sont ceux présents à son titre XI du livre Ier, à savoir les incidents relatifs à la jonction et la disjonction de l'instance, à l'interruption, à la suspension et à l'extinction de l'instance.

1472 — Précisions sur la présentation des incidents. Aux titres des incidents de procédure, les incidents d'instance ne sont qu'un type d'incidents perturbant le déroulement de l'instance. Ainsi, les incidents d'instance auraient pu être présentés parmi les autres incidents. Le choix a été fait, dans le présent ouvrage, de présenter les incidents de procédure en fonction de la thématique procédurale en cause.

1473 — Finalité des incidents d'instance. Les incidents d'instance sont à distinguer car ils ont des objets différents et emportent des conséquences variables. En fonction de leur finalité, ils peuvent être classés en trois catégories : les incidents modifiant l'étendue de l'instance (section 1), ceux affectant la poursuite de l'instance (section 2) et ceux y mettant un terme (section 3).

1474 — Combinaison des incidents d'instance. Les incidents d'instance poursuivent des buts différents. Pour autant, les incidents peuvent se combiner entre eux. Ainsi, il convient d'être vigilant, car une extinction de l'instance peut être subséquente à un arrêt temporaire de la procédure (par ex. à une radiation peut suivre une péremption).

SECTION 1 Les incidents modifiant l'étendue de l'instance

1475 — Objet. Les incidents modifiant l'étendue de l'instance renvoient à la jonction et à la disjonction d'instances. Prévues à l'article 367 du CPC, la jonction et la disjonction sont des incidents participant à l'objectif général de bonne administration de la justice. Ces incidents portent sur le lien d'instance.

1476 — Définition de la jonction. La jonction d'instance a pour objet de « faire instruire ou juger ensemble » des instances distinctes (CPC, art. 367). Toute jonction suppose l'existence concomitante de plusieurs instances pendantes devant la même juridiction. La jonction s'apparente à la connexité, à la différence que cette dernière, prise en tant qu'exception, impose que les demandes connexes soient portées devant des juridictions différentes.

1477 — Juge ordonnant la jonction. La jonction est ordonnée par le juge à la demande des parties ou d'office (CPC, art. 367). Elle est ordonnée :
- soit par le président de la juridiction, celui-ci réglant sans formalité les difficultés s'élevant sur la connexité « entre diverses formations d'une même juridiction » (CPC, art. 107, qui sans le dire définit la jonction) ;
- soit par le juge de la mise en état (CPC, art. 783, *idem* pour la disjonction).

1478 — Conditions de la jonction. Afin que la jonction soit ordonnée, un lien étroit doit exister entre les instances (par ex. un événement originel commun). Celui-ci doit faire ressortir l'intérêt de faire instruire ou juger ensemble des instances distinctes (par ex. éviter les décisions contradictoires). En outre, afin d'être jointes, les instances doivent être pendantes devant la même juridiction, qu'il s'agisse d'une chambre différente ou non.

1479 — Effets de la jonction. En cas de jonction, les affaires sont instruites simultanément et/ou jugées ensemble. Pour autant, la jonction d'instances n'est créatrice ni d'une unicité de procédure ni, à elle seule, de liens juridiques entre les parties.

1480 — Définition de la disjonction. *A contrario* de la jonction, la disjonction est un incident pouvant emporter une dissociation tant de l'instruction que du jugement des différentes demandes. Ainsi, l'alinéa 2 de l'article 367 du CPC dispose sobrement que « le juge peut [...] ordonner la disjonction d'instance en plusieurs ». La complexité de l'affaire commande généralement la disjonction.

1481 — Demande en compensation. Il doit être précisé que la demande en compensation, dont le régime déroge à celui des demandes reconventionnelles, si elle risque de retarder le jugement sur le fond, peut être disjointe (CPC, art. 70, al. 2).

1482 — Effets de la disjonction. En cas de disjonction, l'instance est divisée en plusieurs. Pour autant, l'unité primitive de l'instance ne disparaît pas pleinement par l'effet de la disjonction.

1483 — Mesure d'administration judiciaire. Les décisions de jonction et de disjonction sont des mesures d'administration judiciaire (CPC, art. 368). En tant que telles, elles ne sont pas susceptibles de recours (CPC, art. 537).

SECTION 2 Les incidents affectant la poursuite de l'instance

1484 — Dualité des incidents affectant la poursuite de l'instance. Les incidents affectant la poursuite de l'instance sont ceux qui emportent un arrêt provisoire de la procédure. Deux types d'incidents sont à distinguer : ceux relatifs à l'interruption de l'instance (I) et ceux concernant la suspension de l'instance (II).

I L'interruption de l'instance

1485 — Définition et objet. L'interruption d'instance est un incident résultant d'un événement qui affecte une partie ou son représentant. Afin d'être interruptif d'instance, l'événement doit empêcher une partie d'assurer correctement sa défense. Ledit événement emporte alors une cessation provisoire de l'instance afin de garantir le respect des droits de la défense.

1486 — Annonce. En raison de l'objectif de l'interruption, tous les événements ne sont pas interruptifs d'instance. L'interruption d'instance est soumise à des conditions (A). Si les conditions de mise en œuvre sont respectées, l'interruption emporte des effets (B) jusqu'à ce que l'interruption cesse (C).

A Les conditions d'interruption

1487 — Dualité des conditions. Afin que l'interruption joue, deux types de conditions doivent être remplis : la première est matérielle, elle est relative à l'événement (1) ; la seconde est temporelle, elle renvoie au moment de survenance de l'événement (2).

1 Les conditions matérielles

1488 — Événements limitatifs. Les événements interrompant l'instance sont énumérés de manière limitative aux articles 369 et 370 du CPC. Les cas d'interruption peuvent être rangés en deux catégories : ceux liés à l'événement (a) et ceux qui sont de surcroît subordonnés à leur notification (b).

a Les cas d'interruption liés à l'événement

1489 — Quatre cas. Les cas d'interruption liés à un événement sont énumérés à l'article 369 du CPC. Ils sont au nombre de quatre. Il s'agit de la conclusion d'une procédure participative aux fins de mis en état, de la majorité d'une partie, de la cessation des fonctions de l'avocat lorsque la représentation est obligatoire et, sous conditions, du jugement de procédures collectives.

1490 — Majorité d'une partie. En cas de minorité d'une partie à l'instance, cette dernière doit se faire représenter par une personne ayant le pouvoir d'agir en son nom. L'accès à la majorité pendant l'instance emporte interruption de celle-ci, car la majorité confère la capacité d'ester en justice et dès lors impose de laisser un temps au majeur afin de reprendre à son compte l'instance.

1491 — Cessation des fonctions de l'avocat. La cessation des fonctions d'un avocat est un acte interruptif d'instance à la condition que la représentation soit obligatoire. L'objectif est de conférer un temps suffisant à la partie affectée par l'événement pour retrouver un nouvel avocat. La notion de cessation renvoie à un empêchement définitif de l'avocat, tel le décès ou la démission.

Cass. 2e civ., 25 mars 1992, n° 90-20925 – Cass. 2e civ., 15 juin 1994, n° 92-20071.

1492 — Procédures collectives. Est un événement interruptif d'instance au profit de la personne qui y est soumise, le jugement prononçant la sauvegarde, le redressement ou la liquidation judiciaires dans les causes où il emporte assistance ou dessaisissement du débiteur.

1493 — Procédures collectives et prud'hommes. Les instances en cours devant la juridiction prud'homale ne sont pas interrompues par l'ouverture d'une procédure collective et sont poursuivies en présence du mandataire judiciaire et de l'administrateur lorsqu'il a une mission d'assistance ou ceux-ci dûment appelés (C. com., art. L. 625-3, al. 1).

Cass. soc., 24 nov. 2004, n° 02-45126.

1494 — Convention de procédure participative aux fins de mise en état. Enfin, l'instance est interrompue par « la conclusion d'une convention de procédure participative aux fins de mise en état y compris en cas de retrait du rôle » (CPC, art. 369, *in fine*). Ce cas d'interruption automatique de l'instance a été instauré par le décret n° 2019-1333 du 11 décembre 2019. Il est applicable aux instances en cours au 1er janvier 2020.

1495 — Moment de l'interruption. Sous réserve de la condition temporelle (v. *infra*, n° 1504), dans l'un des cas visés à l'article 369 du CPC, l'interruption de l'instance est immédiate. Elle est acquise dès la survenance de l'événement et du fait de cette seule survenance.

b Les cas d'interruption subordonnés à la notification de l'événement

1496 — Trois cas. Les cas d'interruption liés à la notification d'un événement sont énumérés à l'article 370 du CPC. Ils sont au nombre de trois. Il s'agit du décès d'une partie dans le cas où l'action est transmissible, de la cessation des fonctions du représentant légal d'un mineur et de la personne chargée de la protection juridique d'un majeur, ainsi que du recouvrement ou de la perte par une partie de la capacité d'ester en justice.

1497 — Décès d'une partie. Le décès d'une partie est un événement constitutif d'un incident d'instance. Les conséquences procédurales du décès d'une partie diffèrent selon que l'action est ou non transmissible :
- si l'action est transmissible, le décès est une cause d'interruption de l'instance, à la condition d'être notifiée ;
- si l'action est non transmissible, l'instance s'éteint accessoirement à l'action (CPC, art. 384).

1498 — Absence de notification du décès. Lorsque l'action est transmissible, si le décès de la partie n'est pas notifié, l'instance n'est pas interrompue et se poursuit contre le défunt. Dans ces conditions, le jugement n'a pas le caractère non avenu. Le jugement notifié à la partie décédée est ainsi opposable à sa succession et fait courir le délai d'exercice des voies de recours.

Cass. 1re civ., 27 mars 2007, n° 06-11003.

1499 — Cessation des fonctions du représentant légal d'un mineur et de la personne chargée de la protection juridique d'un majeur. La personne atteinte d'incapacité d'exercice doit être représentée en justice (CPC, art. 117). Pour cette raison, en cas de cessation des fonctions du représentant légal d'un mineur et de la personne chargée de la protection juridique d'un majeur, un nouveau représentant doit être nommé. À cette fin, l'interruption de l'instance confère un délai protecteur des intérêts de la personne à protéger.

1500 — Recouvrement ou perte par une partie de la capacité d'ester en justice. Le défaut de capacité d'ester en justice est une cause d'irrégularité visée à l'article 117 du CPC. Ainsi, en cas de perte de capacité d'ester en justice, un temps doit être donné afin d'assurer la représentation de ladite personne. *A contrario*, en cas de recouvrement de la capacité, un temps doit être laissé à la personne afin de reprendre à son compte l'instance.

1501 — Précision sur la majorité. Le recouvrement par la partie de la capacité d'ester en justice concerne notamment l'hypothèse de la majorité d'une partie survenue en cours d'instance. Ce cas est toutefois prévu à l'article 369 du CPC et ne nécessite dès lors pas de notification.

1502 — Moment de l'interruption. Afin que l'instance soit interrompue, les événements de l'article 370 du CPC doivent être notifiés à l'autre partie. À compter de cette notification – et non de l'événement –, l'instance est interrompue (sous réserve de la condition temporelle, v. *infra*, n° 1504). À défaut de notification, l'instance se poursuit. L'exigence de notification se justifie par la nature des événements, qui peuvent être méconnus par la partie adverse.

1503 — Forme et contenu de la notification. Ni la forme de la notification ni son contenu ne sont précisés à l'article 370 du CPC. Il en résulte une liberté quant à la forme de la notification, qui doit émaner de celui se prévalant de l'interruption. Concernant le contenu, la logique impose deux règles : la volonté de provoquer l'interruption doit être manifeste et la réalité de l'événement doit être établie.

2 La condition temporelle

1504 — Moment de survenance ou de notification de l'événement. Cumulativement à la condition matérielle, une condition temporelle doit être respectée afin que l'événement soit interruptif. La condition temporelle est posée à l'article 371 du CPC. Suivant cette disposition, afin d'être interruptif, l'événement doit survenir ou être notifié avant l'ouverture des débats.

1505 — Interruption et saisine. Légitimement, afin d'être interruptif de l'instance, l'événement doit survenir ou être notifié *a posteriori* de la saisine de la juridiction. Néanmoins, certains événements intervenant avant la saisine peuvent avoir des conséquences procédurales autres que l'interruption ; tel est le cas de la majorité d'une partie ou encore de son décès.

1506 — Appréciation du moment de l'ouverture des débats. L'ouverture des débats est le moment où, à l'audience des plaidoiries, la parole est donnée au demandeur. La règle est légitime, car à l'ouverture des débats la défense des parties est organisée. Il est toutefois à préciser que dans certaines situations, les débats peuvent être rouverts (CPC, art. 444).

TI Nancy, 11 août 1983 : Gaz. Pal. 1983, somm., p. 425.

B Les effets de l'interruption

1507 — Juge non dessaisi. Lors de l'interruption de l'instance, le juge n'est pas dessaisi de l'instance interrompue (CPC, art. 376, al. 1). Pour cette raison, il peut inviter les parties à une reprise d'instance dans un délai imparti ; à défaut de diligence en ce sens, il a le pouvoir de radier l'affaire (CPC, art. 376, al. 2).

1508 — Délais interrompus. Si le juge n'est pas dessaisi de l'instance interrompue, en revanche le cours de l'instance est arrêté par l'interruption. Ainsi, les délais de procédure sont interrompus. Particulièrement, l'interruption de l'instance emporte celle du délai de péremption (CPC, art. 392, al. 1).

1509 — Interruption, radiation et péremption. Lorsque la radiation est prononcée faute de diligence accomplie dans le délai imparti aux parties en vue de la reprise de l'instance (CPC, art. 376, al. 2) et qu'aucune des parties n'accomplit de diligence à compter de la radiation, la péremption de l'instance doit être constatée.

Cass. 2e civ., 9 oct. 2014, no 09-73024.

1510 — Actes et jugements non avenus. L'interruption de l'instance emporte des conséquences sur les actes accomplis pendant l'interruption (CPC, art. 372) : ils sont réputés non avenus. Il en est de même pour les jugements, même passés en force de chose jugée, obtenus après l'interruption. Toutefois, ces actes et jugements peuvent être confirmés par la partie au profit de laquelle l'interruption est prévue. Cette confirmation est expresse ou tacite.

1511 — Actes antérieurs à l'interruption. En cas d'interruption, les actes antérieurs à l'incident sont maintenus. Ils ne sont pas affectés par l'interruption. En effet, l'instance reprend son cours « en l'état où elle se trouvait au moment où elle a été interrompue » (CPC, art. 374).

1512 — Mise en œuvre du non avenu. Les textes sont silencieux sur les modalités procédurales de mise en œuvre du « non avenu ». Concernant l'acte, la partie doit s'adresser au juge, étant précisé que des conclusions au fond ont pu être assimilées à une confirmation tacite. Concernant le jugement, la situation est plus délicate. Mais, dès lors que son adversaire entend faire exécuter la décision non avenue, la partie peut s'adresser au juge de l'exécution. En tout cas, seule la partie au bénéfice de laquelle l'instance a été interrompue peut se prévaloir du caractère non avenu des actes et jugements.

Cass. 2e civ., 28 juin 1989, n° 88-15877 - Cass. 1re civ., 24 juin 2015, n° 14-13436.

C La cessation de l'interruption

1513 — Délai de reprise. L'interruption de l'instance vaut jusqu'à la reprise de l'instance, celle-ci résultant d'une formalité procédurale mettant un terme à l'interruption. Aucun délai n'est prévu pour la reprise, mais le juge peut inciter les parties à la reprise et, au besoin, radier l'affaire.

1514 — Forme de l'acte de reprise. Deux formes de reprise de l'instance sont prévues :
- d'une part, la reprise peut être volontaire. Elle se réalise « dans les formes prévues pour la présentation des moyens de défense » (CPC, art. 373, al. 1) ;
- d'autre part, la reprise d'instance peut être forcée. Elle se réalise par « voie de citation » (CPC, art. 373, al. 2).

1515 — Contenu de l'acte de reprise. Bien que non précisé par le CPC, l'acte de reprise d'instance suppose que la partie intéressée au cas d'interruption est à nouveau en état de poursuivre l'instance. La partie affectée par l'événement doit pouvoir assurer sa défense afin que l'instance puisse reprendre.

1516 — Conséquence de la reprise. À la reprise de l'instance, celle-ci reprend son cours en l'état où elle se trouvait au moment où elle a été interrompue (CPC, art. 374). Les délais de procédure recommencent à la reprise (v. *infra*, n° 1562). Si la partie citée en reprise d'instance ne comparaît pas, il est procédé suivant les articles 471 et suivants (CPC, art. 375).

II La suspension de l'instance

1517 — Objet. À l'instar de l'interruption, la suspension de l'instance affecte la poursuite de l'instance et emporte un arrêt provisoire de la procédure. *A contrario* de l'interruption, les actes accomplis pendant la suspension ne sont pas affectés. La suspension ne fait, en principe, qu'en suspendre les effets, c'est-à-dire en différer l'efficacité.

1518 — Cas. Les cas de suspension de l'instance sont donnés à l'article 377 du CPC. Certains sont prévus par la loi, il s'agit par exemple de l'exception dilatoire. En outre, trois situations emportent suspension de l'instance, à savoir le sursis (A), ainsi que la radiation et le retrait du rôle (B).

A Le sursis à statuer

1519 — Définition. Le sursis à statuer est un arrêt du cours de l'instance pour un temps déterminé ou déterminable (CPC, art. 378). La décision de sursis suspend le cours de l'instance jusqu'à la survenance d'une date fixée ou jusqu'à la survenance d'un événement. Le plus souvent, le sursis est ordonné dans l'attente d'une décision ; dans cette hypothèse, l'existence d'une instance pouvant influencer une autre explique le sursis.

1520 — Nature. À suivre le CPC, le sursis à statuer a une nature ambivalente, puisqu'il est qualifié d'incident d'instance (CPC, art. 378) et d'exception de procédure (CPC, art. 108). La Cour de cassation retient que « la demande de sursis à statuer constitue une exception de procédure ». Ainsi, le sursis à statuer est, sauf exception, soumis au régime procédural des exceptions de procédure ; il emporte cependant des effets qui lui sont propres.

Cass., avis, 29 sept. 2008, n° 08-00007.

1521 — Caractère facultatif ou obligatoire. Les causes de sursis à statuer sont nombreuses. Parmi celles-ci, certaines sont de droit, et d'autres sont facultatives, la décision de sursis relevant du pouvoir discrétionnaire du juge. Dans tous les cas, la bonne administration de la justice justifie le sursis à statuer.

1522 — Effets. Le sursis à statuer est ordonné par décision, le cours de l'instance étant alors suspendu. Trois conséquences majeures en résultent :
- le sursis à statuer ne dessaisit pas le juge, c'est pourquoi il peut révoquer le sursis ou en abréger le délai (CPC, art. 379) ;
- l'efficacité des actes accomplis lors du sursis est, en principe, suspendue jusqu'à l'expiration du sursis ;
- le délai de péremption est arrêté par le sursis (CPC, art. 392, al. 2).

1523 — Voies de recours. La décision de sursis à statuer n'étant pas une mesure d'administration judiciaire, elle est susceptible de recours. S'il est justifié d'un motif grave et légitime, la décision peut être frappée d'appel sur autorisation du premier président de la cour d'appel (CPC, art. 380, al. 2). Rendue en dernier ressort, la décision peut être attaquée par la voie du pourvoi en cassation, pour violation de la règle de droit (CPC, art. 380-1).

1524 — Fin du sursis. Le sursis à statuer prend fin par le terme du sursis. La suspension cesse donc lorsqu'arrive la date ou l'événement qui en constitue le terme. L'instance se poursuit – il n'y a pas de reprise similaire à l'interruption – à l'initiative des parties ou à la diligence du juge. Le juge a toutefois la possibilité d'ordonner un nouveau sursis (CPC, art. 379).

B La radiation et le retrait du rôle

1525 — Similarités et différences. La radiation et le retrait du rôle sont des mesures d'administration judiciaires (CPC, art. 383, al. 1), donc non susceptibles de recours, causes de suspension de l'instance qui emportent suppression de l'affaire du rang des affaires en cours. Ces incidents possèdent de nombreuses similarités, notamment quant à leurs effets. Toutefois, ces incidents diffèrent par rapport à leurs objets et dès lors leurs conditions.

1526 — Radiation : objet et conditions. La radiation est un incident qui sanctionne, dans les conditions prévues par la loi, le défaut de diligence de l'ensemble des parties (CPC, art. 381, al. 1). À défaut de respecter certaines diligences mises à la charge des parties, la radiation est ordonnée. Elle est notifiée par lettre simple, précisant le défaut de diligence sanctionné, aux parties et à leurs représentants (CPC, art. 381, al. 3).

1527 — Cas de radiation. La radiation intervient dans les cas prévus par la loi. Des hypothèses spécifiques de radiation sont prévues dans différentes dispositions du CPC (par ex. CPC, art. 446-2, 780 et 376). En outre, l'article 470 du CPC prévoit de manière générale que la radiation sanctionne le défaut d'accomplissement des actes de la procédure dans les délais prévus.

1528 — Retrait du rôle : objet et conditions. *A contrario* de la radiation, le retrait du rôle a une origine conventionnelle puisqu'elle est de l'initiative des parties. L'objectif poursuivi par les parties est de différer la solution judiciaire du litige. Ainsi, lorsque toutes les parties en font la demande écrite et motivée, le retrait du rôle s'impose au juge, qui doit dès lors l'ordonner (CPC, art. 382).

Cass. ass. plén., 24 nov. 1989, n° 88-18188.

1529 — Retrait du rôle et convention de procédure participative. Il est à noter que conformément à l'article 1546-1 du CPC, en cas de conclusion d'une convention de procédure participative aux fins de mise en état, le juge peut, à la demande des parties et de leurs avocats, fixer la date de l'audience de clôture de l'instruction et la date de l'audience de plaidoiries. À défaut de demande en ce sens, le juge ordonne le retrait du rôle.

1530 — Effets. La radiation et le retrait du rôle emportent une suspension de l'instance. Les actes accomplis pendant la période de suspension le sont valablement, mais produisent leurs effets une fois l'affaire rétablie. Certains événements peuvent néanmoins avoir une incidence procédurale immédiate, à l'instar du décès de l'avocat, survenu à une époque où l'affaire est radiée, qui constitue une cause d'interruption de l'instance.

1531 — Péremption. En cas de radiation et de retrait du rôle, le délai de péremption continue à courir (CPC, art. 392, al. 2). Pour cette raison, le délai de péremption peut être interrompu par les diligences accomplies au cours de la période de radiation ou de retrait du rôle.

1532 — Précisions sur les diligences interruptives. Il est à noter que l'ordonnance prononçant la radiation n'est pas une diligence interruptive. En revanche, le retrait du rôle est interruptif du délai de péremption ; celui-ci recommence donc à courir à compter de la décision ayant ordonné ce retrait.

Cass. 2e civ., 4 juin 1980 : Bull. civ. II, n° 126 – Cass. 2e civ., 15 mai 2014, n° 13-17294.

1533 — Fin. En cas de radiation, l'affaire est rétablie sur justification de l'accomplissement des diligences dont le défaut avait entraîné la suspension (CPC, art. 383, al. 2). Pour cette raison, la notification de la radiation doit préciser le défaut de diligence sanctionné (CPC, art. 381, al. 3). En cas de retrait du rôle, l'affaire est rétablie à la demande de l'une des parties (CPC, art. 383, al. 2).

SECTION 3 Les incidents mettant fin à l'instance

1534 — Classification des incidents. Si le jugement est l'issue classique de l'instance, celle-ci n'en est toutefois pas la seule. Ainsi, des incidents mettent fin à l'instance. Deux catégories d'incidents relatifs à l'extinction de l'instance doivent être distinguées : ceux qui éteignent l'instance à titre accessoire et ceux qui l'éteignent à titre principal.

1535 — Instance éteinte à titre accessoire. Les cas où l'instance s'éteint à titre accessoire sont énumérés à l'article 384 du CPC ; il s'agit de la transaction, de l'acquiescement, du désistement d'action et du décès lorsque l'action est non transmissible. Dans ces hypothèses, la poursuite de l'action n'est plus possible, car la faculté d'action a disparu. Pour cette raison, l'instance « s'éteint accessoirement à l'action », l'extinction de l'instance étant la conséquence de la perte de la possibilité d'agir.

1536 — Instance éteinte à titre principal. Les cas où l'instance s'éteint à titre principal sont énumérés à l'article 385 du CPC ; il s'agit de la caducité de la citation, du désistement d'instance et de la péremption. Dans ces hypothèses, l'instance est éteinte, mais la faculté d'action perdure. Pour cette raison, l'instance « s'éteint à titre principal par l'effet » d'un incident, l'extinction de l'instance ne remettant pas en cause, par elle-même, la possibilité d'agir.

1537 — Qualification et objets des incidents. L'extinction de l'instance, à titre accessoire ou principal, résulte d'un incident qualifié d'incident d'instance dans le CPC. Pour autant, les incidents emportant l'extinction de l'instance à titre accessoire sont plus relatifs à l'action – puisque le droit d'agir est en cause – qu'à l'instance. En revanche, seul le lien d'instance est en cause lorsque l'instance s'éteint à titre principal.

1538 — Annonce. En raison de la différence d'objets sur lesquels portent les incidents mettant fin à l'instance, les incidents emportant extinction de l'instance à titre accessoire ont été préalablement traités lors de l'étude de l'action (v. chapitre 3). Sont donc présentement exposés les incidents qui éteignent l'instance à titre principal, à savoir la péremption (I), le désistement d'instance (II) et la caducité (III).

I La péremption

1539 — Définition. La péremption d'instance est un incident sanctionnant le défaut de diligence des parties pendant 2 ans (CPC, art. 386) et emportant l'extinction de l'instance à titre principal. L'appréhension de la péremption est duale : l'incident est considéré soit comme une renonciation tacite des parties à poursuivre l'instance, soit comme une sanction des parties se désintéressant de l'instance.

1540 — Objectifs. La péremption concourt à l'objectif de bonne administration de la justice et de sécurité juridique. La péremption participe, en effet, tant au désengorgement des juridictions, en évitant que les affaires dont les parties se désintéressent encombrent les tribunaux, qu'à l'achèvement de l'instance dans un délai raisonnable, en sanctionnant la carence des parties. La péremption concerne donc toutes les juridictions.

1541 — Conformité au procès équitable. En raison des buts légitimes que poursuit la péremption d'instance, cet incident d'instance a été jugé comme ne portant pas une atteinte disproportionnée au droit à un procès équitable.

Cass. 2e civ., 16 déc. 2016, n° 15-27917.

1542 — Annonce. Dans la mesure où la péremption emporte une extinction de l'instance, un régime rigoureux encadre la péremption de l'instance (A). Celle-ci étant subordonnée à un défaut de diligence pendant 2 ans, les modalités d'appréciation du délai de péremption ont été précisées (B).

A Le régime de la péremption

1543 — Annonce. La péremption est un incident d'instance résultant de l'écoulement du temps. Cet incident obéit à un régime spécifique, qu'il convient au préalable de préciser. À cette fin, la demande de péremption (1) et les effets de la péremption (2) doivent successivement être abordés.

1 La demande de péremption

1544 — Demande par voie d'action ou d'exception. La demande de péremption peut être sollicitée par l'une quelconque des parties par voie d'action (CPC, art. 387, al. 1), suivant les modalités procédurales de la juridiction saisie. L'extinction de l'instance pour cause de péremption peut également être opposée par voie d'exception à la partie qui, après l'expiration du délai de péremption, accomplit un acte (CPC, art. 387, al. 2).

1545 — Constat d'office par le juge. Innovation du décret n° 2017-892 portant diverses mesures de modernisation et de simplification de la procédure civile, le juge peut désormais constater d'office la péremption (CPC, art. 388, al. 2). Il s'agit toutefois d'une faculté devant s'exercer dans le respect du principe du contradictoire, car la péremption peut être constatée d'office par le juge après avoir invité les parties à présenter leurs observations.

1546 — Moment de la demande. La demande de péremption est encadrée temporellement. À peine d'irrecevabilité, relevée d'office s'il y a lieu, la péremption doit être demandée ou opposée avant tout autre moyen (CPC, art. 388). À l'expiration du délai de péremption, la partie intéressée doit donc invoquer la péremption à titre principal, et avant toute défense au fond, fin de non-revoir et exception de procédure.

1547 — Moment de la demande et JME. Qu'un moyen soit développé devant le tribunal ou le juge de la mise en état, la péremption doit être sollicitée avant ledit moyen. Le JME n'étant saisi, par des conclusions qui lui sont spécialement adressées, que des demandes relevant de sa compétence (CPC, art. 791), la péremption doit donc être présentée au JME avant tout autre moyen, y compris celui adressé au tribunal.

Cass. 2e civ., 15 oct. 2015, n° 14-19811.

1548 — Prononcée de la péremption. Conformément à l'alinéa 1er de l'article 388 du CPC, la péremption « est de droit ». Cela signifie que l'opportunité de la péremption n'a pas à être appréciée par le juge. Dès lors que les conditions sont remplies, la péremption doit être prononcée.

2 Les effets de la péremption

1549 — Extinction de l'instance. La péremption de l'instance emporte l'extinction de l'instance à titre principal. Cette extinction joue au profit de toutes les parties, car la péremption est par nature indivisible. Du fait de l'extinction de l'instance par l'effet de la péremption, aucun des actes de la procédure périmée ne peut être opposé et personne ne peut s'en prévaloir (CPC, art. 389).

1550 — Péremption et rapport d'expertise. Un rapport d'expertise peut être déposé au cours d'une instance périmée. Dans cette hypothèse, les éléments du rapport d'expertise peuvent être retenus à titre de renseignement.

Cass. 2e civ., 7 nov. 2002, n° 01-03352.

1551 — Survie de l'action. Si la péremption éteint l'instance, l'article 389 du CPC est clair, « la péremption n'éteint pas l'action ». Le droit d'action n'est pas affecté par la péremption, seul le lien juridique d'instance l'est. Il en résulte qu'une autre demande introductive d'instance peut être formée. Cette nouvelle demande subséquente à l'instance périmée est toutefois recevable, à la condition notamment que la prescription ne soit pas acquise.

1552 — Extinction indirecte de l'action. L'interruption de la prescription « est non avenue si le demandeur [...] laisse périmer l'instance » (C. civ., art. 2243). Il en résulte que le délai de prescription a couru pendant toute la procédure périmée. Indirectement, une extinction de l'action peut donc découler de la péremption, si le délai de recevabilité de l'action est expiré au moment du prononcé de la péremption.

1553 — Frais d'instance. En cas de péremption, les frais de l'instance sont supportés par celui qui a introduit l'instance (CPC, art. 393). La partie qui a pris l'initiative de l'instance doit donc avoir une vigilance accrue par rapport à celle du défendeur.

B | Le délai de péremption

1554 — Délai de péremption. La péremption est un incident d'instance résultant de l'écoulement du temps. Conformément à l'article 386 du CPC, la péremption est un incident, anéantissant l'instance à titre principal, afin de sanctionner le défaut de diligence des parties pendant 2 ans.

1555 — Point de départ du délai de péremption. Au jour de la naissance de l'instance, le délai de péremption commence à courir. Mais, la péremption est encourue lorsque les parties sont restées inactives durant les 2 années consécutives qui ont suivi la dernière diligence. Toute diligence interruptive constitue donc le nouveau point de départ d'un délai de 2 ans.

Cass. 2e civ., 29 févr. 1984 : Bull. civ. II, no 43.

1556 — Notion de diligence interruptive. Toute démarche intervenant au cours de l'instance n'est pas une diligence interruptive. Afin d'être qualifiée d'« interruptive », et de faire dès lors partir un nouveau délai de 2 ans, une diligence doit réunir plusieurs caractéristiques relatives à sa nature, son objet et son auteur.

1557 — Diligence interruptive : nature. La nature de la diligence est envisagée de manière assez large : la diligence peut être un acte de procédure ou toute démarche procédurale. Lorsque la diligence est un acte de procédure, la validité de ce dernier est sans lien avec son effet interruptif.

Cass. 1re civ., 14 févr. 2006, no 05-14757.

1558 — Diligence interruptive : objet. Afin d'être interruptive de péremption, la diligence doit faire « partie de l'instance et la continuer », ou manifester une « intention de poursuivre l'instance », ou encore être de « nature à faire progresser l'affaire ». La diligence doit traduire une volonté, celle d'impulser l'instance.

Cass. 2e civ., 17 mars 1982, no 79-12686 – Cass. 2e civ., 28 nov. 1984, no 83-14230 – Cass. 3e civ., 20 déc. 1994, no 92-21536.

1559 — Diligence interruptive : auteur. Une diligence interruptive émane de l'une des parties à l'instance. Le principe se déduit de l'article 386 du CPC. Il résulte de ce principe que les actes émanant des tiers n'ont pas d'effet interruptif. Il en est de même pour les actes ou décisions du juge, mais ce dernier peut provoquer l'interruption du délai de péremption.

1560 — Indivisibilité et bénéfice de l'interruption. En vertu de l'indivisibilité de la péremption, l'ensemble des parties profite de la diligence effectuée par l'une d'elles. « Si, en règle générale, les actes de procédure n'ont qu'un effet relatif, quant aux personnes qui les exercent ou a celles a qui ils peuvent être opposés, il en est différemment en matière de péremption d'instance, laquelle est, de sa nature, indivisible ».

Cass. 2e civ., 15 nov. 1963 : Bull. civ. II, nº 743.

1561 — Combinaison de la péremption avec les autres incidents d'instance. La péremption peut être amenée à se combiner avec d'autres incidents d'instance, à savoir ceux interrompant ou suspendant l'instance. L'article 392 du CPC envisage l'articulation de ces incidents.

1562 — Péremption et interruption. « L'interruption de l'instance emporte celle du délai de péremption » (CPC, art. 392, al. 1), même si elle intervient à une époque où l'affaire a été radiée. La solution s'explique logiquement : lors de l'interruption, aucune diligence ne peut être accomplie ; dès lors, cette inaction exigée par le régime légal de l'interruption ne peut être reprochée aux parties pour faire jouer la péremption.

1563 — Péremption, interruption et reprise. Le délai de péremption étant interrompu par l'interruption de l'instance, ce n'est qu'à la fin de l'interruption de l'instance qu'un nouveau délai de péremption de 2 ans court. L'acte de reprise de l'instance, faisant cesser l'interruption de l'instance, s'assimile alors à une diligence.

1564 — Péremption et suspension. Sauf si la suspension de l'instance « n'a lieu que pour un temps ou jusqu'à la survenance d'un événement déterminé », le délai de péremption « continue à courir » (CPC, art. 392, al. 2). Une distinction doit être faite selon les incidents suspensifs de l'instance.

1565 — Péremption et radiation. En cas de radiation ou de retrait du rôle, le délai de péremption continue à courir. Ainsi, ces incidents emportant suspension de l'instance ne dispensent pas les parties d'être diligentes. À défaut de diligence dans un délai de 2 ans, les parties s'exposent à une péremption.

1566 — Péremption et réinscription au rôle. Il convient de préciser que la réinscription au rôle de l'affaire radiée ne constitue pas à elle seule une diligence interruptive de péremption ; c'est en réalité l'accomplissement de la diligence dont le défaut a été sanctionné par la radiation qui est interruptive de péremption.

1567 — Péremption et sursis. En cas de suspension de l'instance « pour un temps ou jusqu'à la survenance d'un événement » (c'est-à-dire sursis à statuer), le délai de péremption est suspendu, sauf si le sursis « est motivé par des diligences que le juge met à la charge d'une partie ». Mais à l'arrivée de l'événement ou du terme du sursis, un nouveau délai de péremption de 2 ans commence à courir ; dès lors, le sursis à statuer se double d'un effet interruptif de la péremption.

Cass. 2e civ., 15 mars 1995, no 93-15761.

1568 — Péremption et convention de procédure participative. Le décret no 2019-1333 du 11 décembre 2019 a ajouté un dernier alinéa à l'article 392 du CPC. Celui-ci précise l'impact de l'extinction de la procédure participative de mise en état sur le délai de péremption. À l'extinction de la procédure participative de mise en état, un nouveau délai de péremption court.

1569 — Défaut de diligence. La péremption d'instance tire les conséquences de l'absence de diligences des parties pendant 2 ans. Cependant, afin de pouvoir opposer la péremption, les parties doivent être tenues à des diligences. Dès lors que les parties n'ont plus la direction du procès ou plus de diligence à accomplir, il ne peut pas leur être reproché un défaut de diligence.

1570 — Fixation de l'affaire. Si « à compter de la fixation [...] de la date des débats, les parties n'[ont] plus à accomplir de diligence de nature à faire progresser l'instance », elles doivent en revanche continuer à conduire l'instance lorsque « la mention "à fixer", portée par le greffe dans le dossier électronique de l'affaire, attestait seulement du dépôt des écritures ».

Cass. 2e civ., 16 déc. 2016, no 15-26083 – Cass. 2e civ., 16 déc. 2016, no 15-27917.

II Le désistement d'instance

1571 — Définition. Prévu à l'article 394 du CPC, le désistement d'instance est un incident reposant sur la volonté des parties. Il s'agit d'une renonciation à l'instance. Avant tout jugement, le demandeur propose au défendeur, qui en principe doit l'accepter, de mettre un terme à l'instance. Ainsi, contrairement au désistement d'action, qui est une renonciation au droit relatif à l'objet de la contestation, le désistement d'instance vise seulement l'extinction de l'instance.

1572 — Domaine. Le désistement d'instance est admis en toute matière en première instance (CPC, art. 394). Aussi, sauf dispositions contraires, en toutes matières sont admis le désistement de l'appel ou de l'opposition (CPC, art. 400), ainsi que le désistement du pourvoi en cassation (CPC, art. 1024 et 1025).

1573 — Expression du désistement et de l'acceptation. Le désistement est exprès ou implicite. Le principe est donné à l'article 397 du CPC auquel renvoie l'article 405 pour le désistement de l'appel ou de l'opposition. Aussi, suivant ces mêmes dispositions, l'acceptation est expresse ou implicite. L'acceptation est une condition du désistement dont la portée est variable.

1574 — Désistement en première instance. En première instance, afin que le désistement soit « parfait », l'acceptation du défendeur est nécessaire (CPC, art. 395). L'acceptation du défendeur n'est cependant pas nécessaire si le défendeur n'a présenté aucune défense au fond ou fin de non-recevoir au moment où le demandeur se désiste (CPC, art. 395).

1575 — Désistement d'appel ou d'opposition : principe du désistement unilatéral. En appel, une solution de principe, inverse à celle de première instance, est posée, puisque le désistement n'a pas besoin d'être accepté (CPC, art. 401, lecture *a contrario*). De même, concernant l'opposition, le principe est le désistement unilatéral (CPC, art. 402, lecture *a contrario*).

1576 — Désistement d'appel ou d'opposition : cas d'acceptation du désistement. Par exception au principe, en certains cas, le désistement d'appel ou d'opposition doit être accepté. Ainsi, l'intimé doit accepter le désistement contenant des réserves ou lorsque la partie à l'égard de laquelle le désistement est exprimé a auparavant formé un appel incident ou une demande incidente (CPC, art. 401). Le désistement d'opposition doit, lui, être accepté dès lors que le demandeur initial a auparavant formé une demande additionnelle (CPC, art. 402).

1577 — Désistement d'appel et oralité. Afin de garantir l'égalité des armes et respecter les exigences du procès équitable, « lorsque dans une procédure orale une demande incidente a été formulée par écrit déposé au greffe antérieurement au désistement d'appel, [il doit être] statué sur la demande incidente soutenue à l'audience ». Dans ce cas, l'appelant ne peut donc pas se désister unilatéralement.

Cass. ch. mixte, 13 mars 2009, n° 07-17670.

1578 — Désistement parfait et non-acceptation du défendeur. Dans les cas où l'acceptation du défendeur est exigée, elle est une condition de validité du désistement. Dans ces hypothèses, la non-acceptation du défendeur prive d'efficacité le désistement. Cependant, en dépit de cette non-acceptation, le juge peut déclarer le désistement parfait si la non-acceptation ne se fonde sur aucun motif légitime (CPC, art. 396 et 405, renvoyant à l'article 396).

1579 — Effets communs aux désistements. Qu'il s'agisse d'un désistement de la demande en première instance, d'un désistement de l'appel ou de l'opposition, celui-ci emporte soumission de payer les frais de l'instance, sauf convention contraire (CPC, art. 399 et 405, renvoyant à l'article 399).

1580 — Effets du désistement de la demande en première instance. Le désistement d'instance emporte extinction de l'instance, mais sans pour autant renoncer à l'action (CPC, art. 398). Sauf si l'action est éteinte par ailleurs, une nouvelle instance peut donc être introduite.

1581 — Effets du désistement de l'appel ou de l'opposition. En appel, le désistement emporte également extinction de l'instance. Les effets sont néanmoins différents car le désistement d'appel vaut acquiescement au jugement. Cependant, il est non avenu si, postérieurement, une autre partie interjette régulièrement appel (CPC, art. 403). À la condition d'avoir été fait sans réserve, le désistement de l'opposition emporte acquiescement au jugement (CPC, art. 404).

III La caducité de la citation

1582 — Définition. La caducité de la citation est un incident d'instance emportant extinction de l'instance à titre principal, lorsque les formalités liées à un acte introductif d'instance ne sont pas accomplies. À titre d'exemple, dans le cadre de la procédure devant le tribunal judiciaire, les nouveaux délais de remise au greffe de l'assignation de l'article 754 du CPC sont à respecter sous peine de caducité de l'assignation.

> Longtemps débattue, notamment concernant la procédure d'appel, la Cour de cassation a précisé que la caducité est un incident d'instance qui n'obéit pas aux règles applicables aux exceptions de procédure et ne doit donc pas être soulevée *in limine litis* (Cass. 2e civ., 5 sept. 2019, no 18-21717).

1583 — Condition. Conformément à l'article 406 du CPC, « la citation est caduque dans les cas et conditions déterminés par la loi ». La caducité est donc encourue uniquement si elle est spécialement prévue. Dès lors, les cas de caducité sont limitatifs.

1584 — Constat de la caducité. Le juge peut, en principe, relever d'office la caducité dès lors que les conditions légales ne sont pas respectées. En ce domaine, le juge ne dispose d'aucun pouvoir d'appréciation ; il n'a donc pas à rechercher si le non-accomplissement des formalités a causé un grief. En cas d'erreur, la décision qui constate la caducité peut être rapportée par le juge qui l'a rendue (CPC, art. 407).

1585 — Constat ou déclaration de caducité. En règle générale, le juge constate la caducité car les conditions nécessaires à la validité de la citation sont objectives – il s'agit en effet de délais. Toutefois, en cas de défaut de comparution du demandeur sans motif légitime, le juge peut d'office déclarer la citation caduque (CPC, art. 468). En ce sens, une certaine appréciation est conférée au juge quant au motif légitime.

1586 — Effets. La caducité de la citation éteint l'instance à titre principal (CPC, art. 385, al. 1), car elle produit l'anéantissement de l'acte introductif d'instance. Il en résulte l'anéantissement rétroactif de l'ensemble des actes de l'instance subséquents. Ainsi, une assignation dont la caducité a été constatée n'a pu interrompre le cours de la prescription.

Cass. ass. plén., 3 avr. 1987, n° 86-11536.

1587 — Nouvelle instance. Si la caducité de la citation éteint l'instance à titre principal, elle n'affecte cependant pas en soi le droit d'agir du demandeur. En effet, cet incident ne fait pas « obstacle à l'introduction d'une nouvelle instance », mais à la condition que l'action ne soit pas éteinte par ailleurs (CPC, art. 385, al. 2), notamment par la prescription.

CHAPITRE 7

Les incidents relatifs aux juridictions

1588 — Impartialité. Toute personne a droit à ce que sa cause soit entendue par un tribunal impartial (Conv. EDH, art. 6). L'impartialité peut se concevoir objectivement et subjectivement :

- l'impartialité objective renvoie aux garanties que présente le juge ; il s'agit d'une conception dans laquelle prime l'aspect fonctionnel de l'office du juge ;
- l'impartialité subjective renvoie à la personne même du juge.

1589 — Garanties. L'impartialité des juridictions judiciaires est garantie (COJ, art. L. 111-5) par des règles procédurales. Notamment, le titre X du livre Ier du Code de procédure civile est dédié, comme son intitulé l'indique, à « L'abstention, la récusation, le renvoi et la prise à partie ».

1590 — Annonce. L'abstention (section 1) est un mécanisme préventif puisqu'il permet au juge de s'abstenir s'il estime que des problèmes éthiques peuvent se poser. Afin de parfaire la garantie d'impartialité du juge et des juridictions, les mécanismes de récusation et de renvoi sont également prévus (section 2). *In fine,* en cas de comportement fautif, la prise à partie a été instituée (section 3).

SECTION 1 L'abstention

1591 — Définition. L'abstention est la renonciation d'un juge à connaître d'une affaire. Réglementée aux articles 339 et 340 du CPC, l'abstention est une initiative spontanée du juge, par laquelle il se fait remplacer par un autre juge lorsqu'il « suppose en sa personne une cause de récusation ou estime en conscience devoir s'abstenir » (CPC, art. 339).

1592 — Procédure. L'abstention n'obéit à aucun formalisme spécifique. La demande de remplacement est faite par le juge au président de la juridiction à laquelle il appartient. Le président de la juridiction désigne un autre juge de la juridiction à laquelle il appartient (CPC, art. 339).

1593 — Abstention de plusieurs juges. L'abstention peut émaner de plusieurs juges. En cette hypothèse, l'abstention peut empêcher la juridiction saisie de statuer. Il est alors procédé comme en matière de renvoi pour cause de suspicion légitime (CPC, art. 340).

SECTION 2 La récusation et le renvoi

1594 — Réforme. Le décret n° 2017-892 du 6 mai 2017 portant diverses mesures de modernisation et de simplification de la procédure civile a refondu le régime de la récusation et du renvoi pour cause de suspicion légitime (I). Le renvoi pour cause de sûreté publique a, quant à lui, été légèrement retouché (II).

I La récusation et le renvoi pour cause de suspicion légitime

1595 — Définition. La récusation et le renvoi pour cause de suspicion légitime sont deux mécanismes procéduraux préventifs permettant de garantir l'impartialité du juge et de la juridiction. La récusation a pour objet d'empêcher le juge de statuer et ainsi pourvoir à son remplacement. Le renvoi pour cause de suspicion légitime a pour objet de dessaisir la juridiction partiale.

1596 — Régime. Le décret du 6 mai 2017 a édicté un même régime procédural pour les demandes de renvoi et la récusation. Celui-ci est prévu aux articles 342 et suivants du CPC.

1597 — Causes de récusation : caractère non limitatif. Les causes de récusation sont énumérées à l'article L. 111-6 du COJ, auquel renvoie l'article 341 du CPC. Initialement, l'énumération des causes était considérée comme limitative. Puis, cette solution a été déniée par la Cour de cassation, considérant que les dispositions relatives à la récusation n'épuisent pas l'exigence d'impartialité requise de toute juridiction par l'article 6, § 1 de la Convention européenne des droits de l'homme.

V. Cass. 1re civ., 28 avr. 1998, n° 96-11637 ; Cass. 2e civ., 31 janv. 2019, n° 17-29008.

1598 — Causes de récusation : intérêt, parenté ou alliance. Lorsque le juge ou son conjoint « a un intérêt personnel à la contestation », comprenant spécifiquement l'hypothèse où le juge ou son conjoint « est créancier, débiteur, héritier présomptif ou donataire de l'une des parties », ou lorsqu'il « est parent ou allié de l'une des parties ou de son conjoint jusqu'au quatrième degré inclusivement », la récusation est ouverte (COJ, art. L. 111-6, 1° à 3°).

1599 — Causes de récusation : procès antérieur ou connaissance antérieure de l'affaire. Lorsqu'il y a eu antérieurement procès entre le juge ou son conjoint et l'une des parties ou son conjoint, la récusation est également possible (COJ, art. L. 111-6, 4°). Le fait pour le juge d'avoir « précédemment connu de l'affaire comme juge ou comme arbitre » ou d'avoir joué le rôle de conseil d'une partie dans l'affaire constitue une cause de récusation (COJ, art. L. 111-6, 5°). Toutefois, le simple risque d'idées préconçues ne justifie pas, à lui seul, la récusation.

1600 — Causes de récusation : administration des biens d'une partie et lien de subordination. La récusation est également admise « si le juge ou son conjoint est chargé d'administrer les biens de l'une des parties » ou « s'il existe un lien de subordination entre le juge ou son conjoint et l'une des parties ou son conjoint » (COJ, art. L. 111-6, 6° et 7°). Le lien de subordination n'est pas défini, il est laissé à l'appréciation souveraine des juges.

1601 — Causes de récusation : amitié ou inimitié notoire. Est une cause de récusation l'amitié entre le juge et l'une des parties ou l'inimitié du juge envers l'une des parties. L'amitié ou l'inimitié doit avoir un caractère « notoire », c'est pourquoi une simple connaissance n'est pas suffisante.

1602 — Causes de récusation : conflit d'intérêts. *In fine*, la dernière cause énumérée à l'article L. 111-6 du COJ est l'existence d'un conflit d'intérêts au sens de l'article 7-1 de l'ordonnance n° 58-1270 du 22 décembre 1958 portant loi organique relative au statut de la magistrature, c'est-à-dire « toute situation d'interférence entre un intérêt public et des intérêts publics ou privés qui est de nature à influencer ou à paraître influencer l'exercice indépendant, impartial et objectif d'une fonction ».

1603 — Causes de récusation : régimes spécifiques. Outre les causes de droit commun du COJ, certaines causes de récusation sont spécifiques à certaines juridictions. Ainsi, l'article L. 1457-1 du Code du travail prévoit des cas de récusation des conseillers prud'hommes. Aussi, un régime spécial existe pour la récusation des assesseurs du tribunal paritaire des baux ruraux (C. rur., art. L. 492-5).

1604 — Causes de récusation : article 6, § 1 de la Convention européenne des droits de l'homme. En sus des causes de récusation précitées, l'article 6, § 1 de la Convention européenne des droits de l'homme est à l'origine de nombreuses causes de partialité. Ces causes sont applicables tant à la récusation qu'à la demande de renvoi pour cause de suspicion légitime, puisque ce dernier cas se fonde sur la suspicion de partialité de la juridiction.

1605 — Demande. À peine d'irrecevabilité, la partie voulant récuser un juge ou demander le renvoi pour cause de suspicion légitime doit « le faire dès qu'elle a connaissance de la cause justifiant la demande » ; elle doit former sa demande antérieurement à la clôture des débats (CPC, art. 342) et cette demande doit indiquer les motifs de récusation ou de renvoi tout en étant accompagnée des pièces justificatives (CPC, art. 344, al. 3).

1606 — Récusation de plusieurs juges. Sous la même sanction, ces conditions sont à respecter concernant la récusation contre plusieurs juges, qui doit être demandée par un même acte, « à moins qu'une cause de récusation ne se révèle postérieurement » (CPC, art. 349, al. 1).

1607 — Compétence. La demande de récusation ou de renvoi est portée devant le premier président de la cour d'appel (CPC, art. 344, al. 1) et devant le premier président de la Cour de cassation quand elle vise le premier président de la cour d'appel ou la cour d'appel dans son ensemble (CPC, art. 350). Le premier président de la juridiction immédiatement supérieure connaît donc de la demande de récusation ou de renvoi.

1608 — Spécificité de la Cour de cassation. Concernant la demande de récusation d'un magistrat de la Cour de cassation, le décret n° 2017-892 a modifié l'article 1027 du Code de procédure civile ; cette demande est « portée devant le premier président ».

1609 — Remise au greffe. L'acte formant la demande de récusation ou de renvoi doit être remis au greffe de la cour. Toutefois, si la cause justifiant la demande apparaît à l'audience, une déclaration est faite au greffier qui, la consignant dans un procès-verbal, en informe le premier président (CPC, art. 344).

1610 — Avis. Le premier président doit aviser par tous moyens le président de la juridiction faisant l'objet d'une demande de renvoi pour cause de suspicion légitime ou à laquelle appartient le magistrat dont la récusation est demandée, ainsi que le magistrat concerné, de la requête dont il est saisi (CPC, art. 345, al. 1).

1611 — Observations. Le président de la juridiction ou, selon le cas, le magistrat concerné est invité à présenter des observations. Si le magistrat concerné s'abstient, le président de la juridiction en informe sans délai le premier président (CPC, art. 345, al. 2).

1612 — Suspension. Si légitimement les juges concernés par la requête doivent en être informés, cette requête ne dessaisit pas la juridiction dont le dessaisissement est demandé ou le magistrat dont la récusation est demandée. L'instance est suspendue jusqu'à la décision sur la demande de récusation ou de renvoi pour cause de suspicion légitime uniquement lorsque le premier président, après avis du procureur général, l'ordonne (CPC, art. 345, al. 3).

1613 — Décision. Sans débat, dans le délai d'un mois à compter de sa saisine après avis du procureur général (ou à bref délai, pour la demande de récusation concernant le juge des libertés et de la détention statuant dans les contentieux visés à l'article L. 213-8 du COJ), le premier président statue (CPC, art. 346, al. 1). L'article 350 du CPC précise que le « premier président de la Cour de cassation [...], après avis du procureur général près ladite cour, statue sans débat par une ordonnance ».

> Sans délai et par tous moyens, le greffier avise de la décision rendue les parties, le juge dont la récusation a été demandée et le président de la juridiction à laquelle appartient ce magistrat ou dont le dessaisissement a été demandé (CPC, art. 346, al. 2).

1614 — Décision : demande admise. Si la demande de récusation est admise, il est procédé au remplacement du juge (CPC, art. 347, al. 1). Si la demande de renvoi pour cause de suspicion légitime est accueillie, l'affaire est renvoyée devant une autre formation de la juridiction initialement saisie ou devant une autre juridiction de même nature. Cette décision s'impose aux parties et au juge de renvoi.

1615 — Effets de la récusation et du renvoi sur les actes de procédure et les décisions. À la condition d'avoir été accomplis par le juge ou la juridiction, avant que la décision accueillant la récusation ou le renvoi n'ait été portée à la connaissance du juge ou de la juridiction, les actes de procédure ne peuvent être remis en cause. En revanche, est « non avenue, quelle qu'en soit sa date, la décision rendue par le juge ou la juridiction qui tranche tout ou partie du principal ou qui, sans trancher le principal, est exécutoire à titre provisoire » (CPC, art. 347, al. 2).

1616 — Décision : demande rejetée. Si la demande est rejetée, l'auteur de la demande de récusation ou de renvoi pour cause de suspicion légitime peut être condamné à une amende civile d'un maximum de 10 000 €, sans préjudice des dommages-intérêts qui pourraient être réclamés (CPC, art. 348).

1617 — Décision de rejet : pourvoi. Dans les 15 jours de sa notification par le greffe, l'ordonnance qui rejette la demande de récusation ou de renvoi pour cause de suspicion légitime peut faire l'objet d'un pourvoi (CPC, art. 346).

II Renvoi pour cause de sûreté publique

1618 — Objet. Afin d'assurer l'indépendance et la sécurité des juges, un renvoi pour cause de sûreté publique peut être prononcé. Le renvoi pour cause de sûreté publique est peu changé par le décret nº 2017-892. Ce renvoi est, désormais, prévu aux articles 351 à 354 du CPC.

1619 — Procédure. Seule la Cour de cassation peut prononcer un renvoi pour cause de sûreté publique sur réquisition du procureur général près ladite cour (CPC, art. 351). Sauf ordonnance du premier président de la Cour de cassation, l'instance n'est pas suspendue devant la juridiction dont le dessaisissement est demandé (CPC, art. 353).

1620 — Décision. La décision prononçant le renvoi n'est susceptible d'aucun recours. Le renvoi peut être fait à une autre formation de la même juridiction ou à une autre juridiction de même nature (CPC, art. 352).

SECTION 3 La prise à partie

1621 — Responsabilité des juges. La procédure de prise à partie renvoie à la responsabilité des juges à raison de leur faute personnelle. Concernant les magistrats du corps judiciaire, cette responsabilité est régie par le statut de la magistrature. En revanche, pour les autres juges, elle peut résulter de la prise à partie (COJ, art. L. 141-2).

1622 — Cas. Les juges peuvent être pris à partie dans les cas énumérés à l'article L. 141-3 du COJ. À l'initiative d'une partie, la procédure est formée à l'encontre d'un magistrat à qui il est reproché un dol, une fraude, une concussion ou une faute lourde, commis soit dans le cours de l'instruction, soit lors des jugements. Les juges peuvent également être pris à partie s'il y a déni de justice.

1623 — Requête aux fins d'autorisation. L'une des spécificités de la procédure de prise à partie est d'être soumis à une autorisation. La requête aux fins d'autorisation de la procédure de prise à partie est portée devant le premier président de la cour d'appel dans le ressort de laquelle siège le juge intéressé (CPC, art. 366-1). Présentée par un avocat, elle contient l'énoncé des faits reprochés au juge et est accompagnée des pièces justificatives, à peine d'irrecevabilité (CPC, art. 366-2).

1624 — Déni de justice. Lorsque le requérant invoque un déni de justice, il doit produire deux sommations de juger délivrées par huissier de justice au greffe de la juridiction à peine d'irrecevabilité de la requête. Le greffier vise l'original et le transmet au juge. La sommation doit être réitérée passé un délai de 8 jours (CPC, art. 366-9).

1625 — Décision d'autorisation. Si le premier président, après avoir recueilli l'avis du procureur général près la cour d'appel, autorise la procédure de prise à partie, il fixe le jour où l'affaire sera examinée par deux chambres réunies de la cour. Le greffe porte par tous moyens la décision à la connaissance du juge et du président de la juridiction à laquelle il appartient (CPC, art. 366-4). Dès que le juge a connaissance de la décision autorisant la procédure de prise à partie, il s'abstient jusqu'à ce qu'il ait été statué sur la prise à partie (CPC, art. 366-6).

1626 — Assignation. En cas de décision d'autorisation, le requérant assigne le juge pour le jour fixé. À peine d'irrecevabilité de la demande, des copies de la requête, de la décision du premier président et des pièces justificatives sont jointes à l'assignation. Une copie de l'assignation est adressée au ministère public par lettre recommandée avec demande d'avis de réception à la diligence de l'huissier de justice (CPC, art. 366-6).

1627 — Procédure. À l'audience, la représentation et l'assistance des parties s'exercent dans les conditions prévues par l'article 931 du CPC. La cour statue après avis du ministère public (CPC, art. 366-8).

1628 — Refus d'autorisation. En cas de refus d'autorisation de la procédure de prise à partie, dans les 15 jours du prononcé de la décision, un recours peut être fait devant la Cour de cassation. Celui-ci est formé, instruit et jugé selon la procédure sans représentation obligatoire (CPC, art. 366-5).

PARTIE 3

Les issues de l'instance

1629 — Annonce. Si l'instance peut se terminer de différentes manières (par ex. un incident d'instance), son issue normale est le jugement (chapitre 1). Le procès peut être renouvelé par les voies de recours, qui sont ordinaires (chapitre 2) ou extraordinaires (chapitre 3).

CHAPITRE 1

Le jugement

1630 — Définition. *Stricto sensu*, le terme « jugement » désigne la décision rendue par une juridiction en première instance, il s'oppose au terme « arrêt », qui est une décision des juridictions supérieures. *Lato sensu*, l'acte du juge qui met un terme à un litige ou règle un incident est un jugement. C'est en ce dernier sens que le CPC réglemente le jugement et son exécution en ses articles 430 et suivants.

1631 — Acte juridictionnel. Cerner la notion de jugement impose également de distinguer l'acte judiciaire de l'acte juridictionnel. Le premier, contrairement au second, ne relève pas de l'activité juridictionnelle du juge. L'acte juridictionnel est celui par lequel le juge prend en compte une contestation et la tranche. Cet acte s'oppose aux mesures d'administration judiciaires par lesquelles le juge gère l'organisation et le fonctionnement de la justice.

1632 — Acte juridictionnel et jugement. La qualification du jugement en acte juridictionnel n'a pas un seul intérêt théorique. La qualité d'acte juridictionnel confère au jugement des attributs qui lui sont propres. Le jugement emporte des effets (section 2), à la condition qu'il respecte un ensemble de garanties lors de son élaboration (section 1).

SECTION 1 L'élaboration du jugement

1633 — Annonce. Le jugement est un acte du juge qui doit rendre compte de la démarche qui l'a conduit à statuer dans le sens de la décision rendue. Ainsi, l'élaboration du jugement est un processus. Ses étapes obéissent tant à des règles de fond que de forme (I), dont l'inobservation est sanctionnée (II).

I Les étapes d'élaboration du jugement

1634 — Force probante. Le CPC détaille les étapes d'élaboration du jugement. La première phase est celle du délibéré (A). Puis, le jugement est rédigé (B). Enfin, il est prononcé (C). Rendu au nom du peuple français, le jugement est un acte étatique. Il a la force probante d'un acte authentique, dès lors il ne peut être contesté que par une procédure d'inscription de faux (CPC, art. 457).

A Le délibéré du jugement

1635 — Définition, composition et vote. Le délibéré renvoie au temps d'échanges entre les magistrats – évidemment lorsque le litige est soumis à une juridiction collégiale – afin qu'ils s'accordent pour prendre une décision. Seuls les juges devant lesquels l'affaire a été débattue délibèrent. La composition doit être conforme aux règles de l'organisation judiciaire.

1636 — Modalités. Conformément à l'article 450 du CPC, le prononcé du jugement est renvoyé, s'il ne peut l'être sur-le-champ. Après la clôture des débats, les délibérations et le vote peuvent avoir lieu immédiatement dans la salle du conseil (jugement sur le siège) ou en chambre du conseil. Si le prononcé du jugement est renvoyé « pour plus ample délibéré » à une date ultérieure, celle-ci doit être indiquée aux parties par le président.

1637 — Secret des délibérations. Les délibérations sont secrètes. Il s'agit d'un principe général de droit reconnu par la Cour de cassation depuis 1843 et par le Conseil d'État depuis 1922. Ce principe assure l'indépendance des juges et l'autorité morale de leurs décisions. Le secret des délibérés est consacré à l'article 448 du CPC, qui énonce sobrement que « les délibérations des juges sont secrètes ».

1638 — Vote. La décision est prise au terme d'un vote ; elle est rendue à la majorité des voix (CPC, art. 449). Si aucune durée maximale du délibéré n'est prévue, le droit à un procès équitable dans un délai raisonnable, consacré à l'article 6 de la Convention européenne des droits de l'homme, ne doit pas être méconnu.

B La rédaction du jugement

1639 — Écrit. Afin d'exister, le jugement doit obligatoirement être un acte écrit (CPC, art. 456). Il est établi sur support papier, mais peut l'être également sur un support électronique par des procédés garantissant son intégrité et sa conservation. L'original de l'écrit est nommé « minute », du latin *minuta* signifiant « écriture menue ». Rendu au nom du peuple français, le jugement est rédigé en langue française.

1640 — Mentions : juridiction. Tout jugement doit comporter, suivant l'article 454 du CPC, des indications relatives à la juridiction qui a statué. Ces mentions attestent de la régularité formelle du jugement. Doivent être indiqués la juridiction dont émane le jugement, le nom des juges qui en ont délibéré, sa date, le nom du représentant du ministère public s'il a assisté aux débats et le nom du secrétaire.

1641 — Mentions : parties. Afin d'assurer de la régularité formelle du jugement, celui-ci doit également comporter des informations relatives aux parties (CPC, art. 454). Doivent être indiqués les nom, prénoms ou dénomination des parties ainsi que de leur domicile ou siège social et, le cas échéant, le nom des avocats ou de toute personne les ayant représenté ou assisté. En matière gracieuse, le nom des personnes auxquelles le jugement doit être notifié est indiqué.

1642 — Prétentions et moyens. Le jugement doit aussi exposer succinctement les prétentions respectives des parties et leurs moyens (CPC, art. 455). En l'hypothèse de conclusions écrites des parties, le juge a la possibilité d'y renvoyer, l'exposé revêtant la forme d'un visa des conclusions.

1643 — Motifs. Le jugement doit être motivé (CPC, art. 455). Il s'agit d'une exigence fondamentale du droit à un procès équitable, s'appliquant à toutes les juridictions. L'obligation de motivation répond à un double objectif : justifier la décision et permettre aux juridictions supérieures d'assurer leur contrôle. Pour cette raison, les motifs du jugement doivent être suffisants, car ils sont les explications en fait et en droit qui légitiment la décision.

1644 — Dispositif. Tout jugement doit, en outre, comporter un dispositif. Il s'agit de la partie finale du jugement. Le dispositif est essentiel, car l'autorité de la chose jugée y est attachée (v. *infra*, n° 1680). Le dispositif énonce ce qui a été décidé. Le jugement « énonce la décision sous forme de dispositif » (CPC, art. 455, al. 2).

1645 — Signature. Enfin, le jugement doit être signé tant par le président que par le greffier. Cependant, en cas d'empêchement du président, il est signé par l'un des juges qui en ont délibéré ; mention en est faite sur la minute (CPC, art. 456). Le jugement établi sur support électronique est signé au moyen d'un procédé de signature électronique sécurisée répondant aux exigences du décret du 28 septembre 2017 relatif à la signature électronique.

C Le prononcé du jugement

1646 — Juge prononçant le jugement. Le jugement est prononcé par l'un des juges qui composent la juridiction lors du délibéré (CPC, art. 452). Afin de simplifier le prononcé du jugement, l'absence des autres juges qui en ont délibéré et du ministère public est sans incidence.

1647 — Forme du prononcé. Suivant l'article 451 du CPC, deux formes de prononcé du jugement sont possibles : le jugement est prononcé soit par une lecture de la décision, qui peut se limiter au dispositif, soit sous la forme d'une remise au greffe.

1648 — Lecture du prononcé. Sauf dispositions spécifiques, le prononcé est réalisé par une lecture du jugement en audience publique pour les décisions contentieuses et hors la présence du public pour les décisions gracieuses. La loi *PRJ* a ajouté que ne peuvent être prononcés publiquement les jugements des matières intéressant la vie privée déterminées par décret et mettant en cause le secret des affaires.

1649 — Mise à disposition au greffe. Le jugement peut également être prononcé par sa mise à disposition au greffe, le président devant en aviser les parties à l'issue des débats (CPC, art. 450, al. 2). Cette forme de prononcé du jugement n'est pas contraire aux exigences du procès équitable.

1650 — Date du jugement. La date du jugement est celle à laquelle il est prononcé (CPC, art. 453). Peu importe qu'il soit prononcé en audience ou par mise à disposition au greffe. Le prononcé a une importance temporelle car il constitue, dans certains cas exceptionnels, le point de départ de l'exercice de recours ou un obstacle au prononcé de la nullité du jugement.

II La délivrance et la diffusion du jugement

1651 — Délivrance des jugements. Conformément à l'article 465 du CPC, « chacune des parties a la faculté de se faire délivrer une expédition revêtue de la formule exécutoire ». À la condition de garantir l'anonymat de l'identité des parties et sous réserve des demandes abusives (répétitives ou systématiques), les tiers peuvent également se faire délivrer une copie des décisions de justice par le greffe de la juridiction concernée (COJ, art. L. 111-14).

1652 — Diffusion des jugements. Afin d'assurer une diffusion de la jurisprudence et donc un accès à celle-ci par l'ensemble de la société dans les conditions de l'article R. 433-3 du COJ, un service de documentation et d'études tient une base de données ; celle-ci est accessible au public dans les conditions applicables au service public de la diffusion du droit par l'Internet. Ce mouvement est amplifié par ce qu'il est communément nommé l'*open data* des décisions de justice.

1653 — *Open data* des décisions de justice. Faisant suite au rapport sur *L'open data des décisions de justice* (Mission d'étude et de préfiguration sur l'ouverture au public des décisions de justice, nov. 2017), les dispositions de la loi *PRJ* complètent et modifient la loi du 7 octobre 2016 pour une République numérique. Désormais, conformément à l'article L. 111-13 du COJ, « les jugements sont mis à la disposition du public à titre gratuit sous forme électronique ».

1654 — *Open data* des décisions de justice : identification des parties. Le législateur a pris soin de garantir la protection des données à caractère personnel contenues dans la jurisprudence. Préalablement à la mise à la disposition du public, les nom et prénoms des personnes physiques mentionnées dans le jugement, lorsqu'elles sont parties ou tiers, sont occultés. En outre, lorsque sa divulgation est de nature à porter atteinte à la sécurité ou au respect de la vie privée de ces personnes ou de leur entourage, est occulté tout élément permettant d'identifier les parties et les tiers (COJ, art. L. 111-13).

1655 — *Open data* des décisions de justice : identification des magistrats et membres du greffe. Concernant l'identification des magistrats et les membres du greffe, tout élément permettant de les identifier est occulté lorsque sa divulgation est de nature à porter atteinte à la sécurité ou au respect de la vie privée de ces personnes ou de leur entourage (CJA, art. L. 10 et COJ, art. L. 111-13).

Anticipant les risques liés à la justice prédictive (notamment la saisine par comparaison des juridictions), « les données d'identité des magistrats et des membres du greffe ne peuvent faire l'objet d'une réutilisation ayant pour objet ou pour effet d'évaluer, d'analyser, de comparer ou de prédire leurs pratiques professionnelles réelles ou supposées ». Des sanctions pénales sont prévues en cas de violation de cette interdiction (C. pén., art. 226-18, 226-24 et 226-31).

III Les sanctions relatives à l'élaboration du jugement

1656 — Sanction : nullité du jugement. En cas d'élaboration irrégulière du jugement, celui-ci peut être annulé. L'annulation du jugement a pour effet de replacer les parties dans l'état dans lequel elles se trouvaient antérieurement au prononcé de la décision.

1657 — Nullité du jugement encadrée. Toutes les règles d'élaboration du jugement ne sont pas sanctionnées par la nullité ; et si elles sont prescrites à peine de nullité, l'inobservation des règles n'emporte pas nécessairement la nullité du jugement. Le domaine de la nullité du jugement est limité (A) et le prononcé de la nullité est encadré par un régime rigoureux (B).

A | Le domaine de la nullité du jugement

1658 — Causes d'annulation. L'ensemble des exigences légales relatives à l'élaboration du jugement n'est pas prévu à peine de nullité. Les causes d'annulation du jugement sont précisées à l'alinéa 1er de l'article 458 du CPC. Il résulte de cette disposition que de nombreuses règles d'élaboration du jugement ne sont pas sanctionnées par la nullité, c'est pourquoi la jurisprudence a étendu le domaine de la nullité du jugement.

1659 — Article 458. « Ce qui est prescrit par les articles 447, 451, 454, en ce qui concerne la mention du nom des juges, 455 (alinéa 1) et 456 doit être observé à peine de nullité » (CPC, art. 458). Respectivement, les dispositions relatives aux juges pouvant délibérer, au prononcé du jugement, à la mention du nom des juges, à l'exposé des prétentions, moyens et motivation, ainsi qu'à la signature du président et du secrétaire sont prescrites à peine de nullité.

1660 — Extension jurisprudentielle. Par une lecture *a contrario* de l'article 458 du CPC, des conditions d'élaboration du jugement ne sont pas soumises à la nullité. Pourtant, certaines dispositions relatives à l'élaboration du jugement édictent une formalité substantielle. Ainsi, par une construction prétorienne, le domaine de la nullité a été élargi. Tel est le cas de la règle du secret du délibéré.

B | Le régime de la nullité du jugement

1661 — Régime strict. Toute inobservation d'une disposition relative à l'élaboration du jugement prescrite à peine de nullité n'emporte pas obligatoirement la nullité du jugement. Le prononcé de la nullité du jugement est encadré, et le CPC soumet celle-ci à un régime strict.

1662 — « Voies de nullité n'ont lieu contre le jugement ». Afin d'invoquer la nullité du jugement, il convient d'exercer une voie de recours prévue à cet effet. Cette condition s'exprime par l'adage « voies de nullité n'ont lieu contre le jugement ». Celui-ci est retranscrit à l'article 460 du CPC, qui dispose que « la nullité d'un jugement ne peut être demandée que par les voies de recours prévues par la loi ».

1663 — Moment. Certaines causes de nullité sont également subordonnées à une condition temporelle. Si elle n'a pas été invoquée au moment du prononcé du jugement par simples observations, dont il est fait mention au registre d'audience, aucune nullité ne pourra être ultérieurement soulevée ou relevée d'office pour inobservation des formes prescrites aux articles 451 et 452 du CPC (CPC, art. 458, al. 2).

La rédaction de l'alinéa 2 de l'article 458 du CPC laisse supposer que les formalités prescrites à l'article 452 du CPC (relatives au prononcé du jugement) sont prescrites à peine de nullité. Pourtant, l'alinéa 1er de l'article 458, qui énumère les dispositions prévues à peine de nullité, ne se réfère pas à l'article 452 du CPC.

1664 — Présomption de régularité. Des présomptions de régularité des prescriptions légales sont également posées afin d'éviter le prononcé de la nullité du jugement. À titre d'exemple, la signature illisible apposée à côté de celle du secrétaire-greffier est présumée être celle du président, tant que le demandeur au pourvoi n'apporte pas la preuve contraire qui lui incombe.

Cass. com., 5 déc. 1977, n° 76-11926.

1665 — Régularisation. Enfin, l'omission ou l'inexactitude d'une mention destinée à établir la régularité du jugement n'entraîne pas nécessairement la nullité de celui-ci. S'il est établi par les pièces de la procédure, par le registre d'audience ou par tout autre moyen que les prescriptions légales ont été, en fait, observées, la nullité du jugement n'est pas prononcée (CPC, art. 459).

SECTION 2 Les effets du jugement

1666 — Efficacités substantielles et procédurales. Le jugement produit une efficacité substantielle, c'est-à-dire qu'il tranche le conflit entre les parties et fixe une solution. Le jugement produit également des conséquences procédurales, car il est doté d'attributs spécifiques.

1667 — Annonce. En tant qu'acte juridictionnel, le jugement bénéficie d'une autorité empêchant, sauf voies de recours, la remise en cause de ce qui a été tranché par le juge (I). Il bénéficie également d'une force subordonnée aux respects de conditions : il s'agit de la force exécutoire (II).

I L'autorité de l'acte juridictionnel

1668 — Annonce. En tant qu'acte juridictionnel, le jugement produit un effet majeur : celui de l'immutabilité de la chose jugée. Sauf exercice des voies de recours, le jugement ne peut plus être remis en cause. Cette autorité s'impose tant au juge qu'aux parties. Le jugement dessaisit le juge de la contestation qu'il a tranché (A). À l'égard des parties, l'autorité de la chose jugée les empêche de faire trancher à nouveau le litige (B).

A ▌ Le dessaisissement du juge

1669 — Principe. Conformément à l'article 481 du CPC, le jugement dessaisit le juge de la contestation dès son prononcé. Cette disposition retranscrit l'adage « *lata sententia, judex desinit esse judex* » (une fois la sentence rendue, le juge cesse d'être juge). Le dessaisissement est un attribut direct du jugement. Il en résulte que le juge ne peut plus rétracter ou modifier la décision qu'il a rendue.

1670 — Décisions dessaisissant le juge. Le principe de dessaisissement du juge est consacré à l'article 481 qui compose avec l'article 480 une sous-section « Dispositions communes » de la section du CPC consacrée aux jugements sur le fond. En raison de l'agencement du Code, le principe de dessaisissement s'applique au jugement visé au premier alinéa de l'article 480, soit celui qui tranche dans son dispositif tout ou partie du principal, ou qui statue sur une exception de procédure, une fin de non-recevoir ou tout autre incident.

1671 — Décisions ne dessaisissant pas le juge. Il en résulte que certaines décisions ne dessaisissent pas le juge : il s'agit du jugement avant dire droit (CPC, art. 483), des ordonnances sur requête que le juge a la faculté de modifier ou de rétracter (CPC, art. 497) ou encore des ordonnances de référé (CPC, art. 488). Ces dernières produisent cependant une certaine immutabilité, car ce n'est qu'en cas de circonstances nouvelles que le juge des référés peut les modifier ou rapporter.

1672 — Dérogations. Par dérogation au principe, le juge a le pouvoir de rétracter sa décision en cas d'opposition, de tierce opposition ou de recours en révision (CPC, art. 481, al. 2). Ces voies de rétractation, contrairement à l'appel et au pourvoi en cassation – qui s'exercent devant des juridictions différentes et hiérarchiquement supérieures –, permettent de revenir devant le même juge afin qu'il rétracte sa décision.

1673 — Atténuations. Le CPC prévoit également des atténuations au principe de dessaisissement du juge. Le juge peut interpréter ou rectifier sa décision (CPC, art. 481, al. 3) par un recours en interprétation, pour erreur ou omission matérielle, pour omission de statuer ou lorsque le juge statue *ultra* ou *extra petita*. Il s'agit de procédures simplifiées et non de voies de recours, afin de réparer le jugement sans porter atteinte à son autorité de chose jugée.

1674 — Interprétation du jugement. Sauf si la décision est frappée d'appel, ses termes ambigus ou obscurs peuvent faire l'objet d'une interprétation par le juge qui a statué (CPC, art. 461). Dans ce cas, le juge est saisi sur requête afin d'interpréter la portée de son dispositif. Le juge se prononce, les parties entendues ou appelées. Sous couvert de l'interprétation, le juge ne peut pas modifier sa décision.

1675 — Recours pour erreur ou omission matérielle. Le juge qui a statué peut réparer le jugement en cas d'erreur ou d'omission matérielle l'affectant (CPC, art. 462). Il peut être saisi par requête ou se saisir d'office. Le juge rectifie « selon ce que le dossier relève, ou à défaut, ce que la raison commande », après avoir éventuellement entendu les parties. La rectification étant matérielle, les droits et obligations reconnus par le jugement ne peuvent être modifiés.

1676 — Recours pour erreur ou omission matérielle : décision rectificative. En cas de décision rectificative, celle-ci est mentionnée sur la minute et sur les expéditions du jugement. À l'instar du jugement, elle est notifiée. Si la décision rectifiée est passée en force de chose jugée, la décision rectificative ne peut être attaquée que par la voie du recours en cassation.

1677 — Recours pour omission de statuer. En cas d'*infra petita,* c'est-à-dire si le juge a omis de statuer sur l'un des chefs de la demande, il peut être saisi sur requête afin de compléter sa décision (CPC, art. 463). Il a en effet l'obligation de se prononcer sur tout ce qui est demandé (CPC, art. 5). La décision de rectification est mentionnée sur la minute et sur les expéditions du jugement ; elle est notifiée comme le jugement et donne ouverture aux mêmes voies de recours que celui-ci.

1678 — Recours pour omission de statuer : délai. En cas d'omission de statuer, le juge est saisi par requête. Celle-ci doit être présentée un an au plus tard après que la décision est passée en force de chose jugée ou, en cas de pourvoi en cassation de ce chef, à compter de l'arrêt d'irrecevabilité.

1679 — Recours pour *ultra* ou *extra petita*. Si le juge a accordé plus que demandé ou s'est prononcé sur autre chose que demandé, c'est-à-dire en cas d'*ultra* ou d'*extra petita*, le juge saisi sur requête retranche du jugement tout ce qui excède les prétentions des parties (CPC, art. 464). Le juge doit en effet se prononcer uniquement sur ce qui est demandé (CPC, art. 5). La procédure du recours en omission est applicable en cas d'*ultra* ou d'*extra petita*.

B ▌L'autorité de la chose jugée

1680 — Définition. L'autorité de la chose jugée est un attribut du jugement qui, sous réserve de l'exercice de voies de recours, fait obstacle à la remise en question de la décision du juge. Traditionnellement fondée sur la présomption légale que la loi attache au jugement (C. civ., art. 1350, 3° ancien), l'autorité de la chose jugée a une justification plus pratique : celle d'éviter le renouvellement continu d'un même procès.

1681 — Jugement contentieux dit « définitif ». De la lecture de l'article 480 du CPC résulte une autorité de la chose jugée circonscrite au jugement dit « définitif », c'est-à-dire qui tranche dans son dispositif tout ou partie du principal, ou qui statue sur une exception de procédure, une fin de non-recevoir ou tout autre incident. Le jugement a l'autorité de la chose jugée relativement à la contestation tranchée.

1682 — Jugement avant dire droit et provisoire. Les jugements avant dire droit, ainsi que ceux par nature provisoires – à l'instar de l'ordonnance de référé – n'ont pas, au principal, l'autorité de la chose jugée (CPC, art. 482 et 488). Cela signifie qu'ultérieurement, un juge peut statuer sur le fond sans être tenu par le jugement.

1683 — Décision gracieuse. En matière gracieuse, le juge statue en l'absence de litige (CPC, art. 25). Il doit en être déduit que les décisions gracieuses ne peuvent pas avoir l'autorité de la chose jugée. L'affirmation doit être nuancée, certains jugements bénéficiant d'une autorité (v. *supra*, n° 1168).

1684 — Moment. L'autorité de la chose jugée est attachée au jugement relativement à la contestation qu'il tranche. Le jugement a, dès son prononcé, l'autorité de la chose jugée. Cet attribut du jugement est en conséquence concomitant au dessaisissement du juge.

1685 — Dispositif. L'autorité de la chose jugée appartient au dispositif du jugement. L'assemblée plénière de la Cour de cassation l'a affirmé de manière solennelle au visa des articles 1351 du Code civil et 480 du CPC : « l'autorité de la chose jugée n'a lieu qu'à l'égard de ce qui fait l'objet d'un jugement et a été tranché dans son dispositif ».

Cass. ass. plén., 13 mars 2009, n° 08-16033.

1686 — Autorité négative de la chose jugée. Sous réserve des voies de recours prévues à cet effet, le principe d'autorité de la chose jugée interdit de remettre en cause le jugement. Si une nouvelle instance est introduite afin d'obtenir ce qui a été refusé par le premier jugement, la demande est irrecevable. Le juge peut relever d'office la fin de non-recevoir tirée de la chose jugée (CPC, art. 125, al. 2). Il s'agit de l'autorité négative de la chose jugée.

1687 — Contrariété des décisions. Dans l'hypothèse où deux décisions bénéficiant de l'autorité de la chose jugée ont été rendues et sont inconciliables :
- si la fin de non-recevoir tirée de l'autorité de chose jugée du premier jugement rendu a été invoquée, en vain, devant les juges du fond (CPC, art. 617), un pourvoi est formé contre le jugement le plus récent afin de le faire annuler ;
- si les deux décisions sont non susceptibles d'un recours ordinaire, la Cour de cassation annule l'une des décisions ou les deux (CPC, art. 618).

1688 — Triple identité. L'effet négatif de l'autorité de la chose jugée suppose l'existence d'une triple identité de parties, de chose demandée et de cause de la demande. Cette triple identité est énoncée à l'article 1355 du Code civil : « Il faut que la chose demandée soit la même ; que la demande soit fondée sur la même cause ; que la demande soit entre les mêmes parties, et formée par elles et contre elles en la même qualité ».

1689 — Identité de parties. Les parties sont celles de l'instance qui a donné lieu au jugement. Leur position procédurale de demandeur ou de défendeur importe peu. En revanche, l'identité de parties suppose une identité de qualité, c'est-à-dire que les parties doivent agir en vertu d'un titre juridique identique à celui de la première instance. Le représentant d'une société peut agir à titre personnel pour les mêmes objet et cause.

1690 — Identité de chose demandée. L'identité de chose demandée renvoie à une identité d'objet. Cela signifie qu'il doit y avoir une concordance entre la prétention réclamée et ce qui a été jugé. Afin de caractériser l'identité de chose demandée, une comparaison en fait et en droit est réalisée. L'objet de la demande doit être matériellement similaire et le droit réclamé sur la chose doit être identique à ce qui a été tranché dans le dispositif du précédent jugement.

1691 — Identité de cause. La notion de cause a fait l'objet de discussion par la doctrine. La cause a été appréhendée comme les faits qualifiés, le fondement juridique de la demande. Il a ainsi pu être admis qu'une même prétention fondée sur de nouveaux moyens pouvait faire l'objet d'une nouvelle action sans se heurter à l'autorité de la chose jugée.

1692 — Identité de cause : l'arrêt *Cesareo*. La conception traditionnelle de l'identité de cause a été bouleversée par l'assemblée plénière de la Cour de cassation, dans son célèbre arrêt *Cesareo* du 7 juillet 2006 (Bull. civ. ass. plén., n° 8). Cet arrêt a consacré le principe de concentration des moyens, suivant lequel les parties doivent, dès la première instance, invoquer l'ensemble des moyens propres à fonder leur demande ou à en justifier le rejet.

1693 — Identité de cause : CEDH. Bien que le principe de concentration des moyens limite le droit d'accès à un tribunal, la CEDH considère ce principe conforme au procès équitable. La Cour estime qu'il s'inscrit dans un objectif légitime de bonne administration de la justice en réduisant le risque de manœuvres dilatoires et en favorisant un jugement dans un délai raisonnable.

CEDH, 17 mars 2015, nº 12686/10, Barras c/ France.

1694 — Identité de cause : limites. Le principe de concentration des moyens n'impose cependant pas une obligation de concentration des demandes, fussent-elles fondées sur les mêmes faits. Sauf négligence des parties, une modification dans la situation de fait ne fait pas obstacle à l'introduction d'une nouvelle instance sur le même objet.

II La force exécutoire

1695 — Force exécutoire. Sont des titres exécutoires susceptibles d'une exécution forcée, aux termes de l'article L. 111-3 du Code des procédures civiles d'exécution, les décisions des juridictions de l'ordre judiciaire lorsqu'elles ont force exécutoire. La force exécutoire renvoie au pouvoir de contrainte. Il s'agit de l'attribut d'un jugement qui peut faire l'objet d'une exécution forcée via les procédures civiles d'exécution.

1696 — Force de chose jugée. La force exécutoire est à distinguer de la force de chose jugée, qui renvoie à l'état d'un jugement. Aux termes de l'article 500 du CPC, le jugement qui ne peut pas ou plus faire l'objet d'une voie de recours suspensive d'exécution a la force de chose jugée.

1697 — Force exécutoire et force de chose jugée. Conformément à l'article 501 du CPC, le jugement est exécutoire à partir du moment où il passe en force de chose jugée. En principe, un jugement qui a force exécutoire a force de chose jugée, à moins, comme le précise cette même disposition, que le créancier bénéficie de l'exécution provisoire ou qu'un délai de grâce soit accordé au débiteur.

1698 — Annonce. La force exécutoire du jugement impose donc de distinguer le jugement qui a force exécutoire car il est passé en force de chose jugée (B), du cas de l'exécution provisoire (C). *In fine*, alors même que l'exécution du jugement peut être demandée, celle-ci peut être temporairement paralysée en raison de l'octroi d'un délai de grâce (D).

Préalablement, l'exécution du jugement est subordonnée à la satisfaction de conditions de forme (A).

A Les conditions de l'exécution : la formule exécutoire et la notification

1699 — Formule exécutoire. Afin que le jugement soit revêtu de la force exécutoire, des conditions doivent être satisfaites. Ce n'est que sur présentation d'une expédition revêtue de la formule exécutoire qu'un jugement peut être mis à exécution (CPC, art. 502). La formule retranscrit le pouvoir de commandement et confère au jugement sa force exécutoire. La formule est énoncée par le décret du 12 juin 1947 relatif à la formule exécutoire.

1700 — Énoncé de la formule. Les expéditions de tous les actes susceptibles d'exécution forcée se terminent par la formule « la République française mande et ordonne à tous huissiers de justice, sur ce requis, de mettre ledit arrêt [ou ledit jugement, etc.] à exécution, aux procureurs généraux et aux procureurs de la République près les tribunaux judiciaires d'y tenir la main, à tous commandants et officiers de la force publique de prêter main-forte lorsqu'ils en seront légalement requis ».

1701 — Notification. Sauf si elle est volontaire, l'exécution du jugement suppose également sa notification à ceux contre qui il est opposé (CPC, art. 503). En cas d'exécution au seul vu de la minute, la présentation de celle-ci vaut notification. Le jugement est notifié aux parties (CPC, art. 677) et préalablement à leur représentant lorsque la représentation est obligatoire (CPC, art. 678). La notification par huissier de justice est la forme de principe pour les jugements contentieux ; en matière gracieuse, les jugements sont notifiés par le greffier de la juridiction par lettre recommandée avec demande d'avis de réception (CPC, art. 675).

1702 — Délais de notification et exécution. Aux termes de l'article L. 111-4 du Code des procédures civiles d'exécution, l'exécution des titres exécutoires ne peut être poursuivie que pendant 10 ans, sauf si les actions en recouvrement des créances qui y sont constatées se prescrivent par un délai plus long. Le délai de notification des jugements contradictoires est en principe de 10 ans. Lorsque le jugement est rendu par défaut ou réputé contradictoire, le délai de notification est de 6 mois à compter du prononcé du jugement (CPC, art. 478).

1703 — Acte de notification. La notification du jugement est une condition afin de recourir à l'exécution forcée du jugement. Aussi, le délai d'exercice des voies de recours part, en principe, à compter de la notification du jugement à la partie (CPC, art. 678, al. 3). Pour cette raison, l'acte de signification, en plus des mentions de tout acte d'huissier de justice, doit indiquer les délais et modalités d'exercice des voies de recours (CPC, art. 680).

1704 — Délais de notification et voies de recours. L'exercice du recours est limité temporellement. Si le jugement sur le fond au sens du premier alinéa de l'article 480 du CPC n'a pas été notifié dans le délai de 2 ans de son prononcé, la partie qui a comparu n'est plus recevable à exercer un recours à titre principal après l'expiration dudit délai (CPC, art. 528-1).

B La force exécutoire des jugements passés en force de chose jugée

1705 — Temporalité. Sauf exceptions, conformément à l'article 501 du CPC, le jugement est exécutoire à partir du moment où il passe en force de chose jugée. Le jugement qui ne peut pas ou plus faire l'objet d'une voie de recours suspensive d'exécution a force de chose jugée. Il en résulte que temporellement, la force exécutoire n'apparaît pas toujours au même moment.

1706 — Jugement non susceptible de recours suspensif. Dès son prononcé, le jugement qui n'est susceptible d'aucun recours suspensif a l'autorité de la chose jugée et la force de chose jugée. Sous réserve des conditions précédemment exposées, le jugement est immédiatement exécutoire et peut donc faire l'objet d'une exécution forcée.

1707 — Jugement non susceptible de recours suspensif : pourvoi. Le caractère immédiatement exécutoire du jugement non susceptible de recours suspensif est confirmé et affermi à l'article 1009-1 du CPC. Suivant cette disposition, l'affaire est radiée du rôle par le premier président, à la demande du défendeur, lorsque le demandeur au pourvoi n'a pas exécuté la décision.

1708 — Jugement non susceptible de recours suspensif : risque. Le caractère immédiatement exécutoire du jugement non susceptible de recours suspensif n'est pas dénué de risque, car la cassation du jugement peut être obtenue. En cette hypothèse, le bénéficiaire de l'exécution doit restituer ce qu'il a perçu avec intérêts au taux légal à compter de la notification de la décision ouvrant droit à restitution.

1709 — Jugement susceptible de recours suspensif. Lorsque le jugement est susceptible d'un recours suspensif, son exécution est suspendue tant le temps du délai d'exercice que pendant l'exercice du recours.

L'article 539 du CPC est sans ambiguïté : « Le délai de recours par une voie ordinaire suspend l'exécution du jugement. Le recours exercé dans le délai est également suspensif. » Deux hypothèses sont alors envisageables, dans lesquelles un recours est ou non formé.

La consécration de l'exécution provisoire de droit (cf. *infra*, n° 1713) impose de relativiser cet effet suspensif énoncé à l'article 539 du CPC.

1710 — Jugement susceptible de recours suspensif : absence de recours. Dans une première hypothèse, aucun recours n'est formé. Dans le délai de recevabilité du recours, l'exécution forcée du jugement n'est pas réalisable. En revanche, la force de chose jugée est acquise à l'expiration du délai pour former le recours ; dès lors, l'exécution est possible.

1711 — Jugement susceptible de recours suspensif : recours. Dans une seconde hypothèse, un recours est formé. En l'attente de la décision sur recours, le jugement attaqué ne peut pas faire l'objet d'une exécution. À l'issue du recours, la décision infirmant ou annulant le jugement a la force de chose jugée ; en revanche, en cas de confirmation du jugement, celui-ci retrouve sa force exécutoire de manière rétroactive.

C L'exécution provisoire

1712 — Définition. L'exécution provisoire est une dérogation au principe d'effet suspensif des voies de recours. Une décision peut faire l'objet d'une exécution immédiate dès sa signification, en dépit de l'existence d'un délai et/ou de l'exercice d'un recours normalement suspensif de l'exécution. L'exécution provisoire peut être de droit ou ordonnée.

1713 — Réforme. Le régime de l'exécution provisoire est refondu par l'article 3 du décret n° 2019-1333 du 11 décembre 2019 dont les dispositions s'appliquent aux demandes introduites à compter du 1er janvier 2020. Le principe de l'exécution provisoire est renversé. Désormais, à moins que la loi ou la décision rendue n'en dispose autrement, les décisions de première instance sont de droit exécutoires à titre provisoire. Le principe de l'exécution provisoire de droit est donc instauré (CPC, art. 514).

Alors que dans sa rédaction antérieure à la réforme, l'alinéa 1er de l'article 514 du CPC énonçait que « L'exécution provisoire ne peut pas être poursuivie sans avoir été ordonnée si ce n'est pour les décisions qui en bénéficient de plein droit », désormais le nouvel article 514 pose le principe d'une exécution provisoire de droit, sauf s'il en est disposé autrement.

1714 — Annonce. Le régime de l'exécution provisoire est détaillé dans trois sections composant le chapitre IV « L'exécution provisoire » du titre XV « L'exécution du jugement » du livre Ier du CPC. Conformément à leur intitulé, les trois sections concernent respectivement : l'exécution provisoire de droit (1), l'exécution provisoire facultative (2) et les dispositions communes à l'exécution provisoire (3).

1 Le principe : l'exécution provisoire de droit

1715 — Principe. La première section du chapitre IV « L'exécution provisoire » (CPC, art. 514-1 à 514-6), pose le régime de principe : l'exécution provisoire de droit. Par principe, sauf si la loi ou la décision rendue en dispose autrement, les décisions de première instance sont de droit exécutoires à titre provisoire.

1716 — Limites. Le principe de l'exécution provisoire de droit est consacré par la réforme de 2019. Il n'est, cependant, pas absolu puisqu'il peut y être dérogé. L'exécution provisoire de droit peut ainsi être écartée. Elle peut également être arrêtée en cas d'appel.

1717 — Exécution provisoire de droit écartée : demande. Le juge peut écarter l'exécution provisoire de droit. Il le peut d'office ou à la demande d'une partie (CPC, art. 514-1, al. 2). Le juge statue par décision spécialement motivée (CPC, art. 514-1, al. 2).

1718 — Exécution provisoire de droit écartée : domaine. La dérogation au principe de l'exécution provisoire ne joue pas en tout domaine. Conformément à l'alinéa 3 du nouvel article 514-1 du CPC, l'exécution provisoire de droit ne peut être écartée par le juge, lorsque ce dernier :
- statue en référé ;
- prescrit des mesures provisoires pour le cours de l'instance ;
- ordonne des mesures conservatoires ;
- accorde une provision au créancier en qualité de juge de la mise en état.

1719 — Exécution provisoire de droit écartée : condition. Afin d'écarter l'exécution provisoire, une condition doit être remplie : le juge doit estimer qu'il y a une incompatibilité de l'exécution provisoire avec la nature de l'affaire (CPC, art. 514-1, al. 1). Sauf exception (v. *infra*, nº 1723), seule la décision en cause peut écarter l'exécution provisoire de droit (CPC, art. 514-2).

1720 — Exécution provisoire de droit arrêtée. Si, par principe, « l'exécution provisoire de droit ne peut être écartée que par la décision en cause » (CPC, art. 514-2), cette règle ne trouve pas à s'appliquer lorsque, en cas d'appel, le premier président est saisi afin d'arrêter l'exécution provisoire de la décision.

1721 — Exécution provisoire de droit arrêtée : conditions. En cas d'appel, le premier président peut arrêter l'exécution provisoire de droit de la décision. Il le peut à une double condition :
- des moyens sérieux d'annulation ou de réformation doivent exister, d'une part ;
- l'exécution doit risquer d'entraîner des conséquences manifestement excessives, d'autre part (CPC, art. 514-3, al. 1).

Ces conditions sont cumulatives.

Il est à noter qu'en cas d'opposition, d'office ou à la demande d'une partie, le juge qui a rendu la décision peut arrêter l'exécution provisoire de droit. Une condition est posée : l'exécution doit risquer d'entraîner des conséquences manifestement excessives (CPC, art. 514-3, al. 3).

1722 — Exécution provisoire de droit arrêtée : absence d'observation sur l'exécution provisoire en première instance. Le régime est plus sévère pour la partie qui demande l'arrêt de l'exécution provisoire, mais qui en première instance a comparu sans faire valoir d'observations sur l'exécution provisoire. En cette configuration, la demande est recevable à la condition que « l'exécution provisoire risque d'entraîner des conséquences manifestement excessives qui se sont révélées postérieurement à la décision de première instance » (CPC, art. 514-3, al. 2). S'y ajoute la condition liée à l'existence de moyens sérieux d'annulation ou de réformation.

1723 — Exécution provisoire de droit arrêtée : décision. Lorsque, en cas d'appel, le premier président est saisi afin d'arrêter l'exécution de la décision, il statue en référé, par une décision non susceptible de pourvoi (CPC, art. 514-6).

1724 — Issues de la demande tendant à voir écarter ou arrêter l'exécution provisoire de droit. Par principe, l'exécution provisoire est de droit. Toutefois, celle-ci peut être écartée ou arrêtée. La demande tendant à remettre en cause le principe de l'exécution provisoire de droit peut aboutir à deux solutions :
- soit il est fait droit à la demande tendant à voir écarter ou arrêter l'exécution provisoire de droit ;
- soit une telle demande est rejetée.

1725 — Admission de la demande : rétablissement. Si l'exécution provisoire de droit a été écartée, son rétablissement peut être demandé (CPC, art. 514-4). En cas d'appel, le rétablissement est demandé au premier président (CPC, art. 514-4) qui statue en référé, par une décision non susceptible de pourvoi (CPC, art. 514-6). Dès lors que le magistrat chargé de la mise en état est saisi, la demande rétablissement de l'exécution provisoire doit lui être adressée.

1726 — Admission de la demande : conditions du rétablissement. La demande de rétablissement est subordonnée à l'urgence de la situation, et le rétablissement ne doit ni être incompatible avec la nature de l'affaire ni emporter des conséquences manifestement excessives. Le rétablissement de l'exécution provisoire de droit peut être subordonné, « à la demande des parties ou d'office, à la constitution d'une garantie, réelle ou personnelle, suffisante pour répondre de toutes restitutions ou réparations » (CPC, art. 515-5).

1727 — Rejet de la demande. La demande tendant à voir écarter ou arrêter l'exécution provisoire de droit est rejetée. En ce cas, à la demande des parties ou d'office, une garantie, réelle ou personnelle, suffisante pour répondre de toutes restitutions ou réparations, peut être constituée (CPC, art. 515-5).

2 L'exception : l'exécution provisoire facultative

1728 — Exécution provisoire prévue par la loi. Par dérogation au nouveau principe d'exécution provisoire de droit, l'exécution provisoire peut être facultative. Le principe étant renversé, le caractère facultatif de l'exécution provisoire doit être prévu par la loi (CPC, art. 515, al. 1).

1729 — Exécution provisoire prévue par la loi : exemples. De nombreuses dispositions énumèrent les cas dans lesquels la décision n'est pas de droit exécutoire à titre provisoire. À titre d'exemple, « Le jugement qui statue sur la nationalité n'est pas de droit exécutoire à titre provisoire » (CPC, art. 1045) ou, conformément à l'article 1178-1 du CPC, « La décision relative à l'adoption n'est pas de droit exécutoire à titre provisoire ».

1730 — Exécution provisoire prévue par la loi : décisions du conseil des prud'hommes. Il est à noter que contrairement au nouveau principe d'exécution provisoire de droit, les décisions du conseil de prud'hommes ne sont pas exécutoires de droit à titre provisoire, à moins que la loi ou le règlement n'en dispose autrement (C. trav., art. R. 1458-28).

Sont ainsi de droit exécutoires à titre provisoire les jugements qui, notamment :

- ne sont susceptibles d'appel que par suite d'une demande reconventionnelle ;
- ordonnent la remise d'un certificat de travail, de bulletins de paie ou de toute pièce que l'employeur est tenu de délivrer ;
- ordonnent le paiement de sommes au titre des rémunérations et indemnités mentionnées au 2° de l'article R. 1454-14 du Code du travail, dans la limite maximum de 9 mois de salaire calculés sur la moyenne des 3 derniers mois de salaire (C. trav., art. R. 1458-28).

1731 — Exécution provisoire conditionnée. L'exécution provisoire facultative n'étant par définition pas de droit, elle doit être ordonnée par le juge, d'office ou à la demande des parties (CPC, art. 515, al. 1). Afin d'être ordonnée, l'exécution provisoire doit être « nécessaire et compatible avec la nature de l'affaire » (CPC, art. 515, al. 1).

1732 — Exécution provisoire ordonnée. L'exécution provisoire peut être ordonnée pour tout ou partie de la décision (CPC, art. 515, al. 2). Sauf exception (CPC, art. 517-2 et 517-3), l'exécution provisoire est ordonnée par la décision qu'elle est destinée à rendre exécutoire (CPC, art. 516). Elle peut être subordonnée à la constitution d'une garantie, réelle ou personnelle, suffisante pour répondre de toutes restitutions ou réparations (CPC, art. 517). Sont repris en substance les anciens articles 515 à 517 du CPC.

1733 — Exécution provisoire ordonnée : arrêt. Lorsque l'exécution provisoire a été ordonnée, celle-ci ne peut être arrêtée, en cas d'appel, que par le premier président et dans deux cas (CPC, art. 517-1) :
- lorsqu'elle est interdite par la loi (CPC, art. 517-1, 1°) ;
- s'il existe un moyen sérieux d'annulation ou de réformation de la décision et, condition cumulative, que l'exécution risque d'entraîner des conséquences manifestement excessives (CPC, art. 517-1, 2°).

3 Dispositions communes à l'exécution provisoire

1734 — Domaine. Le régime de l'exécution provisoire est complété par des dispositions communes s'appliquant donc à l'exécution provisoire de droit ou facultative (CPC, art. 518 à 524). Ces dispositions concernent la constitution d'une garantie en cas d'exécution provisoire, ainsi que la radiation du rôle de l'affaire lorsque l'appelant ne justifie pas avoir exécuté la décision frappée d'appel ou avoir procédé à la consignation autorisée.

1735 — Risques de l'exécution provisoire. L'exécution provisoire comporte un aléa qui engendre un risque. En cas d'exercice d'une voie de recours, le jugement peut être infirmé ou annulé. En ce cas, l'exécution étant poursuivie aux risques du créancier, celui-ci rétablit le débiteur dans ses droits en nature ou par équivalent (CPC exéc., art. L. 111-10). Le risque est alors pour ce dernier de se trouver confronté à une insolvabilité, voire une disparition, du gagnant en première instance.

1736 — Risques : infirmation ou annulation. En cas d'infirmation ou d'annulation du jugement de première instance, le créancier provisoire devra rétablir le plaideur qui s'est exécuté dans ses droits en nature ou par équivalent. L'exécution provisoire s'effectuant aux risques et périls du gagnant provisoire, ce dernier s'expose à devoir réparer le préjudice causé par l'exécution provisoire indépendamment de toute faute.

Cass. ass. plén., 24 févr. 2006, n° 05-12679.

1737 — Aménagements. En raison du risque inhérent à l'exécution provisoire, des aménagements de l'exécution provisoire sont prévus. Il s'agit de la constitution par le gagnant d'une garantie (CPC, art. 518 et s.) et de la consignation par le perdant d'espèces ou de valeurs suffisantes pour garantir le montant de la condamnation (CPC, art. 521).

1738 — Aménagements : constitution d'une garantie. L'exécution provisoire peut être assortie de la constitution d'une garantie prévue aux articles 514-5 et 517 (CPC, art. 518). Elle doit être suffisamment élevée pour répondre de toutes restitutions ou réparations. Lorsqu'elle prend la forme d'une somme d'argent, elle peut être consignée à la Caisse des dépôts et consignations ou, à la demande de l'une des parties, entre les mains d'un tiers (CPC, art. 519).

1739 — Aménagements : soustraction à la mesure. Sur autorisation du juge, la partie condamnée au paiement d'une somme peut s'y soustraire en consignant les espèces ou les valeurs suffisantes pour garantir, en principal, intérêts et frais, le montant de la condamnation (CPC, art. 521). Cet aménagement est exclu lorsqu'il s'agit d'une dette alimentaire, de rentes indemnitaires ou de provision.

1740 — Effets de l'exécution provisoire. Bien que le jugement n'ait pas force de chose jugée, le bénéfice de l'exécution provisoire permet une exécution immédiate de la décision. Conformément à l'article L. 111-10 du Code des procédures civiles d'exécution, « l'exécution forcée peut être poursuivie jusqu'à son terme en vertu d'un titre exécutoire à titre provisoire ».

1741 — Absence d'exécution. En cas d'appel, lorsque l'appelant ne justifie pas avoir exécuté la décision frappée d'appel ou avoir procédé à la consignation, le premier président ou, dès qu'il est saisi, le conseiller de la mise en état peut décider, à la demande de l'intimé et après avoir recueilli les observations des parties, la radiation du rôle de l'affaire (CPC, art. 524). Sur justification de l'exécution et sauf péremption, l'affaire est réinscrite au rôle.

D L’exécution différée par l’octroi d’un délai de grâce

1742 — Définition et dispositions. Le délai de grâce permet de différer l’exécution du jugement, soit en le reportant, soit en l’échelonnant. La procédure relative au délai de grâce est prévue aux articles 510 et suivants du CPC ; sa substance est spécifiée à l’article 1343-5 du Code civil.

1743 — Compétence : principe. En principe, le délai de grâce est accordé par la décision dont il est destiné à différer l’exécution. Il revient donc au juge qui statue de différer l’exécution de sa décision. L’octroi du délai doit être motivé (CPC, art. 510).

1744 — Compétence : décision distincte. Par dérogation au principe, l’article 510 du CPC prévoit deux cas dans lesquels le juge peut, par une décision motivée distincte, accorder le bénéfice du délai de grâce : compétence est ainsi conférée pour accorder un délai de grâce au juge des référés en cas d’urgence ; aussi, après la signification d’un commandement ou d’un acte de saisie, la compétence revient au juge de l’exécution (CPC, art. 510).

1745 — Conditions. Afin d’accorder le délai de grâce, le juge doit tenir compte de la situation du débiteur et prendre en considération les besoins du créancier. Une telle suspension de l’exécution ne peut être accordée au débiteur dont les biens sont saisis par d’autres créanciers ou qui a, par son fait, diminué les garanties qu’il avait données par contrat à son créancier (CPC, art. 512).

1746 — Temporalité. Le délai de grâce permet de reporter ou d’échelonner le paiement des sommes dues. Il s’agit d’une suspension de l’exécution qui, dès lors, est limitée temporellement. La limite est de 2 années (C. civ., art. 1343-5). Le délai court du jour du jugement lorsque celui-ci est contradictoire (CPC, art. 511). Dans les autres cas, il court du jour de la notification du jugement.

1747 — Effets. Par l’octroi d’un délai de grâce, l’exécution forcée est suspendue, c’est-à-dire empêchée temporairement. L’alinéa 4 de l’article 1343-5 du Code civil est sans ambiguïté : la décision du juge qui octroie un délai de grâce « suspend les procédures d’exécution qui auraient été engagées par le créancier ». Cependant, le délai de grâce n’empêche pas le créancier de prendre des mesures conservatoires (CPC, art. 513).

CHAPITRE 2

Les voies de recours ordinaires

1748 — Voies de recours. En un sens général, les voies de recours désignent les différents procédés qui permettent de critiquer un jugement. Les voies de recours sont plurales. Celles-ci permettent de contester l'appréciation des faits effectuée par le juge, de critiquer l'application par le juge du droit ou encore d'invoquer une irrégularité procédurale dans l'élaboration du jugement.

1749 — Voies de recours ordinaires et extraordinaires. Le CPC distingue deux types de voies de recours : celles ordinaires et extraordinaires. Ces recours sont soumis à des dispositions spécifiques quant à leur recevabilité et régis par des procédures particulières. Ouvertes dans des cas limitatifs, les voies de recours extraordinaires sont en principe non suspensives de l'exécution. *A contrario,* les voies de recours ordinaires, sauf exceptions, sont suspensives d'exécution (CPC, art. 539). Le nouveau principe d'exécution provisoire de droit impose néanmoins de relativiser ce trait caractéristique.

1750 — Voies de recours ordinaires. Deux voies de recours ordinaires sont prévues au CPC. Il s'agit de l'appel (section 1) et de l'opposition (section 2). Alors que l'appel est porté devant les juridictions supérieures aux fins de réformation ou d'annulation du jugement, l'opposition est une voie de recours de rétractation par laquelle l'affaire revient devant le tribunal qui a statué la première fois afin de rétablir la contradiction.

SECTION 1 L'appel

1751 — Rapport *Magendie*. La mission *Magendie*, dans son rapport au garde des Sceaux en date du 14 juin 2004, envisageait « la communication électronique au service de la célérité et de la qualité de la justice » (p. 143). Inspirés par ce rapport, les décrets du 28 décembre 2005, du 9 décembre

2009 et du 28 décembre 2010 ont modifié la procédure d'appel avec représentation obligatoire en matière civile en instaurant la communication par voie électronique et une célérité par des délais de mise en état légaux.

1752 — Réforme de l'appel. À la suite de ces décrets, l'appel a encore été réformé par le décret n° 2017-891 du 6 mai 2017 relatif aux exceptions d'incompétence et à l'appel en matière civile, dont la majorité des dispositions s'applique aux appels formés depuis le 1er septembre 2017. Les apports sont nombreux et ont procédé à des modifications en profondeur de l'appel.

1753 — Définition de l'appel. L'appel est la voie de recours ordinaire par laquelle une partie qui a succombé en première instance défère le procès et le jugement aux juges du degré supérieur. L'appel est l'application du principe du double degré de juridiction, qui est une règle majeure de l'organisation juridictionnelle.

1754 — Objets de l'appel. L'appel est une voie de recours ordinaire tendant à la réformation ou à l'annulation du jugement par la cour d'appel (CPC, art. 542). Le décret de 2017 a réécrit l'article 542 du CPC afin d'ajouter que l'appel est une voie de recours qui, par la critique du jugement d'une juridiction du premier degré, tend à la réformation ou l'annulation dudit jugement.

1755 — Voie de réformation et voie d'annulation. L'appel, voie de réformation, est un contrôle par la cour du bien ou mal jugé en fait et en droit des juges de première instance. En tant que voie d'annulation, l'appel sanctionne – lorsque la loi le prévoit (CPC, art. 458) – par l'annulation du jugement une irrégularité dans l'élaboration de celui-ci (CPC, art. 460).

1756 — Droit à l'appel. Bien que reposant sur le principe du double degré de juridiction, le droit d'appel n'est pas absolu. Il n'existe pas un droit d'appel identique au droit au juge en première instance. La procédure d'appel doit légitimement respecter les garanties du procès équitable. Le droit à un juge du second degré est cependant limité.

1757 — Limite au droit à l'appel et procès équitable. « Le "droit à un tribunal", dont le droit d'accès constitue un aspect, n'est pas absolu et se prête à des limitations implicitement admises, notamment en ce qui concerne les conditions de la recevabilité d'un recours, car il appelle de par sa nature même une réglementation par l'État, lequel jouit à cet égard d'une certaine marge d'appréciation ».

CEDH, 17 janv. 2006, n° 76093/01, Barbier c/ France, pt. 25.

1758 — Annonce. L'appel n'étant pas une prérogative absolue, il est soumis à des conditions de recevabilité. En outre, s'il s'agit d'une voie de recours, diverses procédures d'appel coexistent. À l'étude de l'encadrement de l'appel (I) succéderont l'étude de la procédure contentieuse ordinaire avec représentation obligatoire (II) et celle des procédures spécifiques devant la cour d'appel (III).

I L'encadrement de l'appel

1759 — Dispositions CPC. Le livre Ier du Code de procédure civile intitulé « Dispositions communes à toutes les juridictions » consacre un chapitre Ier (titre XVI, sous-titre II) à l'appel. Celui-ci est composé des articles 542 à 570 du CPC, qui précisent les conditions du droit d'appel (A) et les effets de l'appel (B).

A Les conditions de l'appel

1760 — Pluralité de conditions. Le droit d'appel est soumis à une série de conditions. Ces conditions sont relatives aux jugements susceptibles d'appel (1) et aux parties (2). L'appel est également soumis à des conditions de délai (3) et à une contribution (4).

1 Les jugements susceptibles d'appel

1761 — Principe. La voie de l'appel est en principe ouverte à l'encontre de tout jugement de première instance. Le principe est donné à l'article 543 du CPC. L'appel en tant que voie de recours de droit commun est « [ouvert] en toutes matières, même gracieuses, contre les jugements de première instance ».

1762 — Limites. Si l'article 543 du CPC ouvre en principe un droit à l'appel, cette même disposition pose une limite puisque l'appel est ouvert sauf « s'il n'en est autrement disposé ». Deux types d'exception existent : des jugements sont insusceptibles d'appel et des jugements sont insusceptibles d'appel immédiat. Dans le premier cas, l'appel est alors prohibé et, dans le second, l'appel est conditionné.

1763 — Appel prohibé. L'appel est prohibé pour les jugements rendus en premier et dernier ressort. Ces jugements sont ceux dont le montant est inférieur au taux de ressort de 5 000 € (V. not. COJ, art. R. 211-3-24) ou qui sont insusceptibles d'appel en raison de la matière. Une exigence d'économie ou de célérité fonde ces interdictions.

1764 — Appel conditionné. L'appel est conditionné lorsque les jugements ne peuvent pas faire l'objet d'un appel immédiat. Les jugements insusceptibles d'un appel immédiat sont ceux non visés à l'article 545 du

CPC. Dans cette hypothèse, l'appel est conditionné et repoussé temporellement, puisque ces jugements ne peuvent être frappés d'appel indépendamment des jugements sur le fond (CPC, art. 545).

1765 — Jugement susceptible d'un appel immédiat. Les jugements susceptibles d'un appel immédiat sont ceux qui tranchent dans leur dispositif une partie du principal ou tout le principal, qui ordonnent une mesure d'instruction ou une mesure provisoire, ainsi que ceux qui statuent sur une exception de procédure, une fin de non-recevoir ou tout autre incident mettant fin à l'instance (CPC, art. 544).

1766 — Appel-nullité. En cas d'appel prohibé ou différé, un appel-nullité est cependant offert aux plaideurs. L'appel-nullité est une création jurisprudentielle. Il est ouvert en cas d'excès de pouvoir commis par le juge de première instance. Les règles de l'appel-réformation sont applicables.

2 Les conditions relatives aux parties

1767 — Pluralité de rôle. La position procédurale des parties doit être précisée dans la mesure où elle détermine les conditions de recevabilité de l'appel. Aux figures classiques d'appelant principal et d'intimé (a) peuvent s'ajouter celles d'appelant incident ou provoqué (b), ainsi que l'intervention de tiers (c).

a L'appelant principal et l'intimé

1768 — Appelant principal. En appel, celui qui prend l'initiative de l'appel est l'appelant principal. Ce dernier exerce donc le droit d'appel, qui appartient à toute partie à la double condition qu'elle y ait intérêt et qu'elle n'y ait pas renoncé (CPC, art. 556).

1769 — Qualité de l'appelant principal. Suivant l'article 556 du CPC, toute partie peut interjeter appel. Il s'agit des parties en première instance, quelle que soit leur position procédurale. Aussi, sont des parties les personnes représentées par une partie en première instance, le fondement de la représentation pouvant être légal, judiciaire ou conventionnel. En matière gracieuse, l'appel est aussi ouvert aux tiers auxquels le jugement a été notifié.

1770 — Intérêt à faire appel. Toute partie doit encore avoir un intérêt à relever appel. Cette condition est exigée tant en matière contentieuse qu'en matière gracieuse. Afin de justifier d'un intérêt à relever appel, la partie doit avoir succombé, partiellement ou totalement, en ses demandes ou défenses en première instance. L'intérêt est apprécié par rapport au dispositif et au jour de la déclaration d'appel.

1771 — Absence de renonciation à l'appel. Aussi, le droit d'appel est subordonné à l'absence de renonciation à l'appel. Toutefois, si une autre partie interjette appel postérieurement à la renonciation, cette dernière ne vaut pas (CPC, art. 558, al. 2). La renonciation à l'appel peut intervenir avant le jugement, mais elle ne peut pas être antérieure à la naissance du litige (CPC, art. 557).

1772 — Caractérisation de la renonciation. La renonciation à l'appel peut être expresse, résulter de l'exécution sans réserve d'un jugement exécutoire (CPC, art. 558, al. 2), découler de l'acquiescement au jugement ou encore avoir pour origine un accord des parties.

1773 — Intimé. L'intimé est celui contre qui l'appel est dirigé. En matière contentieuse, il ne peut s'agir que des parties en première instance (CPC, art. 547, al. 1) ; à défaut, l'appel est irrecevable. En revanche, en matière gracieuse, l'appel est recevable même en l'absence d'autres parties (CPC, art. 547, al. 2). Cette dernière solution s'impose au regard des spécificités de la matière gracieuse.

b L'appelant incident et provoqué

1774 — Appel incident. Lorsqu'un appel principal a été formé, l'appel peut être incidemment relevé (CPC, art. 548). L'appel incident est celui qui émane de l'intimé seulement. Il peut être formé contre l'appelant principal, ainsi qu'à l'encontre des autres intimés. L'appelant incident doit alors, à l'instar de l'appelant principal, avoir un intérêt à relever l'appel incident.

1775 — Appel provoqué. Lorsqu'un appel principal a été formé, un appel provoqué peut également être formé (CPC, art. 549). L'appel provoqué est un type spécifique d'appel incident. Celui-ci émane de toute personne, même non intimée, ayant été partie en première instance. L'appel provoqué est une réaction à l'appel principal ou incident.

1776 — Objets de l'appel provoqué. L'objet de l'appel provoqué est double :
- il permet à des parties – non appelantes ou intimées principales – de se joindre à l'appel ;
- il permet à l'intimé d'attraire des parties – non intimées à l'appel principal, mais parties à la première instance – à l'appel.

1777 — Intérêt de l'appelant incident et provoqué. À l'instar de l'appelant principal, celui qui forme un appel incident ou un appel provoqué doit avoir un intérêt à le former. Concernant l'appel provoqué, son auteur doit justifier que son appel résulte de « l'appel principal ou incident qui le provoque » (CPC, art. 549).

1778 — Forme et délais. L'appel incident ou celui provoqué est formé de la même manière que le sont les demandes incidentes (CPC, art. 551). Conformément à l'article 550, l'appel incident ou provoqué est recevable en tout état de cause, sous réserve des articles 905-2, 909 et 910 du CPC, c'est-à-dire sous réserve du respect des délais de 1 mois (procédure à bref délai) ou de 3 mois pour former ces appels.

1779 — Sort de l'appel incident ou provoqué lié à l'appel principal. L'article 550 du CPC lie le sort de l'appel incident ou de l'appel provoqué à celui de l'appel principal. L'appel incident ou provoqué est recevable même si celui qui l'interjette est forclos pour agir à titre principal ; en revanche, l'appel incident ou provoqué est irrecevable si l'appel principal l'est également ou si l'appel principal est caduc.

c L'intervenant en appel

1780 — Qualité des intervenants. L'intervention concerne les personnes qui n'ont été ni parties ni représentées en première instance ou qui y ont figuré en une autre qualité (CPC, art. 554). Ces personnes peuvent être intervenantes en appel, volontairement ou de manière forcée.

1781 — Intervention volontaire. Les personnes susvisées peuvent intervenir en cause d'appel. Elles le peuvent à la condition d'avoir un intérêt (CPC, art. 554). L'intervention est dans ce cas volontaire ; elle permet à l'une de ces personnes de faire valoir ses prétentions dans l'instance d'appel.

1782 — Intervention forcée. L'intervention peut également être forcée. Elle permet à une partie de mettre en cause une personne qui ne figure pas à l'instance. La notion d'évolution du litige est la condition requise pour admettre l'intervention forcée (CPC, art. 555).

1783 — Notion d'évolution du litige. L'évolution du litige impliquant la mise en cause d'un tiers devant la cour d'appel « n'est caractérisée que par la révélation d'une circonstance de fait ou de droit, née du jugement ou postérieure à celui-ci, modifiant les données juridiques du litige ».

Cass. ass. plén., 11 mars 2005 : Bull. civ. ass. plén., n° 4, p. 9.

3 Les délais d'appel

1784 — Délais de recours de principe. L'appel doit être formé dans un certain délai. Le délai de principe est de 1 mois en matière contentieuse et de 15 jours en matière gracieuse (CPC, art. 538). En raison de la distance, le délai d'appel est allongé conformément aux articles 643 et 644 du CPC.

1785 — Délais de recours spécifiques. Des délais particuliers s'appliquent à certaines décisions (par ex. 15 jours pour les ordonnances de référé, CPC, art. 490, al. 3) ou en fonction de la matière (par ex. 24 heures à compter de la décision pour les contestations sur les conditions des funérailles, CPC, art. 1061-1).

1786 — Point de départ. Le point de départ du délai d'appel est en principe le jour de la notification du jugement (CPC, art. 528). Dès lors, si la notification est annulée, le délai n'a rétroactivement pas couru. Exceptionnellement, le point de départ du délai d'appel est le jour du prononcé du jugement ; l'appel d'une décision de sursis à statuer en est un exemple (CPC, art. 380, al. 2).

1787 — Forclusion. L'inobservation des délais dans lesquels doivent être exercées les voies de recours emporte des conséquences. Suivant l'alinéa premier de l'article 125 du CPC, en cette hypothèse, la fin de non-recevoir doit être relevée d'office. Sous certaines conditions visées à l'article 540 du CPC, la forclusion résultant de l'expiration du délai peut être relevée.

4 La contribution

1788 — Historique. À la suite de la loi du 25 janvier 2011 portant réforme de la représentation devant les cours d'appel, la profession d'avoué a été supprimée le 1er janvier 2012. En conséquence, un droit dû par les parties à l'instance d'appel lorsque la constitution d'avocat est obligatoire devant la cour d'appel a été institué (CGI, art. 1635 bis P). Son produit est affecté au fonds d'indemnisation de la profession d'avoué près les cours d'appel.

1789 — Montant. Initialement fixé à 150 € pour les appels interjetés à compter du 1er janvier 2011, ce droit, dû par toute partie dans les procédures avec représentation obligatoire introduites devant la cour d'appel, a été rehaussé à 225 € pour les appels interjetés à compter du 1er janvier 2015. Dans un premier temps prévu jusqu'au 31 décembre 2018, ce droit sera perçu jusqu'au 31 décembre 2026.

1790 — Acquittement. La contribution de 225 € est due par les parties à l'instance d'appel. Ce droit doit être acquitté par l'avocat postulant pour le compte de son client, exclusivement par voie électronique depuis le

1er janvier 2018 (CGI, art. 1635 bis P). Antérieurement, il pouvait également être acquitté par voie de timbres mobiles.

1791 — Justification de l'acquittement. L'acquittement doit être justifié par l'appelant lors de la remise de sa déclaration d'appel (CPC, art. 963, al. 2) et en matière gracieuse sur demande du greffe de la cour (CPC, art. 964-1). Les autres parties doivent le justifier lors de la remise de leur acte de constitution. En cas de requête conjointe, l'acquittement est justifié lors de la remise de leur requête.

1792 — Aide juridictionnelle. Le droit de 225 € n'est pas dû par les bénéficiaires de l'aide juridictionnelle (CGI, art. 1635 bis P). En cas de décision accordant l'aide juridictionnelle, celle-ci doit être jointe à l'acte assujetti à l'acquittement du droit (CPC, art. 963, al. 3). Dans l'hypothèse où la décision n'est pas encore rendue, la copie de cette demande doit accompagner l'acte.

1793 — Refus de l'aide juridictionnelle. Si la demande est déclarée caduque ou rejetée ou que la décision l'octroyant est retirée, dans le mois suivant la notification de la caducité ou la date à laquelle le rejet ou le retrait est devenu définitif, le demandeur justifie l'acquittement du droit (CPC, art. 963, al. 3).

1794 — Sanction. L'acquittement du droit dû doit être justifié par les parties à peine d'irrecevabilité de l'appel ou, suivant la configuration procédurale, des défenses. Cette irrecevabilité ne peut pas être soulevée par les parties car elles n'ont pas qualité. En revanche, elle est constatée d'office par le magistrat ou la formation compétents (CPC, art. 963, al. 4 et 964). Les parties sont avisées de la décision par le greffe.

B Les effets de l'appel

1795 — Effet suspensif, dévolutif et pouvoir d'évocation. L'appel a un effet suspensif (CPC, art. 539). En raison de la consécration de l'exécution provisoire de droit, l'effet suspensif n'est plus un effet caractéristique majeur de l'appel. Hormis l'effet suspensif, l'appel a un effet dévolutif (1) et un pouvoir d'évocation est octroyé à la cour d'appel (2).

1 L'effet dévolutif

1796 — Définition. Conformément à l'article 561 du CPC, « l'appel remet la chose jugée en question devant la juridiction d'appel ». Par l'effet dévolutif, le litige est transporté des premiers juges aux juges du second degré afin qu'il soit de nouveau statué en fait et en droit (CPC, art. 561).

1797 — Encadrement de l'effet dévolutif. Suivant le second alinéa de l'article 561 du CPC, il est statué à nouveau en fait et en droit « dans les conditions et les limites déterminées aux livres Ier et II du Code de procédure civile », soit en particulier aux articles 542 à 570 et 899 à 972 du CPC. L'effet dévolutif de l'appel est limité par le jugement (a) et les chefs de jugement expressément critiqués (b).

a L'effet dévolutif limité par le jugement

1798 — Principe. En vertu de l'adage « *tantum appellatum quantum judicatum* », l'acte d'appel ne peut viser des points non jugés en première instance. Parce que l'appel est l'application de la règle du double degré de juridiction, la cour d'appel ne peut pas statuer sur un litige plus large que celui dont a fait l'objet le jugement de première instance. Il en résulte que le jugement limite l'effet dévolutif de l'appel.

1799 — Principe d'irrecevabilité des prétentions nouvelles. Dans la mesure où la dévolution a pour objet de transmettre à la cour le litige, les prétentions nouvelles en appel sont en principe irrecevables (CPC, art. 564). Le juge peut relever d'office cette irrecevabilité. Mais dès lors qu'elles tendent aux mêmes fins que celles soumises au premier juge, et même si leur fondement juridique est différent, les prétentions ne sont pas nouvelles et sont dès lors recevables (CPC, art. 565).

1800 — Exceptions au principe d'irrecevabilité des prétentions nouvelles. Par dérogation au principe, les prétentions nouvelles pour opposer compensation, faire écarter les prétentions adverses ou faire juger les questions nées de l'intervention d'un tiers, ou de la survenance ou de la révélation d'un fait, sont recevables (CPC, art. 564).

1801 — Nouveaux moyens et pièces. En revanche, l'appel demeurant une voie d'achèvement du litige, les moyens nouveaux sont en principe recevables en appel afin de justifier les prétentions soumises au juge de première instance. La production de nouvelles pièces et l'apport de nouvelles preuves sont également autorisés (CPC, art. 563).

1802 — Demandes nouvelles. Aussi, les parties peuvent ajouter des demandes aux prétentions soumises au premier juge. Toutefois, seules les demandes accessoires aux prétentions soumises au premier juge ou bien celles qui en sont la conséquence ou le complément nécessaire peuvent être ajoutées (CPC, art. 566). Les demandes reconventionnelles sont également recevables en appel (CPC, art. 567).

b L'effet dévolutif limité par les chefs de jugement critiqué

1803 — Fin de l'appel général. Suivant l'adage « *tantum devolutum quantum appellatum* », l'effet dévolutif de l'appel ne se produit que dans la mesure de l'acte d'appel. Le décret de 2017 a encadré la portée de l'effet dévolutif de l'appel en mettant un terme à l'appel général ou l'appel pour le tout. Ainsi, l'effet dévolutif de l'appel s'opère dans la limite du jugement et est limité par l'appel.

1804 — Effet dévolutif circonscrit aux chefs de jugement. L'article 562 du CPC, issu de la réforme, affirme le principe selon lequel la cour d'appel statue sur les seuls « chefs de jugement expressément [et non plus également implicitement] critiqués et ceux qui en dépendent ». L'appelant doit donc délimiter son appel dans son acte d'appel, car l'appel défère à la cour la connaissance des chefs de jugement critiqués expressément.

1805 — Exception : dévolution pour le tout. Désormais, la dévolution ne s'opère pour le tout que lorsque l'appel tend à l'annulation du jugement ou si l'objet du litige est indivisible (CPC, art. 562, al. 2). Cela vaut tant pour l'appel principal que pour l'appel incident et l'appel provoqué.

2 Le pouvoir d'évocation

1806 — Définition. Prévue à l'article 568 du CPC, l'évocation est une faculté conférée à la cour d'appel, lorsqu'elle est saisie d'un jugement, d'évoquer les points de droit non jugés. L'objet de l'évocation est de donner une solution définitive au litige.

1807 — Domaine. L'article 568 du CPC définit le domaine de l'évocation. Ce n'est que lorsque la cour d'appel « infirme ou annule un jugement » qui a ordonné une mesure d'instruction ou qui, statuant sur une exception de procédure, a mis fin à l'instance, que la cour peut évoquer les points non jugés. Il en résulte par une lecture *a contrario* que la cour ne peut évoquer l'affaire si elle estime la mesure d'instruction ordonnée nécessaire.

1808 — Faculté et effet. L'évocation est une faculté qui est conférée à la cour. Afin d'évoquer, la cour doit estimer qu'il est de bonne justice de donner une solution définitive au litige, le cas échéant en ordonnant une mesure d'instruction. Il en résulte qu'en cas d'évocation, les points non jugés en première instance ne seront pas soumis au double degré de juridiction.

II La procédure contentieuse ordinaire avec représentation obligatoire

1809 — Annonce. La procédure contentieuse ordinaire avec représentation obligatoire est celle qui, prévue aux articles 901 et suivants du CPC, est formée par déclaration unilatérale. Deux temps sont à distinguer dans la procédure ordinaire : l'introduction de l'instance (A) et l'orientation de l'affaire (B).

1810 — Présentation. La procédure contentieuse ordinaire avec représentation obligatoire est la procédure majeure en appel, c'est pourquoi elle fait l'objet d'une étude à part entière. Elle est à distinguer de la procédure sans représentation obligatoire ou encore des procédures gracieuses, à jour fixe ou sur requête conjointe, qui, si elles sont avec représentation obligatoire, sont soumises à une procédure spécifique.

1811 — Communication électronique. La procédure contentieuse ordinaire avec représentation obligatoire est une procédure dématérialisée. Ainsi, les actes de procédure sont remis à la juridiction par voie électronique, à peine d'irrecevabilité relevée d'office (CPC, art. 930-1). D'une manière plus générale, la communication par voie électronique s'impose pour les procédures d'appel avec représentation obligatoire.

> L'arrêté du 20 mai 2020 relatif à la communication par voie électronique en matière civile devant les cours d'appel abrogent les arrêtés du 5 mai 2010 relatif à la communication par voie électronique dans les procédures sans représentation obligatoire devant les cours d'appel et du 30 mars 2011 relatif à la communication par voie électronique dans les procédures avec représentation obligatoire devant les cours d'appel. Désormais, lorsqu'ils sont effectués par voie électronique entre avocats, ou entre un avocat et la juridiction, ou entre le ministère public et un avocat, ou entre le ministère public et la juridiction, dans le cadre d'une procédure avec ou sans représentation obligatoire devant la cour d'appel ou son premier président, les envois, remises et notifications mentionnés à l'article 748-1 du CPC doivent répondre aux garanties fixées par l'arrêté de 2020 (art. 2).

1812 — Dérogation à la communication électronique. Toutefois, et suivant les conditions de l'alinéa 2 de l'article 930-1 du CPC, si pour une cause étrangère à celui qui l'accomplit, l'acte ne peut être transmis par voie électronique, il est établi sur support papier et remis au greffe ou lui est adressé par lettre recommandée avec demande d'avis de réception.

A L'introduction de l'instance

1813 — Annonce. Suivant les articles 900 et 901 du CPC, la procédure contentieuse ordinaire avec représentation obligatoire est formée par déclaration d'appel. La déclaration d'appel (1) doit ensuite être notifiée à l'intimé (2).

1 La déclaration d'appel

1814 — Mentions dans la déclaration d'appel. L'appel est formé par déclaration unilatérale qui doit comporter les mentions de l'article 57 du CPC et, à peine de nullité, celles de l'article 901 du même Code. Les mentions de l'article 901 sont relatives à la constitution de l'avocat, à l'indication de la décision attaquée et de la cour devant laquelle l'appel est porté, ainsi qu'aux chefs de jugement critiqués.

> Avec la réforme du décret du 11 décembre 2019, l'article 901 du CPC renvoie au nouvel article 57 du même code. Il en résulte que la déclaration d'appel doit contenir « l'indication des pièces sur lesquelles la demande est infondée ». Cela n'est pas sans critique, car la déclaration d'appel indique les chefs de jugement critiqués et les conclusions d'appel contiennent les prétentions avec indication, pour chacune d'elles, des pièces invoquées et de leur numérotation (CPC, art. 954).

1815 — Précision sur la mention des chefs de jugement critiqués. Conséquence de la suppression de l'appel général, la déclaration d'appel doit préciser, sauf si l'appel tend à l'annulation du jugement ou si l'objet du litige est indivisible, « les chefs du jugement expressément critiqués auxquels l'appel est limité » (CPC, art. 901, 4°). Les mentions « appel général » ou « appel total », utilisées avant la réforme, ne satisfont pas à l'article 901.

1816 — Sanction : absence de chef de jugement critiqué. En l'absence de chef de jugement, la nullité de la déclaration est encourue et non l'irrecevabilité. Cette nullité de forme, subordonnée à la démonstration d'un grief, est régularisable dans le délai imparti à l'appelant pour conclure.

> Cass. 2e civ., avis, 20 déc. 2017, nos 17019, 17020 et 17021.

1817 — Sanction : absence de chef de jugement critiqué et effet dévolutif. La Cour de cassation, dans un arrêt du 30 janvier 2020, a précisé que seul l'acte d'appel opérant la dévolution des chefs critiqués du jugement, il en résulte que lorsque la déclaration d'appel tend à la réformation du jugement sans mentionner les chefs de jugement qui sont critiqués, l'effet dévolutif n'opère pas.

> Cass. 2e civ., 30 janv. 2020, FS-P+B+I, n° 18-22528.

1818 — Sanction : omission d'un chef de jugement critiqué. En revanche, l'omission d'un seul chef de jugement n'emporte pas nullité de la déclaration ; il doit seulement être conclu à l'acquiescement de l'appelant du chef de jugement non critiqué.

1819 — Saisine de la cour. Conformément à l'article 901 du CPC, la déclaration d'appel, signée par l'avocat constitué et accompagnée d'une copie de la décision, doit être remise au greffe. Cette remise vaut demande d'inscription au rôle et dès lors emporte la saisine de la cour.

1820 — Déclaration d'appel par voie électronique. Depuis le 1er septembre 2011, à peine d'irrecevabilité, la déclaration d'appel doit être formée par voie électronique (CPC, art. 930-1). Lorsqu'elle ne peut pas être transmise par la voie électronique pour une cause étrangère à celui qui l'accomplit, la déclaration d'appel est remise au greffe ou lui est adressée par lettre recommandée avec demande d'avis de réception (CPC, art. 930-1, al. 2).

2 Déclaration d'appel notifiée à l'intimé

1821 — Lettre du greffe. Conformément à l'alinéa 1 de l'article 902 du CPC, un exemplaire de la déclaration d'appel est adressé par le greffier à chacun des intimés avec l'indication de l'obligation de constituer avocat. Cet exemplaire est adressé par lettre simple.

1822 — Constitution d'avocat par l'intimé. Si l'intimé constitue un avocat, ce dernier doit en informer l'avocat de l'appelant et remettre au greffe une copie de son acte de constitution (CPC, art. 903). À défaut de constitution d'avocat par l'intimé, la déclaration d'appel doit être signifiée.

1823 — Signification de la déclaration d'appel. En cas de retour au greffe de cette lettre ou si l'intimé n'a pas constitué avocat dans un délai d'un mois à compter de l'envoi de cette lettre, l'avocat de l'appelant en est avisé par le greffier. Il doit alors être procédé par voie de signification de la déclaration d'appel (CPC, art. 902, al. 2).

1824 — Acte de signification. L'acte de signification indique :
- que l'intimé à 15 jours pour constituer avocat à compter de la signification ; à défaut, un arrêt peut être rendu sur les seuls éléments fournis par son adversaire ;
- que le délai de 3 mois posé à l'article 909 pour conclure doit être respecté à peine d'irrecevabilité.

L'ensemble de ces informations est prévu à peine de nullité (CPC, art. 902, al. 4).

1825 — Délai de la signification de la déclaration d'appel. La signification doit être effectuée dans le mois de l'avis adressé par le greffe, à peine de caducité de la déclaration d'appel, qui est « relevée d'office » (CPC, art. 902, al. 3). Si, après l'avis adressé par le greffier mais avant la signification de la déclaration d'appel, l'intimé a constitué avocat, la déclaration d'appel est notifiée par avocat.

B ▌ L'orientation de l'affaire

1826 — Orientation de l'affaire. Le président de la chambre à laquelle l'affaire est distribuée (CPC, art. 904) doit décider de son orientation (CPC, art. 904-1). Une alternative est posée : le président de la chambre décide de l'orientation de l'affaire soit en procédure à bref délai (2), soit en procédure avec mise en état (1).

1827 — Avis de l'orientation. Il incombe au président de la chambre de fixer une date d'appel de l'affaire à bref délai ou de désigner un conseiller de la mise en état (CME). Les avocats sont avisés de cette orientation par le greffe qui leur indiquera la date à laquelle l'affaire sera appelée à bref délai ou les informera de la désignation du conseiller de la mise en état.

1 ▌ Procédure avec mise en état

1828 — Annonce. La procédure avec mise en état suppose la désignation d'un conseiller de la mise en état qui dispose de pouvoirs spécifiques (b). Celui-ci veille notamment au bon déroulement de la procédure, qui est encadrée par un formalisme et des délais fixes (a).

a ▌ Le déroulement de la procédure

1829 — Annonce. La procédure d'appel est encadrée par des délais de remise des conclusions. L'inobservation de ces délais est assortie de sanctions dont la rigueur a été atténuée par le décret de 2017. Outre d'être encadrées temporellement, les conclusions sont également soumises à un formalisme. *In fine*, le déroulement de la procédure impose l'étude de l'examen de l'affaire par le conseiller de la mise en état.

α ▌ Les délais de remise au greffe des conclusions et de notification aux avocats

1830 — Délais de remise au greffe des conclusions : droit commun harmonisé. Antérieurement à la réforme de l'appel de 2017, les délais de remise au greffe des conclusions étaient variables. Ces délais ont été harmonisés par le décret n° 2017-891 du 6 mai 2017 ; ils sont désormais unifiés à 3 mois pour l'ensemble des parties au procès.

1831 — Délais allongés ou raccourcis. Il est à noter qu'en raison de la distance, les délais sont allongés de 1 ou 2 mois (CPC, art. 911-2). À l'inverse, en raison de la nature de l'affaire, le conseiller de la mise en état peut d'office, par ordonnance, impartir des délais plus courts que ceux prévus aux articles 908 à 910 (CPC, art. 911-1).

1832 — Délais : appelant et intimé. L'appelant dispose d'un délai de 3 mois pour remettre ses conclusions au greffe à compter de la déclaration d'appel (CPC, art. 908). L'intimé dispose d'un délai de 3 mois (et non plus de 2 mois) à compter de la notification des conclusions de l'appelant pour remettre ses conclusions au greffe (CPC, art. 909).

1833 — Délais : appel incident et provoqué. Le délai est également de 3 mois, à compter de la notification des conclusions de l'appelant pour former un appel incident ou provoqué. En outre, l'intimé à un appel incident ou à un appel provoqué dispose d'un délai de 3 mois (et non plus de 2 mois) à compter de la notification qui lui en est faite pour remettre ses conclusions au greffe (CPC, art. 910, al. 1).

1834 — Délais : intervenants. Enfin, l'intervenant forcé à l'instance d'appel dispose d'un délai de 3 mois à compter de la date à laquelle la demande d'intervention formée à son encontre lui a été notifiée pour remettre ses conclusions au greffe. Il en est de même pour l'intervenant volontaire, qui dispose d'un délai de 3 mois à compter de son intervention volontaire (CPC, art. 910, al. 2).

1835 — Délais de notification des conclusions aux avocats. L'ensemble de ces conclusions est notifié aux avocats des autres parties dans le délai de leur remise au greffe de la cour. Lorsque les parties n'ont pas constitué avocat, elles sont signifiées à ces parties au plus tard dans le mois suivant l'expiration des délais, le point de départ du délai étant alors la date de la signification. Néanmoins, si ces parties ont entre-temps constitué avocat avant la signification des conclusions, il est procédé par voie de notification à leur avocat (CPC, art. 911).

1836 — Communication des pièces. Conformément à l'article 906 du CPC, les pièces doivent être communiquées « simultanément » à la notification des conclusions. À défaut de communication simultanée, les pièces sont écartées des débats, sauf à ce que la partie à qui le non-respect est reproché établisse que son adversaire a disposé d'un temps utile démontrant le respect du principe de la contradiction.

Cass. ass. plén., 5 déc. 2014, n° 1319674.

1837 — Conseiller de la mise en état. La Cour de cassation est d'avis que le conseiller de mise en état n'est pas compétent pour écarter des débats les pièces non communiquées simultanément à la notification des conclusions.

Cass., avis, 21 janv. 2013 : Bull. civ., avis, n° 4.

β Les sanctions liées à l'inobservation des délais de remise au greffe des conclusions et de notification aux avocats

1838 — Sanctions relatives aux délais. Les délais de remise et de notification des conclusions sont encadrés par des sanctions. Le délai relatif aux conclusions de l'appelant visé à l'article 908 du CPC doit être respecté à peine de caducité de la déclaration d'appel relevée d'office. Dans les autres cas, les délais doivent être respectés à peine d'irrecevabilité desdites conclusions, prononcée d'office (CPC, art. 909 et 910).

La caducité est un incident d'instance qui n'obéit pas aux règles applicables aux exceptions de procédure. En tant qu'incident d'instance, elle ne doit donc pas être soulevée *in limine litis* (Cass. 2e civ., 5 sept. 2019, n° 18-21717).

1839 — Irrecevabilité des pièces. Affirmant une solution jurisprudentielle, l'article 906 dispose que « les pièces communiquées et déposées au soutien de conclusions irrecevables sont elles-mêmes irrecevables » (CPC, art. 906, al. 3).

Cass. ass. plén., 5 déc. 2014, n° 13-27501

1840 — Concentration des appels. L'article 911-1 du CPC institue une concentration des appels. L'objet est d'empêcher la réitération de certains appels. Suivant les différentes conditions et configurations procédurales énumérées à l'article 911-1 du CPC, l'appel principal ne peut plus être réitéré.

1841 — Concentration des appels : caducité et irrecevabilité de l'appel. En cas de caducité de la déclaration d'appel en application de l'article 902 ou 908 du CPC, la réitération de l'appel principal contre le même jugement et la même partie n'est plus recevable ; il s'agit là d'une dérogation à l'article 385 du CPC. En cas d'irrecevabilité de l'appel, un appel principal contre le même jugement et la même partie ne peut plus être réitéré.

1842 — Concentration des appels : absence et irrecevabilité de l'appel incident ou provoqué. L'intimé ayant reçu notification des conclusions de l'appelant et n'ayant pas formé appel incident dans le délai imparti à l'article 909 est irrecevable à faire un appel principal. En cas d'irrecevabilité de l'appel incident ou provoqué de l'intimé, ce dernier est irrecevable à faire un appel principal.

γ Les tempéraments relatifs aux délais de remise au greffe des conclusions et de notification aux avocats

1843 — Tempéraments relatifs aux délais. Jusqu'au décret de 2017, les délais de remise et de notification des conclusions étaient empreints d'un caractère impératif et rigoureux. Désormais, des tempéraments sont posés par la reconnaissance de cas de force majeure et des causes d'interruption et de suspension de ces délais.

1844 — Tempérament : force majeure. L'application des sanctions des articles 908 à 911 du CPC peut être écartée par le président de la chambre ou le conseiller de la mise en état en cas de force majeure (CPC, art. 910-3). Afin d'assurer une cohérence avec la réforme du droit des contrats, la force majeure devrait être comprise comme un événement incontrôlable dans sa survenance et ses conséquences, imprévisible et irrésistible.

1845 — Force majeure et cause étrangère. L'article 930-1 du CPC fait référence à la cause étrangère empêchant la transmission d'un acte par voie électronique. Cette notion de cause étrangère « insiste surtout sur l'extériorité de l'événement par rapport à celui qui doit faire la diligence », alors que la notion de force majeure ne semble pas exiger « nécessairement que l'événement soit extérieur » à celui-ci (Circ., 4 août 2017, ann. 5).

1846 — Tempérament : interruption des délais. Les délais pour conclure et former appel incident sont interrompus par la décision d'ordonner une médiation (CPC, art. 910-2), cette interruption produisant ses effets jusqu'à l'expiration de la mission du médiateur. La demande d'aide juridictionnelle a également un effet interruptif des délais lorsqu'elle est déposée au cours de ceux-ci. En outre, la conclusion d'une convention de procédure participative entre toutes les parties à l'instance d'appel est une cause d'interruption de ces délais d'appel (CPC, art. 1546-2).

1847 — Tempérament : suspension des délais. Enfin, une cause de suspension des délais d'appel impartis à l'intimé (CPC, art. 909, 910 et 911) est donnée à l'article 526 du CPC. La configuration est spécifique : l'exécution provisoire doit être de droit ou avoir été ordonnée et l'appelant ne doit pas avoir exécuté la décision frappée d'appel ou procédé à la consignation. En ces cas, si l'intimé demande la radiation du rôle de l'affaire dans les délais qui lui sont impartis pour conclure, ces délais sont suspendus.

1848 — Suspension des délais : effets relatifs aux délais de l'appelant et intimé. Seuls les délais impartis à l'intimé pour conclure sont suspendus par la demande de radiation. La décision de radiation n'emporte pas suspension des délais impartis à l'appelant aux articles 908 et 911.

δ La nature des conclusions, la concentration des prétentions et la modélisation des conclusions

1849 — Nature des conclusions. Les délais impératifs de remise et de notification des conclusions sont liés à leur nature. Ce lien est prévu à l'article 910-1 du CPC. Seules les conclusions déterminant l'objet du litige interrompent les délais des articles 908 à 910. Pour cette raison, le point de départ dont dispose une partie pour remettre ses conclusions au greffe est constitué par « la notification de conclusions au sens de l'article 910-1 » (CPC, art. 911, al. 2).

1850 — Concentration temporelle des prétentions. L'article 910-1 du CPC doit être combiné avec l'article 910-4, qui instaure une concentration temporelle des prétentions. À peine d'irrecevabilité des prétentions nouvelles ultérieures, les parties doivent présenter, dès leurs premières conclusions, l'ensemble de leurs prétentions sur le fond.

1851 — Exceptions à la concentration temporelle des prétentions. En revanche, les prétentions destinées à répliquer aux conclusions et pièces adverses ou à faire juger les questions nées, postérieurement aux premières conclusions, de l'intervention d'un tiers ou de la survenance ou de la révélation d'un fait demeurent recevables (CPC, art. 910-1, al. 2).

1852 — Précisions ordonnance de clôture. Le principe de concentration des prétentions est applicable sans préjudice des dispositions de l'article 802, alinéa 2 du CPC, qui prévoit qu'après l'ordonnance de clôture, les demandes en intervention volontaire ainsi que, notamment, les demandes de révocation de l'ordonnance de clôture sont recevables.

1853 — Modélisation des conclusions. Le décret de 2017 a imposé une modélisation des conclusions. Celle-ci est précisée aux articles 954 et 961 du CPC. Ces dispositions sont communes aux matières contentieuse et gracieuse. Désormais, la rédaction des conclusions est réglementée. Le conseiller de la mise en état peut enjoindre à la partie de mettre ses conclusions en conformité avec l'article 954 et 961 (CPC, art. 913).

1854 — Modélisation des conclusions : en-tête. Tout d'abord, les conclusions contiennent en en-tête les indications prévues à l'article 961. Cette disposition prévoit, notamment, que les conclusions des parties ne sont pas recevables tant que les indications relatives à l'identité des parties (CPC, art. 960, al. 2) n'ont pas été fournies. Cette fin de non-recevoir est régularisable jusqu'au jour du prononcé de la clôture (CPC, art. 961, al. 1).

1855 — Modélisation des conclusions : structure. Puis, suivant une formulation quasiment identique à celle de l'article 768 concernant le formalisme des conclusions devant le tribunal judiciaire (v. *supra*, nº 866), l'article 954 du CPC structure les conclusions.

1856 — Prétentions et moyens. Les conclusions doivent formuler expressément les prétentions des parties et les moyens de fait et de droit sur lesquels chacune de ces prétentions est fondée. Pour chaque prétention, les pièces invoquées et leur numérotation doivent être indiquées. Un bordereau récapitulatif des pièces est annexé.

1857 — Exposé des faits et de la procédure, discussion. Les conclusions comprennent un exposé des faits et de la procédure, l'énoncé des chefs de jugement critiqués ainsi qu'une discussion des prétentions et des moyens. Les moyens nouveaux par rapport aux précédentes écritures sont présentés de manière formellement distincte. La cour n'examine les moyens au soutien des prétentions que s'ils sont invoqués dans la discussion.

1858 — Dispositif. Les conclusions comprennent également et distinctement un dispositif récapitulant les prétentions. La cour ne statue que sur les prétentions énoncées au dispositif.

1859 — Conclusions récapitulatives. Les parties doivent reprendre, dans leurs dernières écritures, les prétentions et moyens précédemment présentés ou invoqués dans leurs conclusions antérieures. À défaut, elles sont réputées les avoir abandonnés et la cour ne statue que sur les dernières conclusions déposées.

ε Examen de l'affaire par le conseiller de la mise en état

1860 — Clôture et plaidoirie. Dans les 15 jours suivant l'expiration des délais pour conclure et communiquer les pièces, le conseiller de la mise en état examine l'affaire (CPC, art. 912, al. 1). Il fixe la date de la clôture ainsi que celle des plaidoiries.

1861 — Calendrier. Cependant, après avoir recueilli l'avis des avocats, si l'affaire nécessite de nouveaux échanges de conclusions, il en fixe le calendrier (CPC, art. 912, al. 2). Les nouveaux échanges de conclusions sont admis sans préjudice des dispositions de l'article 910-4 imposant le principe de concentration temporelle des prétentions.

1862 — Dépôt dossier à la cour. *In fine,* qu'il y ait eu ou non un calendrier, les dossiers, comprenant les copies des pièces visées dans les conclusions et numérotées dans l'ordre du bordereau récapitulatif, sont déposés à la cour. Ils le sont 15 jours avant la date fixée pour l'audience de plaidoiries (CPC, art. 912, al. 3).

b ▍Les pouvoirs du conseiller de la mise en état

1863 — Le conseiller de la mise en état dispose de nombreux pouvoirs. Afin de les cerner, il convient d'envisager la répartition des pouvoirs entre la cour et le conseiller de la mise en état, puis de préciser le régime des ordonnances du conseiller de la mise en état.

α ▍La répartition des pouvoirs entre la cour et le conseiller de la mise en état

1864 — Pouvoirs : généralités. Suivant l'article 907 du CPC, l'affaire est instruite sous le contrôle d'un magistrat de la chambre à laquelle elle est distribuée. Elle l'est dans les conditions prévues par les articles 780 à 807 du CPC et sous réserve des dispositions spécifiques à l'appel.

1865 — Pouvoirs du CME : renvoi au JME. L'article 907 du CPC renvoie aux articles 780 à 807 du CPC. Les pouvoirs du CME se calquent donc sur ceux du JME (v. *supra*, n° 895). À ce titre, par référence à l'article 789, 1° du CPC, le CME est compétent pour les exceptions de procédure et les incidents mettant fin à l'instance d'appel.

1866 — Exception de procédure. La Cour de cassation, dans son avis en date du 2 avril 2007 (n° 00-70007), a précisé que les attributions du conseiller de la mise en état ne concernent pas les exceptions de procédure relatives à la première instance.

1867 — Pouvoirs exclusifs du CME : l'instance. Le conseiller de la mise en état est seul compétent, depuis sa désignation et jusqu'à la clôture de l'instruction, pour prononcer la caducité de l'appel et déclarer irrecevables l'appel ou les conclusions, en application des articles 909 et 910 du CPC, ou également les actes de procédure, en application de l'article 930-1 (CPC, art. 914). À ces fins, le conseiller de la mise en état doit être saisi par des conclusions qui lui sont spécialement adressées (CPC, art. 914, al. 1).

1868 — Clôture de l'instruction. Postérieurement à la clôture de l'instruction, les parties ne sont pas recevables à invoquer devant la cour la caducité ou l'irrecevabilité, sauf si leur cause survient ou est révélée *a posteriori*. Néanmoins, la cour d'appel peut relever d'office la fin de non-recevoir tirée de l'irrecevabilité de l'appel ou sa caducité (CPC, art. 914, al. 2).

1869 — Pouvoirs du CME : l'exécution du jugement. Le conseiller de la mise en état est également compétent pour suspendre l'exécution des jugements improprement qualifiés en dernier ressort (CPC, art. 915). En matière d'exécution provisoire, il peut rétablir l'exécution provisoire de droit écartée (CPC, art. 514-4) ou accorder l'exécution provisoire facultative lorsqu'elle a été refusée (CPC, art. 517-2). En cas d'inexécution de la décision de première instance exécutoire par provision, le conseiller de la mise en état a le pouvoir de radier l'affaire (CPC, art. 524).

β Régime des ordonnances du conseiller de la mise en état

1870 — Mesures du CME. L'article 907 du CPC renvoyant notamment à l'article 792 du même Code, il en résulte que le conseiller de la mise en état, à l'instar du juge de la mise en état, prend des mesures qui font l'objet d'une simple mention au dossier ou, dans des cas déterminés, statue par ordonnance.

1871 — Autorité de chose jugée des ordonnances du CME. Les ordonnances du conseiller de la mise en état n'ont pas au principal autorité de la chose jugée (CPC, art. 907 et 794). Le principe vaut pour l'ensemble des ordonnances, à l'exception de celles qui statuent sur les exceptions de procédure, sur les incidents mettant fin à l'instance et les fins de non-recevoir (CPC, art. 794). L'article 914 du CPC précise spécifiquement que celles statuant sur la fin de non-recevoir tirée de l'irrecevabilité de l'appel, sur sa caducité ou sur l'irrecevabilité des conclusions et des actes de procédure en application des articles 909, 910 et 930-1 ont autorité de la chose jugée au principal.

1872 — Déféré des ordonnances du CME. Les ordonnances du conseiller de la mise en état sont insusceptibles de recours indépendamment de l'arrêt sur le fond. Mais ces ordonnances peuvent être déférées à la cour dans les conditions de l'article 916 du CPC.

1873 — Déféré : requête et délai. Le déféré est présenté par requête qui, outre les mentions prescrites par l'article 57 du CPC (l'article 916 fait référence à l'article 58, il s'agit probablement d'un oubli de modification suite à la réforme de 2019) et à peine d'irrecevabilité, contient l'indication de la décision déférée ainsi qu'un exposé des moyens en fait et en droit. Le délai dans lequel elles peuvent être déférées à la cour est de 15 jours à compter de leur date.

1874 — Déféré : cas d'ouverture. Le déféré est ouvert lorsque les ordonnances ont pour effet de mettre fin à l'instance, constatent son extinction, ont trait à des mesures provisoires en matière de divorce ou de séparation de corps, statuent sur une exception de procédure ou sur un incident mettant fin à l'instance. Peuvent également être déférées les ordonnances statuant sur la fin de non-recevoir tirée de l'irrecevabilité ou la caducité de l'appel, ou sur l'irrecevabilité des conclusions et des actes de procédure en application des articles 909, 910 et 930-1 du CPC.

2 Procédure à bref délai

1875 — Conditions d'ouverture. Le président de la chambre à laquelle l'affaire est distribuée (CPC, art. 904) peut, d'office ou à la demande d'une partie, décider de son orientation en procédure à bref délai, lorsque l'affaire « semble présenter un caractère d'urgence ou être en état d'être jugée » ou si l'appel est relatif à une ordonnance de référé ou à un jugement rendu selon la procédure accélérée au fond, ou encore à certaines ordonnances du juge de la mise en état (CPC, art. 905).

1876 — Conditions d'ouverture : ordonnance du juge de la mise en état. Les ordonnances du juge de la mise en état susceptibles d'ouvrir la procédure à bref délai sont celles énumérées aux 1° à 4° de l'article 795 du CPC. Il s'agit des ordonnances, susceptibles d'appel dans les 15 jours à compter de leur signification, qui, par exemple, statuent sur un incident mettant fin à l'instance ou une exception de procédure.

1877 — Avis de fixation. Lorsque l'orientation de l'affaire en procédure à bref délai est décidée, il incombe au président de la chambre saisie de fixer les jours et heures auxquels l'affaire sera appelée à bref délai (CPC, art. 905). L'avis de fixation est adressé par le greffe à l'appelant (CPC, art. 905-1, al. 1).

1878 — Signification de la déclaration d'appel. Dans les 10 jours de la réception de l'avis de fixation, l'appelant doit signifier la déclaration d'appel, à peine de caducité de celle-ci (CPC, art. 905-2). Cependant, si avant la signification l'intimé a constitué avocat, il est procédé par voie de notification à ce dernier. Cette obligation n'est pas prescrite à peine de caducité de cette déclaration d'appel.

Cass., avis, 12 juill. 2018, n° 15010.

1879 — Acte de signification. L'acte de signification indique :
- que l'intimé a 15 jours pour constituer avocat à compter de la signification ; à défaut, un arrêt peut être rendu sur les seuls éléments fournis par son adversaire ;
- que le délai d'un mois posé à l'article 905-2 pour conclure doit être respecté à peine d'irrecevabilité.

L'ensemble de ces informations est prévu à peine de nullité (CPC, art. 905-1, al. 2).

1880 — Délais de conclusions. Dans la procédure à bref délai, les échanges de conclusions sont encadrés par un calendrier de procédure qui procède d'une démarche similaire à celui de la procédure avec mise en état. Seuls les délais sont plus courts. Les délais de 3 mois en mise en état sont de 1 mois en procédure à bref délai (CPC, art. 905-2). Les tempéraments de la mise en état sont applicables (v. *supra*, n° 1843).

1881 — Aménagement des délais de conclusions. À l'instar de la mise en état, ces délais sont augmentés en raison de la distance (CPC, art. 911-2). En raison de l'objet de la procédure à bref délai, des délais plus courts peuvent également être impartis. Ce pouvoir appartient au président de la chambre saisie ou au magistrat désigné par le premier président, qui peut l'exercer d'office, par ordonnance (CPC, art. 905-2, al. 5).

1882 — Sanctions relatives aux délais. En cas de non-respect des délais, des sanctions sont prévues (CPC, art. 905-2). Si l'appelant conclut au-delà d'un mois suivant la réception de l'avis de fixation, la sanction est la caducité de la déclaration d'appel. Dans les autres cas, la sanction est l'irrecevabilité. Ces sanctions sont relevées d'office par ordonnance du président de la chambre saisie ou du magistrat désigné par le premier président.

1883 — Tempéraments. Afin d'échapper à la rigueur des sanctions posées, des tempéraments ont été posés lors de la réforme de l'appel en 2017. À l'instar de la procédure avec mise en état et sous les mêmes conditions, les sanctions peuvent être écartées en cas de force majeure (CPC, art. 910-3) et les délais sont suspendus en cas de médiation (CPC, art. 910-2), de procédure participative ou par une demande d'aide juridictionnelle.

1884 — Dispositions générales. Sous réserve des spécificités précédemment énoncées, les dispositions de la procédure avec mise en état s'appliquent. Les exigences relatives à la notification des conclusions aux avocats (CPC, art. 911), la nature des conclusions (CPC, art. 910-1), la concentration temporelle des prétentions (CPC, art. 910-4) et de l'appel (CPC, art. 911-1), ainsi que la modélisation des conclusions (CPC, art. 954) sont applicables à la procédure à bref délai.

1885 — Contrôle de la procédure. Le déroulement de la procédure est sous le contrôle du président de la chambre saisie ou du magistrat désigné par le premier président. Ses ordonnances statuant sur la fin de non-recevoir tirée de l'irrecevabilité de l'appel, sur la caducité de celui-ci ou sur l'irrecevabilité des conclusions et des actes de procédure en application des articles 905-2 et 930-1 du CPC ont autorité de la chose jugée au principal.

1886 — Déféré. Sous les mêmes conditions que les ordonnances du conseiller de la mise en état, les ordonnances du président de la chambre saisie ou du magistrat désigné par le premier président, statuant sur la caducité ou l'irrecevabilité en application des articles 905-1 et 905-2 du CPC, peuvent également être déférées à la cour (CPC, art. 916 *in fine*).

1887 — Audience. À l'audience fixée par le président de la chambre saisie, il est procédé selon les modalités prévues aux articles 778 et 779 (CPC, art. 905). Ainsi, les dispositions relatives au choix du circuit procédural de la procédure devant le tribunal judiciaire sont applicables. Sauf si l'affaire doit être mise en état, l'affaire est renvoyée à l'audience des débats.

III Les procédures d'appel spécifiques

1888 — Diversités des procédures. La procédure contentieuse ordinaire avec représentation obligatoire coexiste avec d'autres procédures avec représentation obligatoire qui sont spécifiques en raison de leur objet (A). Aussi, elle s'oppose à la procédure contentieuse sans représentation obligatoire (B) ainsi qu'à la procédure gracieuse (C).

A Les procédures contentieuses spécifiques avec représentation obligatoire

1889 — Annonce. Les procédures contentieuses spécifiques avec représentation obligatoire renvoient à deux procédures : la procédure à jour fixe (1) et la procédure sur requête conjointe (2).

1 La procédure à jour fixe

1890 — Présentation générale. La procédure à jour fixe est prévue aux articles 917 à 925 du CPC. Il s'agit d'une procédure contentieuse avec représentation obligatoire dans laquelle les actes de procédure doivent être remis à la juridiction par voie électronique. Son objet est de permettre un traitement accéléré du litige si les droits d'une partie sont « en péril » (CPC, art. 917).

1891 — Autorisation. Afin d'être autorisée à appeler à jour fixe, antérieurement à la déclaration d'appel, la partie appelante doit présenter au premier président une requête exposant la nature du péril (CPC, art. 918 et 919). La requête peut aussi être présentée au premier président au plus tard dans les 8 jours de la déclaration d'appel (CPC, art. 919, al. 3).

1892 — Matière de référé et exécution provisoire. Lorsqu'ils exercent les pouvoirs en matière de référé ou d'exécution provisoire, le premier président de la cour d'appel ou le conseiller de la mise en état peuvent fixer le jour auquel l'affaire sera appelée par priorité (CPC, art. 917).

1893 — Requête aux fins de fixation par l'intimé. Aussi, il est à noter que dans un délai de 2 mois à compter de la déclaration d'appel, la requête aux fins de fixation d'un jour d'audience peut être présentée par l'intimé qui a constitué avocat (CPC, art. 924).

1894 — Distribution de l'affaire. À la condition que le péril justifie un traitement rapide du litige, le premier président fixe le jour auquel l'affaire sera appelée par priorité. Aussi, il désigne la chambre à laquelle l'affaire est distribuée (CPC, art. 917).

1895 — Assignation. L'appelant assigne la partie adverse pour le jour fixé (CPC, art. 919). L'assignation doit comporter les documents (notamment les copies de la requête) et les informations (l'intimé doit notamment constituer avocat avant l'audience) conformément aux dispositions de l'article 919 du CPC.

1896 — Saisine de la cour. Conformément à l'article 922 du CPC, « la cour est saisie par la remise d'une copie de l'assignation au greffe ». À peine de caducité constatée d'office, la remise au greffe doit être faite avant la date fixée pour l'audience.

1897 — Audience. À l'audience fixée, l'affaire doit en principe être plaidée immédiatement, les droits d'une partie étant en péril. Pour autant, les droits de la défense ne doivent pas être sacrifiés. Pour cette raison, le président doit s'assurer que « la partie assignée ait pu préparer sa défense. Le cas échéant, il ordonne sa réassignation » (CPC, art. 923, al. 1). En cas de nécessité, il peut en outre renvoyer l'affaire devant le conseiller de la mise en état (CPC, art. 925).

1898 — Audience et intimé. À la condition que l'intimé ait constitué avocat, « les débats ont lieu sur-le-champ ou à la plus prochaine audience, en l'état où l'affaire se trouve » (CPC, art. 923, al. 2). S'il n'a pas constitué avocat, l'intimé est réputé s'en tenir à ses moyens de première instance sur lesquels se fonde, au besoin, la cour pour statuer par arrêt réputé contradictoire (CPC, art. 921 et 923, al. 3)

2 La procédure sur requête conjointe

1899 — Condition de recevabilité. Conformément à l'article 900 du CPC, l'appel peut être formé par déclaration unilatérale ; il peut également l'être par requête conjointe. Prévue aux articles 926 à 930 du CPC, la procédure par requête conjointe est une procédure contentieuse avec représentation obligatoire. Sa spécificité est d'être recevable à la condition d'être présentée par toutes les parties à la première instance (CPC, art. 926).

1900 — Mention de la requête conjointe. La requête conjointe doit contenir les mentions de l'article 57 du CPC. Aussi, à peine d'irrecevabilité, elle contient une copie certifiée conforme du jugement, la constitution des avocats des parties et indique, le cas échéant, les chefs du jugement auquel l'appel est limité (CPC, art. 927). La requête conjointe est signée par les avocats constitués.

1901 — Saisine de la cour. Conformément à l'article 928 du CPC, la remise au greffe de la requête conjointe saisit la cour. Légitimement, le délai d'appel doit être respecté. Ainsi, cette même disposition précise que la remise au greffe doit être faite dans le délai d'appel.

1902 — Déroulement de la procédure. Les jour et heure auxquels l'affaire sera appelée sont fixés par le premier président qui, s'il y a lieu, désigne la chambre à laquelle l'affaire sera distribuée (CPC, art. 929). Les avocats constitués en sont avisés. Suivant l'article 930 du CPC, « L'affaire est instruite et jugée comme en matière de procédure abrégée. »

B | La procédure contentieuse sans représentation obligatoire

1903 — Domaines. La procédure contentieuse sans représentation obligatoire a un domaine restreint qui ne se confond pas avec le domaine des procédures orales de première instance. Elle concerne les appels formés contre des décisions des tribunaux paritaires des baux ruraux (CPC, art. 892) ou du contentieux de la sécurité sociale (CSS, art. R. 142-11). La nature du litige ou l'objet de la procédure justifie la mise en œuvre d'une procédure simplifiée.

> L'arrêté du 20 mai 2020 relatif à la communication par voie électronique en matière civile devant les cours d'appel abrogent les arrêtés du 5 mai 2010 relatif à la communication par voie électronique dans les procédures sans représentation obligatoire devant les cours d'appel et du 30 mars 2011 relatif à la communication par voie électronique dans les procédures avec représentation obligatoire devant les cours d'appel. Désormais, lorsqu'ils sont effectués par voie électronique entre avocats, ou entre un avocat et la juridiction, ou entre le ministère public et un avocat, ou entre le ministère public et la juridiction, dans le cadre d'une procédure avec ou sans représentation obligatoire devant la cour d'appel ou son premier président, les envois, remises et notifications mentionnés à l'article 748-1 du CPC doivent répondre aux garanties fixées par l'arrêté de 2020 (art. 2).

1904 — Précision chambre sociale. Longtemps orale, la procédure d'appel devant les chambres sociales est avec représentation obligatoire - avocat ou un défenseur syndical - depuis le décret n° 2016-660 du 20 mai 2016, applicable au 1er août 2016 (C. trav., art. R. 1462-2).

1905 — Procédure orale. La procédure sans représentation obligatoire est orale (CPC, art. 946). Le droit commun de l'oralité des articles 446-1 et suivants du CPC est applicable. Suivant la possibilité offerte au second alinéa de l'article 446-1, la cour ou le magistrat chargé d'instruire l'affaire qui organise les échanges entre les parties comparantes peut dispenser une partie qui en fait la demande de se présenter à une audience (CPC, art. 946, al. 2).

1906 — Assistance et représentation. La procédure contentieuse sans représentation obligatoire est régie aux articles 931 à 949 du CPC. Il s'agit d'une procédure dans laquelle les parties se défendent elles-mêmes avec la faculté de se faire assister ou représenter. Elles le peuvent selon les règles applicables devant la juridiction dont émane le jugement (CPC, art. 931, al. 2). Sauf s'il est avocat, le représentant doit justifier d'un pouvoir spécial.

1907 — Déclaration d'appel. L'appel est formé par une déclaration d'appel. La partie ou tout mandataire fait ou adresse, par pli recommandé, au greffe de la cour ladite déclaration (CPC, art. 932). Cette déclaration comporte les mentions de l'article 57 du CPC, celles de l'article 933 du même Code et est accompagnée de la copie de la décision. Le greffier enregistre l'appel et délivre ou adresse par lettre simple récépissé de la déclaration (CPC, art. 934).

1908 — Convocation à l'audience. Informé dans un premier temps de la procédure (CPC, art. 936), le défendeur est ensuite convoqué à l'audience prévue pour les débats, 15 jours au moins avant celle-ci, par le greffier de la cour. Le défendeur est convoqué par lettre recommandée avec demande d'avis de réception. En revanche, le demandeur est avisé par tous moyens des lieu, jour et heure de l'audience. La convocation vaut citation (CPC, art. 937).

1909 — Droits en péril. À la condition que ses droits soient en péril, une partie peut demander au premier président de la cour de retenir l'affaire, par priorité, à une prochaine audience. Cette possibilité est octroyée même si une date d'audience a déjà été fixée. L'objectif est d'accélérer la procédure afin de préserver les droits en cause.

1910 — Audience. À la première audience, l'affaire peut être jugée. À défaut de pouvoir être jugée, l'affaire est renvoyée à une audience ultérieure dont les parties sont avisées verbalement ou à défaut par tous moyens par le greffe (CPC, art. 947). À l'audience fixée, si l'instruction de l'affaire a été confiée à un magistrat, ce dernier peut tenir seul l'audience pour entendre les plaidoiries, il en rend alors compte à la cour dans son délibéré (CPC, art. 945-1).

1911 — Instruction de l'affaire. Lorsque l'affaire n'est pas en état d'être jugée, la cour peut réaliser l'instruction ; son instruction peut également être confiée à l'un des membres de la chambre saisie (CPC, art. 939). Ce magistrat chargé d'instruire l'affaire dispose de nombreux pouvoirs énoncés aux articles 940 à 944 du CPC.

1912 — Pouvoir du magistrat chargé d'instruire l'affaire. Afin de mettre l'affaire en état d'être jugé, le magistrat chargé d'instruire l'affaire peut organiser les échanges entre les parties comparantes (CPC, art. 939, al. 2), entendre les parties (CPC, art. 940, al. 1), constater la conciliation (CPC, art. 941) ou encore ordonner toute mesure d'instruction (CPC, art. 943).

1913 — Décision du magistrat chargé d'instruire l'affaire. Les décisions du magistrat chargé d'instruire l'affaire n'ont pas, au principal, autorité de chose jugée. Sauf à être déférées à la cour si elles constatent une extension de l'instance, ses décisions sont insusceptibles d'un recours immédiat (CPC, art. 945).

C ▌ La procédure gracieuse

1914 — Déclaration d'appel. L'appel formé contre une décision gracieuse est formé par un avocat ou un officier public ou ministériel (CPC, art. 950). Ce dernier doit y être habilité par une disposition particulière. La déclaration d'appel est faite ou adressée par pli recommandé au greffe de la juridiction - et non de la cour - ayant rendu la décision.

1915 — Modification ou rétractation de la décision. Sur la déclaration d'appel, le juge peut modifier ou rétracter sa décision (CPC, art. 952, al. 1). En ce cas, les parties sont informées par le juge de sa décision d'examiner à nouveau l'affaire. Le juge fait connaître sa décision aux parties dans un délai d'un mois (CPC, art. 952, al. 3).

1916 — Saisine de la cour d'appel. Si le juge ne souhaite ni modifier ni rétracter sa décision, il informe la partie de sa décision de transmettre l'affaire à la cour dans un délai d'un mois. En outre, afin de saisir la cour d'appel, le dossier de l'affaire avec déclaration et une copie de la décision sont transmis sans délai par le greffier de la juridiction au greffe de la cour d'appel (CPC, art. 952, al. 2).

1917 — Instruction. L'appel est instruit et jugé suivant les règles applicables en matière gracieuse devant le tribunal judiciaire (CPC, art. 953). Les dispositions des articles 808 à 811 du CPC sont donc applicables. Elles le sont même si la juridiction dont le jugement fait l'objet de l'appel est une juridiction autre.

SECTION 2 L'opposition

1918 — Objets. Seconde voie de recours ordinaire, l'opposition a pour objet de faire « rétracter un jugement rendu par défaut » (CPC, art. 571, al. 1). Cette voie de rétractation permet de revenir devant la même juridiction afin de remettre en question les points jugés par défaut et qu'il soit à nouveau statué en fait et en droit (CPC, art. 572, al. 1). L'objectif est de rétablir la contradiction.

1919 — Dispositions. L'opposition est prévue aux articles 571 à 578 du CPC. Ces dispositions encadrent le droit de former opposition en le conditionnant (I). Aussi, en raison de la spécificité de ce recours, les effets de l'opposition sont régis par ces dispositions du CPC (II).

I Les conditions de l'opposition

1920 — Jugements susceptibles d'opposition : principe. Seuls les jugements rendus par défaut peuvent faire l'objet d'une opposition (CPC, art. 571, al. 1). L'opposition concerne donc les jugements rendus en dernier ressort, en cas de non-comparution du défendeur et en l'absence de délivrance de la citation à personne (CPC, art. 473, al. 1).

1921 — Jugements susceptibles d'opposition : dérogations. Par principe, un jugement rendu par défaut peut être frappé d'opposition (CPC, art. 476). Toutefois, une disposition expresse peut écarter cette voie de recours. À titre d'exemple, les ordonnances du juge de la mise en état ne sont pas susceptibles d'opposition (CPC, art. 795, al. 1). Ces dérogations s'expliquent par la nécessité d'assurer un effet instantané aux décisions en cause.

1922 — Bénéficiaires de l'opposition. Seule la partie défaillante est habilitée à faire opposition (CPC, art. 571, al. 2). Le défaut de comparution d'une partie n'est donc pas en lui-même suffisant ; en outre, un défaut de délivrance de la citation à personne est exigé, conformément à la définition du jugement par défaut. La condition relative au bénéficiaire de l'opposition est justifiée par l'objet de cette voie de recours, qui est de rétablir la contradiction.

1923 — Bénéficiaires de l'opposition : « opposition sur opposition ne vaut ». En vertu de la règle « opposition sur opposition ne vaut », la partie défaillante qui forme opposition et se laisse juger une seconde fois par défaut n'est plus admise à former une nouvelle opposition (CPC, art. 578). Sous réserve de concerner la même partie défaillante et le même objet, le bénéficie de l'opposition ne vaut qu'une fois.

1924 — Délais d'opposition. En tant que voie de recours ordinaire, les principes relatifs aux recours ordinaires sont applicables à l'opposition (CPC, art. 538 et s.). Dès lors, à compter de la notification du jugement, le délai d'opposition est en principe d'un mois, sous réserve des mêmes exceptions qu'en matière d'appel. Lors du délai pour former opposition, l'exécution du jugement est suspendue (CPC, art. 539).

1925 — Forme de l'opposition. L'opposition est faite dans les mêmes formes que celles de la demande présentée devant la juridiction qui a rendu la décision critiquée (CPC, art. 573, al. 1). En cas de représentation obligatoire, elle peut être faite en la forme des notifications entre avocats (CPC, art. 573, al. 2), l'avocat du défaillant devant, dans le mois de la date où elle a été formée, déclarer l'opposition au greffe de la juridiction qui a rendu la décision, à peine d'irrecevabilité (CPC, art. 575).

1926 — Motivation de l'opposition. Conformément à l'article 574 du CPC, « l'opposition doit contenir les moyens du défaillant ». À peine d'irrecevabilité, la partie défaillante doit exposer les moyens de fait et de droit qui justifient l'opposition. En outre, bien que la nullité ne soit pas expressément visée à l'article 574, il apparaît que l'exigence de motivation est prévue à peine de nullité de forme.

CA Aix-en-Provence, 5 juill. 194 : Gaz. Pal. 1985, p. 399.

II Les effets de l'opposition

1927 — Déroulement de l'instance. L'instance sur opposition est portée devant la même juridiction que celle ayant rendu la décision frappée d'opposition (CPC, art. 572, al. 1). Dès lors, l'affaire est instruite et jugée selon les règles applicables devant la juridiction qui a rendu la décision critiquée (CPC, art. 576).

1928 — Effet relatif. L'opposition a un effet relatif ; en d'autres termes, ce n'est qu'entre la partie défaillante et celle mise en cause que les effets de la décision rendue sur opposition jouent. Aucune disposition similaire à celle de l'article 553 du CPC concernant l'effet dévolutif de l'appel n'étant prévue pour l'opposition, l'effet relatif doit être strictement appliqué.

1929 — Effet suspensif. L'opposition étant une voie de recours ordinaire, le principe de l'article 539 du CPC s'applique. À l'instar du délai pour former opposition, suivant le droit commun, l'exercice de l'opposition dans les délais est également suspensif de l'exécution du jugement, sous réserve de l'exécution provisoire.

1930 — Effet dévolutif. En cas d'opposition, l'instance « recommence » devant la même juridiction, qui doit statuer sur les points jugés par défaut, en fait et en droit. La recevabilité des prétentions respectives du demandeur et de l'opposant s'apprécie en fonction de la demande primitive (CPC, art. 577). Ainsi, des moyens nouveaux peuvent être invoqués et, à la condition d'être rattachées aux prétentions originaires par un lien suffisant, des demandes nouvelles peuvent être formées.

1931 — Issues. En cas de bien-fondé de l'opposition, le juge rétracte le jugement par défaut. Ce dernier est alors anéanti par le jugement de rétractation (CPC, art. 572). En revanche, en cas de rejet de l'opposition, l'autorité du jugement par défaut est rétablie.

CHAPITRE 3

Les voies de recours extraordinaires

1932 — Trio. Trois voies de recours extraordinaires sont prévues au CPC. Chacune d'entre elles est ouverte dans des cas spécifiques déterminés par la loi. La voie de recours extraordinaire la plus connue est le pourvoi en cassation (section 1). En plus, coexistent deux autres voies de recours : la tierce opposition et le recours en révision (section 2). Sauf exception, l'ensemble de ces recours ne suspend pas l'exécution du jugement.

SECTION 1 La voie extraordinaire : la cassation

1933 — Objet. « Il y a, pour toute la République, une Cour de cassation » (COJ, art. L. 411-1). La Cour de cassation est une juridiction qui assure le respect de la légalité par les juges du fond. L'objet du pourvoi en cassation est consacré à l'article 604 du CPC : il « tend à faire censurer par la Cour de cassation la non-conformité du jugement qu'il attaque aux règles de droit ».

1934 — Juge du droit. Il est classiquement enseigné que la Cour de cassation n'est pas un troisième degré de juridiction. En effet, la Cour ne statue pas sur les faits litigieux. De par l'objet du pourvoi en cassation, elle est un juge du droit. Toutefois, la loi *J21* a innové en conférant à la Cour de cassation la possibilité, en matière civile, de statuer sur le fond dans l'intérêt d'une bonne administration de la justice (COJ, art. L. 411-3, al. 2).

1935 — Réforme de la rédaction des arrêts. Avec l'objectif affiché de rendre un accès au droit plus précis et plus informé, la Cour de cassation a adopté, à effet du 1er octobre 2019, de nouvelles règles de rédaction de ses arrêts. La phrase unique, introduite par des attendus, est abandonnée à la faveur d'une rédaction dite « en style direct ».

1936 — Réforme à venir. En 2017, 20 268 décisions civiles ont été rendues par la Cour de cassation. En raison du nombre important de pourvois, la Cour de cassation a proposé un projet de textes relatif au filtrage des pourvois. Le 20 décembre 2018, le garde des Sceaux a chargé une commission « d'évaluer les principes et modalités à retenir pour mettre en place une réforme ambitieuse et partagée du pourvoi en cassation ». Le 7 novembre 2019, la commission de réflexion présidée par H. Nallet a remis au garde des Sceaux son rapport *Pour une réforme du pourvoi en cassation en matière civile*, qui formule cinq propositions majeures.

Les cinq propositions émises par le groupe de travail sont :

1. Renforcer la procédure d'admission et instaurer un traitement différencié des pourvois ;
2. Solliciter les commissions des lois du Parlement dans un délai à déterminer afin de procéder à une évaluation de la procédure d'admission et de traitement différencié des pourvois et de débattre d'un éventuel mécanisme de filtrage ;
3. Réserver le renvoi à l'assemblée plénière aux seules affaires posant une question de principe et renforcer l'autorité des avis ;
4. Réformer le statut du parquet général de la Cour de cassation afin d'affirmer son indépendance ;
5. Accompagner la réforme du système de sélection des pourvois devant la Cour de cassation par un renforcement de l'autorité des décisions des juridictions du fond.

1937 — Annonce. En tant que voie de recours extraordinaire, le pourvoi en cassation est encadré (I). À l'étude de l'encadrement du pourvoi en cassation succédera celle de la procédure devant la Cour de cassation (II). *In fine*, le réexamen en matière civile, innovation de la loi du 18 novembre 2016, sera exposé (III).

I L'encadrement du pourvoi en cassation

1938 — Dispositions. L'ouverture du pourvoi en cassation n'est pas absolue. Celle-ci est conditionnée (A) et circonscrite à certains cas (B). Les exigences relatives à l'ouverture du pourvoi en cassation sont précisées aux articles 605 à 618 du CPC.

A Les conditions du pourvoi en cassation

1939 — Annonce. Les conditions d'ouverture du pourvoi en cassation sont plurales. Elles peuvent être classées en trois catégories : les conditions relatives aux jugements (1) et aux titulaires du recours (2), et enfin une condition temporelle (3).

1 Les conditions relatives aux jugements

1940 — Jugement en dernier ressort. Le principe est posé à l'article 605 du CPC : « Le pourvoi en cassation n'est ouvert qu'à l'encontre de jugements rendus en dernier ressort ». Il peut s'agir de jugements qui tranchent une partie du principal et ordonnent une mesure d'instruction ou provisoire (CPC, art. 606), ou en dernier ressort tout le principal, ou qui, statuant sur une exception de procédure, une fin de non-recevoir ou tout autre incident, mettent fin à l'instance (CPC, art. 607).

1941 — Pourvoi différé. Les autres jugements en dernier ressort, sauf cas spécifiés par la loi, ne peuvent être frappés de pourvoi en cassation indépendamment des jugements sur le fond (CPC, art. 608). Cependant, il est dérogé à cette règle différant le recours en cas d'excès de pouvoir.

Cass. ch. mixte, 28 janv. 2005, n° 02-19153.

2 Les conditions relatives aux titulaires du recours

1942 — Principe : toute partie qui a un intérêt. À la condition d'y avoir un intérêt, toute partie est recevable à se pourvoir en cassation (CPC, art. 609). L'intérêt a pour mesure la succombance, étant précisé que le pourvoi est ouvert même si la disposition qui est défavorable à la partie ne profite pas à son adversaire.

1943 — Indivisibilité. En cas d'indivisibilité à l'égard de plusieurs parties, le pourvoi formé par une partie produit ses effets à l'égard des autres, même si celles-ci ne sont pas jointes à l'instance de cassation ; toutefois, le pourvoi formé contre l'une est recevable à la condition que les autres soient appelées à l'instance (CPC, art. 615).

1944 — Précisions sur les matières contentieuse et gracieuse. En matière contentieuse, le pourvoi est recevable même lorsqu'une condamnation a été prononcée au profit ou à l'encontre d'une personne qui n'était pas partie à l'instance (CPC, art. 611). En matière gracieuse, le pourvoi est recevable même en l'absence d'adversaire (CPC, art. 610).

1945 — Pourvoi incident ou provoqué. Un pourvoi incident ou provoqué peut être fait sous forme de mémoire. Sa recevabilité obéit aux règles gouvernant l'appel incident (CPC, art. 614), ainsi qu'aux dispositions spécifiques à la cassation de l'article 1010 du CPC. Particulièrement, le pourvoi incident ou provoqué doit être formé avant l'expiration du délai prévu pour la remise du mémoire en réponse (CPC, art. 982).

1946 — Procureur général. La loi n° 67-523 du 3 juillet 1967 relative à la Cour de cassation confère la possibilité au procureur général près la

Cour de cassation de se pourvoir en cassation. Deux pourvois sont prévus, respectivement aux articles 17 et 18 de la loi de 1967 : le pourvoi dans l'intérêt de la loi et le pourvoi pour excès de pouvoir.

3 La condition temporelle du recours

1947 — Principe. À compter de la notification de la décision en dernier ressort, le délai du pourvoi en cassation est de 2 mois. Ce délai de principe est donné à l'article 612 du CPC. D'une manière classique, le délai doit être respecté, à peine d'irrecevabilité.

1948 — Autres délais. Si le délai de principe est de 2 mois, des délais plus courts sont posés dans certains cas. Par exemple, en matière de divorce judiciaire par consentement mutuel, le délai de pourvoi en cassation est de 15 jours à compter du prononcé de la décision qui homologue la convention des époux et prononce le divorce (CPC, art. 1103).

B Les cas d'ouverture de pourvoi en cassation

1949 — Précision du cas d'ouverture invoqué. Suivant l'article 978 du CPC, le demandeur au pourvoi doit, dans son mémoire, préciser les moyens de droit invoqués contre la décision attaquée et pour chaque moyen préciser, à peine de son irrecevabilité, le cas d'ouverture invoqué. L'appréciation des faits relevant du pouvoir souverain des juges du fond, les cas d'ouverture du pourvoi sont relatifs à la conformité du jugement à la règle de droit.

1950 — Deux catégories de contrôle. Les cas d'ouverture du pourvoi en cassation sont pluraux. Ainsi que le souligne la présentation de l'institution disponible sur son site officiel www.courdecassation.fr, le contrôle de la Cour de cassation relève de deux grandes catégories : le contrôle normatif et le contrôle dit « disciplinaire ».

1951 — Violation de la loi. En raison de son contrôle normatif, le pourvoi est ouvert lorsqu'est alléguée une violation de la loi entendue au sens large. Ainsi, en cas d'interprétation erronée de la loi, le pourvoi est ouvert. Aussi, la violation de la loi peut résulter d'une fausse qualification des faits. En outre, la loi est violée, ouvrant alors le pourvoi, en cas de mauvaise application de la loi ou de refus de son application.

1952 — Perte de fondement juridique. La perte de fondement juridique est également un cas d'ouverture du pourvoi en cassation. En ce cas, l'application d'une nouvelle loi modifie rétroactivement les règles applicables au litige. La décision, faisant l'objet d'un pourvoi, repose donc sur des fondements juridiques qui ont disparu.

1953 — Dénaturation. La dénaturation est également un cas d'ouverture. Celui-ci suppose l'existence d'un acte clair. En ce cas, la clarté rend l'interprétation superflue. Dès lors, toute interprétation erronée est une cause justifiant l'ouverture du pourvoi en cassation.

1954 — Défaut de motif. Un autre cas d'ouverture du pourvoi est fondé sur le défaut de motif. Résultant de l'article 455 du CPC, ce cas renvoie à l'exercice par la Cour de cassation d'un contrôle disciplinaire. La Cour de cassation assure le respect des obligations imposées aux juges du fond relatives à la manière dont doivent être rendues et rédigées leurs décisions.

1955 — Contrariété de jugements. Le pourvoi est ouvert en cas de contrariété de jugements, qui recouvre deux hypothèses :
- d'une part, si la fin de non-recevoir tirée de l'autorité de chose jugée du premier jugement rendu a été invoquée, en vain, devant les juges du fond (CPC, art. 617), un pourvoi est formé contre le jugement le plus récent afin de le faire annuler ;
- d'autre part, si deux décisions, non susceptibles d'un recours ordinaire, sont inconciliables, la Cour annule l'une des décisions ou les deux (CPC, art. 618).

1956 — Intérêt de la loi et excès de pouvoir. Deux autres cas d'ouverture particuliers existent. Le procureur général près la Cour de cassation peut saisir la Cour d'une décision contraire aux lois, aux règlements ou aux formes de procéder, et contre laquelle aucune des parties n'a réclamé. En outre, le garde des Sceaux peut prescrire au procureur général de déférer à la chambre compétente de la Cour de cassation les actes par lesquels les juges excèdent leurs pouvoirs.

II La procédure du pourvoi en cassation

1957 — Annonce. La procédure du pourvoi en cassation n'est pas unique. Deux procédures coexistent en effet avec elle : une procédure avec représentation obligatoire (A) et une sans représentation obligatoire (B). À leur étude succédera celle des issues de la procédure du pourvoi en cassation (C).

A La procédure avec représentation obligatoire

1958 — Caractères de la procédure. La procédure avec représentation obligatoire impose la constitution d'un avocat au Conseil d'État et à la Cour de cassation qui dispose d'un monopole de la représentation. La procédure est écrite et dématérialisée.

1959 — Déclaration de pourvoi. Le pourvoi en cassation est formé par déclaration au greffe de la Cour (CPC, art. 974). La déclaration, signée par l'avocat au Conseil d'État et à la Cour de cassation, est remise au greffe en autant d'exemplaires qu'il y a de défendeurs, plus deux (CPC, art. 976).

1960 — Mention de la déclaration de pourvoi. À peine de nullité, la déclaration contient les indications énumérées à l'article 975 du CPC ; celles-ci sont relatives à l'identification des demandeurs et des défendeurs, à la constitution de l'avocat au Conseil d'État et à la Cour de cassation du demandeur et à la décision attaquée.

1961 — Notification de la déclaration au défendeur. Un exemplaire de la déclaration est « aussitôt » adressé par le greffe au défendeur par lettre simple. L'indication doit être faite qu'il doit constituer avocat au Conseil d'État et à la Cour de cassation s'il entend se défendre au pourvoi (CPC, art. 977, al. 1). En cas de retour de la lettre, l'avocat du demandeur en cassation en est avisé par le greffier, afin qu'il soit procédé par voie de signification (CPC, art. 977, al. 2).

1962 — Dépôt et notification du mémoire du demandeur. Dans un délai de 4 mois à compter du pourvoi, le demandeur doit remettre au greffe de la Cour de cassation un mémoire. Ce délai doit être respecté à peine de déchéance constatée par ordonnance du premier président ou de son délégué (CPC, art. 978). Dans le même délai et à peine de déchéance également, le mémoire doit être notifié aux avocats des autres parties.

1963 — Précisions sur la notification du mémoire. Si la partie n'est pas tenue de constituer un avocat au conseil, notification lui est faite du mémoire. Si le défendeur n'a pas constitué avocat, le mémoire doit lui être signifié au plus tard dans le mois suivant l'expiration de ce délai ; cependant, si, entre-temps, le défendeur constitue avocat avant la signification du mémoire, il est procédé par voie de notification à son avocat.

1964 — Contenu du mémoire. Le mémoire doit contenir les moyens de droit invoqués contre la décision attaquée (CPC, art. 978). À peine d'irrecevabilité, chaque moyen doit préciser le cas d'ouverture invoqué, la partie critiquée de la décision et ce en quoi celle-ci encourt le reproche allégué.

1965 — Documents en sus du mémoire. Le demandeur doit joindre au mémoire les pièces invoquées et une copie des dernières conclusions (CPC, art. 979-1). À peine d'irrecevabilité, dans le délai du dépôt du mémoire, doivent être remis au greffe une copie de la décision attaquée et une copie de la décision confirmée ou infirmée par la décision attaquée (CPC, art. 979). En cas de transmission incomplète ou entachée d'erreur matérielle de l'une de ces copies, un avis fixant un délai pour y remédier est adressé par le conseiller rapporteur à l'avocat du demandeur.

1966 — Mémoire du défendeur au pourvoi. À peine d'irrecevabilité, dans un délai de 2 mois à compter de la signification du mémoire du demandeur, le défendeur au pourvoi doit remettre au greffe son mémoire en réponse signé par un avocat au Conseil d'État et à la Cour de cassation. Dans le même délai et sous la même sanction, le mémoire doit être notifié à l'avocat du demandeur dans la forme des notifications entre avocats (CPC, art. 982).

1967 — Pourvoi incident ou provoqué. Avant l'expiration du délai prévu pour la remise du mémoire en réponse, un pourvoi incident ou provoqué peut être formé. À peine d'irrecevabilité, il doit être fait sous forme de mémoire contenant les indications du mémoire du demandeur, être remis au greffe et notifié aux autres parties dans le délai de remise du mémoire en réponse (CPC, art. 1010).

1968 — Mémoire en réplique au pourvoi incident ou provoqué. Le défendeur à un pourvoi incident ou provoqué dispose d'un délai d'un mois à compter de la notification pour remettre, et s'il y a lieu notifier, son mémoire en réponse (CPC, art. 1010, *in fine*).

1969 — Formation restreinte. La formation restreinte de la Cour de cassation – composée de trois magistrats appartenant à la chambre à laquelle l'affaire est distribuée – statue lorsque « la solution du pourvoi s'impose » (COJ, art. L. 431-1). Lorsque le pourvoi est irrecevable ou lorsqu'il n'est manifestement pas de nature à entraîner la cassation, cette formation décide qu'il n'y a pas lieu de statuer par une décision spécialement motivée (CPC, art. 1014).

1970 — Formation collégiale. À défaut de solution s'imposant à la formation restreinte, l'examen du pourvoi est renvoyé à l'audience de la chambre. Il revient alors à la formation collégiale ordinaire de statuer. À cette fin, elle peut solliciter l'avis d'une autre chambre saisie sur un point de droit qui relève de la compétence de celle-ci (CPC, art. 1015-1).

1971 — Audience. Sauf décision contraire de la Cour, les débats sont publics (CPC, art. 1016). À l'audience, un rapport est fait par un conseiller qui a été désigné par le président de la formation en qualité de rapporteur (CPC, art. 1012 et 1017). Après le rapport, sont entendus les avocats s'ils le demandent, et les parties si elles en ont été autorisées par le président (CPC, art. 1018). Après avis du ministère public, la Cour de cassation statue (CPC, art. 1019).

1972 — CEDH. Dans l'affaire SCP Huglo, Lepage & Associés, Conseil c/ France (nº 59477/00) du 1er février 2005, « de l'avis de la Cour, si le second volet du rapport, destiné au délibéré, peut (à l'instar du projet d'arrêt) rester confidentiel tant à l'égard des parties que de l'avocat général, le premier volet, non couvert par le secret du délibéré, doit être communiqué, le cas échéant, dans les mêmes conditions aux parties et à l'avocat général ».

B La procédure sans représentation obligatoire

1973 — Dispense d'un avocat aux Conseils. La procédure sans représentation obligatoire est subordonnée à l'existence d'une disposition spéciale qui dispense les parties du ministère d'un avocat au Conseil d'État et à la Cour de cassation. Une représentation n'en demeure pas moins possible ; une déclaration en ce sens doit alors être faite au greffe. En ce cas, la notification des mémoires doit être faite à cet avocat (CPC, art. 993).

1974 — Choix de la procédure erronée. Dans l'hypothèse où le pourvoi a été formé selon les règles de la procédure avec représentation obligatoire, celui-ci est recevable quelle que soit la procédure ultérieurement suivie (CPC, art. 995). En revanche, le défendeur n'est pas tenu de se faire représenter par un avocat au Conseil d'État et à la Cour de cassation.

1975 — Déclaration de pourvoi. Le pourvoi en cassation est formé par déclaration écrite remise ou adressée par lettre recommandée avec demande d'avis de réception au greffe de la Cour de cassation par la partie ou tout mandataire muni d'un pouvoir spécial (CPC, art. 984). À peine de nullité, la déclaration de pourvoi contient les indications énumérées à l'article 985 du CPC, relatives à l'identité des parties et de la décision attaquée.

1976 — Communication du dossier au greffe. Une fois la déclaration remise ou adressée au greffe, le greffier enregistre le pourvoi (CPC, art. 986), adresse une copie de la déclaration au défendeur et demande simultanément communication du dossier au greffe de la juridiction qui a rendu la décision attaquée (CPC, art. 987). Ce dernier transmet au greffe de la Cour de cassation le dossier de l'affaire auquel sont joints divers documents (CPC, art. 988).

1977 — Documents joints au dossier. Sont jointes au dossier de l'affaire la copie de la décision attaquée et de ses actes de notification, celle de la décision confirmée ou infirmée par la décision attaquée et les conclusions de première instance et d'appel s'il en a été pris.

1978 — Mémoire du demandeur. La procédure étant sans représentation obligatoire, celle-ci est simplifiée. En ce sens, le formalisme de la déclaration du pourvoi posé à l'article 985 du CPC est minimal. Il en résulte que la déclaration peut ne pas contenir l'énoncé, même sommaire, des moyens de cassation invoqués contre la décision attaquée. En ce cas, un mémoire du demandeur contenant cet énoncé est exigé.

1979 — Mémoire du demandeur : délais. Le demandeur doit faire parvenir au greffe de la Cour ce mémoire et, le cas échéant, les pièces invoquées à l'appui du pourvoi, à peine de déchéance, au plus tard dans un délai de 3 mois à compter de la remise ou de la réception du récépissé de la déclaration (CPC, art. 989). Le greffier notifie sans délai une copie de ce mémoire au défendeur par lettre recommandée avec demande d'avis de réception (CPC, art. 990).

1980 — Mémoire en réponse et pourvoi incident. À compter de la notification du mémoire du demandeur ou de l'expiration du délai de 3 mois de la déclaration, le défendeur dispose d'un délai de 2 mois pour remettre ou adresser au greffe de la Cour de cassation, un mémoire en réponse et former, le cas échéant, un pourvoi incident (CPC, art. 991). Une copie est notifiée au demandeur par lettre simple par le greffier de la Cour (CPC, art. 992).

1981 — Audience. La suite de la procédure se déroule suivant un schéma similaire à celle de la procédure avec représentation obligatoire. À l'audience, un rapport est fait par un conseiller. Si elles le demandent, les parties peuvent être entendues. Après avis de l'avocat général, la Cour de cassation délibère.

C | Les issues de la procédure du pourvoi en cassation

1982 — Pluralité d'issues. Si le pourvoi est irrecevable, la formation restreinte prononce une non-admission du pourvoi qui rend la décision irrévocable (CPC, art. 1014). Il en est de même en cas du pourvoi fondé sur un moyen non sérieux. En cas d'admission du pourvoi, la cour rend un arrêt de rejet (1) ou de cassation avec ou sans renvoi (2).

Cass. civ. ass. plén., 5 juill. 2002, n° 00-60275.

1 | Le rejet du pourvoi

1983 — Substitution de motifs. Comme son appellation l'indique, l'arrêt de rejet est celui qui rejette le pourvoi. Pour ce faire, la Cour de cassation peut substituer un motif de pur droit à un motif erroné. La Cour peut également rejeter le pourvoi en faisant abstraction d'un motif de droit erroné mais surabondant (CPC, art. 621).

1984 — Avis et observation des parties. Lorsqu'il est envisagé de rejeter un moyen par substitution d'un motif de pur droit relevé d'office à un motif erroné, le président de la formation ou le conseiller rapporteur doit aviser les parties et les inviter à présenter leurs observations dans le délai qu'il fixe (CPC, art. 1015).

1985 — Absence de recours. Lorsque le pourvoi en cassation est rejeté, la partie qui l'a formé n'est plus recevable à en former un nouveau contre le même jugement. En outre, si le défendeur n'a pas formé de pourvoi incident ou provoqué dans les délais, il n'est plus recevable à se pourvoir à titre principal contre ce jugement (CPC, art. 621). Aucun recours n'est ouvert. Même en cas de défaut de comparution, l'arrêt n'est pas susceptible d'opposition (CPC, art. 622).

1986 — Décision inconciliable. Par dérogation au principe, l'article 621 renvoyant à l'article 618 du CPC, le pourvoi est recevable en cas de décision inconciliable, même si l'une des décisions avait déjà été frappée d'un pourvoi en cassation et que celui-ci avait été rejeté.

1987 — Rabat d'arrêt. Aussi, si les arrêts de la Cour de cassation sont en principe insusceptibles de recours, en cas d'erreur procédurale ou matérielle de la Cour, les parties peuvent présenter à la Cour une requête en rabat d'arrêt. D'origine prétorienne, ce recours est une voie de rétractation permettant de rapporter un arrêt de la Cour de cassation. Non prévue par les textes, l'assemblée plénière l'a institutionnalisé en 1995.

Cass. ass. plén., 30 juin 1995, n° 94-20302.

2 La cassation avec ou sans renvoi

1988 — Annonce. Seront successivement présentés l'arrêt de cassation (a), la cassation sans renvoi (b) et la cassation avec renvoi (c).

a L'arrêt de cassation

1989 — Relevé d'office d'un moyen. Sauf disposition contraire, la Cour peut casser la décision attaquée en relevant d'office un moyen de pur droit (CPC, art. 621). Lorsqu'il est envisagé de relever d'office un ou plusieurs moyens, le président de la formation ou le conseiller rapporteur doit aviser les parties et les inviter à présenter leurs observations (CPC, art. 1015). Il en est de même lorsqu'il est envisagé de statuer au fond après cassation.

1990 — Portée de la cassation. La portée de la cassation est déterminée par le dispositif. Elle peut être totale ou partielle. En cette dernière hypothèse, elle n'atteint que certains chefs du jugement attaqué dissociables des autres (CPC, art. 623). Sauf le cas d'indivisibilité ou de dépendance nécessaire, elle est limitée à la portée du moyen qui constitue la base de la cassation (CPC, art. 624).

1991 — Conséquence de la cassation. La cassation emporte un anéantissement de l'ensemble des chefs du jugement attaqué ou de certains d'entre eux. En conséquence, les parties sont replacées dans l'état où elles se trouvaient avant le jugement cassé. Aussi, la cassation a pour répercussion d'annuler « toute décision qui est la suite, l'application ou l'exécution du jugement cassé ou qui s'y rattache par un lien de dépendance nécessaire » (CPC, art. 625).

b La cassation sans renvoi

1992 — Hypothèse classique. Il est traditionnellement admis que la Cour de cassation peut casser sans renvoi, « lorsque la cassation n'implique pas qu'il soit à nouveau statué sur le fond » (COJ, art. L. 411-3, al. 1). En cette hypothèse, le président de la formation ou le conseiller rapporteur doit en aviser les parties et les inviter, dans un délai fixé, à présenter leurs observations (CPC, art. 1015). La décision de cassation termine alors le procès.

1993 — Hypothèse contemporaine. La loi de modernisation de la justice du XXIe siècle a innové en conférant à la Cour de cassation la possibilité, en matière civile, de statuer sur le fond dans l'intérêt d'une bonne administration de la justice (COJ, art. L. 411-3, al. 2). En ce cas, le président de la formation ou le conseiller rapporteur doit indiquer « les chefs du dispositif de la décision attaquée susceptibles d'être atteints par la cassation et les points sur lesquels il pourrait être statué au fond » (CPC, art. 1015).

1994 — Principe de la contradiction. Ces indications servent à faire respecter le principe du contradictoire, en suscitant les observations des parties. Aussi, il peut être demandé aux parties de produire les pièces utiles à la décision du fond envisagée. Celles-ci devront être communiquées à toutes les parties afin de respecter le principe de la contradiction.

c La cassation avec renvoi

1995 — Juridiction de renvoi. En cas de cassation avec renvoi, l'affaire est renvoyée devant les juges du fond. La procédure devant la juridiction de renvoi se déroule devant une autre juridiction de même nature que celle dont émane l'arrêt ou le jugement cassé ou devant la même juridiction composée d'autres magistrats (COJ, art. L. 431-4).

1996 — Saisine de la juridiction de renvoi. La procédure devant la juridiction de renvoi impose sa saisine par les parties. La saisine s'effectue par déclaration au greffe de la juridiction de renvoi (CPC, art. 1032). La déclaration contient les mentions exigées pour l'acte introductif d'instance devant cette juridiction, auquel est annexée une copie de l'arrêt de cassation (CPC, art. 1033).

1997 — Délai de saisine. Le décret n° 2017-891 du 6 mai 2017 a réduit le délai de saisine de la juridiction de renvoi. À peine d'irrecevabilité relevée d'office, la déclaration de saisine de la juridiction de renvoi doit intervenir avant l'expiration d'un délai de 2 mois (et non plus 4 mois) à compter de la notification de l'arrêt de cassation faite à la partie.

1998 — Non-respect du délai. L'absence de déclaration dans le délai ou l'irrecevabilité de celle-ci confère force de chose jugée au jugement rendu en premier ressort lorsque la décision cassée avait été rendue sur appel de ce jugement (CPC, art. 1034, al. 2).

1999 — Instruction et nouveaux moyens. Devant la juridiction de renvoi, l'affaire est rejugée en fait et en droit, l'instruction étant alors reprise en l'état de la procédure non atteinte par la cassation (CPC, art. 632). Toutefois, de nouveaux moyens peuvent être invoqués par les parties à l'appui de leurs prétentions (CPC, art. 632). La recevabilité des prétentions nouvelles est soumise aux règles qui s'appliquent devant la juridiction dont la décision a été cassée.

2000 — Renvoi devant la cour d'appel. En cas de renvoi devant une cour d'appel, le décret n° 2017-891 du 6 mai 2017 a créé au CPC un article 1037-1 afin d'encadrer la procédure. Ce nouvel article pose le régime de la procédure devant la cour d'appel après renvoi de la Cour de cassation lorsque l'affaire relevait de la procédure ordinaire. Dans ce cas, l'affaire est fixée à bref délai dans les conditions de l'article 905 du CPC.

2001 — Signification de la déclaration. À peine de caducité de la déclaration, l'auteur de la déclaration de saisine de la cour de renvoi doit la signifier aux autres parties dans les 10 jours de la notification par le greffe de l'avis de fixation. L'ordonnance statuant sur la caducité de la déclaration a autorité de la chose jugée. Elle peut être déférée dans les conditions des alinéas 2 et 4 de l'article 916.

2002 — Délais de notification des conclusions. Suivant la déclaration de saisine, l'auteur de la déclaration a un délai de 2 mois pour remettre au greffe et notifier ses conclusions. À compter de la notification des conclusions de l'auteur de la déclaration, les parties adverses remettent et notifient leurs conclusions dans un délai de 2 mois.

2003 — Précisions sur la notification des conclusions. Concernant les modalités relatives à la notification des conclusions entre parties, un renvoi est opéré à l'article 911 du CPC, aussi ces délais peuvent être augmentés conformément à l'article 911-2 du même Code.

2004 — Non-respect des délais de notification des conclusions. En cas de non-respect des délais de notification des conclusions, à titre de sanction, les parties sont « réputées s'en tenir aux moyens et prétentions qu'elles avaient soumis à la cour d'appel dont l'arrêt a été cassé » (CPC, art. 1037, al. 6).

2005 — Intervention forcée. En cas d'intervention forcée, à peine d'irrecevabilité, l'intervenant forcé remet et notifie ses conclusions dans un délai de 2 mois à compter de la notification de la demande d'intervention formée à son encontre. À compter de son intervention volontaire, sous la même sanction et dans le même délai, l'intervenant volontaire doit remettre et notifier ses conclusions.

2006 — Ordonnances. Les ordonnances du président de la chambre ou du magistrat désigné par le premier président statuant sur l'irrecevabilité des conclusions de l'intervenant forcé ou volontaire ont autorité de la chose jugée. Elles peuvent être déférées dans les conditions des alinéas 2 et 4 de l'article 916 du Code de procédure civile.

2007 — Pouvoirs de la juridiction de renvoi. L'étendue de la saisine de la juridiction de renvoi est limitée aux chefs atteints par la cassation. Dans cette limite, la juridiction de renvoi juge à nouveau l'affaire en fait et en droit. Deux cas peuvent donc se présenter : la juridiction de renvoi se conforme à la solution de la Cour de cassation ou non.

2008 — Issues de la procédure devant la juridiction de renvoi. Sauf si le renvoi est ordonné par l'assemblée plénière, la juridiction de renvoi n'est pas tenue de se conformer à la solution de la Cour de cassation (COJ, art. L. 431-4). Un nouveau pourvoi sur le même moyen peut être formé. Celui-ci sera jugé en assemblée plénière et s'imposera aux juges de renvoi. Si la juridiction de renvoi juge conformément à la solution de la Cour de cassation, un nouveau pourvoi est irrecevable.

III | Le réexamen en matière civile

2009 — Innovation. La loi du 18 novembre 2016 de modernisation de la justice du XXIe siècle a consacré, en matière civile, le réexamen d'une décision définitive de condamnation par la Cour européenne de droits de l'homme (COJ, art. L. 452-1 et s.). Le décret n° 2017-396 en a précisé la procédure aux articles 1031-8 à 1031-23 composant le nouveau chapitre VII intitulé « Le réexamen en matière civile » du titre VII du livre II du CPC.

2010 — Aide juridictionnelle. L'article 5 du décret n° 2017-396 étend les dispositions de l'aide judiciaire devant la Cour de cassation à la demande de réexamen (D. n° 91-1299, 19 déc. 1991, art. 39).

2011 — Conditions. Le réexamen en matière civile, limité aux décisions relatives à l'état des personnes, est soumis à condition de recevabilité (COJ, art. L. 452-1). Il doit être demandé dans un délai d'un an à compter de la décision de la CEDH. Il doit émaner d'une personne ayant été partie à l'instance et disposant d'un intérêt à le solliciter. Enfin, la satisfaction équitable accordée par la CEDH doit être insuffisante au regard des conséquences dommageables de la décision.

2012 — Déclaration au greffe. La demande en réexamen est formée par déclaration au greffe de la Cour de cassation postérieurement à la signification aux défendeurs au réexamen de la décision faisant l'objet de la demande de réexamen et de la décision de la CEDH (CPC, art. 1031-8).

2013 — Formalisme de la déclaration. La demande de réexamen doit, à peine de nullité, respecter le formalisme de l'article 1031-9 du CPC. Elle doit notamment contenir la constitution de l'avocat au Conseil d'État et à la Cour de cassation du demandeur, dont le ministère est obligatoire.

2014 — Remise au greffe. La déclaration de demande de réexamen est remise au greffe en autant d'exemplaires qu'il y a de défendeurs, plus deux. Le greffier atteste de cette remise par la mention de la date et de son visa sur chaque exemplaire, dont l'un est immédiatement restitué (CPC, art. 1031-10).

2015 — Notification de la déclaration au défendeur. Afin d'informer le défendeur de la demande de réexamen, par lettre simple sans délai, un exemplaire de la déclaration lui est adressé (CPC, art. 1031-11, al. 1). Celui-ci est notifié par le greffier et doit indiquer que le défendeur doit constituer un avocat au Conseil d'État et à la Cour de cassation, si ce dernier entend se défendre.

2016 — Acte de signification. Si la lettre est retournée au greffe, le greffier en avise aussitôt l'avocat du demandeur au réexamen, par voie de signification. L'acte de signification doit comporter deux indications : le défendeur doit être informé qu'il doit, s'il entend défendre au réexamen, constituer un avocat au Conseil d'État et à la Cour de cassation, et le défendeur doit être avisé du délai dans lequel il doit remettre au greffe son mémoire en réponse (CPC, art. 1031-11, al. 2).

2017 — Remise et notification du mémoire. Dans le délai de 2 mois à compter de la déclaration au greffe, le demandeur doit remettre au greffe et notifier aux avocats des autres parties un mémoire contenant les moyens invoqués au soutien de la demande de réexamen. Ces exigences doivent être respectées à peine de déchéance constatée, au besoin d'office, par ordonnance du président de la cour de réexamen (CPC, art. 1031-12, al. 1).

2018 — Signification du mémoire. Si le défendeur n'a pas constitué avocat, le mémoire est signifié au défendeur dans le mois suivant l'expiration du délai de 2 mois ; si le défendeur constitue avocat avant la signification du mémoire, il est procédé par voie de notification à son avocat.

2019 — Mémoire. Le mémoire doit indiquer « s'il est demandé le réexamen d'une décision civile définitive ou le seul réexamen d'un pourvoi » (CPC, art. 1031-12, al. 2). Les moyens doivent préciser en quoi la violation constatée de la Convention européenne des droits de l'homme ou de ses protocoles additionnels « par sa nature et sa gravité, entraîne, pour le demandeur, des conséquences dommageables auxquelles la satisfaction équitable [...] ne peut mettre un terme » (CPC, art. 1031-12, al. 3).

2020 — Remises de copies des décisions. Dans le même délai susvisé, une copie de la décision faisant l'objet de la demande de réexamen et une copie de la décision de la CEDH, ainsi qu'une copie de la signification de ces décisions aux défendeurs au réexamen doivent être remises au greffe, à peine d'irrecevabilité de la demande de réexamen (CPC, art. 1031-13). Il est à noter que le conseiller rapporteur peut fixer un délai afin de remédier à une transmission incomplète ou entachée d'erreur matérielle.

2021 — Pièces et dernières écritures. Les pièces invoquées à l'appui de la demande de réexamen doivent également être adressées par le demandeur. De même, le demandeur doit joindre une copie des dernières écritures que les parties au réexamen ont déposées devant la juridiction dont émane la décision critiquée (si la décision émane de la Cour de cassation, les dernières conclusions déposées devant la juridiction du fond doivent aussi être jointes), ainsi que devant la Cour européenne des droits de l'homme (CPC, art. 1031-14).

2022 — Mémoire en réponse. À compter de la signification du mémoire du demandeur, le défendeur a 2 mois, à peine d'irrecevabilité prononcée d'office, pour remettre au greffe de la Cour de cassation un mémoire en réponse signé d'un avocat au Conseil d'État et à la Cour de cassation et le notifier à l'avocat du demandeur dans la forme des notifications entre avocats (CPC, art. 1031-16). Ce délai, à l'instar de ceux susmentionnés, est augmenté dans les conditions prévues à l'article 1023 du CPC (COJ, art. 1031-21).

2023 — Désignation d'un rapporteur. Sauf si le président de la cour de réexamen rejette une demande manifestement irrecevable par une ordonnance motivée non susceptible de recours (COJ, art. L. 452-4), suite au dépôt des mémoires ou à l'expiration des délais impartis pour ce dépôt, un membre de la cour de réexamen est désigné par le président de cette cour en qualité de rapporteur (CPC, art. 1031-17). Le rapporteur peut solliciter de l'avocat du demandeur la communication de toute pièce utile à l'instruction de l'affaire (CPC, art. 1031-18).

2024 — Débat et arrêt. Les débats se déroulent conformément aux dispositions communes applicables à la Cour de cassation (CPC, art. 1031-19 et art. 1016 à 1019). « L'arrêt est signé par le président, le rapporteur et le greffier, et copie en est adressée à la juridiction ayant rendu la décision dont le réexamen est demandé » (CPC, art. 1031-20).

2025 — Issues. Plusieurs situations peuvent se présenter (COJ, art. L. 452-6). La cour de réexamen peut rejeter la demande si elle l'estime mal fondée. S'il est fait droit à une demande en réexamen du pourvoi du requérant, la procédure se poursuit devant l'assemblée plénière (CPC, art. 1031-22). Si la Cour estime la demande fondée, elle annule la décision en cause et renvoie l'affaire devant une juridiction du fond ; dans ce cas, les règles de saisine et de procédure sont celles applicables aux juridictions de renvoi après cassation (CPC, art. 1031-22).

SECTION 2 Les autres voies de recours extraordinaires

2026 — Annonce. Outre le pourvoi en cassation, le CPC prévoit deux autres voies de recours extraordinaires : la tierce opposition (I) et le recours en révision (II). Ces recours ont pour point commun de n'avoir en principe aucun effet suspensif. Ils sont toutefois à distinguer, puisqu'ils répondent à des finalités différentes.

I La tierce opposition

2027 — Définition. Définie à l'article 582 du CPC, la tierce opposition a pour spécificité d'être une voie de rétractation ou de réformation d'un jugement au profit du tiers qui l'attaque. Ce recours permet de remettre en question relativement à son auteur les points jugés qu'il critique. La finalité est qu'il soit à nouveau statué en fait et en droit relativement à l'auteur de la tierce opposition.

2028 — Intérêt de la tierce opposition. En vertu du principe de l'autorité relative de la chose jugée, le jugement n'a d'effet qu'entre les parties. Pour autant, un jugement peut impacter un tiers, car il est opposable *erga omnes* et est, dans certains cas, revêtu d'une autorité absolue de la chose jugée. Pour cette raison, une voie de recours spécifique a été ouverte aux tiers.

2029 — Auteurs de la tierce opposition. La tierce opposition, comme son appellation l'indique, est ouverte aux tiers. Toute personne qui n'a été ni partie ni représentée au jugement qu'elle attaque est recevable à former tierce opposition. Elle est recevable à la condition qu'elle y ait intérêt, l'intérêt se confondant avec le grief que le jugement cause aux tiers.

2030 — Précisions en matière gracieuse. En matière gracieuse, les tiers à qui la décision a été notifiée peuvent former appel. Dès lors, ils ne sont pas recevables à former tierce opposition, sauf si la décision est en dernier ressort (CPC, art. 583).

2031 — Décisions susceptibles d'une tierce opposition. Sauf si la loi en dispose autrement, tout jugement est susceptible de tierce opposition (CPC, art. 585). La solution s'impose, car en principe tout jugement est susceptible d'emporter des répercussions à l'égard des tiers.

2032 — Délai du recours. La tierce opposition est ouverte à titre principal pendant un délai long en comparaison des autres délais de recours. En effet, elle est ouverte pendant 30 ans à compter du jugement (CPC, art. 586). Il s'agit cependant d'un délai de principe qui souffre de nombreuses exceptions. En matière contentieuse, notamment, le délai est de 2 mois à compter de la notification lorsque le jugement a été notifié à un tiers.

2033 — Tierce opposition principale. Lorsqu'elle est formée à titre principal, la tierce opposition est portée devant la juridiction dont émane le jugement attaqué (CPC, art. 587). Elle est alors une voie de rétractation. Les règles procédurales de la juridiction concernées sont applicables. La décision peut être rendue par les mêmes magistrats.

2034 — Tierce opposition incidente. Lorsqu'une juridiction est saisie d'une contestation, elle peut trancher une tierce opposition incidente, à la condition :
- soit d'être de degré supérieur à celle qui a rendu le jugement faisant l'objet de la tierce opposition ; elle est alors une voie de réformation ;

- soit, si aucune règle de compétence d'ordre public n'y fait obstacle, d'être d'égal degré (CPC, art. 588).

2035 — Décision. Si la décision fait droit à la tierce opposition, elle ne rétracte ou ne réforme le jugement attaqué que sur les chefs préjudiciables au tiers opposant. Il en résulte que, même sur les chefs annulés, le jugement primitif conserve ses effets entre les parties.

2036 — Chose jugée sur tierce opposition et partie. En cas d'indivisibilité à l'égard de plusieurs parties au jugement attaqué, la tierce opposition n'est recevable que si toutes ces parties sont appelées à l'instance (CPC, art. 584) ; en cette hypothèse, la chose jugée sur tierce opposition l'est à l'égard de ces parties appelées à l'instance (CPC, art. 592).

II Le recours en révision

2037 — Définition. Le recours en révision est une voie de rétractation. Cette voie de recours extraordinaire permet de faire rétracter un jugement passé en force de chose jugée afin qu'il soit à nouveau statué en fait et en droit (CPC, art. 593).

2038 — Causes d'ouverture. Le recours en révision n'est ouvert que pour certaines causes énumérées à l'article 595 du CPC. Ces causes renvoient à l'idée de fraude au jugement.

2039 — Énumération des causes. Le recours est ouvert :
- en cas de fraude de la partie au profit de laquelle la décision a été rendue, révélée après le jugement ;
- en cas de pièces décisives retenues par le fait d'une autre partie recouvrées depuis le jugement et s'il a été jugé sur elles ;
- en cas de pièces, d'attestations, de témoignages ou de serments judiciairement déclarés faux depuis le jugement et s'il a été jugé sur eux.

2040 — Limites. Afin que le recours soit recevable, l'auteur du recours ne doit pas avoir pu faire valoir la cause qu'il invoque avant que la décision ne soit passée en force de chose jugée (CPC, art. 595 *in fine)*. Aussi, la révision d'un jugement déjà attaqué par cette voie n'est pas recevable, sauf si la cause de la demande de révision s'est révélée postérieurement (CPC, art. 603).

2041 — Auteurs du recours. Le recours en révision peut être demandé uniquement par les personnes qui ont été soit parties, soit représentées au jugement (CPC, art. 594). Il en résulte que cette voie de recours est fermée aux tiers.

2042 — Délai du recours. Classiquement, le recours en révision est enfermé dans un délai pendant lequel il peut être formé. Le délai du recours en révision est de 2 mois (CPC, art. 595). Il court à compter du jour où la partie a eu connaissance de la cause de révision qu'elle invoque.

2043 — Recours en révision principal. Conformément à l'article 598 du CPC, le recours en révision est formé par citation. Le Code ne le précise pas mais, s'agissant d'une voie de rétractation, le recours est formé devant la juridiction qui a rendu la décision attaquée.

2044 — Recours en révision incident. La révision peut être demandée à titre incident, c'est-à-dire que le recours est dirigé contre un jugement produit au cours d'une autre instance entre les mêmes parties devant la juridiction dont émane le jugement. En ce cas, la révision est demandée suivant les formes prévues pour la présentation des moyens de défense.

2045 — Parties appelées et ministère public. Afin d'être recevables, l'ensemble des parties au jugement attaqué doit être appelé à l'instance en révision par l'auteur du recours (CPC, art. 597). En outre, lorsque le recours est formé par citation, il doit, à peine d'irrecevabilité, être dénoncé au ministère public par le demandeur (CPC, art. 600), car les causes d'ouverture du recours laissent soupçonner une infraction pénale.

2046 — Jugement du recours en révision. En cas de recevabilité du recours déclaré par le juge, ce dernier statue par le même jugement sur le fond du litige, sauf s'il y a lieu à complément d'instruction (CPC, art. 601). Il est à noter que la révision peut ne concerner qu'un seul chef du jugement. En cette dernière hypothèse, « ce chef est seul révisé à moins que les autres n'en dépendent » (CPC, art. 603).

Bibliographie

CADIET L. et JEULAND E., *Droit judiciaire privé*, 10e éd., 2017, LexisNexis.

CAYROL N., *Procédure civile*, 2017, Dalloz.

CHAINAIS C., FERRAND F., GUINCHARD S. et MAYER L., *Procédure civile,* 6e éd., 2019, Dalloz, HyperCours.

CROZE H., *Procédure civile, technique procédurale civile*, 6e éd., 2017, LexisNexis, Objectif droit.

FRICERO N., *Procédure civile,* 17e éd., 2020, Gualino-Lextenso, Mémentos.

FRICERO N., BUTRUILLE-CARDEW C., BENRAIS L., GORCHS-GELZER B., PAYAN G., *Le guide des modes amiables de résolution des différends 2017/2018*, 3e éd., 2017, Dalloz, Guides Dalloz.

GUINCHARD S., FERRAND F. et CHAINAIS C., *Procédure civile,* 5e éd., 2017, Dalloz, HyperCours.

STRICKLER Y., VARNEK A, *Procédure civile*, 9e éd., 2019, Paradigme.

Index

A

C

D

E

G

I

J

L

M

N

O

P

Q

R

S

T

V

PEFC™
10-31-3532
Certifié PEFC
Ce produit est issu de forêts gérées durablement et de sources contrôlées
www.pefc-france.org
IMPRIM'VERT®

Imprimé en France sur des papiers provenant majoritairement de l'Union européenne et issus de forêts gérées durablement par Sepec numérique
1, rue de Prony - ZA des Bruyères
01960 Peronnas

Imprimeur certifié

Achevé d'imprimer en Août 2020
Numéro d'impression : N21275200717
Dépôt légal : Août 2020